本书是教育部人文社会科学重点研究基地重大项目"英国社会转型研究"(项目批准号：16JJD770026)的成果之一,得到南开大学世界近现代史研究中心资助；本书是国家社会科学基金项目"近代英国劳资冲突化解机制的形成研究(1760—1914)"(项目批准号：13BSS029)的结项成果

国家出版基金项目
国家"十三五"重点图书出版规划项目
教育部人文社会科学重点研究基地重大项目

英国社会转型研究丛书

主　编　钱乘旦

近代英国劳资冲突与化解

刘金源　初庆东　等著

南京师范大学出版社

图书在版编目(CIP)数据

近代英国劳资冲突与化解/刘金源等著. —南京：
南京师范大学出版社,2021.3
(英国社会转型研究丛书/钱乘旦主编)
ISBN 978-7-5651-4756-2

Ⅰ.①近… Ⅱ.①刘… Ⅲ.①劳资纠纷－处理－研究－英国－近代 Ⅳ.①F249.561

中国版本图书馆 CIP 数据核字(2021)第 045159 号

丛 书 名	英国社会转型研究丛书
丛书主编	钱乘旦
书 名	近代英国劳资冲突与化解
著 者	刘金源 初庆东 等
策划编辑	郑海燕 朱海榕
责任编辑	郑海燕
出版发行	南京师范大学出版社
地 址	江苏省南京市玄武区后宰门西村9号(邮编:210016)
电 话	(025)83598919(总编办) 83598412(营销部) 83598712(编辑部)
网 址	http://press.njnu.edu.cn
电子信箱	nspzbb@njnu.edu.cn
照 排	南京开卷文化传媒有限公司
印 刷	上海雅昌艺术印刷有限公司
开 本	787 毫米×1092 毫米 1/16
印 张	25.5
字 数	375 千
版 次	2021 年 3 第 1 版 2021 年 3 月第 1 次印刷
书 号	ISBN 978-7-5651-4756-2
定 价	882.00 元(第 1 辑 9 册)
出 版 人	张志刚

南京师大版图书若有印装问题请与销售商调换

总　序

钱乘旦

《英国社会转型研究丛书》由南京师范大学出版社出版,这是英国史研究领域的又一项成果,通过这项研究,我们希望对英国工业革命以来社会方面的各种变化进行深入的探讨,进而寻找一些对中国现代化有益的启迪。

作为世界上第一个完成现代转型的国家,英国确实很值得了解。工业革命改变了社会结构,原有的社会体系容不下新的变化,于是冲突就出现了,造成了许多社会问题,比如劳工问题、妇女问题、犯罪问题、贫穷问题、教育问题、儿童问题、人口结构问题等等。这些问题在传统的农业社会是被自然消化的,溶解在农村共同体之中。工业革命把它们分解成一个一个单独的问题,而且每一个问题都可能变得非常严重,影响国家的整体发展。由于英国是现代化的先行者,它是在茫然中逐步意识到这些问题的,用了很长的时间才发现在经济迅速发展的情况下社会也是快速变化的,单凭积累财富无法解决社会问题;而社会问题不予解决,就会引发混乱,影响国家大局稳定,造成严重后果。在弄清楚这个道理后,英国又用更长的时间去设法解决这些问题,而解决的过程又非常艰难曲折,充满挑战,绝非一蹴而就。所以,了解这些过程和解决问题的办法就很有必要了,它能提供很好的知识参照,为思考中国的问题开启路径。

我们这套丛书的目的就是通过深入的学术研究，了解英国的那些问题，探讨其解决方案，评估其结果。从历史的发展看，英国在解决社会问题方面是基本成功的，工业革命造成的一系列严重的社会问题到20世纪下半叶差不多都解决了，从那个时候起，英国社会就一直相对稳定，很少发生严重冲突。当然，新的问题也会产生，比如英帝国解体遗留的有色人种移民问题，由此引发的种族隔阂和文化差异问题等，这些问题又需要人们寻找新的解决方案。

我曾多次说过：任何国家的现代化必须完成三项任务，一是建立现代国家，二是发展现代经济，三是建设现代社会。建立现代国家是现代化的前提，没有这个前提，便不能展开现代化。发展现代经济是现代化的关键内容，由此而形成工业社会。建设现代社会是现代化过程中最艰巨的任务，随着工业社会的出现，整个社会都要发生变化，引发一系列深刻的社会变革；而现代化能否成功，往往取决于社会现代化能不能完成。在英国，建立现代国家的过程从都铎王朝就开始了，经历漫长的变化到18世纪才基本结束。接下来就进入了经济快速发展的时期，启动了工业革命，使英国成为世界上第一个工业化国家。第三项任务几乎与工业革命同时出现，但人们的认识非常滞后，一直到19世纪下半叶才认真执行，进入了所谓的"改革年代"。由此，我们看到了一系列的社会改革，逐一解决了工业革命带来的许多问题。经过大约一个世纪的努力，第三项任务才大体完成了，一个比较清晰的现代国家在英国出现。为完成这三项任务，英国差不多用了五百年时间！

英国是第一个进入现代转型过程的国家，因此它不慌不忙（事实上是不知不觉）地完成了这三项任务；而且，这三项任务几乎是一项接一项出现的，因此相比于其他国家，英国的发展过程相对悠闲（而且缓慢）。然而对其他国家来说，就不能如此不慌不忙、不紧不慢了，因为作为现代化的后来者，它们必须"追赶"，才能跟上时代的步伐。所以在其他国家，现代化的三项任务经常是重叠的,也就是一项任务套一项任务,也许同时呈现在人们面前。如此之下,英国的经历就相当重要了,我们看一看英国的经历,就应该知道现代化需要解决哪些问题,以及会碰到哪些问题,还有英国是如何解决的。后起国家的领导者们尤其需要了解这些,以便他们在领导国家的过程中多有远见,少走弯路。

中国现代化面对着这种情况,中国的现代化有一种紧迫感。就目前而言,中国现代化大体上处在第一项任务基本完成、第二项任务成绩斐然、第三项任务刚开始被人们意识到并开始打算去完成的阶段上。为此,这套书就把重点放在英国社会转型研究方面了,以期对读者们有所启示。

2020年2月2日,于北大

目 录

1   总　序/钱乘旦

6   导　论

31   第一章　家长制控制的兴衰
33   一、劳工立法的演进
45   二、治安法官与纠纷化解
63   三、家长制下的劳资政策
73   四、小　结

75   第二章　从管制到仲裁的转变
77   一、限制劳工结社的立法
90   二、调解与仲裁制的萌芽
106   三、劳资纠纷化解机制的嬗变
118   四、小　结

120   第三章　调解与仲裁的兴起
122   一、仲裁法令的出台
143   二、调解与仲裁的推行
162   三、工厂立法的兴起
178   四、小　结

182 **第四章　民间集体谈判制的盛行**

184 一、工会、雇主与舆论变化

200 二、自愿主义集体谈判

218 三、集体谈判立法

234 四、劳资立法的演进

276 五、小　结

280 **第五章　政府引导下的集体谈判**

282 一、1896年《调解法》

307 二、政府谈判机构的建立

332 三、劳资立法的逐步完善

352 四、集体谈判与冲突化解

371 五、小　结

376 **结　语**

383 **参考文献**

401 **译名对照**

407 **后　记**

导　论

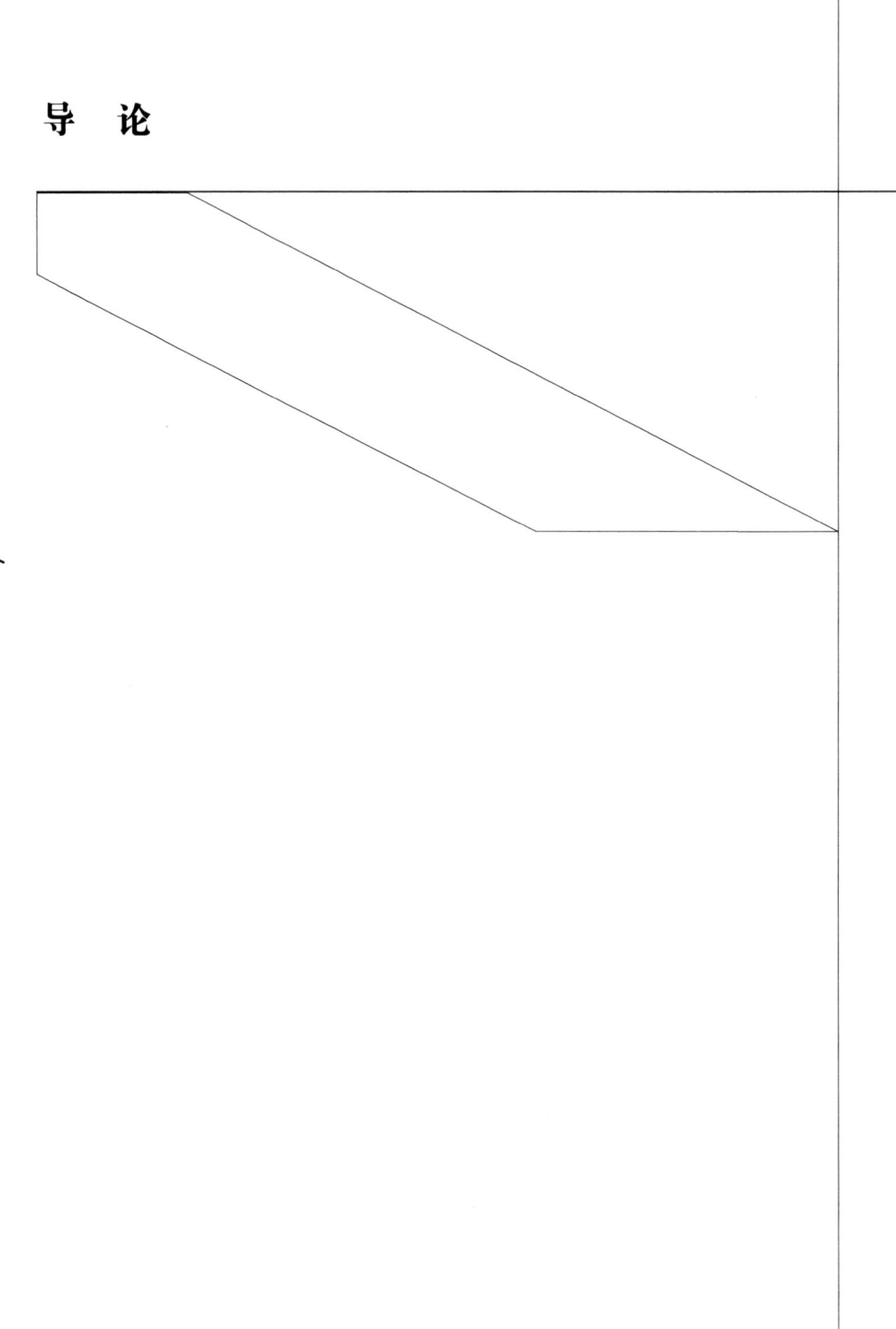

自工业革命以来,随着经济社会结构的变化,劳资关系(industrial relations)成为最基本的社会关系。恩格斯指出:"资本和劳动的关系,是我们现代全部社会体系所依以旋转的轴心。"①现代意义上的劳资关系是工业化社会的产物,这是因为劳资关系的两大主体——资产阶级(bourgeoisie)与工人阶级(working class)诞生于工业化进程中。尽管劳资关系错综复杂,但合作与冲突是劳资关系最为根本的两个方面:合作源于二者在根本利益上的一致性,这也是生产正常进行、经济发展的基础所在;冲突源于二者在现实利益、目标和期望等方面的不一致性或对立性。良性劳资关系的构建,不仅在于维系劳资之间的长期合作,更重要的在于建立一种制度化的冲突化解(conflict resolution)机制。

英国是工业革命的发源地,也是世界上最早遭遇劳资冲突(industrial conflicts)困扰的国家。工业化时期,英国劳资冲突日趋激烈,劳资对抗不断升级,以至于劳工史学者哈蒙德夫妇(J. L. Hammond and Barbara Hammond)发出如此感慨:"这个时期的英国史,读起来就像是一部内战史。"②生活在工业化高潮时期的马克思、恩格斯,目睹了英国劳资间的尖锐对抗,并做出了这样的论断:从历史发展趋势看,由资本主义本身引起的阶级冲突和阶级斗争,将最终导致现代资本主义制度的毁灭。马克思、恩格斯的盛世危言,一方面揭示出劳资冲突对英国乃至欧洲资本主义国家社会生产与社会秩序的严重威胁,另一方面也警示了英国调整劳资关系的必要性与紧迫性。从英国历史进程看,劳资冲突的发展并未最终导致资本主义制度的消亡,其重要原因在于,进入近代社会以来,面对日益普遍化、尖锐化的劳资冲突,英国劳、资、政三方在长期的互动博弈中,终于建立起一种常态化冲突化解机制,即集体谈判(collective bargaining)制,由此在很大程度上抑制了劳资对抗,推动了一种稳定、良性劳资关系的形成。

---

① [德]马克思、恩格斯:《马克思恩格斯选集》(第2卷),中共中央马克思恩格斯列宁斯大林著作编译局编译,北京:人民出版社,1972年,第269页。
② J. L. Hammond and Barbara Hammond, *The Skilled Labourer*, London: Longman, 1979, p.1.

1. 劳资冲突理论概述

中世纪晚期与近代早期,英国工商业领域的劳资纠纷与冲突开始出现,行会(guilds)在冲突管制与化解方面发挥出一定作用。不过,此时劳资冲突具有零星性、偶发性特征,并未引起社会各界关注。直到18世纪下半叶工业革命来临后,劳资关系两大主体终于形成,二者之间的纠纷、冲突与对抗逐渐成为社会关注的焦点。当劳资冲突成为最基本的社会冲突并对经济发展与社会稳定构成威胁之后,才吸引了一些社会活动家和学者去关注并研究劳资关系。他们探讨劳资冲突的产生根源及解决之道,提出较为系统的劳资冲突与劳资关系理论,从而为政府的劳资政策(labour policy)提供了理论指导。

对劳资冲突的根源及对策加以系统探讨的,最早可以追溯到英国古典政治经济学家亚当·斯密(Adam Smith)。18世纪中后叶,工业革命(The Industrial Revolution)在英国拉开序幕。随着作坊(workshop)、工场的没落及机器生产时代的到来,劳资之间围绕着工资、工时、雇佣条件等方面的争议或冲突日趋激烈。此时,前工业化时代沿袭下来的劳工法令、学徒制(apprentice system)、厘定工资法令等,在劳资关系领域依然发挥作用。而在新兴资产阶级看来,这些过时的法令限制了自由劳动力市场的形成,阻碍了经济的正常发展。他们要求政府放弃对劳资关系的干预,主张劳资双方签订自由契约,以确定雇佣条件、化解劳资争议(industrial disputes)。在此背景下,1776年,亚当·斯密顺应了资产阶级的基本诉求,出版了其划时代的巨著《国民财富的性质和原因的研究》。

斯密在书中以劳动分工讨论为基础,提出了全新的劳资冲突及化解理论。他认为,随着土地私有与资本积累,在劳动分工过程中,劳动者独享全部劳动生产物的原始状态早已不复存在。资本与劳动的分离,使得劳动者只能以工资为生。由于利益诉求不一致,劳资双方在工资认知中就存在冲突的可能。在斯密看来,"劳动者的普通工资,到处都取决于劳资两方所订的契约。这两方的利害关系绝不一致。劳动者盼望多得,雇主盼望少给。劳动者都想为提高工资而结合,雇主却想为减低工资而联合"①。尽管劳资双方各自联合起来,但得到政府支持的雇主一方往往占据优势。雇主的联合"为法律所公认,至少不受法律禁止。但劳动者的结合却为法律所禁止"。在争议或冲突当中,"雇主总比劳动者较能持久"。处于弱势地位的工人们,为求尽快解决争议或冲突,"他们老是狂呼呐喊,有时甚至用极可怕的暴力。他们处于绝望的境地,铤而走险,如果不让自己饿死,就得胁迫雇主立即答应他们的要求。这时,雇主也同样喧呼呐喊,请求官厅援助,要求严厉执行取缔工人结合的严峻法规"。②

劳资双方围绕工资问题往往产生争议或冲突,而确立一种合理的工资水平则成为化解冲突的关键所在。斯密认为,劳动者最低工资标准,至少要保障维持其本人及家庭的基本生活,在大多数情况下,还会向上有所浮动。在工资率的确定上,斯密明确反对政府的立法干预,而寄希望于市场机制的调节作用。斯密认为,在完全开放、自由的状态下,"看不见的手"会自动调节工资水平;工资水平从根本上受制于劳动力的需求,而这种需求又与国民财富的变化紧密相连。基于此,斯密得出结论:虽然雇主和工人在工资价格上存在着利益冲突,但这种冲突由于市场机制的调节而得以化解,劳资之间还是能在生产过程中形成合作共存、相互依赖的关系。斯密所提出的劳资冲突及其化解理论,后来被英国新兴资产阶级所采用,"并推动政府在经济社会政策方面走向全面的自由放任(laissez-faire),由此对工

---

① [英]亚当·斯密:《国民财富的性质和原因的研究》(上卷),郭大力、王亚南译,北京:商务印书馆,1972年,第60页。
② [英]亚当·斯密:《国民财富的性质和原因的研究》(上卷),第60—61页。

业化(industrialization)时期的劳资关系产生深远影响"①。

进入19世纪上半叶,英国工业化进入高潮阶段。在经济飞速增长、财富急剧增加的同时,英国社会两极分化严重,阶级矛盾日趋激烈。在目睹了劳资冲突的加剧以及工人阶级贫困化的社会现实后,马克思先后发表了《1844年哲学经济学手稿》《资本论》等论著,形成了系统的劳资冲突理论。在马克思看来,劳资关系是资本主义社会所特有的阶级利益关系。在资本主义生产方式下,"生产过程从属于资本,或者说,这种生产方式以资本和雇佣劳动的关系为基础,而且这种关系是起决定作用的、占支配地位的生产方式"②。在工业化所造就的资本主义社会中,资本与劳动彻底分离,形成了资产阶级与工人阶级,这两大阶级之间存在着剥削和被剥削关系,由此决定了劳资关系的对抗性。

在资本主义社会中,劳动力成为商品,工人阶级在出卖劳动力、维持自身生存的同时,也在为资本家创造剩余价值。为追求剩余价值的最大化,资本家不断加大对工人阶级的剥削和压榨,由此引发工人阶级贫困化。这种剥削与被剥削关系,使得"阶级对立简单化了。整个社会日益分裂为两大敌对的阵营,分裂为两大相互直接对立的阶级:资产阶级和无产阶级"③。两大阶级的对立,不可避免地引发阶级冲突,劳资冲突成为其最基本表现形式。"资本家和雇佣工人之间的斗争是同资本关系本身一起开始的。……这场斗争一直如火如荼地进行着。"④无产阶级自从它存在开始,就没有停止过反对资产阶级的斗争。从最开始的单个工人的抗争,扩大到一个工厂、一个地区的劳动部门,同直接剥削他们的资本家做斗争,"他们

---

① 刘金源等:《英国近代劳资关系研究》,南京:南京大学出版社,2012年,第7页。
② [德]马克思、恩格斯:《马克思恩格斯全集》(第47卷),中共中央马克思恩格斯列宁斯大林著作编译局编译,北京:人民出版社,1979年,第151页。
③ [德]马克思、恩格斯:《马克思恩格斯选集》(第1卷),中共中央马克思恩格斯列宁斯大林著作编译局编译,北京:人民出版社,1972年,第251页。
④ [德]马克思:《资本论》(第1卷),中共中央马克思恩格斯列宁斯大林著作编译局编译,北京:人民出版社,2004年,第492页。

不仅仅攻击资产阶级的生产关系,他们攻击生产工具本身;他们毁坏那些来竞争的外国商品,捣毁机器,烧毁工厂"①。

无产阶级所发起的反对资产阶级的冲突或斗争,在马克思看来是改变其受剥削、受压迫命运的必要手段。马克思认为,劳资冲突与阶级斗争的产生,源于资产阶级与无产阶级是一对相互依赖、互为前提的矛盾统一体,二者在利益上存在着根本的、不可调和的冲突和矛盾。正因为如此,在马克思眼中,这两大阶级之间的冲突不可能从根本上得以化解,解决冲突的唯一出路是:无产阶级必须诉诸暴力手段,消灭存在剥削关系的资本主义制度,建立劳动与资本不再分离的共产主义社会。在《共产党宣言》中,马克思对于冲突或斗争的结果充满信心:"资产阶级的灭亡和无产阶级的胜利是同样不可避免的。"②

如果说亚当·斯密的劳资冲突理论是为当时的新兴资产阶级服务,那么,马克思的劳资冲突理论则是站在工人阶级立场上,为当时的英国乃至欧洲工人运动服务。19世纪中叶,欧洲各国劳资冲突加剧,工人运动风起云涌。马克思的劳资冲突理论揭示出工人阶级遭受剥削的根本原因,为工人改变自身命运指明了方向,由此"对当时欧洲各国的劳工运动产生重要影响力"③。

进入19世纪中后叶,随着工厂工人的崛起以及工联主义(Trade Unionism)的盛行,英国劳资关系逐渐从冲突对抗转向协商合作。此间,随着议会改革(Parliamentary Reform)推进,工人阶级逐步获得议会选举权。工人阶级政治地位的提高影响到国家的劳资政策,集体谈判逐渐兴起。面对劳资关系领域的新变化,英国费边社创始人韦伯夫妇(Sidney and Beatrice Webb)对英国劳工运动进行了深入考察,完成了《英国工会运动

---

① [德]马克思、恩格斯:《马克思恩格斯选集》(第1卷),第259页。
② [德]马克思、恩格斯:《共产党宣言》,中共中央马克思恩格斯列宁斯大林著作编译局编译,北京:人民出版社,2014年,第40页。
③ 吴宏洛:《转型期的和谐劳动关系》,北京:社会科学文献出版社,2007年,第42—43页。

史》《产业民主》等论著。基于英国劳工运动及劳资关系实践,韦伯夫妇提出了以产业民主(industrial democracy)为核心的劳资冲突理论。

韦伯夫妇认同马克思关于社会发展阶段以及阶级斗争的观点。在韦伯夫妇看来,当前的资本主义社会只不过是通往民主社会主义的过渡性阶段。在这一阶段,劳资之间由于利益对立产生的冲突,实际上就是阶级冲突。但在冲突的结果与走向方面,韦伯夫妇并不完全赞同马克思的主张。韦伯夫妇明确反对冲突中的暴力倾向,认为劳资冲突无须通过一个阶级消灭另一个阶级而终止,这种冲突完全可以通过雇主和劳工共享产业领域内的权力,即产业民主的实现得以解决。

韦伯夫妇的产业民主理论建立在工联主义基础之上。作为劳工史学者以及劳工活动家,韦伯夫妇反驳了主流经济学家关于工会运动对生产及财富分配产生消极影响的观点。在他们看来,工会是一个民主机构,其内部结构完全基于"民治、民有、民享"原则,而在英国各行业就涌现出数千个这样的工人阶级民主机构。工会建立后,在保障劳工权益、化解劳资矛盾方面发挥着独特功能。工会的目标,在于"为所有成员寻求与其所付出的劳动相称的公平工资、推动工厂法以及其他劳工保护法的实施"。为实现这一目标,工会斗争策略包含在下述"共同规则"中:(1)互助保障,为其弱势成员提供基本生活保障;(2)集体谈判,作为劳工代表,就工资、工时、雇佣条件等与雇主展开谈判;(3)仲裁,在工资、雇佣条件等方面诉诸第三方裁决;(4)法律手段,推动议会出台劳工保护方面的法案;(5)工资率以及工作时间的确定等。① 韦伯夫妇认为,这些"共同规则对于工业组织的影响,如同其对于体力劳动者以及作为脑力劳动者的雇主的影响一样,都会促进劳动生产率的提升"②。

---

① W. H. Dawson, "Industrial Democracy by Sidney and Beatrice Webb", *The Annals of the American Academy of Political and Social Science*, Vol.12 (July, 1898), pp.138 – 140.
② Sidney and Beatrice Webb, *Industrial Democracy*, London: Longmans, 1920, p.733.

对于当时关于工会制造社会不稳定以及工会运动会削弱英国工业竞争力的看法,韦伯夫妇也进行了驳斥。在他们看来,工会内部组织结构具有民主性特征:"当工人聚集在一起交流其不满——更何况,当他们形成全国范围内的联合,筹集独立的收入,选举常设性代表委员会,以法人团体身份来推动谈判与宣传鼓动——时,他们自身在国家内部就形成了无意识民主。"① 如果将工会民主推及产业民主,那么,劳资双方就可共同参与产业管理、商定雇佣条件,由此能够实现劳资合作,消除劳资冲突。韦伯夫妇断言,"我们可以期待,在劳资双方以共同协定方式确定某些阶层工资率方面,民主的作用将得以彰显","我们发现,在产业管理中,工会发挥着特殊功能"。② 这一功能,很大程度上体现为通过产业民主方式来化解劳资冲突,进而构建一种稳定的劳资关系。

作为工会活动家及思想家,韦伯夫妇不仅强调工会在产业民主构建中的作用,而且认可工会运动在民主国家中的重要地位。韦伯夫妇认为,民主国家的公众舆论,不仅支持国家最低工资标准,而且积极坚持谋取公共福利。为实现这一目标,"民主国家必须主要依靠工会的激励、专业的意见以及持续的警惕,没有这些,全国最低工资既不可能实现,也不可能推行"③。在此基础上,韦伯夫妇认为,资本主义产业的发展不可避免地走向垄断,由此造成工业寡头对社会的控制与对民众的压迫,而"每一行业的劳工组织将成为反抗社会压迫的唯一有效的堡垒",这样看来,"工会主义不仅仅是资本主义工业现有阶段的一段小插曲,而且在民主国家履行其职责方面发挥着永久作用"。④

韦伯夫妇所提出的产业民主理论,对英国乃至欧洲的劳资关系产生了深远影响。在这一理论影响下,英国工会很少诉诸罢工(strike)等对抗性手段,而是倡导集体谈判、参与产业管理等,通过劳资合作形式来化解劳资

---

① Sidney and Beatrice Webb, *Industrial Democracy*, p.808.
② Sidney and Beatrice Webb, *Industrial Democracy*, pp.813, 821.
③ Sidney and Beatrice Webb, *Industrial Democracy*, p.817.
④ Sidney and Beatrice Webb, *Industrial Democracy*, p.823.

纠纷与冲突，英国劳资关系由此在19世纪末进入缓和期。不仅如此，由韦伯夫妇的产业民主理论演化而成的社会改良和合作思潮，在20世纪后成为欧洲劳工运动的主流。

总之，亚当·斯密、马克思和韦伯夫妇所提出的劳资冲突与化解理论，反映出工业化不同时段思想家对英国劳资关系的不同认识。理论来源于实践，反过来又对实践起指导作用，这些理论对于英国劳、资、政三方均产生重要影响，在一定程度上决定着英国劳资政策以及劳资关系的走向。

2. 国内外研究状况

英国是第一个工业化国家，在工业化进程开始后，劳资冲突日益普遍化与常态化，化解劳资冲突、构建良性劳资关系，成为社会各界关注的焦点。自19世纪中后叶开始，欧美学界研究英国劳资冲突化解、劳资关系演进、工会运动等方面的论著陆续问世。一个多世纪以来，在英国劳资关系，特别是在劳资纠纷、劳资冲突的化解策略和手段以及劳资政策等方面，欧美学界涌现出丰富的研究成果。

近代以来，直至第一次世界大战，英国的劳资冲突化解机制经历了从家长制（patronage）控制到调解与仲裁，再到集体谈判制的演进。对于不同历史发展阶段的英国劳资冲突及其化解机制，欧美学者做了专题性探讨。

对于前工业化时期的劳资冲突及其化解机制，学界研究相对薄弱。这主要因为，当时劳资冲突处于萌芽状态，具有偶发性，社会关注度不高，留下的文献资料相对匮乏。虽说如此，仍然有一些论著对此进行了探讨。

自都铎王朝起，随着手工业的发展，在劳资关系领域，纠纷与冲突开始出现。面对逐渐浮出水面的劳资冲突，英国政府采取家长制控制，即通过颁布劳资立法形式，来处理劳资冲突，协调劳资关系，其中最为著名的当属1563年的《劳工法令》（*Statute of Artificers*）。玛格丽特·戴维斯（Margaret Davies）的

《英国学徒制的实践：实用重商主义研究，1563—1642》，聚焦七年学徒制在劳资关系领域的实践。七年学徒制始自《劳工法令》的规定，也是《劳工法令》中存续时间最长的条款。戴维斯通过系统梳理英国 15 个郡衡平法庭和王座法庭的司法档案，认为七年学徒制在实践中推行得成功与否，与当地相关行业从业人数和市场规模相关，且七年学徒制的推行有利于维护劳资关系的稳定发展。①

前工业化时期，工资问题成为劳资冲突的焦点所在，而在政府颁布的一系列劳工法令中，官方厘定工资（wage regulation）成为最主要条款。W. E. 明钦顿（W. E. Minchinton）在《前工业化时期英国的工资管制》中，全面系统地考察了《劳工法令》中的工资条款及其在实践中的推行。根据对各地治安法官（Justice of the Peace）厘定工资表的数量所做的统计研究，明钦顿认为，《劳工法令》中的工资条款大多得到贯彻执行，因而在很大程度上避免了劳资间因工资而产生的纠纷，《劳工法令》基本达到了维护社会秩序稳定的目标。②

前工业化时期出台的规范劳资关系的《主仆法》（*Master and Servant Act*，1823）及其对劳资关系的影响，也成为一些学者的关注目标。道格拉斯·海（Douglas Hay）与保罗·克雷文（Paul Craven）主编的《英国及英帝国的主人、仆人与治安法官，1562—1955》一书，收录了多篇关于《主仆法》的论文，其中相关章节对规范劳资关系的《主仆法》在英国的兴起、发展及废止等做了全面梳理。作者认为，《主仆法》是国家以立法方式确立了劳资间的不平等地位，治安法官在推行法案方面不遗余力，旨在构建"高压下的和平"。但随着工会运动的兴起，这部厚此薄彼的法案不得不经历一个被逐步修正并最终废除的过程。③

---

① Margaret Davies, *The Enforcement of English Apprenticeship*: *A Study in Applied Mercantilism*, 1563 - 1642, Cambridge: Harvard University Press, 1956.
② W. E. Minchinton, ed., *Wage Regulation in Pre-Industrial England*, London: David and Charles Ltd., 1972.
③ Douglas Hay and Paul Craven, eds., *Masters*, *Servants*, *and Magistrates in Britain and the Empire*, 1562 - 1955, Chapel Hill: University of North Carolina Press, 2004.

前工业化时期的家长制控制也是学者的研究热点。C. R. 多布森(C. R. Dobson)的《雇主与工匠：工业关系前史，1717—1800》，对18世纪英国劳资冲突的类型、规模、次数等做了微观探究。作者认为，工业领域的劳资冲突具有历史延续性，雇主与工匠之间的矛盾到工业化时期就演变成人们所熟知的劳资冲突，但冲突的根源没有改变，工资、工时等成为冲突的焦点。多布森不仅以个案方式对18世纪诸多劳资纠纷或冲突做了详述，同时也对冲突中工人组织、雇主以及政府的角色加以细致考察。在冲突化解方面，议会颁布的《劳工法令》成为规范雇佣条件的重要文本，而治安法官、地方官员在劳资冲突化解方面发挥着重要作用。多布森的这本书，成为研究18世纪英国劳资冲突及其化解的一本必读之作。①

阿兰·福克斯(Alan Fox)的著作《历史与遗产：英国劳资关系体系的社会起源》，全面地阐述了工业革命前后英国劳资关系形成和发展的过程，探讨了主导政府劳资政策的意识形态变化。在福克斯看来，英国劳资关系体系源远流长，最早可追溯至17世纪，当时劳资纠纷与劳资冲突已开始增多，协调劳资关系开始被提上议事日程。福克斯认为，现代意义的劳资关系体系直到1880年前后才确立，这有赖于一种全新的冲突化解机制即集体谈判制的普遍应用，同时也得益于政府颁布的一系列规范劳资关系、提高工会地位的法规，由此推动劳资关系走向缓和。②

进入工业化时期，随着家长制控制的瓦解以及政府推行自由放任政策，劳资之间自发的调解与仲裁逐渐成为主流的纠纷或冲突化解形式。到19世纪中叶后，随着常设性调解与仲裁机构的建立，调解与仲裁制又逐步过渡到集体谈判制，这标志着英国劳资冲突化解机制的最终形成。对19

---

① C. R. Dobson, *Masters and Journeymen: A Prehistory of Industrial Relations, 1717 - 1800*, London: Croom Helm, 1980.
② Alan Fox, *History and Heritage: The Social Origins of the British Industrial Relations System*, London: George Allen and Unwin, 1985.

世纪中后叶英国劳资关系领域的调解、仲裁与集体谈判,时人及后来学者给予了充分关注。自 19 世纪末起,一大批论著相继问世。

早在 1876 年,亨利·克朗普顿(Henry Crompton)就出版了《工业调解》一书。作者充分关注到当时流行的调解与仲裁机制,并且对于调解与仲裁做了概念上的区分。作者随后着重阐释了两者在英国钢铁、煤炭等行业的实践,用若干案例做了实证分析,凸显了这种冲突化解机制的成效,该书堪称研究英国劳资冲突化解机制的开山之作。[1]

20 世纪初,更多学者加入调解与仲裁制的研究行列。巴尼斯特·弗莱彻尔(Banister Fletcher)在《仲裁》一书中关注仲裁制本身,在对 19 世纪中后叶劳资仲裁的概况做了阐述后,对仲裁的具体程序,包括争议提交、仲裁人选定、委员会建立、双方陈述、裁决过程、仲裁协议实施等做了细致介绍,堪称一部当时仲裁人必备的行动指南。[2]

道格拉斯·努普(Douglas Knoop)的《工业调解与仲裁》一书,考察了在劳资争议化解中调解与仲裁的地位。作者强调了工业调解与仲裁的四个主要原则:(1) 劳资争议的两种不同类型,即对于既定雇佣契约以及对于未来雇佣契约条款理解不同而产生的争议;(2) 调解与仲裁二者存在的显著差异;(3) 民间调解与仲裁和官方调解与仲裁之间的对比;(4) 自愿仲裁与强制仲裁之间的对立。该书对以上四个方面既做了理论阐释,同时又结合相关实践做了案例分析。[3]

G. B. E. 阿穆里(G. B. E. Amulree)的著作《大不列颠的工业仲裁》尤其值得关注。作为全国工业法庭以及铁路行业工资委员会主席,阿穆里勋爵亲自参与众多劳资冲突的调解与仲裁工作。在书中,阿穆里勋爵对 19 世纪以来英国仲裁立法的演进及其对劳资关系的影响做了纵向考察。作

---

[1] Henry Crompton, *Industrial Conciliation*, London: H. S. King and Company, 1876.
[2] Banister Fletcher, *Arbitrations*, London: B. T. Batsford, 1904.
[3] Douglas Knoop, *Industrial Conciliation and Arbitration*, London: P. S. King and Son, 1905.

者得出结论:劳资纠纷的化解,并非简单地依靠行政干预与立法手段,而是要基于劳资双方的友善及共识;19世纪末之前的仲裁或调解立法几乎没有成效,主要缘于这些立法脱离实践,难以得到劳资双方认可,其失败在所难免,而这一状况直到19世纪末才得以改变。①

伊恩·G.夏普(Ian G. Sharp)的博士论文《大不列颠的工业调解与仲裁》,对于19世纪后调解与仲裁制在大不列颠各行业兴起及其向集体谈判制转变做了具体的案例分析,同时对1800—1945年间国家层面相关立法演进做了系统梳理。该书分为两大部分:第一部分以行业为单位,探讨1939年之前煤矿业、制铁业、铁路业等行业调解与仲裁制的发展状况;第二部分主要探讨在调解与仲裁制发展过程中的政府行为。在夏普看来,调解与仲裁是工业化时期英国主流的冲突化解机制,但进入19世纪后半叶,这一机制逐步转化为自愿主义(Voluntarism)集体谈判制,而直到1896年后,英国政府才开始在集体谈判中发挥作用。②

詹姆斯·A.贾菲(James A. Jaffe)的《达成协议:1815—1865年间英国的工厂与劳资关系》,考察了1815—1865年间英国各工厂或企业中的劳资谈判及其成效,尤其对19世纪中叶英格兰北部煤矿行业的工资谈判做了详尽阐述,同时对工会、雇主协会以及政府对调解与仲裁制的态度转变做了深入分析。作者认为,19世纪中叶英国部分行业劳资双方就工资、工时、雇佣条件等进行的协商、对话与谈判,为19世纪后半叶制度化集体谈判的形成提供了先导。③

此外,一些学者研究视野更为广阔,他们将英国的调解与仲裁和欧美其他国家的调解与仲裁加以比较研究,以凸显英国劳资冲突化解机制的特

---

① G. B. E. Amulree, *Industrial Arbitration in Great Britain*, London: Oxford University Press, 1929.
② Ian G. Sharp, *Industrial Conciliation and Arbitration in Great Britain*, London: George Allen and Unwin, 1950.
③ James A. Jaffe, *Striking a Bargain: Work and Industrial Relations in England, 1815 - 1865*, Manchester: Manchester University Press, 2000.

色。丹尼尔·J.赖恩(Daniel J. Ryan)在《劳资仲裁:历史和争论》一书中,对英国、法国、美国、比利时等国仲裁制的发展及特点做了比较研究,强调仲裁制在各国构建良性劳资关系中所起的作用。在该书第五章,赖恩对英国 1860 年以来仲裁制在各行业的兴起及发展做了详尽阐释,在此基础上提炼出英国式仲裁的自愿主义特色。[1]

卡尔·H. 莫特(Carl H. Mote)在《工业仲裁:一项关于社会正义与工业和平的自然与政治组织世界性调查》一书中,考察了仲裁制在英国、美国、法国、德国、澳大利亚等国各行业中的应用,认为仲裁制是避免劳资冲突,尤其是避免罢工、闭厂(lock-out)的一种有效手段。在该书第二章,作者对仲裁在中世纪的产生、近代以后向劳资关系领域的扩散以及 19 世纪末 20 世纪初的延续做了脉络上的梳理。[2]

J. 斯蒂芬·琼斯(J. Stephen Jeans)的《劳资纠纷中的调解与仲裁》一书,对 19 世纪仲裁制在英国煤炭、钢铁行业的发展状况做了细致考察,分析了劳工、雇主及政府对仲裁制的态度变化,强调了英国式仲裁的自愿主义特征,在此基础上将其与美国、德国、法国及其他国家的仲裁制做了宏观上的比较。[3]

卡罗尔·D. 莱特(Carroll D. Wright)注重英美两国仲裁制的比较,作者不仅考察了调解与仲裁委员会(committee of arbitration and conciliation)在 19 世纪后半叶英国各行业的运作情况,指出调解与仲裁是一种更为理性、更有成效的冲突化解方式,同时还对美国马萨诸塞州、俄亥俄州、宾夕法尼亚州以及纽约州调解与仲裁制的推广做了宏观上的阐述。[4]

---

[1] Daniel J. Ryan, *Arbitration Between Capital and Labor: A History and an Argument*, Columbus: A. H. Smythe, 1885.
[2] Carl H. Mote, *Industrial Arbitration: A World-Wide Survey of Natural and Political Agencies for Social Justice and Industrial Peace*, Indianapolis: The Bobbs-Merrill Company Publishers, 1916.
[3] J. Stephen Jeans, *Conciliation and Arbitration in Labour Disputes*, London: Crosby, Lockwood and Son, 1894.
[4] Carroll D. Wright, *Industrial Conciliation and Arbitration*, Boston: Rand, Avery and Co., 1881.

在劳资冲突化解机制研究方面,韦伯夫妇的著作特别引人注目。早在1894年,韦伯夫妇的《英国工会运动史》一书就已出版。该书系统考察了英国工会运动的发展过程,着重分析了工会的组织形式和特点,书中提供了大量有关英国工人阶级状况和工会运动的历史资料,总结了工会运动的经验教训。作者认为,工会并不是破坏经济发展与社会稳定的力量,恰恰相反,工会在捍卫劳工权益、作为劳工代表与雇主协商谈判以及构建良性劳资关系方面发挥着重要作用。[①]

1897年,韦伯夫妇又完成巨著《产业民主》。该书分为三个部分:第一部分考察了工会的结构,包括工会的原始民主、代表性、组织构架、各工会之间的关系等;第二部分论述了工会的功能,强调工会通过确立共同规则的方式来维护劳资关系的稳定,这些规则包括限定人数、互助保障、集体谈判、调解与仲裁、争取公平工资以及适当工时等;第三部分提出了产业民主理论,即认为工会在未来民主社会的构建中将起到建设性作用。韦伯夫妇认为,劳资冲突源于劳资之间阶级利益的对立,但这种冲突不一定导致暴力对抗,完全可以通过劳资之间的协商、谈判以及增强工会在企业管理中的发言权而得以化解。韦伯夫妇提出的集体谈判及产业民主理论,对19世纪末英国劳、资、政三方均产生重要影响,由此推动了英国劳资关系的转型。[②]

在19世纪末20世纪初的英国劳资冲突化解中,作为贸易部(Board of Trade)官员的乔治·阿斯奎斯(George Asquith),多次参与重大劳资冲突的调解与仲裁工作,推动劳资双方以集体谈判方式来化解冲突。立足于自身经历,乔治·阿斯奎斯完成《劳资问题与劳资冲突》一书。该书包含大量化解劳资冲突的实例,为学术研究提供了丰富素材。作者在书中梳理了19世纪末20世纪初英国的劳资关系发展状况,主要从具体劳资争议着

---

① Sidney and Beatrice Webb, *The History of Trade Unionism*, 1666-1920, London: Longmans, 1920.
② Sydney and Beatrice Webb, *Industrial Democracy*, 1920.

手,缕析冲突表现及实质,探讨解决劳资冲突的方法,分析政府在化解劳资冲突中所起的作用。作者尤其倡导通过调解方式,促使劳资双方相互理解,化解矛盾,从而实现劳资关系的和谐发展。①

在劳资冲突化解机制形成过程中,作为第三方的政府,往往通过工厂立法等手段来干预劳资关系,这也成为学界的关注点。欧内斯特·冯·普兰纳(Ernest von Plener)的《英国工厂立法》一书,堪称工厂立法研究方面的开山之作。该书作者是德国人,其对于英国工厂立法的梳理,旨在为当时处于工业化进程中的德国提供借鉴,该书后来被英国学者翻译成英文出版。书中首次对英国工厂立法的历史及其根源做了系统梳理,从1802年的《学徒健康与道德法》开始,一直到1867年《工厂与作坊法》为止。书中着重介绍了各部工厂法的内容,同时也对法案出台前的调查报告以及出台后的实施情况做了考察,在此基础上对各部工厂法做出客观评价。②

1892年,维多林·琼斯(Victorine Jeans)又出版了《工厂法立法》一书,该书曾获得柯布登协会奖。该书考察了1850年工厂法在纺织行业的实施状况,不仅关注工厂法在保障青工、女工(women labour)及童工(child labour)权益,尤其是限制其工作时间、改善其工作状况方面发挥的重要作用,而且分析了工厂法的推行对于工业生产、分配、工资与利润、对外贸易等方面的影响。作者认为,工厂法向纺织行业外的其他行业工厂的推广,以及向作坊、工场以及家庭工业(domestic trade)的扩散,在19世纪后是大势所趋,这有利于抵消工会运动的负面影响,促进生产的发展与劳资关系的和谐。③

西德尼·韦伯(Sidney Webb)于20世纪初主编的《工厂法案例》一书,实际上是一本会议论文集。该书收录了5篇有关工厂立法的论文,分别从不同层面对工厂立法做了探讨。正如作者在前言中所说,该书旨在阐述下

---

① Lord Askwith, *Industrial Problems and Disputes*, London: John Murray, 1920.
② Ernest Von Plener, *The English Factory Legislation*, London: Chapman and Hall, 1873.
③ Victorine Jeans, *Factory Act Legislation*, London: T. Fisher Unwin, 1892.

列问题:工厂法是什么?工厂法关注哪些问题?工厂法的实施成效如何?到 20 世纪初,完善工厂法还需要做哪些事情?为回答上述问题,该书对 19 世纪初以来一百年间的工厂法演进历程做了梳理,认为工厂法的推行改变了工业生产与生活,为所有行业劳工过上有尊严的生活提供了共同规则,进而成为整个国家走向繁荣与文明的重要基石。①

B. L. 哈钦斯(B. L. Hutchins)和 A. 哈里森(A. Harrison)合著的《工厂立法史》,对整个 19 世纪英国工厂立法的演进历程做了宏观梳理。该书涵盖范围较广,以 1802 年的《学徒健康与道德法》开始,以 1909 年《行业委员会法》(Trade Board Act)为终结。作者详细探讨了工厂法的出台背景、演进历程、实践中的成效、面临的挑战等,堪称工厂立法史的集大成之作。在作者看来,尽管工厂立法本身并不以化解劳资冲突为目标,但工厂立法所关注的主题,恰恰就是劳资争议或冲突的焦点所在;而 19 世纪英国工厂立法的演进,体现出国家干预(state intervention)在劳资领域内影响力的增强,由此在相当大程度上消除了劳资纠纷的根源。②

从国外学界相关研究来看,英国劳资冲突化解机制研究起步较早,19 世纪中后叶就已经开始;研究成果较为丰富,其中关于 19 世纪调解与仲裁的研究以及工厂立法的研究较为集中,而其他关于英国劳资关系、英国工会运动的论著,也不可避免涉及不同时期劳资冲突化解问题;从研究视角来看,呈现出多元化趋势,有的从劳资纠纷或冲突入手,有的从工会运动入手,有的从工厂立法入手,还有的从政府干预层面入手。国外学界的相关研究,为我们对近代以来英国劳资冲突化解机制做纵向宏观考察提供了基础。

比较而言,国内学界对英国劳资冲突化解机制的探究,目前还比较薄

---

① Sidney Webb, ed., *The Case for the Factory Acts*, London: G. Richards, 1902.
② B. L. Hutchins and A. Harrison, *A History of Factory Legislation*, London: P. S. King and Son, 1926.

弱。这主要因为,长期以来,由于受到阶级斗争史观的影响,国内学界关注较多的是劳资对抗,而对劳资双方通过合作谈判方式来化解冲突关注不多。但可喜的是,近年来,在对英国近代劳资关系的研究中,相关论著开始涉及仲裁、调解、集体谈判等问题。

金燕的博士学位论文《工业革命前后英国对劳资关系的国家干预》,以政府劳资政策为研究对象,探讨了英国劳资政策对于劳资冲突化解以及劳资关系缓和所起的作用。在金燕看来,从国家干预指导思想看,英国先后经历了前工业化时代的家长制保护主义、工业革命期间的自由放任主义、工业化完成后的有限干预这几个阶段,这些指导思想对不同时期的政府劳资政策产生了重要影响。就国家干预而言,其方式很多,但最基本的方式是议会立法,这些立法既是劳资冲突催生的结果,反过来又对劳资关系的和谐发展产生影响。①

刘金源等所著《英国近代劳资关系研究》一书,以宏大的历史视角,对数百年来英国劳资关系的演进做了梳理,尤其关注到政府劳资政策对劳资关系的影响。在劳资关系发展的每个阶段,作者都开辟了专门章节,探讨该阶段政府的劳资政策以及工厂立法,从立法层面分析作为第三方的政府在劳资冲突化解中所起的作用。英国劳资冲突化解机制的三个阶段,即家长制控制、调解与仲裁、集体谈判,在该书中都有所涉及,这为本书研究的开展打下坚实基础。②

除了上述论著以外,在近年来的英国劳资关系史研究中,不少专题论文也涉及劳资冲突化解机制问题,以下将按照研究主题的不同加以分类阐述。

在前工业化时期的家长制管控方面,董昌鹏、刘金源的《论工业化前夕英国的劳资冲突及国家干预(1700—1760)》以及初庆东、刘金源的《〈工匠

---

① 金燕:《工业革命前后英国对劳资关系的国家干预》,南京大学博士学位论文,2008年。
② 刘金源等:《英国近代劳资关系研究》,2012年。

法令〉与英国前工业化时期的劳资关系》,阐述了工业革命之前劳资冲突的表现形式及基本特征,考察了英国政府劳工立法的出台及成效,强调政府立法的目标在于对劳资关系实施家长制控制。① 柴彬的《英国近代早期的物价问题与国家管制》,从近代早期英国政府的物价调控政策入手,分析了国家政策给劳动力市场带来的影响,指出政府管制物价是为了构建稳定的社会关系。② 许明杰的《封建危机与秩序重建——从劳工法看中世纪晚期英国社会与政治的互动》,以中世纪晚期英国政府颁布的一系列劳工法令为主线,梳理了英国政府在规范工资水平、确定雇佣条件等方面的政策,认为政府立法的根本目标在于实现社会秩序的稳定。③

工业化时期,劳资双方以及作为第三方的政府如何去化解日益剧烈的劳资冲突,国内学界对这一问题给予了充分关注。刘金源的系列论文对此做了专门探讨。《近代英国劳资政策指导思想的演变》,考察了近代主流经济思潮对于英国政府劳资政策的影响,从而揭示了英国劳资政策的思想根源。④《论19世纪初期英国政府的劳资政策》,强调了英国政府为劳资冲突化解所做的努力,对19世纪初期的劳资立法做了深入剖析。⑤《近代英国劳资争议仲裁制的兴起》,对工业化时期英国民间以仲裁方式化解劳资冲突做了全面分析,指出仲裁的自愿主义特征为后来的集体谈判制所继承,强调劳资争议仲裁成为冲突化解的重要机制,促进了劳资关系从对抗向合作的转变。⑥ 金燕的《浅谈工业革命时期英国的工业仲裁》,对19世纪初两部仲裁法案的出台及其对劳资关系的影响做了初步探究,认为仲裁是劳资

---

① 董昌鹏、刘金源:《论工业化前夕英国的劳资冲突及国家干预(1700—1760)》,《历史教学问题》2011年第2期;初庆东、刘金源:《〈工匠法令〉与英国前工业化时期的劳资关系》,《安徽史学》2017年第1期。
② 柴彬:《英国近代早期的物价问题与国家管制》,《世界历史》2009年第1期。
③ 许明杰:《封建危机与秩序重建——从劳工法看中世纪晚期英国社会与政治的互动》,《世界历史》2017年第4期。
④ 刘金源:《近代英国劳资政策指导思想的演变》,《史学月刊》2013年第6期。
⑤ 刘金源:《论19世纪初期英国政府的劳资政策》,《复旦学报》2012年第2期。
⑥ 刘金源:《近代英国劳资争议仲裁制的兴起》,《世界历史》2016年第2期。

争议化解的一种全新形式。①

柴彬的两篇论文分别从工资政策和工会(trade union)立法视角,探讨了工业化时期英国劳资冲突化解中的政府角色。《英国工业化时期的工资问题、劳资冲突与工资政策》,专注于工业化时期英国的工资问题与工资政策研究,指出工资问题成为劳资冲突的核心议题,而工资政策成为政府化解冲突的主要手段。②《从工会法律地位的演进看工业化时期英国政府劳资政策的嬗变(1799—1974)》,梳理了工业化时期英国工会立法的演变,揭示了工会地位的提升是政府劳资政策转变的结果,认为劳资地位的平等化促进了劳资双方集体谈判制的开展,从而推动了劳资关系的缓和。③

金燕的相关论文致力于探讨19世纪英国政府为化解劳资冲突所做的努力。《试论19世纪上半叶英国的工厂立法》,考察了19世纪上半叶工厂立法的出台及实施状况。作者认为,工厂制(factory system)的出现引发了诸多严重问题,19世纪上半叶的工厂立法正是为解决这些问题所做的最初努力;工厂立法的指导思想是旧的家长主义,而所要解决的问题又是工业化过程中出现的新问题;工厂立法延续了前工业社会国家干预的传统,并为其后的国家干预开辟了道路。④《1860—1880年英国工会与劳资关系立法》,分析了19世纪60年代到80年代工会地位的变化,认为工会法律地位的提高逐渐推动了政府制定有利于工人的劳资法律,从而促成了相对平等的劳资关系的建立。⑤ 在《英国工业革命时期政府对劳资关系的调节》中,金燕认为,工业革命时期英国政府对劳资关系的调节主要是废除约束性立法,同时通过一些新的法令以保障个人的经济自由;政府对劳资关

---

① 金燕:《浅谈工业革命时期英国的工业仲裁》,《理论界》2012年第8期。
② 柴彬:《英国工业化时期的工资问题、劳资冲突与工资政策》,《兰州大学学报》2013年第2期。
③ 柴彬:《从工会法律地位的演进看工业化时期英国政府劳资政策的嬗变(1799—1974)》,《史学理论研究》2012年第2期。
④ 金燕:《试论19世纪上半叶英国的工厂立法》,《学海》2006年第6期。
⑤ 金燕:《1860—1880年英国工会与劳资关系立法》,《中国劳动关系学院学报》2008年第4期。

系更多的是要摆脱而不是承担责任,政府意在通过这种调整建立一种以个人自由为基础的劳资关系新模式,这一模式明显受到当时流行的经济自由主义思潮的影响。①

集体谈判是当今市场经济国家最为主流的劳资冲突化解机制,而这一机制为19世纪后半叶英国首创。集体谈判制度的起源、发展及演变,也引起学者的关注。刘金源近年来发表的相关论文,对20世纪前的集体谈判制兴起及实践做了清晰梳理。《19世纪英国集体谈判制兴起原因述论》认为,新模式工会的迅速兴起及推行尽量避免罢工、倡导劳资合作的斗争策略,为集体谈判制兴起提供了重要前提;雇主组织兴起后,其对工会地位的认可以及对仲裁、调解的认同,成为集体谈判制兴起的决定性因素;19世纪后半叶经济繁荣带来的收入增长为劳资转向合作、实现利益共享提供了经济基础,而公众舆论对于社会稳定的关注以及对于和平化解争议的期望,为集体谈判制兴起提供了良好的社会环境。②《从对抗到合作:近代英国集体谈判制的兴起》认为,以1860年诺丁汉仲裁与调解委员会为起点,英国各地各行业劳资双方纷纷自发建立起集体谈判机构,通过仲裁、调解等方式来化解劳资争议的热潮开始兴起;近代英国集体谈判独立于国家司法权威之外自行发展,体现出鲜明的自愿主义特色;集体谈判开创了一种全新的争议解决模式,不仅增强了劳资之间的相互尊重、理解、互信与合作,而且推动了劳资关系从对抗到合作的转变。③《集体谈判制与19世纪中后叶的英国劳资关系》一文,在对集体谈判的概念加以辨析的基础上,考察了19世纪后半叶集体谈判在英国各行业的兴起及推广,肯定了集体谈判对劳资关系的积极影响。④《1896年〈调解法〉与英国集体谈判制的发

---

① 金燕:《英国工业革命时期政府对劳资关系的调节》,《湖南科技大学学报》2015年第1期。
② 刘金源:《19世纪英国集体谈判制兴起原因述论》,《安徽史学》2017年第4期。
③ 刘金源:《从对抗到合作:近代英国集体谈判制的兴起》,《史学集刊》2017年第5期。
④ 徐聪颖、刘金源:《集体谈判制与19世纪中后叶的英国劳资关系》,《探索与争鸣》2010年第9期。

展》,着重分析了 1896 年法案在英国集体谈判制发展史上的地位,认为该法案标志着民间集体谈判与政府集体谈判立法交融的开始,从而促成了民间集体谈判与政府引导下集体谈判并行发展局面的出现。[①]

其他学者对集体谈判制度所做的探讨包括:佘云霞在《英国的集体谈判》一文中,对 20 世纪英国集体谈判制的运作程序及特点做了初步的梳理,认为集体谈判中政府的作用很小,自愿主义特色明显。[②] 吕楠的《对英国集体谈判制度形成过程的历史考察》,阐述了 19 世纪后半叶至 20 世纪集体谈判制在英国确立的历史过程;[③]《英国集体谈判制度的确立及其"自由"特征》,则分析了英国集体谈判制度独立于国家权威之外自行发展的"自由特征"。[④]

不难发现,在近代英国劳资关系史的研究中,已有不少论著关注到英国的劳资冲突化解机制,这些研究成果从以下两个层面做了探究:一是政府层面,主要关注英国《劳工法令》、工会立法以及劳资关系立法等对劳资冲突化解所产生的影响,充分肯定了国家干预在劳资关系中所起的作用;二是探讨民间劳资纠纷或冲突化解机制的自发形成,这主要体现为从早期调解、仲裁制的兴起,到 19 世纪 60 年代后集体谈判制的出现,英国民间自发形成的冲突化解机制具有鲜明的自愿主义特色,这与英国长期以来的自治传统有很大关联。总体上看,已有研究成果对近代英国劳资冲突化解虽然多有涉及,但显得较为零散、琐碎,缺乏一种整体性考察。基于此,本书从宏观视角对近代以来几百年间英国劳资冲突化解机制的演变加以考察。

[①] 刘金源、胡晓莹:《1896 年〈调解法〉与英国集体谈判制的发展》,《探索与争鸣》2016 年第 2 期。
[②] 佘云霞:《英国的集体谈判》,《中国工运学院学报》1996 年第 1 期。
[③] 吕楠:《对英国集体谈判制度形成过程的历史考察》,《北京市工会干部学院学报》2008 年第 4 期。
[④] 吕楠:《英国集体谈判制度的确立及其"自由"特征》,《中国劳动保障》2008 年第 10 期。

3. 研究思路、方法与意义

第一,研究思路。

本书从历史学宏观视角出发,以时间为序,对英国劳资冲突化解机制的演进加以研究。在研究过程中,本书围绕着以下问题展开:不同发展阶段劳资冲突的表现形式与基本特征;劳资关系三大主体及利益集团对劳资纠纷或冲突的立场、观点和看法,以及在冲突化解机制形成中三方的互动博弈;在促成冲突化解以及协调劳资关系方面政府角色的变化,重点关注劳资关系立法、工厂立法以及相关的社会经济立法对劳资关系的影响;从英国劳资冲突化解机制的演进中,总结英国在构建良性劳资关系方面的经验教训。本书研究思路如下:

文献研读。史学研究强调"论从史出、史论结合",而劳资关系的史料与文献无疑是本书研究的基石。如果我们不掌握系统、全面的劳资关系文献,对于劳资关系的史学梳理将难以展开。我们在史学研究方面不仅通过各种途径,搜集并积累了丰富的研究资料,通过对史料的精心研读,勾画出英国劳资冲突化解机制演进的主线,而且对每一种冲突化解机制的形成及影响加以深入探讨。

史学研究。西方学界对于劳资关系的史学研究已经历了一个多世纪,但国内史学界对西方劳资关系的关注也不过二三十年时间。本书注重对英国劳资冲突化解机制做史实性阐述,对每一种机制的起源、内容及影响,结合相关案例,做出恰如其分的分析,重点考察19世纪后半叶以来集体谈判制的兴起及演变,为后续的理论分析奠定基础。

理论探讨。研究英国劳资冲突化解机制的演进,不仅仅是为了知道英国是如何处理劳资纠纷、化解劳资冲突的,还要知道为什么英国能开创出集体谈判这一为世界所公认的冲突化解机制。这就要求本书不仅要做好历史学的"还原"即阐释工作,还要做出系统的分析、评判,进而在实证研究基础上进行劳资关系的理论探讨。本书在对英国劳资冲突化解机制加以史学阐释的基础上,借鉴与运用战后西方劳资关系理论,就劳资冲突的本质及化解机制提出自己的看法。

第二,研究方法。

本书属于历史学研究领域,但劳资关系具有跨学科特点,因此在研究方法上必须借鉴其他学科的理论及方法,以实现研究的深入。本书以马克思主义的辩证唯物主义与历史唯物主义为指导,采取了如下研究方法,做到了一定程度上的创新:

历史文献分析方法。史料与文献的收集、整理与研读是研究的基础所在,本书在充分解读史料的前提下,对劳资冲突化解机制在英国的演进加以系统研究,做到论从史出、史论结合。

系统分析方法。作为决定劳资关系和谐与否的重要因素,劳资冲突本身可以被视为一个大系统,并分为劳方、资方、政府这三个子系统。这三个子系统相对独立,从各自层面对劳资冲突化解产生影响力;但子系统之间又相互依赖,每一子系统的运行又离不开其他子系统的支撑。本书将运用系统分析法来阐释劳资冲突化解机制形成中劳、资、政三个子系统之间的互动博弈。

比较分析法。不同历史发展阶段的劳资冲突化解机制也各有差异,比较分析法最适用于这种差异性的探讨。例如家长制控制、调解与仲裁、集体谈判是英国近代三种典型的冲突化解机制,其特点如何、实践成效怎样、各自有何利弊等,本书将运用比较分析方法对此加以研究。

跨学科理论与方法。在国际及国内学界,劳资关系学还未成为一门独立学科,而属于跨学科研究领域,跨学科理论与方法的使用成为必然。本书除了注重历史学的事实阐述与还原之外,同时运用政治学、经济学、社会学、和平学的理论与方法,以便对劳资冲突化解问题做多层次、多维度的考察。

第三,研究意义。

本书的学术价值体现在以下几个方面:

推动了英国劳资关系史研究的深入。学界对英国劳资关系的研究多限于劳资关系的演变、工会运动、工厂立法等,本书对学界关注较少的劳资冲突化解机制加以考察,在一定程度上深化了已有研究。

更新了传统史观中对劳资关系性质的认识。传统阶级斗争史观强调劳资关系的对抗性,注重劳资冲突的根源及表现,但对劳资冲突化解机制以及劳资合作关注不够。事实上,劳资关系是对抗与合作的统一,劳资合作往往处于主流,合作的实现得益于常态冲突化解机制的建立。

厘清了劳资关系中某些模糊性问题。例如对雇主在冲突化解机制中的角色,学界关注很少,本书通过对相关史料文献的梳理,对雇主的所作所为及其发挥的作用做了清晰阐释;又如对英国政府在劳资关系中的角色问题,学界往往以自由放任、自愿主义等加以简要概括,本书则认为,工业化以来的英国政府在劳资关系中一直在调整着自身角色,并最终走上适度干预道路。

在应用价值方面,从社会转型的规律看,所有国家在工业化进程中都会经历劳资冲突困扰并探索冲突化解机制。作为工业化先驱,英国在劳资冲突化解及劳资关系调整方面走在世界前列。本书对近代几百年间英国劳资冲突化解机制的演进历程做了全方位考察,在此基础上总结出英国化解劳资冲突、稳定社会秩序的经验教训。20世纪90年代以来,中国加快从传统计划经济向现代市场经济的转型,随着劳资关系的调整与重构,劳资纠纷与劳资冲突逐步增多,成为社会稳定的潜在威胁。"他山之石,可以攻玉。"本书可为当今中国完善劳、资、政三方协商机制、构建良性劳资关系提供一些借鉴。

第一章
家长制控制的兴衰

现代意义上的劳资关系是工业革命的产物,但劳资关系的形成与发展是长时段历史演进的结果。在前工业化时期,由于工人阶级与资产阶级这两大主体远未形成,劳资关系处于萌芽状态,并表现为劳工(工匠、学徒)与雇主(作坊师傅、手工工场主)之间的关系。利益分歧造成劳资对立,但由于劳资双方均未进入组织化状态,因此,劳资冲突的表现形式很少有工业化阶段那种暴力对抗,而大多是日常劳资纠纷与争议。前工业化时期劳资双方力量都很弱小,也基本没有联合起来建立各自的组织,一旦劳资争议或纠纷出现,劳资双方往往向官方求助。这样一来,在前工业化时期的劳资纠纷化解中,作为第三方的政府发挥着不可或缺的主导性作用,英国政府通过颁布一系列劳工法令,化解劳资纠纷,实现对劳资关系的家长制控制。1563年《劳工法令》①是英国家长制控制干预思潮在劳资政策中的集中体现。而到18世纪前半叶,家长制控制进入尾声。1756年织工法令立废之争,标志着政府劳资政策指导思想的嬗变。在家长制控制下,英国政府以法令形式规范雇佣关系,授权地方治安法官推行法令,从而形成了以治安法官为权力主体的劳资冲突化解机制。

---

① 全称为《一项关于工匠、劳工、农仆和学徒多项规定的法令》,学术界一般将该法令简称为《劳工法令》或《学徒法令》。尽管亚当·斯密、E. 利普森(E. Lipson)等使用"学徒法令"这一简称,但 W. H. 查洛纳(W. H. Chaloner)认为该法令中关于学徒规定的条款很少,而且学徒仅仅是成为工匠的一个阶段,因此反对使用"学徒法令"这一名称,主张使用"劳工法令"。参见 W. H. Chaloner, *The Skilled Artisans During the Industrial Revolution*, *1750 – 1850*, London: Historical Association, 1969, p.6.

一、劳工立法的演进

从中世纪后期开始,国家通过劳工立法厘定法定工资来限制劳工的工资要求,规范劳工市场。1349 年《劳工条例》(*Ordinance of Labourers*)和1351 年《劳工法令》(*Statute of Labourers*)开启了国家对劳工问题的立法管制,主要从以下四个方面来规范劳工市场:一是劳工在合同期限内擅自离开雇主者将受到监禁的严厉惩罚(合同条款);二是强制要求劳工为雇主工作(强制工作条款);三是以年或其他常用的时间段取代天作为农业工人的雇佣时间单位(以时间段作为雇佣时间单位条款);四是厘定工资。① 根据克里斯·吉文-威尔逊(Chris Given-Wilson)的统计,1351—1430 年间议会总共通过 77 个法令,其中三分之一以上的法令与劳工有关;在 15 世纪 40 年代到 90 年代又通过多项劳工立法。劳工立法的主要目的有三个,即限制工资水平、限制劳工流动、保障有利于雇主的劳动合同的实施。② 如果说中世纪劳工立法还只是零散地规定劳工与雇主的权利与义务,那么1563 年《劳工法令》则是之前劳工法令的集大成者。但此《劳工法令》并不

---

① Robert J. Steinfeld, *The Invention of Free Labor: Employment Relation in English and American Law and Culture, 1350 – 1870*, North Carolina: University of North Carolina Press, 1991, p.22.
② Chris Given-Wilson, "The Problem of Labour in the Context of English Government, c.1350 – 1450", in James Bothwell, P. J. P. Goldberg and W. M. Ormrod, eds., *The Problem of Labour in Fourteenth-Century England*, York: York Medieval Press, 2000, pp.85 – 100.

是简单照搬之前的劳工立法条款,而是舍弃了那些不合时宜的法令条款,更具灵活性。《劳工法令》成为英国历史上最为重要的劳工法令之一,为前工业化时期英国的劳资政策奠定了基调,制定了16世纪下半叶到19世纪初劳资政策的框架。

1.《劳工法令》的出台

工资问题是引发劳资纠纷的一个最主要的诱因。C. R. 多布森认为:"不论雇佣、纪律及其他方面在不同时代对特定集团的利益有多重要,劳资纠纷最为重要的一个层面便是工资问题。"①《劳工法令》的出台与工资波动有很大关联,而工资波动又与劳工的供需关系、习惯、法令规制等因素有关。② 影响劳工问题的这些"小环境"与人口、经济和社会的"大环境"息息相关。《劳工法令》的出台是"小环境"和"大环境"综合作用的结果。

首先,16世纪中叶饥馑与瘟疫引发的人口危机改变了劳工供需关系。尽管16、17世纪英国人口总体呈增长态势,但16世纪中叶人口数量下降,有十分之一的人口死于饥馑与瘟疫。③ 1555年和1556年英国发生严重饥馑,随后又暴发瘟疫,其波及范围广,且造成的死亡率高。时人描述这场瘟疫是:"从来没见过持续时间如此之长和造成的死亡人口如此之多的疾病……从1556年的饥馑开始,在随后两年里愈演愈烈。1557年夏天,瘟疫波及全国,成千上万的人口相继死亡……如此多的农民和劳工或死亡,或病倒,以致在收获时节无人可用……1558年夏天,瘟疫再次袭来……有

---

① C. R. Dobson, *Masters and Journeymen: A Prehistory of Industrial Relations, 1717-1800*, p.29.
② L. A. Clarkson, "Wage-Labour, 1500-1800", in Kenneth Brown, ed., *The English Labour Movement, 1700-1951*, Dublin: Gill and Macmillan, 1982, p.17.
③ J. A. Sharpe, *Early Modern England: A Social History, 1550-1760*, London: Arnold, 1997, pp.35-38.

四分之三的人口染上此病。"① 费希尔对坎特伯雷（Canterbury）、约克（York）、利奇菲尔德（Lichfield）、诺里奇（Norwich）、莱斯特（Leicester）、伍斯特（Worcester）和格洛斯特（Gloucester）等地的遗嘱进行统计分析，认为约有 20% 的人口死于瘟疫，而以工资为生的劳工死亡人数可能更多。② E. A. 里格利（E. A. Wrigley）和 R. S. 斯科菲尔德（R. S. Schofield）认为，1557—1559 年瘟疫期间的死亡率高于 1541—1871 年间的其他任何时候。饥馑与瘟疫使英国人口在 1556—1561 年间减少了 5.5%。③ 16 世纪 50 年代末的饥馑与瘟疫造成的人口危机使劳工数量大幅减少，供不应求。史蒂夫·拉帕波特（Steve Rappaport）指出，直到伊丽莎白统治初期，伦敦的劳工市场仍然是供小于求。从 16 世纪 30 年代开始，雇主就抱怨雇用劳工的困难。至少在纺织业与贸易中，这种劳工短缺的情况一直持续到 16 世纪 50 年代。④ 劳工短缺直接影响国家经济发展，为了保证足够数量的劳工，英国政府颁布《劳工法令》，强制符合条件的人口充当劳工或学徒。同时，劳工短缺造成劳工工资要求的提高，中世纪的劳工法令对劳工工资的规定已经与社会发展的实际情况不相符合，亟需调整，这就促使了《劳工法令》的出台。

其次，"价格革命"引发的经济波动严重影响了劳工的生活水平，劳工强烈要求增加工资以保障基本生活。16 世纪发生的"价格革命"使劳工名义工资的上涨跟不上食物价格的飙升，劳工的实际工资反而比 15 世纪下降了。⑤ 对英格兰南部农业劳工和建筑工匠日工资购买力进行研究发现，

---

① John Strype, *Ecclesiastical Memorials*, Vol.3, Part 2, Oxford: Clarendon Press, 1822, pp.156-157.
② F. J. Fisher, "Influenza and Inflation in Tudor England", *The Economic Historical Review*, New Series, Vol.18, No.1 (1965), p.127.
③ E. A. Wrigley and R. S. Schofield, *The Population History of England, 1541-1871: A Reconstruction*, Cambridge: Cambridge University Press, 1989, pp.208-209.
④ Steve Rappaport, *Worlds Within Worlds: Structures of Life in Sixteenth-Century London*, Cambridge: Cambridge University Press, 1989, pp.87-88.
⑤ Thorold Rogers, *Six Centuries of Work and Wages: The History of English Labour*, London: W. S. Sonnenschein, 1884, p.326.

1450—1650年间农业工人的日工资从4便士增至1先令,建筑工匠的日工资从6便士增至1先令5便士。① 但劳工的日工资购买力从16世纪初开始下降,到该世纪中叶下降幅度更大。② 拉帕波特认为,工匠(journeyman)工资从16世纪50年代后期开始增加,到16世纪60年代早期基本稳定,比10年前增加17%—25%。然而工匠的实际工资却呈下降态势,1542—1551年间建筑工匠的工资增加50%—60%,而物价却增长77%。从15世纪90年代开始到17世纪前10年,建筑工匠的日工资实际损失约29%,这个估算还只是菲尔普斯·布朗(Phelps Brown)和希拉·V.霍普金斯(Sheila V. Hopkins)估算值的一半。③ 尽管不同学者对劳工实际工资下降的幅度有不同看法,但不可否认的是,劳工实际工资在16世纪下降了,劳工变得更加贫困。1539年,萨福克(Suffolk)和埃塞克斯(Essex)的织工抱怨"工资太少,即使夜以继日地工作也不足以养活他们的家庭。许多人被迫沦为仆人"④。1552年7月12日,约克的建筑工人罢工,他们在向市长递交的请愿书中言辞激烈地抗议:1514年确立的最高工资水平使他们不能养活家庭,他们要求增加工资。⑤

面对劳工增加工资的要求,政府开始着手制定新的工资标准,来保障劳工的基本生活需求,这成为制定《劳工法令》的出发点。地方政府率先采取措施来厘定劳工的最高工资,在考文垂(Coventry)、伦敦和约克,市政府规定支付建筑工人工资的上限。⑥ 1560年和1561年北安普敦郡

---

① E. H. Phelps Brown and Sheila V. Hopkins, "Seven Centuries of Building Wages", *Economica*, New Series, Vol.22, No.87 (August, 1955), p.205.
② Joan Thirsk, ed., *The Agrarian History of England and Wales*, Vol.4, 1500-1640, Cambridge: Cambridge University Press, 1967, p.599.
③ Steve Rappaport, *Worlds Within Worlds: Structures of Life in Sixteenth-Century London*, pp.145-153.
④ C. H. Williams, ed., *English Historical Documents: 1485-1558*, London: Eyre and Spottiswoode, 1967, p.1004.
⑤ Donald Woodward, "Wage Regulation in Mid-Tudor York", *York Historian*, No.3 (1980), p.7.
⑥ Steve Rappaport, *Worlds Within Worlds: Structures of Life in Sixteenth-Century London*, p.95.

(Northamptonshire)与白金汉郡(Buckinghamshire)的治安法官厘定的工资标准均高于1514年《劳工法令》的最高工资标准。① 地方政府的成功试验为全国性《劳工法令》的出台准备了条件。

最后,伴随人口危机与"价格革命"而来的是社会两极分化日益加剧,劳工问题严重威胁政府权威与社会秩序,英国政府积极寻求解决劳工问题的途径,直接促使《劳工法令》出台。彼得·克拉克(Peter Clark)和保罗·斯莱克(Paul Slack)根据16世纪20年代的税收档案,揭示出英国城市中财富与贫困的两极分化,在随后的一个世纪里富人与穷人之间的鸿沟越来越大。② W. G. 霍斯金斯(W. G. Hoskins)认为,16世纪英国城市的社会结构是金字塔状,塔底是由占城市人口三分之二的穷人和工资劳动者构成的,他们生活在贫困线以下或接近贫困线。③

都铎时期的经济社会环境对劳工造成很大影响,劳工要求增加工资,并出现罢工、骚乱等破坏社会秩序的行为。例如,1538年7月21日威斯贝奇(Wisbech)的21名制鞋匠举行罢工,要求增加工资,并以拒绝工作为条件与雇主谈判。④ 埃塞克斯郡季审法庭(Quarter Session)档案记载:1556年有两人要求"除非获得合理的工资"否则拒绝工作,并且"试图说服其他劳工仿效"。⑤ 1560年,赫尔(Hull)地区的劳工发生骚乱,迫使北方委员会在1560年8月命令赫尔市长管制劳工,要求治安法官执行劳工法令,规定60岁以下且没有工作或土地而不足以养活自己的健全者须接受强制工

---

① E. Lipson, *The Economic History of England*, Vol.3, London: Adam and Charles Black, 1964, p.253.
② Peter Clark and Paul Slack, *English Towns in Transition, 1500 – 1700*, London: Oxford University Press, 1976, pp.112 – 114.
③ W. G. Hoskins, *The Age of Plunder: The England of Henry Ⅷ, 1500 – 1547*, London: Longman, 1976, pp.96 – 100.
④ C. H. Williams, ed., *English Historical Documents: 1485 – 1558*, pp.1004 – 1005.
⑤ William Hunt, *The Puritan Moment: The Coming of Revolution in an English County*, Cambridge: Harvard University Press, 1983, p.64.

作,不能无故放弃工作,禁止劳工迁移。① 这项指令在之前劳工法令的基础上有所发展,很多条款为《劳工法令》所采纳。1561 年,白金汉郡治安法官负责厘定农忙时节的日工资,同时规定雇主雇用劳工必须以年为时间单位。在农忙时节劳工短缺的市镇,治安法官有权强制劳工工作。② 白金汉郡的实践已经显露出《劳工法令》的雏形。在地方政府的积极推动下,《劳工法令》呼之欲出。

1563 年,政府颁布《劳工法令》,共 40 项条款,涉及劳工问题的三个最重要方面:一是劳工技术(或职业)教育;二是劳工的供应及其在农业部门和工业部门中的分配;三是雇主与劳工的关系(即劳资关系)。③ 与此对应,《劳工法令》的三个核心内容包括:学徒制,强制劳动和限制劳工流动,厘定工资。具体内容如下:

第一,有关学徒制的条款规定:任何人在未达到"至少七年学徒期"的情况下,不得从事"任何技工职业"。在城市和集镇,出口贸易商人、绸缎商、布商、金匠、五金商、刺绣商的学徒,"只能是他们自己的孩子或者其他有最低财产资格者的孩子"。

第二,有关强制劳动和限制劳工流动的条款规定:30 种职业的劳工雇佣时间一次"不少于一年",要终止雇佣合同需要提前三个月告知对方。"无故辞退劳工的雇主被罚款 40 先令,无故逃离雇主或拒绝为雇主工作的劳工将被监禁。""未婚劳工或年龄低于 30 岁的劳工,如果有在上面提及的 30 种职业中工作 3 年的经历,且没有最低数额的个人财产或不动产,或者没有受雇于贵族,又或者没有在自己农场里工作,那么他们就可以被治安

---

① Donald Woodward, "The Background to the Statute of Artificers: The Genesis of Labour Policy, 1558 – 1563", *The Economic History Review*, Vol. 33, No. 1 (February, 1980), pp.36 – 37.
② "William Tyldesley's letter to Cecil", in R. H. Tawney and Eileen Power, eds., *Tudor Economic Documents*, Vol.1, London: Longmans, 1924, pp.334 – 338.
③ Sir William Holdsworth, *A History of English Law*, Vol.4, London: Methuen, 1945, p.380.

法官强制为任何行业中任何需要劳工的雇主工作。""所有12—60岁"的无工作者或未达到法令规定的最低财产要求者,均"被迫在收获干草或谷物时节充当农业工人。10—18岁的未成年人则充当农业学徒"。受雇于农业或法令规定的其他行业的劳工"不得擅自离开城镇、教区、百户区或郡,除非获得许可证并加盖城市、警役(Constable)或其他官员的印章和他曾经服务过的城镇、教区两名诚实户主的证明,证明他是合法离开。许可证交由劳工并通过教区牧师进行登记注册"。任何雇主雇用没有许可证的劳工将被罚款5英镑,而没有许可证擅自迁移的劳工将被处以"监禁"和"鞭刑"。

第三,有关厘定工资的条款规定:郡的治安法官、城镇的市长或镇长在每年复活节季审法庭召开之时,根据"不相关且率直之人"的建议,"商谈年份收成以确定技工、劳工、仆人的工资"。治安法官将厘定的工资上报给大法官法庭,再由大法官提交给枢密院(Privy Council),枢密院"在每年9月1日之前以敕令形式发往各郡"。"未能履职厘定工资的治安法官将被罚款5—10英镑"。"雇主如果支付劳工的工资高于厘定的最高工资,将被罚款5英镑和10天监禁,劳工则受到至少21天的监禁处罚。"劳工的工作时间是,夏天从上午5点到下午7点或8点,中间有两个半小时的午饭时间;冬天是从天亮到天黑,午饭时间不变。①

由是观之,16世纪中叶英国国内暴发的饥馑与瘟疫引发劳工供不应求,加之"价格革命"致使劳工生活更加贫困,劳工罢工与骚乱的情况多有发生,这严重威胁社会秩序,迫使政府制定新的劳资政策,以保障劳工供应和维护社会秩序。《劳工法令》便在这样的历史背景下应运而生,其方式和内容是继承了中世纪劳工立法传统,其目的是保证劳工供应和保障劳工的基本生活水平,化解雇主(或师傅)与劳工(或学徒)的纠纷,达到维护社会秩序稳定的最终目的。

---

① R. H. Tawney and Eileen Power, eds., *Tudor Economic Documents*, Vol.1, pp.338 – 350.

2.《劳工法令》的完善

《劳工法令》确立了此后两百余年英国劳工立法的框架,它所涵盖的治安法官厘定工资、学徒制、强制劳动与限制劳工流动的基本条款为以后的劳工立法所延续。直到 1760 年前后,英国劳工立法基本上仍是在《劳工法令》基础上加以补充与完善的。

为了改变《劳工法令》执行不力的境况,1572 年国家文书中提到要"更好地执行《劳工法令》的提案",提案表明劳工非法流动,使流民问题愈发严重。基于此,国家禁止未经女王授权而私自签发许可证允许劳工离开,同时规定劳工在获得新许可证后须先注销旧有许可证,而且规定许可证的期限为一个月。[①] 为了保障劳工的生活水平,1593 年议会草拟了为纺纱工和织工制定最低工资标准的议案。该议案旨在防止纺纱工和织工的欺诈行为,增加他们的工资,并阻止呢绒商对他们的盘剥与压榨。议案要求纺纱工和织工提供质量有保证和足数重量的呢绒,禁止在呢绒中掺假,有违者将被处以罚款。呢绒商根据纱布的质量支付工资,该法案规定了不同质量标准的纱布的最低工资标准。巡回法官、治安法官、郡长、市长、警役等官员根据他们的权限负责调查与决断违法案件。[②] 该议案是对《劳工法令》关于治安法官厘定最高工资标准条款的补充,虽然未能获得议会通过,但它代表了劳工立法的发展方向。

17 世纪初,詹姆士一世继位伊始便颁布劳工法令,即 1603—1604 年《劳工法令》,授权治安法官厘定最低工资标准。由于《劳工法令》未能被有

---

① A. E. Bland, P. A. Brown and R. H. Tawney, eds., *English Economic History: Select Documents*, London: G. Bell and Sons Ltd., 1914, p.336.
② A. E. Bland, P. A. Brown and R. H. Tawney, eds., *English Economic History: Select Documents*, pp.336 – 341.

效执行,而且《劳工法令》关于贫穷的工匠、劳工或其他劳工的工资规定没有考虑丰裕、困乏、实际需要和时间等因素,从而造成厘定工资时出现模棱两可和其他一些问题。因此,该法令要求治安法官等官员对评估和厘定的工资予以解释和说明,并对任何劳工(织工、纺纱工、男工或女工)的工资进行厘定。对于未按法令规定支付工资的呢绒商,法令规定处以 10 先令罚款,由治安法官或巡回法官负责执行。呢绒商如果无法支付 10 先令罚款,在治安法官许可的情况下可以货物抵押。同时,该法令规定担任治安法官的呢绒商不得厘定织工、纺纱工或其他以织布为生的工匠的工资。①1603—1604 年《劳工法令》是第一个规定最低工资标准的正式法令,但该法令仅适用于呢绒业。随后,政府相继在 1604 年、1609 年、1610 年、1615 年和 1669 年颁布《劳工法令》,使得最低工资标准的规定在几乎所有的行业部门获得推广,从而形成最高工资标准与最低工资标准的双轨制工资标准。

到 17 世纪后期,劳资冲突愈演愈烈,劳工的联合和结社广泛兴起。进入 18 世纪,劳工通过联合或结社的方式同雇主斗争已经非常普遍。② 劳工结社的兴起,一方面使得劳工在维护权益时更有影响力,另一方面也引起了雇主与政府的担心。劳工结社不利于国家的稳定和经济的发展。于是,政府通过劳工立法来限制劳工的结社行为,并对之前的劳工立法予以完善。

18 世纪最具战斗力和影响力的劳工组织是伦敦的裁缝帮工联合团体。1810 年,裁缝雇主谴责"这种结社已经存续近一个世纪,他们经验丰富,是反对行业专制和压迫性法律的引擎"。伦敦的裁缝帮工联合团体在 1700 年前后成立,最初仅有 5 个团体加入,1760 年时发展到 40 个团体。③

---

① John Raithby, ed., *Statutes of the Realm*, Vol.4, London, pp.1022-1044.
② 刘金源等:《英国近代劳资关系研究》,第 73—74 页。
③ C. R. Dobson, *Masters and Journeymen: A Prehistory of Industrial Relations, 1717-1800*, p.60.

1721年,为应对"伦敦和威斯敏斯特大量的裁缝帮工无缘由地离开他们的工作,联合起来要求增加不合理的工资、缩短工作时间,从而造成懒散的风气和穷人的增加等恶果",英国政府遂颁布《劳工法令》。

首先,法令宣布伦敦和威斯敏斯特的裁缝帮工关于增加工资和缩短工时的所有协议均为非法与无效。1721年5月1日之后,如若再有签订类似协议的行为,两名治安法官有权判决违法者进入教养院或监狱接受不超过两个月的处罚。

其次,规定工作时间是从早上6点到晚上8点,工资则不超过2先令一天(从3月25日到6月24日)或1先令8便士一天(其余时间)。法令强制要求裁缝雇主按规定支付帮工工资,如果超额支付工资则需缴纳5英镑罚金。帮工如果接受超额工资,则被送往教养院。

再次,法令要求治安法官的季审法庭根据丰歉程度厘定工资和工作时间,不按规定执行者将由治安法官判决不超过两个月的监禁。

复次,裁缝帮工如果在合同期限之内或工作未完成时离开工作或拒绝工作,将被送往教养院接受不超过两个月的强制劳动。

最后,治安法官负责解决裁缝雇主与帮工之间的纠纷。[①] 1721年《劳工法令》是最后一个强制雇用懒散之人的法令,也是第一个禁止劳工结社的法令。[②] 法令表明英国政府限制劳工结社的行为,强制劳工接受法令规定的工资和工时,但没有像1563年《劳工法令》那样规定厘定工资的机制。1721年法令颁布之后,政府对劳工的惩罚更加严厉。

与裁缝帮工一样,毛纺织业的劳工在很多市镇和教区组织非法俱乐部与社团,进行非法结社,试图增加不合理的工资,并制造暴力和骚乱。为了

[①] Danby Pickering, ed., *The Statutes at Large*, Vol.14, Cambridge: Cambridge University Press, 1765, pp.325-328.

[②] Douglas Hay and Paul Craven, eds., *Masters, Servants, and Magistrates in Britain and the Empire, 1562-1955*, p.82.

取缔毛纺织业劳工的非法结社,防止暴力和骚乱,将违法者绳之以法,英国政府在 1726 年颁布《劳工法令》。该法令规定梳毛工和织工的所有结社均为非法行为。1726 年 6 月 14 日之后,如有违者,治安法官有权判决违法者监禁在教养院或监狱接受强制劳动,为期不超过 3 个月。服务期未满或未完成工作的织工在无正当理由的情况下,治安法官可依法判决其监禁在教养院接受不超过 3 个月的强制劳动。如果织工故意破坏雇主的物品,两名治安法官可以判决其以两倍价格进行赔偿。如果织工十分贫困,则被送往教养院接受不超过 3 个月的强制劳动,或者直到偿付为止。法令规定呢绒商必须支付现金工资,不得以实物或其他物品抵押,违者需缴纳 10 英镑罚金。如果任何人袭击、虐待雇主,威胁雇主的人身安全,或者扬言烧毁雇主的房子等其他财产,将被判为重罪而被流放到美洲长达七年之久。如果任何人非法闯入雇主房间或店铺,破坏织布机上的物品或工具,或烧毁织布,则被定为重罪;情节严重者将被判处死刑,且不可享受教士豁免权。①1726 年《劳工法令》对毛纺织业劳工的处罚更加严厉,同时规定雇主支付现金工资,有助于保障劳工的生活。

为控制染色工、织羊毛工、制帽匠、丝织工、铁匠、皮匠等制造业中滥用原材料或欺诈等行为,英国政府在 1749 年颁布《劳工法令》。法令规定从当年 6 月 24 日起凡偷窃、藏匿、出售、抵押、交换或对原材料予以非法处理者,或纺纱不合规定者,根据治安法官的判罚,被监禁在教养院 14 天,并在集市或其他公共场所予以鞭刑。累犯者,被监禁在教养院不超过 3 个月,并公开受鞭刑 2 次,甚至更多。被控从劳工处购买或收取原材料者,初犯需缴纳 20 英镑赔偿金,不能缴纳者则被监禁和鞭笞,再犯则需缴纳 40 英镑赔偿金。法令授权治安法官处理购买原材料者,有权搜查被告人的房屋。劳工如果未能按时完成工作,或者未能将剩余原材料在 21 天之内退

---

① Danby Pickering, ed., *The Statutes at Large*, Vol.15, Cambridge: Cambridge University Press, 1765, pp.361-365.

还的话,则被处罚。① 1749年《劳工法令》是18世纪上半叶颁布的禁止结社的重要法令,旨在限制劳工滥用原材料或欺诈等非法行为。

在1726年《劳工法令》颁布30年之后,为纠正在执行法令过程中存在的问题,1756年政府又颁布新的法令。在前言中,法令列举了很多起诉雇主却因诉讼费用昂贵而放弃的案件。为了有效遏制实物抵工资的做法,法令将违反者的罚金增加到20英镑,翻了一番。罚金的一半归检举者,此举极大地鼓励了检举行为。另外,法令规定原告可以通过直接发起债务诉讼而获得20英镑。季审法庭的判决仍为最终判决,而且禁止诉讼迁移令状及其他法律形式将诉讼移除。1756年法令不仅强化了对实物抵工资做法的限制,而且对织工的工资予以规定。法令授权治安法官厘定工资,并将工资通告张贴在教堂和礼拜堂门口。② 1756年法令是前工业化时期最后一次厘定劳工工资的法令,然而颁布之后遭到雇主的强烈反对,在次年便被废除。劳资双方围绕1756年法令的斗争,预示了劳资政策指导思想的转变。

总之,在工业革命之前,劳资双方的冲突尚未进入白热化阶段,但随着劳工联合和结社行为的增加,劳工开始具有组织纪律和政治性诉求。面对这样的现实,英国政府在继承1563年《劳工法令》的基础上不断完善劳工法令,一方面限制劳工有组织结社等行为,对劳工的违法行为予以严厉惩罚;另一方面制定最低工资标准,并规定雇主支付现金工资,以保护劳工获得基本工资。劳工法令授权治安法官厘定工资,惩罚违法的劳工和雇主,化解劳资双方的纠纷与冲突,使劳资关系在国家可控的范围内运行。

---

① Danby Pickering, ed., *The Statutes at Large*, Vol.19, Cambridge: Cambridge University Press, 1765, pp.306-319.
② Danby Pickering, ed., *The Statutes at Large*, Vol.21, Cambridge: Cambridge University Press, 1766, pp.478-480.

二、治安法官与纠纷化解

纵观前工业化时期英国劳工立法的实践,治安法官成为处理劳资纠纷的权力主体。从 1563 年《劳工法令》明文规定治安法官厘定工资和处理劳资纠纷之后,几乎所有的劳工法令均授权和强调治安法官化解劳资纠纷的职责,从而建构了以治安法官为权力主体的劳资纠纷化解机制。治安法官起源于中世纪,在近代成为地方政府的权力中枢,职责广泛。化解劳资纠纷是治安法官的一项重要职能,也是治安法官权力扩大的重要体现。治安法官勤政与否直接影响劳资关系的发展态势。

1. 治安法官的结构与组织

治安法官起源于中世纪的治安维持官(keepers of the peace)。在 14 世纪之前,治安维持官并非地方政府的常设官职,其权力也变化不定。1361 年法令正式确认治安维持官转变为治安法官,使治安法官成为地方政府的常设官职。① 都铎王朝时期,治安法官的职权进一步扩大,逐渐成为郡政府最为重要的官职,控制地方司法与行政大权。治安法官的权力在都铎和斯

---

① B. H. Putnam, "The Transformation of the Keepers of the Peace into the Justices of the Peace, 1327 – 1380", *Transactions of the Royal Historical Society*,Vol.12 (1929), pp.19 – 48.

图亚特时期获得极大发展,奠定了其地方政府权力中枢的地位,一直持续到19世纪初期。

治安法官由地方社会"最富裕的骑士、准骑士和乡绅"充任,他们是地方社会中经济独立、有地位的当地居民,是"乡绅"的代表。地方乡绅积极寻求出任治安法官,在他们看来,治安法官不仅代表着权力与荣誉,也是彰显社会地位和承担社会责任的象征。

根据法令规定,一名治安法官有权驱散骚乱者并逮捕不服从者,审讯犯罪嫌疑人,要求其提供无罪担保,或将其投入监狱。治安法官根据法令对非法游戏、酗酒、诅咒、偷猎或不参加教会礼拜等犯罪者课以罚金。除刑事权力之外,一名治安法官也拥有民事权力,主要限于对雇主与仆人或学徒之间的纠纷进行仲裁,推行关于贸易的法令。一名治安法官可以监禁拒绝做学徒的年轻人。随着济贫法和流民法的颁布,一名治安法官需要承担广泛的行政管理职责。宗教也在一名治安法官的权责之内。[①] 两名治安法官的职责与一名治安法官相似,但权力更大。在刑事方面,两名治安法官可以惩罚骚乱者或保释罪犯,处理违反劳工法令的案件,惩罚私生子的父母并规定私生子抚养办法,颁发啤酒馆营业执照并保证营业条款的实施。在民事方面,两名治安法官具有任命济贫管理员、确定教区济贫税的税额等与济贫法相关的权力。两名治安法官可以对郡长(Sheriff)及其属员进行一定程度的控制,他们可以检查郡长账簿。两名治安法官也可以监禁拒绝接受厘定工资、逃离工作或袭击雇主的仆人,可以为被解雇的仆人提供证明。三名或更多的治安法官负责桥梁的维修、监狱的修缮、纺织业的监管,协助教堂人员检查教堂里的骚乱,征收什一税(tithe)和惩罚罗马天主教异端。[②] 到18世纪,治安法官的行政职责进一步扩展,需要履行一

---

① William Lambarde, *Eirenarcha, or, Of the Office of the Justices of Peace*, London: Company of Stationers, 1619, pp.72-308.
② William Lambarde, *Eirenarcha, or, Of the Office of the Justices of Peace*, pp.309-375.

系列经济和社会义务,例如济贫法、教养院、监狱、商业以及劳工、工资与雇佣条件等。

治安法官通过各类法庭组织履行广泛的司法与行政职责。以司法形式履行行政职责,是治安法官的一大特点,是"法治"的重要体现,也是地方自治的组织基础。① 与治安法官相关的法庭组织主要包括季审法庭和即决法庭(Petty Session)。季审法庭是郡所有治安法官的法庭,而即决法庭则是两名或多名治安法官的法庭。治安法官通过季审法庭和即决法庭审理劳资纠纷案件。季审法庭"不仅是郡的刑事法庭,也是政府官员的集会之所,是一个拥有行政管理权力的委员会"②。季审法庭是治安法官履行职责的重要渠道,处理的案件范围广泛,除叛国罪、谋杀罪等重罪由巡回法庭审理和一些道德与宗教案件由教会法庭审理外,其他案件几乎全部由季审法庭审理。根据劳工法令,治安法官通过季审法庭厘定工资。另外,如果涉案人对两名治安法官的简易判决不服,则可上诉到季审法庭,其判决被视为最终判决。随着季审法庭委派给治安法官行政管理职责的增加,一些地区选择一到两名治安法官来处理指定事务。这些地区逐渐明确规定,在该地区内,由治安法官履行季审法庭委派的职责。1631 年,国王颁布《政令全书》(*Book of Orders*),要求各郡设立即决法庭。治安法官通过即决法庭实施简易判决,有助于及时解决基层的纠纷和减轻季审法庭的压力。根据劳工法令,治安法官的简易判决包括监禁在狱或教养院、鞭笞、罚款等。

在地方政府架构层面,治安法官与郡长、郡督(Lord Lieutenant)存有权力交织。作为维持治安者,治安法官要服从郡督;作为法官,治安法官

---

① H. C. Johnson, ed., *Wiltshire County Records*:*Minutes of Proceedings in Sessions*,*1563 and 1574 to 1592*, Devizes: Wiltshire Archaeological and Natural History Society, 1949, p.ix.
② F. W. Maitland, *The Constitutional History of England*, Cambridge: Cambridge University Press, 1908, p.233.

高于郡督和郡长,郡长须执行治安法官的决议。在地方社会层面,治安法官是地方乡绅,是地方社会的领导者与保护者。治安法官在地方社会的特殊地位,决定了治安法官不可能成为绝对服从国家的专业官僚。如果枢密院侵害地方利益或者财政法庭征税过多,治安法官便向白厅的贵族们发出抗议。如果政府一意孤行,治安法官则不会推行政府的命令。治安法官可能是国王勤勉的代理人,但他们从来没有忘记地方乡绅的身份。① 治安法官介于国家与社会之间,从中央政府的角度来看,治安法官几乎是无所不能的工具;从民众的角度来看,治安法官是警察、法官和邻家顾问。国王与中央政府依赖治安法官推行法律,贯彻国家政策,管理地方社会;民众则仰赖治安法官为他们表达民意,处理邻里纠纷,维护地方秩序。治安法官连接中央与地方,是近代早期英国政府结构的权力中枢。

2. 治安法官与厘定工资的实践

根据 1563 年《劳工法令》及其他劳工法令的规定,治安法官有权厘定工资标准。治安法官根据《劳工法令》厘定工资的文件被称为"厘定工资表"。厘定工资表的数量成为治安法官推行《劳工法令》力度的一个衡量标准。R.H.托尼(R. H. Tawney)在 1914 年统计全国的厘定工资表数量,共计 90 份;而 R.基思·凯尔萨尔(R. Keith Kelsall)在 1970 年统计全国的厘定工资表,则有 1 452 份。托尼和凯尔萨尔对 1560—1812 年厘定工资表数量的统计结果如表1-1所示②。

---

① William Bradford Willcox, *Gloucestershire: A Study in Local Government, 1590-1640*, New Haven: Yale University Press, 1940, p.55.
② W. E. Minchinton, ed., *Wage Regulation in Pre-Industrial England*, London: David and Charles Ltd., 1972, pp.20-21.

表 1-1 1560—1812 年厘定工资表数量

年份	托尼的统计/份	凯尔萨尔的统计/份	年份	托尼的统计/份	凯尔萨尔的统计/份
1560—1569	5	35	1690—1699	1	93
1570—1579	2	43	1700—1709	6	88
1580—1589	1	38	1710—1719	5	71
1590—1599	11	47	1720—1729	3	79
1600—1609	3	37	1730—1739	10	70
1610—1619	3	49	1740—1749	—	61
1620—1629	1	67	1750—1759	1	55
1630—1639	6	91	1760—1769	3	40
1640—1649	4	70	1770—1779	—	27
1650—1659	12	97	1780—1789	—	18
1660—1669	3	80	1790—1799	—	10
1670—1679	3	85	1800—1809	—	10
1680—1689	7	88	1810—1812	—	3

据表 1-1 可知,数量最多的年份是 1650—1659 年(据凯尔萨尔统计,有 97 份),而从 1760 年之后厘定工资表的数量骤减。1700—1759 年每十年中厘定工资表的平均数量约 71 份,而 1760—1799 年每十年中厘定工资表的平均数量约 24 份,后者约是前者的三分之一。根据 1560—1812 年厘定工资表的数量,我们可以推断治安法官在《劳工法令》颁布之后的一个世纪中比较积极地推行了厘定工资条款,而在工业革命开始之后治安法官厘定工资的情况已不多见。

治安法官根据《劳工法令》和本地实际情况制定最高工资标准,各地治安法官厘定工资标准差异较大。1563—1566 年,一些郡治安法官厘定的工资翻了两番,另一些郡则仅增加十分之一到三分之一不等。[①] 1669 年,

---

① Ann Kussmaul, *Servants in Husbandry in Early Modern England*,Cambridge: Cambridge University Press,1981,p.36; Paul L. Huges and James F. Larkin, eds., *Tudor Royal Proclamations*,Vol.2,New Haven: Yale University Press,1969,pp.219-227,265-270,285-287.

东约克郡治安法官发布厘定工资表,年最高工资(有肉和酒)比 1593 年厘定的最高工资增加 78%,同时规定了最高日工资标准。1679 年,其再次发布新的厘定工资表,比十年前上涨 36%,并重申《劳工法令》的规定。在 17 世纪后期的约克郡,只有劳工供应出现异常时,治安法官才履行厘定工资的职责。治安法官在 18 世纪早期的指令表明,治安法官厘定工资已经出现困难。① 东约克郡的情况再次证明了到 18 世纪中叶,治安法官厘定工资的做法已经较为少见。

为了解厘定工资表的具体内容,我们可以参考沃里克郡(Warwickshire)季审法庭在 1738 年 4 月发布的厘定工资表②,具体内容如表 1-2 所示。

表 1-2　1738 年 4 月沃里克郡的厘定工资表

劳工	英镑	先令	便士
农业仆人每年每人	5	10	0
农业中第二仆人每年每人	4	0	0
14 岁至 18 岁的男仆每年每人	2	10	0
11 岁到 14 岁的男仆每年每人	1	0	0
女仆领班每年每人	3	0	0
第二女仆每年每人	2	10	0
从圣马丁节到 3 月 25 日劳工每天	0	0	8
从 3 月 25 日到农忙和农忙之后再到圣马丁节劳工每天	0	0	9
割草工每人每天(有酒)	0	1	0
割草工每人每天(无酒)	0	1	2
晒干草的女工每天(有酒)	0	0	5
晒干草的女工每天(无酒)	0	0	6
收割谷物的女工每天(有酒)	0	0	6

---

① G. C. F. Forster, *The East Riding Justices of the Peace in the Seventeenth Century*, pp.57 - 58.
② A. E. Bland, P. A. Brown and R. H. Tawney, eds., *English Economic History: Select Documents*, pp.546 - 547.

续 表

劳工	英镑	先令	便士
收割谷物的女工每天（无酒）	0	0	7
从3月25日到圣米迦勒节木匠每人每天（有酒）	0	1	0
从3月25日到圣米迦勒节木匠每人每天（无酒）	0	1	2
从圣米迦勒节到圣母玛丽亚日木匠每人每天（有酒）	0	0	10
从圣米迦勒节到圣母玛丽亚日木匠每人每天（无酒）	0	1	0
夏季石匠每人每天（有酒）	0	0	10
夏季石匠每人每天（无酒）	0	1	0
冬季石匠每人每天（有酒）	0	0	10
冬季石匠每人每天（无酒）	0	1	0
冬季与夏季茅屋匠每天	0	1	0
谷物除草工每天	0	0	4

从上述厘定工资表可以看出，治安法官详细规定了农业工人、工匠、仆人等的最高工资标准。这份厘定工资表从1738年4月一直沿用到1773年，这也从一个侧面说明治安法官厘定工资表的实践在18世纪已经流于形式。

与沃里克郡相似，赫里福德郡（Herefordshire）在1738年厘定的工资表如表1-3所示[①]。

表1-3 1738年赫里福德郡的厘定工资表

劳工	英镑	先令	便士
农业中仆人领班、车夫或管家	4	10	0
农业中第二仆人	3	10	0
11岁到14岁的男仆	1	0	0
14岁至18岁的男仆	1	10	0

---

① R. Keith Kelsall, "A Century of Wage Assessment in Herefordshire, 1666 – 1762", in W. E. Minchinton, ed., *Wage Regulation in Pre-Industrial England*, p.204.

续 表

劳工	英镑	先令	便士
厨房或奶场的女仆领班	2	10	0
第二女仆	2	0	0
从米迦勒节到圣母玛丽亚日劳工	0	0	8
从圣母玛丽亚日到农忙和农忙之后再到米迦勒节劳工	0	0	8
每天管饭的劳工	0	0	4
割草工和收割谷物的劳工（有酒）	0	1	0
割草工和收割谷物的劳工（无酒）	0	1	2
谷物除草工（有酒）	0	0	4
谷物除草工（无酒）	0	0	5
收割谷物的女工（有酒）	0	0	5
收割谷物的女工（无酒）	0	0	6
晒干草、种豆或采摘水果的女工（有酒）	0	0	4
晒干草、种豆或采摘水果的女工（无酒）	0	0	5
冬季与夏季木匠、车匠、泥瓦匠、石匠、茅屋匠（有酒）	0	1	0
冬季与夏季木匠、车匠、泥瓦匠、石匠、茅屋匠（无酒）	0	1	2

赫里福德郡的这份厘定工资表一直沿用到1762年。1763年之后，赫里福德郡的厘定工资表仅是一种形式。W. A. S. 休因斯（W. A. S. Hewins）甚至断言，随着斯图亚特王朝的结束（1714年），治安法官厘定工资的条款已不再发挥作用。① H. 希顿（H. Heaton）在考察西约克郡17世纪和18世纪治安法官厘定工资的情况时指出，从1732年开始，治安法官签发的厘定工资表就已没有变化，只是延续1732年厘定工资表的内容。② 1755年，有人遗憾地宣称，在他的记忆里，治安法官厘定工资的案例已经

---

① W. A. S. Hewins, "The Regulation of Wages by the Justices of the Peace", *The Economic Journal*, Vol.8, No.31 (September, 1898), p.345.
② H. Heaton, "The Assessment of Wages in the West Riding of Yorkshire in the Seventeenth and Eighteenth Centuries", *The Economic Journal*, Vol.24, No.94 (June, 1914), p.232.

是二十年前的事情了。他继而说道:"如果遵守(治安法官厘定工资)法律并予以执行,那么每天数不清的雇佣与工资纠纷将被遏制。"①但也有一些郡治安法官厘定工资的实践一直持续到18世纪后半叶。例如,德文郡在1732年、1750年和1778年重新厘定了工资水平。② 总体而言,治安法官厘定工资的实践在18世纪中叶已经衰落。

3. 治安法官与劳资纠纷案件的审理

尽管在18世纪治安法官厘定工资的做法逐渐减少,但治安法官审理劳资纠纷案件的数量却在增加。正如格温达·摩根(Gwenda Morgan)和彼得·拉什顿(Peter Rushton)所言:"对仆人和学徒等劳工雇佣条款的监管成为令18世纪地方所有治安法官烦恼的事情。虽然工业规模日益扩大,但治安法官确保雇主与劳工行为合法的传统作用依然十分重要。"③ 1660年之后,劳资纠纷案件很少出现在季审法庭档案中,而由一名或两名治安法官在季审法庭之外的即决法庭负责审理。当案件到达治安法官之手,治安法官问询控告人、被告人及证人之后,一般会采取以下方式:调解(mediation)与仲裁(arbitration)、具结担保(bind over)、囚禁入狱待审、关进教养院。

调解与仲裁是治安法官司法实践的重要方式,也是治安法官解决纠纷的方式之一。仲裁的方式获得枢密院和治安法官的肯定。例如,枢密院在1615年要求索福克郡治安法官"尽其所能通过仲裁达到好的结果"④。治

---

① Douglas Hay and Paul Craven, eds., *Masters, Servants, and Magistrates in Britain and the Empire, 1562–1955*, p.81.
② W. E. Minchinton, ed., *Wage Regulation in Pre-Industrial England*, p.190.
③ Gwenda Morgan and Peter Rushton, eds., *The Justicing Notebook (1750–1764) of Edmund Tew, Rector of Boldon*, Woodbridge: Boydell Press, 2000, p.22.
④ *Acts of the Privy Council of England, 1615–1616*, p.135.

安法官威廉·兰巴德(William Lambarde)认为,治安法官应该"安抚其邻人间的诉讼和纠纷……兼任治安官与仲裁者。我认为他通过理性、智慧、权威和财富,比其他人更能胜任仲裁与要求纠纷双方达成和解"①。柴郡(Cheshire)首席治安法官理查德·格罗夫纳爵士(Sir Richard Grosvenor)鼓励治安法官尽可能地运用非正式手段解决纠纷,他讲道:"在你的邻居中,成为一名政府官员而不是一位法官,说服和促使他们达成和解。"②萨里郡(Surrey)治安法官博斯托克·富勒(Bostock Fuller)的笔记,为上述两位治安法官的言辞提供了实例。例如,1608年4月3日,富勒在解决一起纠纷时,要求一方为另一方工作两天,并要求一方承诺不再破坏另一方的篱笆。1612年7月,富勒对另一起案件予以仲裁。③ 又如,1598年,斯塔福德郡(Staffordshire)季审法庭卷宗记载,治安书记员收到一封关于弗朗西斯·亨肖(Francis Henshawe)上次缺席季审法庭的解释信函,信中讲到其缺席,是因为他觉得已无出席季审法庭的必要,因为"他已经与意见相左的各方就纠纷解决达成一致"④。治安法官的仲裁能够满足民众对法律运行的期望。可以说,近代早期英国诉讼的发生,在一定程度上是为通过正常的规范性调解来解决纠纷,而且这种调解的结果获得法庭确认。

具结担保是治安法官解决人际纠纷的一种常用方式。具结担保是一种非进攻性约束,意在先阻止任何进一步的身体攻击,随后规定一个冷静期,在这段时间内通过和解,不论是非正式的(调解)或半正式的(仲裁),使纠纷双方冰释前嫌。治安法官要求某人具结担保,在规定的金钱或保证金与规定的日期内不再妨碍治安和(或)遵纪守法。如若违反,保证金将被没

---

① William Lambarde, *Eirenarcha, or, Of the Office of the Justices of Peace*, p.10.
② Cynthia B. Herrup, *The Common Peace: Participation and the Criminal Law in Seventeenth-Century England*, Cambridge: Cambridge University Press, 1987, p.88.
③ Granville Leveson-Gower, ed., "Note Book of a Surrey Justice", *Surrey Archaeological Collections*, Vol.9 (1888), pp.174, 194.
④ S. A. H. Burne, ed., *The Staffordshire Quarter Sessions Rolls*, Vol.4, Kendal: Titus Wilson and Son, 1936, p.34.

收,交给国王。① 治安法官具结担保的形式有三:一是不再妨害治安,二是遵纪守法,三是履行特定活动或禁止参加某些活动。② 治安法官通过具结担保,能有效地解决民众纠纷。具结担保有利于促使双方达成庭外和解。例如,柴郡季审法庭档案表明,拉尔夫·拉特(Ralph Rutter)通知季审法庭,他与约翰·莫尔伯恩(John Malbon)之间的所有纠纷与不快都已经化解,和好如初,希望取消具结。③ 治安法官运用具结担保维持治安和规训民众行为,总体而言较有成效,因而成为一种广受欢迎的社会控制方式。

为确保嫌犯出席法庭审判,治安法官根据法律规定、被告人和证据等情况,采用具结保释(bail)或囚禁(gaol)两种方式。被控重罪且声誉不好的嫌犯,将会被囚禁在狱等候审判。被当场捉获(red-handed)或被"声誉卓著"(common fame)之人所控告的那些嫌犯,按惯例也会被囚禁入狱候判。可获得具结保释自由的嫌犯,是那些罪行较轻、获得共同体的信任和没有实际犯罪证据的嫌犯。④ 不论是获得具结保释自由的嫌犯,还是被囚在狱等待审判的嫌犯,都要经过法庭审判才能获得最终判决。

小额盗窃犯、偷猎者和其他各类破坏秩序的罪犯,也可能被治安法官送往教养院。送往教养院成为治安法官处理轻罪的一种极为有效的手段。⑤ 教养院的设立与近代早期的英国社会经济变迁有关,特别是与穷人数量剧增带来的社会问题有关。教养院的原型是 1555 年建立的伦敦布莱德威尔(London Bridewell)。1610 年在全国设立教养院。教养院的主要

---

① Steve Hindle, "The Keeping of the Public Peace", in Paul Griffiths, Adam Fox and Steve Hindle, eds., *The Experience of Authority in Early Modern England*, Basingstoke: Macmillan, 1996, pp.217 - 218.
② Steve Hindle, *The State and Social Change in Early Modern England*, c.1550 - 1640, Basingstoke: Macmillan, 2000, p.98.
③ Steve Hindle, *The State and Social Change in Early Modern England*, c.1550 - 1640, p.113.
④ Cynthia B. Herrup, *The Common Peace: Participation and the Criminal Law in Seventeenth-Century England*, pp.89 - 90.
⑤ J. A. Sharpe, *Crime in Early Modern England, 1550 - 1750*, London: Longman, 1999, pp.69, 168.

目的是教育罪犯,使其成为诚实并努力劳动的公民。1631年颁布的《政令全书》建议,将等待审判的囚犯送往教养院劳动,而不是把他们囚禁在监狱里,因为"他们可以通过劳动变诚实,使其在监狱里的生活不再懒散与糟糕"[①]。1620—1680年,埃塞克斯郡切姆斯福德(Chelmsford)教养院收容的犯人,以流民和行为恶劣的居民为主。行为恶劣的居民多因引起共同体的众怒,但又不至于严重到发起诉讼,所以就被送往教养院。教养院成为惩罚破坏秩序的轻罪犯人之所。[②] 如前文所述,在众多劳工法令的条款中都涉及违法者被送往教养院接受半个月到三个月不等的强制劳动惩罚。

当案件进入正式司法程序后,需要经过大陪审团、小陪审团的审判,然后由治安法官宣读判决结果。在大陪审团开始工作之前,治安法官首先对大陪审员宣读指令。例如,1580年,威尔特郡(Wiltshire)治安法官对季审法庭大陪审团的指令涵盖以下三个方面的内容:一是敬重上帝,二是服从女王,三是女王的臣民要遵纪守法。[③] 肯特郡治安法官兰巴德在对大陪审团的指令中,批评大陪审员害怕权势,挟私报复。兰巴德的指令也提及需要陪审团注意的犯罪问题,例如啤酒馆问题、投机倒把、囤积居奇、短斤少两,但对重罪、谋杀等未予提及。[④] 治安法官的指令内容,还包括向陪审员传达或重申国家法令,例如威尔特郡治安法官的指令涉及79条法令条款。[⑤] 治安法官通过向大陪审团宣读指令,有利于陪审员明了国家法令和治安法官的关注重点,加强法治和筛选控告。

---

① J. P. Kenyon, ed., *The Stuart Constitution, 1603 - 1688: Documents and Commentary*, Cambridge: Cambridge University Press, 1986, p.455.
② J. A. Sharpe, *Crime in Seventeenth-Century England: A County Study*, Cambridge: Cambridge University Press, 1983, pp.151 - 152.
③ Canon Jackson, "Longleat Papers", *The Wiltshire Archaeological and Natural History Magazine*, Vol.14 (1874), p.208.
④ Conyers Read, ed., *William Lambarde and Local Government: His "Ephemeris" and Twenty-nine Charges to Juries and Commissions*, Ithaca: Cornell University Press, 1962, pp.55 - 63.
⑤ Canon Jackson, "Longleat Papers", *The Wiltshire Archaeological and Natural History Magazine*, Vol.14 (1874), pp.208 - 216.

在案件通过大陪审团形成讼状之后,由小陪审团判决嫌犯是否有罪。小陪审团对嫌犯的判决有三类:有罪判决、无罪判决、减罪判决。① 小陪审团有权宣判嫌犯有罪或无罪,但却不能保证宣判结果的立即执行。治安法官可以替罪犯请求赦免,也可以对小陪审团宣判无罪者予以羁押。例如,东萨塞克斯郡宣判有罪的罪犯中,有80%应被处以绞刑,但至少有三分之二的罪犯通过教士赦免、还押,或当兵、移送海外等方式免于绞刑。尽管如此,小陪审团的宣判仍对治安法官有重要影响。如果小陪审团对嫌犯宣判无罪或减罪,那么治安法官对嫌犯的惩罚不得重于鞭刑、在教养院多于一个月的监禁或护守嫌犯回家的次数超过一次。此外,治安法官无权释放小陪审团裁定有罪者。治安法官负责宣读案件判决结果,可以通过教士赦免和各类缓刑,减缓陪审团判定有罪嫌犯的惩罚力度。② 由此可见,治安法官可以在一定限度内影响罪犯的判决结果。

治安法官在即决法庭的活动大多记录在治安法官的笔记中,借此可以了解治安法官在即决法庭处理劳资纠纷的情况。表1-4所示便是通过治安法官笔记获知的劳资纠纷案件的数量及其在所有案件中的比重等信息。③

表1-4 治安法官审理劳资纠纷案件状况

郡名	治安法官姓名	年份	数量/件	百分比
剑桥郡	托马斯·斯克莱特(Thomas Sclater)	1667—1683	24	9%
沃里克郡	威廉·布罗姆利爵士(Sir William Bromley)	1687—1709	8	—

---

① J. M. Beattie, *Crime and the Courts in England*, 1660-1800, Oxford: Clarendon Press, 1986, p.406.
② Cynthia B. Herrup, *The Common Peace: Participation and the Criminal Law in Seventeenth-Century England*, pp.142, 165, 166, 173, 197.
③ Douglas Hay and Paul Craven, eds., *Masters, Servants, and Magistrates in Britain and the Empire, 1562-1955*, pp.72-75.

续　表

郡名	治安法官姓名	年份	数量/件	百分比
白金汉郡	罗杰·希尔爵士（Sir Roger Hill）	1693—1705	28	5%
萨福克郡	德弗罗·埃德加（Devereux Edgar）	1700—1716	270	10%
威尔特郡	威廉·亨特（William Hunt）	1743—1749	17	3%
达勒姆郡	埃德蒙·图（Edmund Tew）①	1750—1764	380	27%
北安普敦郡	托马斯·沃德爵士（Sir Thomas Ward）	1766—1768	66	25%
萨里郡	理查德·怀亚特（Richard Wyatt）	1767—1776	15	7%
诺丁汉郡	杰维斯·克利夫顿爵士（Sir Gervase Clifton）	1772—1812	19	9%
贝德福德郡	塞缪尔·惠特布雷德（Samuel Whitbread）	1810—1814	66	6%

据表1-4可知，治安法官在即决法庭审理劳资纠纷案件的情况差异较大，原因在于治安法官个人的社会地位、勤政程度和各地经济发展情况均有不同。尽管治安法官审理劳资纠纷的案件数量及其比重存有差异，但各位治安法官化解劳资纠纷的努力是显而易见的。为了更好地了解治安法官化解劳资纠纷的实践，根据已经掌握的档案史料，我们以18世纪上半叶的两位治安法官（威廉·亨特和埃德蒙·图）为个案进行分析。

威廉·亨特于1696年出生，先后在牛津大学和中殿律师会馆学习，1743年出任威尔特郡治安法官，1753年去世。现存的亨特的工作笔记是从1743年7月到1749年6月的，其中涉及劳资纠纷的案件17件，占所有案件总数的3%。劳资纠纷案件主要包括雇主克扣工资、劳工在未到合同

---

① 根据格温达·摩根和彼得·拉什顿的统计，埃德蒙·图笔记中的劳资纠纷案件共有375件，占案件总数的26.7%。参见 Gwenda Morgan and Peter Rushton, "The Magistrate, the Community and the Maintenance of an Orderly Society in Eighteenth-Century England", *Historical Research*, Vol.76, No.191 (February, 2003), p.61.

期限时离开等。例如,1744年5月28日一名雇主因为没有支付劳工工资而被控告,治安法官亨特则予以调解,最终雇主支付工资给劳工。① 对于克扣或拖欠工资的案件,亨特通常要求雇主支付工资。有时,当拖欠工资的控告到亨特手上之后,不经过亨特审讯,当事人便以和解结案。② 工资纠纷是亨特处理的劳资纠纷案件中最多的类型,一般由劳工发起诉讼,案件的判决结果也大都符合劳工的意愿。雇主发起的诉讼则主要与劳工不遵守工作合同有关。例如,一名农业劳工与雇主签订一年的工作合同,但劳工在合同未到期之前离开雇主,而被雇主控告到亨特处。③ 再如,一名单身女性与一名雇主签订合同而成为女仆,但在雇主不知情的情况下,女仆私自又与另一雇主签订雇佣合同,而被原来的雇主控告。④ 亨特处理这类劳资纠纷时,往往要求劳工按合同回到原雇主那里继续工作。除此之外,劳资纠纷还涉及劳工诽谤雇主、劳工偷窃雇主财产、雇主虐待劳工等案件。⑤ 亨特在处理劳资纠纷时能够综合考虑情、理、法三者,合理地做出判决。

达勒姆郡(Durham)的埃德蒙·图是受理劳资纠纷诉讼最多的治安法官,在所有受理案件中类型最多的案件也是劳资纠纷。埃德蒙·图生于1700年,在剑桥大学获得学士和硕士学位,从1750年开始出任治安法官,直至1770年去世为止。留存的埃德蒙·图工作笔记的起止年份是1750年和1764年。在埃德蒙·图受理的劳资案件中,学徒、仆人和其他劳工发起的诉讼远比雇主发起的诉讼数量要多,前者共有214起,而后者共有161起。其中劳工发起诉讼的原因主要包括受到虐待、工资纠纷与被解雇等,具体数据如表1-5所示。

---

① Elizabeth Crittall, ed., *The Justicing Notebook of William Hunt*, 1744 – 1749, Devizes: Wiltshire Record Society, 1982, p.28.
② Elizabeth Crittall, ed., *The Justicing Notebook of William Hunt*, 1744 – 1749, p.57.
③ Elizabeth Crittall, ed., *The Justicing Notebook of William Hunt*, 1744 – 1749, p.56.
④ Elizabeth Crittall, ed., *The Justicing Notebook of William Hunt*, 1744 – 1749, p.62.
⑤ Elizabeth Crittall, ed., *The Justicing Notebook of William Hunt*, 1744 – 1749, pp.31, 46, 68.

表 1-5 劳工发起诉讼的原因分类

原告	受到虐待	工资纠纷	被解雇	其他或未知	总和
学徒	42.6%（23）	25.9%（14）	5.6%（3）	25.9%（14）	100%（54）
仆人	26.4%（19）	40.3%（29）	25%（18）	8.3%（6）	100%（72）
其他劳工	4.5%（4）	80.7%（71）	9.1%（8）	5.7%（5）	100%（88）

由表 1-5 可见，发起控告的劳工在年龄与性别方面存有很大差异，其中学徒均是男性，而仆人大多数是年轻女性。其他劳工的所在行业包括制盐业、矿业、船运业和玻璃业。航海业是学徒不满最多的行业，而不满的仆人多来自农场、商店和城市贸易。年轻的学徒和仆人最容易遭受虐待，例如一位仆人控告其遭雇主辞退，而且雇主不但拒绝支付仆人工资，还用刀具抽打她。埃德蒙·图签发令状，最后造船主支付给仆人工资。[①] 又如，一名学徒控告他的水手师傅打他，不给他食物和工资，还威胁他。[②] 学徒除了控告受到师傅的身体虐待之外，还控告师傅拒绝传授技艺。师傅拖欠或克扣学徒工资的情况也是屡见不鲜。埃德蒙·图对工资案件采取的判决形式比较多样，包括即刻签发令状、要求立即偿付或致信被告。此外，有很多案件并没有记载判决结果，可能引起治安法官的注意已经足以使双方达成和解。埃德蒙·图很少判决双方解除合同，通常为了合理解决纠纷而强化雇主的义务。[③]

雇主发起的诉讼以劳工逃跑为主（占 78.3%），其余案件则与劳工的不服从有关。在雇主发起的诉讼中，埃德蒙·图也很少采取极端的判决：五

[①] Gwenda Morgan and Peter Rushton, eds., *The Justicing Notebook (1750-1764) of Edmund Tew, Rector of Boldon*, p.194.
[②] Gwenda Morgan and Peter Rushton, eds., *The Justicing Notebook (1750-1764) of Edmund Tew, Rector of Boldon*, p.160.
[③] Gwenda Morgan and Peter Rushton, "The Magistrate, the Community and the Maintenance of an Orderly Society in Eighteenth-Century England", *Historical Research*, Vol.76, No.191 (February, 2003), pp.62-63.

名顽犯被关进教养院,但是大多数很快就被释放,有一名被判囚禁两周,另一名被判囚禁一个月。埃德蒙·图认为逃跑的矿工或拒绝工作的劳工仍然是逃跑的劳工,而没有像其他地区的治安法官处理工业纠纷时将他们视为叛乱的工人。① 埃德蒙·图的案例表明,治安法官在即决法庭审理劳资纠纷案件时,关注的重点仍然是《劳工法令》的三大核心条款,即学徒制,强制劳动和限制劳工流动,厘定工资。18世纪中叶,劳工结社行为愈演愈烈,工会组织逐渐成型,劳工冲突加剧,使得像埃德蒙·图这样处理劳资纠纷的个案显得与众不同。埃德蒙·图审理劳资纠纷案件主要集中在工资与雇佣合同方面,而其司法实践的目的是维护社会秩序。埃德蒙·图实际上是前工业化社会向工业社会过渡时期处理劳资纠纷的治安法官角色代表。

治安法官除了像上述威廉·亨特和埃德蒙·图那样在即决法庭处理个人的劳资纠纷外,还作为调解人化解行业团体的劳资纠纷。行业团体劳资纠纷的出现与这一时期的劳工结社密切相关。国家在1721年、1726年和1749年先后颁布结社法,限制裁缝、织工、梳毛工、染色工、制帽匠、铁匠、皮匠等行业的劳工结社与联合。为了避免行业结社行为,治安法官积极调解行业劳资纠纷,并对罢工者予以严厉惩罚。例如,威尔特郡纺织业帮工为增加工资而结社,并大声呼吁要求增加工资,为此治安法官在1756年11月厘定羊毛纺织业的计件工资。这立即引来雇主的公开反对,他们认为治安法官的规定殊难推行,因为织布的形状五花八门。在这种情况下,织工起来罢工。沃尔夫(Wolfe)率领6个步兵连队来维持秩序。沃尔夫报告:"遭受压迫的织工拿着工具,破坏那些原本可以工作的织布机。"沃尔夫一度感到害怕,因为织工可能迫使治安法官下令镇压他们。经过反复

---

① Gwenda Morgan and Peter Rushton,"The Magistrate, the Community and the Maintenance of an Orderly Society in Eighteenth-Century England", *Historical Research*,Vol.76,No.191 (February,2003),pp.63-64; Gwenda Morgan and Peter Rushton, eds., *The Justicing Notebook (1750-1764) of Edmund Tew*, Rector of Boldon,pp.22-23.

向议会请愿,最终议会出台法案,废除织工法案中的工资条款,并且规定呢绒商与织工已有的合同仍然有效。①

到18世纪中叶,工资纠纷到达法庭的数量明显增加,劳工被鼓励以和平的方式递交请愿,而对罢工予以严惩。例如,1732年9月,伦敦帮工团体的代表向市长和地方官员请愿,抗议他们雇主的压榨行为。最后,地方政府裁定工资和工时保持不变,但规定上午5点到晚上7点以外的工作都应支付每小时3便士的加班费,并允许劳工有两个小时的早餐和午餐时间。1755年5月,布里斯托尔(Bristol)的治安法官宣布严格执行限制结社的法令,但如果没有军队的帮助,治安法官和他的警力不足以应付愤怒的民众。在伦敦,因为使用军队的政治敏感性,治安法官更喜欢充当雇主与劳工之间的调解人。② 调解与仲裁正式成为劳资关系三方(政府、雇主与劳工)联动机制的组成部分。

总之,前工业化时期英国政府为化解劳资纠纷而出台了一系列劳工法令,授权治安法官解决雇主与劳工之间关于工资、工时、学徒期、人身安全、财产安全等劳资合同条款存在的纠纷。治安法官充分利用自身的社会角色,作为劳资双方的邻里乡亲,灵活运用调解、仲裁、具结、正式判决等司法实践形式,以此化解各类劳资纠纷,维护地方的法律与秩序。虽然治安法官在这一时期厘定工资表的实践日趋减少,但治安法官审理劳资纠纷案件的活动却引人注目。

---

① C. R. Dobson, *Masters and Journeymen: A Prehistory of Industrial Relations, 1717-1800*, pp.76-77.
② C. R. Dobson, *Masters and Journeymen: A Prehistory of Industrial Relations, 1717-1800*, pp.75, 77.

三、家长制下的劳资政策

前工业化时期英国劳资纠纷的化解主要仰赖治安法官的勤政。国家颁布一系列劳工法令，授权治安法官化解劳资纠纷的职能。治安法官作为国家在地方的代理人和地方社会的管理者，运用司法与行政权力化解劳资纠纷。以治安法官为代表的国家介入雇主与劳工的劳资关系中，从而形成三方参与联动的劳资纠纷化解机制。在劳资纠纷化解的过程中，治安法官一方面迫使劳工接受法令规定的工资和工时，禁止劳工结社与罢工，禁止劳工自由流动，强制学徒接受七年学徒期；另一方面禁止雇主支付过高或过低工资，禁止雇主虐待劳工。由此可见，治安法官既强调劳工要"服从"雇主，又要"保护"劳工免受雇主压迫。这种"服从"与"保护"正是家长制主义的核心内容。家长制成为前工业化时期英国政府化解劳资纠纷的指导思想与基本原则。

1. 家长制社会的形成

"家长制"是一个宽泛、松散的概念，其核心原则是"下级社会成员不能获得或追求属于他们自己的实际权益，只有通过自愿服从高级社会成员而得到保护从而取得应有的权益。互惠是这种关系的本质，而保护也常常意味着控制"①。从都铎时期开始,家长制成为英国社会的主流政治思想与施政方针。正如戴维·罗伯茨(David Roberts)总结的那样:"都铎人文主义者和议会立法促使以下三个方面获得极大发展:一是家长制的出现,二是有文化、有基督教信仰和有道德的乡绅与贵族越来越多地承担有产者的义务,三是家长制国家的确立。"②因此,前工业化社会可以称之为"家长制社会",此时的国家形态也可以称之为"家长制国家"。

家长制社会起源于封建社会晚期,是一种过渡社会形态,介于封建社会与资本主义社会之间。在封建社会,封君与封臣、领主与农奴之间存在强制人身依附关系,"形成上、下级之间的人身等级连锁",双方均有权利与义务,从而保持社会的静态、稳定发展。但从13世纪开始,这种强制性人身依附关系开始瓦解。一个动因是"变态封建制"的产生,即封君与封臣不再分封土地,而"代之以支付货币报酬的合同制"。变态封建制在14、15世纪盛行于英国。另一个动因则是农奴制的瓦解,即随着地租从实物向货币的转变,领主发现雇用劳工比强制劳动更加高效。马克垚指出:"英国农奴制于15世纪末年基本上可以说是消亡了。"③附庸制与农奴制的解体使得原有的身份限制日益松弛,但领主与附庸之间的庇护与服从关系并没有随之消逝,而是转变为一种新型的权利义务关系,"变成了维系各个社会阶层的新纽带,家长制社会由此形成"④。脱胎于封建社会的家长制社会继承了封建社会领主与附庸的庇护与服从关系,但剔除了强制人身依附关系。

家长制社会是一个等级社会。根据时人的描述,16—18世纪的英国社会具有等级和层次林立的概貌。威廉·哈里逊(William Harrison)在1577年发表《英国纪实》,将人们分作四个类型,即绅士,公民和自治市民,

---

① Alan Fox, *History and Heritage: The Social Origins of the British Industrial Relations System*, p.3.
② David Roberts, *Paternalism in Early Victorian England*, London: Croom Helm, 1979, p.12.
③ 马克垚:《英国封建社会研究》,北京:北京大学出版社,2005年,第293—294、304页。
④ 金燕:《工业革命前后英国对劳资关系的国家干预》,南京大学博士学位论文,2008年,第34页。

约曼,工匠和工人。二十年后,托马斯·威尔逊爵士(Sir Thomas Wilson)在《1600 年英国状况》中,将居民划分为贵族、市民、约曼、工匠和乡村劳动者五个集团。① 1695 年,格里高利·金(Gregory King)按照等级、阶层、头衔和资格对英国社会进行划分,包括世俗贵族,宗教贵族,准男爵,骑士,缙绅,绅士,官吏,商人,律师,教士,自由持有农,农场主,科学和艺术人士,店主,技工,军官,海员,劳工与仆人,茅舍农和贫民,士兵,流民。② 尽管上述划分的社会等级不一,但均表明这一时期社会等级分明,是一个等级社会。

在这样的等级社会中,上、下等级之间存在一种"权利"与"义务"的关系,这就为家长制社会的形成提供了社会基础。家长制起源于不平等,且以认可一方的权力和另一方的依赖为基础。③ 如前所述,家长制的内核是对依赖的强烈意识。下级社会成员依赖上级社会成员的保护而获得应有的权益。等级社会中上级与下级的"保护"与"服从"关系构成了家长制社会的基本内容。正如钱乘旦所言:"家长式关系是这个社会的特征。上层既要求下层服从,又对下层提供某种'保护',保证他们能够生存。上下之间存在一种'权利'与'义务'的默契关系。尽管不同等级在经济利益上极不相同,而且有时相互冲突,但只要权利和义务这根纽带不断裂,双方都恪守默契,那么它们之间就会有相当大的一致。在领主和农奴、农场主和农业工人、手工业师傅和帮工之间都存在这种相依关系。在这种关系下地位尊卑分明,利益冲突不明显,若以整个社会论,贵族和人民间也是类似的情形。"④ 家长制社会上、下层的责任互为因果,相互依存。

家长制社会的指导思想与主流意识形态是家长制。家长制国家理论

---

① Sir Thomas Wilson,"The State of England, 1600", in Joan Thirsk, ed., *Seventeenth-Century Economic Documents*, Oxford: Clarendon Press, 1972, pp.751 - 757.
② Gregory King, "Gregory King's on the State of England in 1695", in Joan Thirsk, ed., *Seventeenth-Century Economic Documents*, Oxford: Clarendon Press, 1972, p.781.
③ Keith Wrightson, *English Society: 1580 - 1680*, London: Routledge, 2003, p.65.
④ 钱乘旦:《第一个工业化社会》,成都:四川人民出版社,1988 年,第 238 页。

认为,家庭是国家的缩影,而父亲的自然权力和无上权威则揭示了政治权力的本质。国家的政治权力等同于父亲的自然绝对权力。[①] 绝对权力与服从仅仅是家长制的一面,家长制也强调保护与关爱。如国王詹姆士一世在1598年所言:"(国王)作为父亲的义务包括养育、教育和管束子女,即国王必须关心他的臣民。"[②]换言之,家长制社会应该是威权制(authoritarian)、等级式、有组织和多元化的社会。威权制是指国王、主教、领主、治安法官、警役等像父亲一样发号施令,并获得遵从。在他们的权威范围内,他们像父亲一样至高无上。如果他们的统治不具有权威,那么就会产生混乱。家长制权威必须稳固而严厉。对于破坏家长制权威的人,应该处以死刑、鞭笞、简易判决;对于煽动叛乱的人,应该予以监禁。家长制社会强调等级,富有者可以"治人",而穷人只能工作和"治于人"。家长制等级观最为核心的部分是对从属关系的强调,因为只有尊重和服从上级才能形成从属关系。家长制社会的组织性表现在人际纽带、相互依存、家族关系使得所有的社会成员联系在一起,每个人都有自己的位置。在英国,财产是权威最为重要的来源,而财产是分散的,所以家长制在很多不同的领域以多元化的方式发挥作用,这就是英国人引以为豪的"英国自由"。财产所有者既有权利,也有义务。他们的义务主要包括管理(ruling)、引导(guiding)和帮助(helping)。领主有义务管理他的地产和教区,惩罚酗酒者,监禁偷猎者,流放纵火犯和驱逐邋遢的佃农。作为教区的保护者,领主还需惩罚犯罪,镇压骚乱,迫使懒散之人工作,驱逐流民和维护国王的和平。领主还像教士一样,对穷人的道德与行为负有引导的义务。另外,领主还有向困境中的人们提供帮助的义务。例如,在严重饥馑时期施粥;1

[①] Gordon J. Schochet,*The Authoritarian Family and Political Attitudes in 17th-Century England*,London:Transaction Books,1988,pp.268-269.
[②] James I,"The Trew Law of Free Monarchies", in *The Political Works of James I*,New Jersey:The Lawbook Exchange,2002,p.55.

月份低价售煤;清扫茅舍至可以居住,收取合适租金;公正严格地执行济贫法。① 权威、等级、组织与多元是家长制的关键词,管理、引导与帮助是家长制的实施路径,而服从与保护则是家长制的核心。

近代以来,随着乡绅权力的增长、教会的国家化和王权的强大,家长制获得加强。都铎时期国家立法,以及政治家与人文主义者的著作,又进一步使得家长制成为国家意识形态。政治家们将国王的家长制扩展到议会,而人文主义者则将守护国家的特权和财富的基督教义务阐述得更加明晰。法令中关于政府家长作用的内容与日俱增,而议会法案涉及人们的穿着、观念和如何对待穷人。表面上看,国王更像父亲,而议会中的贵族和乡绅制定法律,使得治安法官成为英国事实上的家长制统治者。② 治安法官成为家长制的实践者,而治安法官的主体是乡绅。以肯特、诺福克、北安普顿、萨默塞特、伍斯特和北约克等六郡为例,乡绅担任治安法官的人数从1562年的78位增加到1636年的163位(其中1608年有202位),乡绅在整个治安委员会中的比例从1562年的54%增加到1636年的61%(其中1626年占64%)。与此同时,贵族担任治安法官的人数从1562年的35人减少为1636年的15人,所占比重从25%降为6%。③ 由此看来,担任治安法官的乡绅与贵族之和占据治安法官总量的三分之二。乡绅和贵族"承担有产者的义务",不仅积极出任治安法官,而且在任期间积极履行治安法官的职能。

2. 家长制劳资政策

在经济领域,家长制强调雇主在宗教、道德或社会责任的指引下管理

---

① David Roberts, *Paternalism in Early Victorian England*, pp.9-10.
② David Roberts, *Paternalism in Early Victorian England*, p.12.
③ J. H. Gleason, *The Justices of the Peace in England 1558 to 1640: A Later Eirenarcha*, Oxford: Clarendon Press, 1969, pp.51-52.

劳工,而不是最大限度地追求短期效益,雇主的经济行为需要受到道德的约束。作为对雇主承担义务的回报,劳工需要绝对服从雇主。① 简言之,家长制在劳资关系中体现为雇主管理与保护劳工,劳工服从雇主。当雇主与劳工出现劳资纠纷时,则由国家根据家长制理念来化解。家长制的"保护"与"服从"在劳资政策上均有体现。

作为前工业化时期英国劳资政策的蓝本,1563年《劳工法令》奠定了家长制劳资政策的基础。首先,《劳工法令》的指导原则便是家长制思想,一方面保障劳工的工资水平,另一方面又限制雇主支付给劳工高于法令规定的工资;一方面禁止雇主虐待劳工,另一方面又对逃跑的劳工予以惩罚;一方面保证劳工不被雇主无故辞退,另一方面又强制要求劳工在农忙时节劳动。其次,《劳工法令》重申治安法官化解劳资纠纷的权力,而治安法官的担任者则以乡绅与贵族为主。《劳工法令》在地方的推行很大程度上仰赖治安法官的勤政。不论是厘定工资,还是审理劳资纠纷案件,均表明出任治安法官的乡绅和贵族积极承担着义务。最后,《劳工法令》是家长制国家经济政策的重要组成部分。家长制国家积极干预劳工问题,颁布《劳工法令》,并监督《劳工法令》的执行。据统计,伊丽莎白女王共发布十七条厘定工资敕令和一条学徒制敕令。② 1595年,枢密院致信治安法官:"我们必须知道那些因为饥馑年代里不能增加工资的纺织工匠和他们的家庭正陷入贫困之中,请你们务必代表纺织工匠们与呢绒商进行交涉,保证纺织工匠们获得合理的工资。"③国家要求治安法官考虑劳工实际生活情况,增加工资,以此彰显国家对劳工的关心与体恤,这也是家长制"保护"的内在要

---

① Alan Fox, *History and Heritage: The Social Origins of the British Industrial Relations System*, pp.3, 10.
② Paul L. Huges and James F. Larkin, eds., *Tudor Royal Proclamations*, Vol.2, pp.700, 702, 711, 713, 723, 725, 731, 753, 756, 763, 765, 770-774, 778, 785.
③ John Roche Dasent, ed., *Acts of the Privy Council of England: 1595-1596*, London: Her Majesty's Stationery Office, 1901, p.44.

求。1614年，枢密院晓谕威尔特郡治安法官调查劳工对呢绒商支付低工资的抱怨："呢绒商支付他们的工资还是四十年前的水平，尽管物价已经翻了一番。你应该召集呢绒商，查明劳工抱怨的真假，尽你全力根据目前情况合理厘定工资。"①国家根据《劳工法令》保护劳工利益的同时，也限制与镇压不服从的劳工，强制劳工接受厘定工资标准。例如，埃塞克斯郡劳工克里斯托弗·伍德（Christopher Wood）因为在工作时间去酒馆而遭到雇主威廉·约翰斯顿（William Johnston）的责骂与嘲弄。② 总体而言，《劳工法令》诠释了英国前工业化时期家长制劳资政策的基本原则与内涵。前工业化时期家长制国家的根本诉求是维护社会稳定、保障社会秩序。为达到这一根本目的，国家颁布《劳工法令》，制定家长制劳资政策，确保国家、雇主（或师傅）与劳工（学徒）三方生态的平衡与稳定，兼顾三方的权益与义务。

18世纪上半叶，英国劳资政策承继《劳工法令》的基本框架，执行家长制劳资纠纷化解机制。例如，"1726年威尔茨郡及萨默塞特两地织布工人共向国王呈诉布业雇主苛刻及欺诈之情形。结果责成枢密院之一个委员会调查工人所控诉之各节，并拟定'协约'，以解决当日之争端。同时亦告诫织布工人，此后不得组织非法团体以自卫，但如遇冤枉情事，随时得以'正当方式呈诉国王陛下，国王陛下自当斟酌情形，予以公正合理之解决'"。再如，1728年格洛斯特郡的工人向治安法官请愿，并劝使治安法官不顾雇主抗议，而"第一次为乡间织布工人制定一种优厚之工资标准"。③可见，18世纪上半叶国家仍然保护劳工获得合法工资，控制劳工的反抗行为。

治安法官成为家长制劳资纠纷化解的执行者，是国家在地方的代理

---

① E. G. Atkinson, ed., *Acts of the Privy Council of England*: 1613－1614, London: Her Majesty's Stationery Office, 1921, pp.458, 653.
② J. A. Sharpe, *Crime in Seventeenth-Century England: A County Study*, p.121.
③ ［英］韦伯夫妇：《英国工会运动史》，陈建民译，北京：商务印书馆，1959年，第35—36页。

人,扮演着地方社会的"家长"或"父亲"角色,而雇主与劳工则成为治安法官实践家长制保护与控制的对象。18世纪上半叶的劳工立法授权治安法官厘定工资、禁止劳工结社、化解雇主与劳工的纠纷。治安法官既可以温情脉脉,为劳工规定最低工资,调解雇主与劳工的纠纷;也可以冷若冰霜,对违反劳工法令的雇主与劳工予以鞭笞或拘禁。雇主与劳工之间的关系也是家长制劳资关系的重要组成内容。雇主为劳工提供工资或食物,教授学徒技艺,而劳工则必须服从雇主,努力工作。雇主与劳工,治安法官与雇主,治安法官与劳工构成前工业化时期英国家长制劳资政策的三个层面,而家长制劳资政策的着眼点与落脚点则是维护社会秩序。

首先,治安法官成为家长制劳资纠纷化解的执行者与劳资双方的统治者。纵观前工业化时期英国的劳资立法,治安法官频频出现在立法条款中。例如,1726年《劳工法令》要求治安法官的季审法庭根据丰歉程度厘定工资和工作时间,不按规定执行者将由治安法官判决不超过两个月的监禁。治安法官还负责解决裁缝雇主与帮工之间的纠纷。1749年《劳工法令》则授权治安法官对在一些制造业中掺假或欺诈的行为予以惩罚,包括罚金、鞭笞、监禁等。这些劳工立法使得治安法官成为前工业化时期化解劳资纠纷的实际执行者。治安法官作为地方社会的管理者,按照家长制理念进行地方治理,对雇主与劳工负有"控制"与"保护"之责。治安法官是"靠恐惧和惩罚来统治每一个人","他们把自己看作地方的'家长',既不许人民乱说乱动,又负有监护地方不受他人侵犯的责任"。[①] 18世纪,对仆人和学徒等劳工雇用条款的监管成为令地方治安法官烦恼的事情,治安法官在确保雇主与劳工行为合法中依然发挥着重要作用。

其次,家长制劳资纠纷化解机制保护雇主与劳工的基本权利。家长制劳工立法强调对雇主与劳工基本权利的保护。从劳工方面来讲,劳工立法

---

① 钱乘旦:《第一个工业化社会》,第28页。

禁止哄抬物价,对贫民提供救济;对拒绝支付规定工资和虐待劳工的雇主予以惩罚。从雇主方面来讲,劳工立法惩罚拒绝工作的劳工和接受超过最高工资的劳工。家长制劳资政策通过保护雇主与劳工的基本权利,使他们服从国家管理。家长制保护观念基于富有者、领主、约曼农、教区贵族、教士等社会上层对于他们社会义务的认识。对他们而言,社会义务是他们社会地位的组成部分。社会上层提供家长制保护的花费甚少,但可获得遵从、服从和对社会秩序合法性的认同,这是社会上层迫切需要的结果。① 社会上层通过为雇主与劳工提供家长制保护,达到维护社会秩序的目的。

最后,家长制劳资纠纷化解机制强调维护社会等级秩序。18世纪的英国仍然是一个等级制社会,土地贵族掌握国家权力,而家长制则成为国家的意识形态。家长制国家的社会政策意在维护这种社会等级,使得社会各等级各安其位、各得其所。这一时期的社会立法要求尊重社会的"尊卑等级",尽管等级体系与等级体系内个体的社会流动方式之间的关系始终难以固定。② 社会流动与劳工结社是对等级社会的重大威胁,因此国家立法限制劳工的流动与结社。例如,1721年《劳工法令》的前言中明确指出,"伦敦和威斯敏斯特大量的裁缝帮工没有缘由地离开他们的工作,联合起来要求增加不合理的工资、缩短工作时间,从而造成懒散的风气和穷人的增加等恶果",英国政府遂颁布劳工法令。1726年《劳工法令》的颁布与织工非法结社有关,织工"违法擅自结社或制定议事章程","并且不合理地增加工资","对国王的臣民造成暴力和暴行"。家长制劳资政策在严厉限制劳工结社的同时,鼓励劳工通过请愿等和平方式向治安法官表达诉求,由治安法官予以解决。

---

① Keith Wrightson, *English Society: 1580-1680*, p.66.
② [英]阿萨·勃里格斯:《英国社会史》,陈叔平等译,北京:中国人民大学出版社,1991年,第128页。

治安法官利用季审法庭与即决法庭厘定工资，并通过调解与仲裁、具结担保、教养院、正式审判等司法实践化解劳资纠纷。治安法官作为英国政府架构中最具特色的制度，在家长制理念的指导下，较为有效地化解了劳资纠纷。但随着工业革命的开展和工厂制的发展，劳工的阶级意识与政治意识增强，原有的家长制劳资纠纷化解机制渐成"明日黄花"。

四、小　结

18世纪上半叶是英国工业革命的前夜，雇主（师傅）与劳工（学徒）之间的劳资冲突并不激烈，而且国家的积极干预可以有效地化解双方的纠纷，使得社会秩序得以维护。以治安法官为代表的国家干预是家长制国家执政理念的具体表现。家长制强调保护与服从，在劳资关系领域，既强调保护雇主与劳工的基本权利；又强调劳工服从雇主，雇主与劳工服从治安法官。为了化解劳资纠纷，国家出台了一系列劳工立法，对雇主与劳工的行为予以严格规定，授予治安法官化解劳资纠纷的权力。治安法官成为家长制劳资纠纷化解机制的实际执行者。治安法官作为家长制国家在地方的代理人，以地方社会的"家长"自居，践行家长制保护与控制的职责。治安法官多由乡绅担任，承担有产者的义务，对雇主与劳工的行为进行规训，对贫穷的劳工予以救济。

劳工作为社会下层，需要依赖社会上层提供的帮助来保障自己的权利。当社会上层未能及时提供保护时，劳工便被迫反抗。劳工最为关心的劳资事务是工资，为提高工资，劳工往往通过请愿、结社、骚乱、罢工等方式，引起国家与治安法官对劳资纠纷的关注。但劳工的反抗行为有损于社会秩序，令家长制国家不满，因此劳工立法严厉限制劳工的结社与罢工，而鼓励劳工通过请愿等和平手段争取权利。在家长制社会中，这种做法尚有成效,但随着家长制理论逐渐被自由放任理论所取代,工业革命的浪潮瓦解了家长制社会之时,国家与治安法官对劳工的保护也随之消逝,劳工面临的处境愈加困难,转而寻求其他解决之道。

雇主与治安法官一样,其社会等级在劳工之上。他们秉持家长制理念处理劳资关系,要求劳工服从他们的权威,同时为劳工提供工资或食物,师傅还要将手艺教给学徒。当雇主出现虐待劳工或拖欠劳工工资等不履行他们应有义务的情况时,劳工则可以将雇主告上法庭。治安法官在处理这类劳资纠纷时,往往支持劳工的合理诉求。同样,如果劳工不能服从雇主,违反雇主的命令或逃避工作,那么雇主可以状告劳工。治安法官也会支持雇主的合理诉求。家长制观念成为前工业化社会英国民众的行事准则,在服从"家长"权威的前提下,化解劳资纠纷。当工业化社会来临时,劳资双方的冲突对抗更加激烈,"家长"权威逐渐弱化,从而造成劳资冲突的加剧。

综上所述,前工业化时期英国劳资纠纷的化解机制是以治安法官为代表的英国政府、雇主、劳工三方联动机制,其在家长制理念的指导下,较为有效地化解了劳资纠纷。但随着经济与社会观念的变迁以及政府角色的转变,工业化初期英国劳资冲突更加严重,劳资冲突化解机制也随之发生变化。

第二章
从管制到仲裁的转变

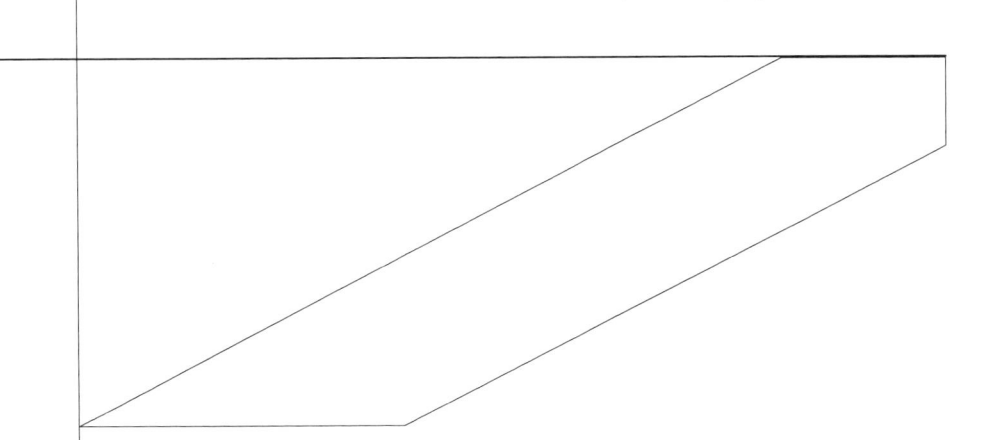

18世纪后期是英国工业革命蓬勃开展的时期,也是英国工业化的兴起时期。工业革命的来临,对英国经济组织和社会结构的变革均产生重大影响,这集中表现为工厂制的兴起和两大对立阶级(资产阶级与工人阶级)的形成。这些变革使得劳资纠纷与冲突更加普遍与剧烈,对前工业化时期家长制劳资纠纷化解机制提出挑战。在经济思潮方面,这一时期家长制保护主义与经济自由主义相互博弈。在新旧思想交替之际,英国劳资政策呈现出新内容与新特征。本章将对1756—1800年间英国劳资冲突化解机制的变化加以阐释。

一、限制劳工结社的立法

工业革命以蒸汽机的广泛使用为标志,使得工厂摆脱动力的限制,可以集中在城市。"当工厂在城市大量集中时,工人也在城市大量集中,存在于某一个城市的不是一个工厂和许多工人,而是许多工厂和无数工人;厂主有可能选择工人,工人也可以选择工厂。于是,工人调换工厂和厂主更换工人都成了家常便饭,雇主和雇工间的权利与义务关系解除了,谁都可以不对谁负责。"① 雇主与劳工之间的权利与义务关系解除后,双方的利益冲突日趋严重。原有的家长制保护与服从日渐解体,这是等级制社会向阶级社会转变的自然结果。与涌向城市的工厂工人不同,手工工人(包括作坊中的工匠与帮工及家庭工业制中的手工工人)人数越来越少,始终抵制工业化,要维护自己"独立"的地位。由于手工工人与工厂工人在工业革命中经历不同,他们对工业革命的反应也就不同,他们以不同的方式从事斗争,由此产生了工人运动的两股潮流——工人激进运动和工会运动。② 就劳资冲突的数量而言,1761—1800 年间共有 266 起,其中包括纺织、造鞋、制帽、成衣业等在内的传统行业手工工人的冲突有 152 起,占总数一半以上。③

---

① 钱乘旦:《第一个工业化社会》,第 240 页。
② 钱乘旦:《第一个工业化社会》,第 288 页。
③ C. R. Dobson, *Masters and Journeymen: A Prehistory of Industrial Relations, 1717 - 1800*, pp.24 - 25.

由此可见，手工工人是劳资冲突的主体，而工厂工人要到19世纪中后叶才逐渐成为劳资冲突的主体。

1. 特定行业结社法的出台

手工工人为了表达自己的诉求，往往通过结社或联合的方式向议会或治安法官施加压力。"在工业化初期，工人通过结社与雇主对抗在劳资冲突中占据越来越重要的地位。"[①]工人的结社行为不利于国家对社会秩序的维护，故而成为国家明令禁止的行为。早在18世纪上半叶，英国政府便出台结社法，禁止裁缝、纺织工、梳毛工、染色匠、制帽匠、铁匠等劳工结社。工业革命开始之后，国家继续出台结社法，禁止劳工结社。据统计，在整个18世纪，共有9个结社法案获得通过，具体参见表2-1。[②]

表2-1 18世纪及1800年英国政府颁布的结社法

序号	法案	适用范围
1	7 Geo. 1, st. 1, c. 13 (1721)	伦敦和威斯敏斯特的裁缝
2	12 Geo. 1, c. 34 (1726)	纺织工和梳毛工
3	22 Geo. 2, c. 27 (1749)	染色匠、织羊毛工、制帽（毡）匠、丝（麻、棉）织工、铁匠、皮匠
4	8 Geo. 3, c. 17 (1768)	伦敦和威斯敏斯特的裁缝
5	13 Geo. 3, c. 68 (1773)	斯皮塔菲尔德的丝织工
6	17 Geo. 3, c. 55 (1777)	制帽匠
7	32 Geo. 3, c. 44 (1792)	斯皮塔菲尔德的丝织工
8	36 Geo. 3, c. 111 (1796)	造纸匠
9	39 Geo. 3, c. 81 (1799)	普遍适用
10	39 and 40 Geo. 3, c. 106 (1800)	普遍适用

---

① 刘金源等：《英国近代劳资关系研究》，第106页。
② John V. Orth, "English Combination Acts of the Eighteenth Century", *Law and History Review*, Vol.5, No.1 (Spring, 1987), p.180.

由表 2-1 可知，全国性结社法是 1799 年和 1800 年《结社法》（Combination Act），其他结社法仅限于某一些行业。直到 18 世纪中叶，结社法适用的行业仍然很少。相比之下，1749 年《结社法》覆盖的行业更多，使得结社法更加有效与精密，到 1800 年达至顶峰。

18 世纪下半叶的第一个结社法是 1768 年《结社法》，适用于伦敦和威斯敏斯特的裁缝，与 1721 年《结社法》的适用群体相同。在面向裁缝的 1721 年《结社法》颁布近半个世纪之后，裁缝行业的动乱和约翰·威尔克斯（John Wilkes）所领导的反抗斗争，迫使议会颁布新的法令以强化之前的法令。[①] 1768 年《结社法》的前言指出，虽然治安法官时常厘定裁缝的工资和工时，但裁缝工人的质疑和厘定工资的困难已经产生，而且裁缝工人运用很多微妙的手段规避法令的限制。基于此，1768 年《结社法》确立了一套新的工资和工时规定，对裁缝的经济状况予以适度改善。法令规定，全年中最高日工资是 2 先令 7 便士，除了大丧（general mourning）时期对衣服有迫切需要的，裁缝的最高日工资可以达到 5 先令 1 又 1/2 便士。法令缩短了裁缝的日常工作时间，从早上 6 点到下午 7 点，其中包括 1 小时吃饭时间。对于违反法令者的处罚与 1721 年的法令相同，即予以两个月的监禁。法令允许强迫不愿意担任人证者参加法庭审讯，对拒绝指证者予以监禁。上诉者需保证出席庭审。上诉必须在判决六个月之内提出，成功者可返还所有诉讼费用。法令明确规定本法令属于"公法"（与"私法"相对），目的是引起所有法官和治安法官的注意。为了确保法令关于工资和工时

---

① 1763 年，约翰·威尔克斯因通过《北不列颠人》报抨击"国王之友"政府和乔治三世，而被关入伦敦塔。在"威尔克斯与自由"的口号下，伦敦资产阶级接连举行抗议游行，但遭到贵族势力的压制。威尔克斯被迫出逃法国并被议会开除。1768 年，威尔克斯返回英国，并被选为议员，这引起国王和托利党人的恐惧。乔治三世命令将威尔克斯赶出议会，投入监狱。虽然他连续三次被选为议员，却均被议会剥夺当选资格，这引发了全国性反抗斗争。伦敦、纽卡斯尔等港口的海员强行封港，要求增加工资。许多地方的工人破坏机器，农民袭击地主，反对圈地。面对如此革命形势，乔治三世悍然进行血腥镇压。参见吴必康：《论乔治三世个人统治》，《南京大学学报》1986 年第 2 期。

的规定被普遍接受,法令授权治安法官根据时局需要予以改动。法令要求伦敦市长、市议员、法官不仅要为本市,而且还要为其周边五英里内的裁缝厘定工资和工时。① 1768年《结社法》主要针对雇主,该结社法在关于目击证人的条款中规定,任何书记员、陪审团主席、学徒、仆役或其他被此人雇用的人,均有违法嫌疑。如果雇主支付给伦敦之外的裁缝的工资超过最高工资规定的话,则处罚金500英镑;对于揭发此类雇主者,可获得高额罚金的一半。② 1768年《结社法》在1721年《结社法》的基础上,进一步厘定裁缝的工资和工时。

鉴于斯皮塔菲尔德(Spitalfields)的丝织工"在半夜成群结队地在大街上游荡,闯入制造商的房子,破坏他们的财产",为了防止丝织工骚乱的再次发生,议会出台了1773年《结社法》(又称《斯皮塔菲尔德法》)。③ 法令授权两名治安法官为米德塞克斯郡(Middlesex)、伦敦和威斯敏斯特、伦敦塔等区域厘定工资,工资通告在两家日报上刊登了三次。雇主不按厘定工资支付者,缴纳罚金50英镑;丝织工接受非厘定工资者,缴纳罚金50先令。丝织工通过结社、威胁其他丝织工放弃工作、超过10名丝织工聚众等方式要求增加工资者,处罚金50先令。丝织工如果需要增加工资,只能向治安法官聚集的季审法庭请愿。雇主和劳工的罚金都交由丝织工协会,用来救济"贫困的熟练丝织工"。如果不能缴纳罚金,那么雇主则可能被出售他们的物品,劳工则可能被监禁在教养院接受三个月的强制劳动。如果雇主为逃避法令而雇用法令规定区域之外的劳工,他将面临50英镑额度的债务诉讼起诉,由国王和原告分担50英镑。为了限制劳工的供应,法令限制接

---

① Danby Pickering, ed., *The Statutes at Large*, Vol.28, Cambridge: Cambridge University Press, 1768, pp.20 – 24.
② John V. Orth, "English Combination Acts of the Eighteenth Century", *Law and History Review*, Vol.5, No.1 (Spring, 1987), p.185.
③ J. H. Clapham, "The Spitalfields Acts, 1773 – 1824", *The Economic Journal*, Vol.26, No.104 (December, 1916), p.460.

收学徒的比例为 2%，违者缴纳罚金 20 英镑。《斯皮塔菲尔德法》(*The Spitalfields Acts*)中的程序条款要求两名治安法官召集人证，如果人证拒不作证则会被逮捕，如果人证拒不指控则会被监禁一个月。如果被告上诉则首先要有足够的抵押品，且需在判决后六个月内发起。法令公开宣称是"公法"。① 1773 年《斯皮塔菲尔德法》明确指出，劳工结社只有通过向治安法官请愿来增加工资是合法的，而且该法案的程序条款与之前的结社法保持一致。近 20 年后，1792 年《斯皮塔菲尔德法》适用于混合其他材料与丝的织工，并对 1773 年法案的程序稍做修改。1792 年法案采用"定罪表格"，与季审法庭卷档一起归档；同时禁止普通法法庭通过诉讼迁移令移走案件，并将惩罚侵吞材料的条款运用于丝织业。②

除裁缝与丝织工受到结社法的限制外，制帽业在 1777 年成为结社法限制的行业。1777 年《结社法》涉及劳工两个最重要的内容：学徒制和结社。伊丽莎白时期(1565 年)和詹姆士一世时期(1604 年)的法令规定，充当制帽匠的学徒必须是本地人，并且师傅每次只能带两名学徒。对学徒准入的限制意味着学徒人数少，因此有利于工匠获得经济优势。1777 年法令废除了这些旧有法律，但是要求师傅每带一名学徒需雇用一位熟练工匠。关于制帽匠结社的规定要求上诉者需有两名担保人，每人支付 5 英镑担保金。法令宣布制帽匠的结社为非法。参加非法集会，请求别人参加或出钱，说服别人拒绝工作，为非法社团提供资金等行为，将受到三个月监禁的处罚。两名治安法官处理案件，季审法庭为终审。法令禁止担任治安法官的雇主处理此类案件。按惯例，1777 年法令是公法。③ 关于制帽匠的结社法废除了 1563 年《劳工法令》中的学徒制条款在制帽业中的运用，《劳工

---

① Danby Pickering, ed., *The Statutes at Large*, Vol.30, Cambridge: Cambridge University Press, 1773, pp.158 – 161.
② Danby Pickering, ed., *The Statutes at Large*, Vol.27, Cambridge: Cambridge University Press, 1767, pp.567 – 570.
③ Owen Ruffhead, ed., *The Statutes at Large*, Vol.8, London, 1786, pp.550 – 552.

法令》的学徒制条款最终在1814年被废除。1777年《结社法》使制帽匠处于更加不利的地位，受到更多的限制。

18世纪最后一个有限的特定行业的结社法是1796年针对造纸匠的结社法。造纸行业的劳资纠纷使得劳工向议会请愿，要求制定法律。1796年《结社法》宣布所有提高工资、缩短工时或减少工作量、妨碍其他工人工作、影响雇主营业等的契约无效。此后，如若再有类似契约者，受罚两个月强制劳动。同样的惩罚也适用于直接或间接阻止别人接受工作或游说别人拒绝工作的造纸匠，以及试图阻止雇主雇用他人又或拒绝工作的造纸匠。参加非法集会，为非法目的募捐或捐款，恐吓他人以使他人拒绝工作等行为者将受到两个月监禁的处罚。法令对造纸匠的工作时间予以规定。案件由一名治安法官在案发一个月之内审理，治安法官有权召唤嫌犯和证人，甚至在一些案件中可以直接逮捕嫌犯。嫌犯可以被迫指控他人，但需赔偿检举人。判决结果被记录在法律规定的表格上，与季审法庭卷档一起归档。被告上诉需要两名担保人提供20英镑担保金。如果上诉失败，需要支付被上诉人费用。禁止普通法法庭通过诉讼迁移令移走案件。对执法者的上诉需在案件调查后六个月之内提出。法令最后宣称造纸匠结社法是公法。① 造纸匠结社法是在已有结社法的基础上颁布的，为1799年和1800年《结社法》的出台提供了有益借鉴。

上述结社法存有以下共同点：一是结社法的适用范围局限于特定行业，因此是有限的行业结社法；二是结社法在限制工人结社的同时，对工人的工资和工时予以规定。从这个意义上来讲，结社法在一定程度上体现了家长制劳资立法的特征，即对劳工的控制与保护。

---

① Danby Pickering, ed., *The Statutes at Large*, Vol.41, Cambridge: Cambridge University Press, 1797, pp.419 - 422.

2. 全行业结社法的出台

直到 18 世纪末,第一个适用于所有行业的结社法才获得颁布。它的出台与先前的结社法一样,起源于某个特定行业的劳资纠纷。1799 年 4 月 5 日,磨坊主向议会请愿,请求出台一项法律禁止磨坊工匠非法结社,并为他们厘定工资。① 18 世纪的劳资立法并无涉及磨坊行业的法律,磨坊工匠的结社只能归为普通法的"共谋"(conspiracy)行为。磨坊主在请愿中指出这种法律缺失:"在现有法律下,惩罚这些违法者的唯一途径,是在违法行为发生后向季审法庭或巡回法庭控诉。但在此之前,违法者早已逃之夭夭。即使发现他们的藏身之所,待到将他们绳之以法也需要很长时间。加之,追捕他们的费用和在人身保护令下将他们带到作奸犯科之地,这些困难使熟练工匠继续肆无忌惮地结社。对磨坊主而言,这种损失是巨大的,因为熟练工匠离开磨坊主会耽搁他们的生意。"②议会认可磨坊主的请愿,建立委员会调查磨坊工匠的结社行为。不久,委员会提交了限制磨坊业的议案。这时,威廉·威尔伯福斯(William Wilberforce)建议扩大法案的适用范围。③ 威尔伯福斯指出,结社已经成为社会通病,因此补救措施也应是普遍适用的,不仅要消除当前的抱怨,还要防患于未然。他进而主张普遍禁止结社。④ 由于委员会的报告是关于磨坊主提议的私人性质的议案,所以威尔伯福斯的建议未被采纳。磨坊主的议案获得议会下院通过,并提交上院。

---

① C. R. Dobson, *Masters and Journeymen: A Prehistory of Industrial Relations, 1717-1800*, p.139.
② John V. Orth, "English Combination Acts of the Eighteenth Century", *Law and History Review*, Vol.5, No.1 (Spring, 1987), p.195.
③ C. R. Dobson, *Masters and Journeymen: A Prehistory of Industrial Relations, 1717-1800*, p.139.
④ John V. Orth, "English Combination Acts of the Eighteenth Century", *Law and History Review*, Vol.5, No.1 (Spring, 1987), p.195.

两个月后，英国首相威廉·皮特（William Pitt）进行干涉，显然是对威尔伯福斯建议的反应。皮特支持适用于所有工人的一项法案。皮特提及英国北部的结社，建议仿照造纸匠结社法制定普遍适用的法律。第二天，财政部秘书乔治·罗斯（George Rose）提出议案供大家讨论。① 尽管存在一些争议，但新议案很快获得上院同意，在 1799 年 7 月 12 日成为法律，即 1799 年《结社法》。

1799 年《结社法》对非法契约予以界定，包括增加工资，减少或变更工时，减少工作量，阻止或妨碍雇主雇用他人，控制或影响劳工继续工作。宣布之前与上述行为相关的任何契约均为非法。自法律颁布之后，若再有上述契约或联合以达到上述目的者均为非法。任何人不得通过"直接或间接"手段试图阻止劳工工作或诱使劳工逃离工作，也不得试图阻止雇主雇用其认为合适的劳工。最后，劳工一旦被雇用则不可拒绝与其他劳工一起工作。参加非法集会、直接或间接鼓励他人参加非法集会、为非法目的捐款或集资等行为均为非法，有以上行为者将受到三个月监禁或两个月强制劳动的惩罚。

法令规定，任何人资助他人违反本法令或支持他人诱使工人拒绝工作则需缴纳 10 英镑罚金，筹集或接受资助者则需缴纳 5 英镑罚金。如果违法者不能支付罚金，则以实物抵押。如果无法进行实物抵押，则被处以三个月监禁。法令颁布之前筹集的非法资金需在三个月之内完成返还，否则予以没收。法令颁布之后如若继续筹集非法资金，则立即予以没收。检举者可以获得所没收资金的一半。

为了提供"更加快捷和警戒性的法律制裁"，法令授权一名治安法官在案发三个月之内做出简易判决。程序从控告和保证违法行为确实发生的通告开始，然后治安法官发出传票。如果嫌犯未能按照传票要求出现，治

---

① John V. Orth, "English Combination Acts of the Eighteenth Century", *Law and History Review*, Vol.5, No.1 (Spring, 1987), p.196.

安法官有权签发逮捕令。嫌犯到达治安法官的法庭后,治安法官根据被告的供认和至少一名证人的指证做出判决。证人拒绝履行职责时,将被监禁。罪犯可以被强制出庭作证,但有起诉豁免权。如果被告被判有罪,治安法官必须记录在案。法令规定"判决表格"的式样,与下一次季审法庭卷档一同存档。罪犯可以在两名担保人以 20 英镑担保金担保的情况下向季审法庭提起上诉。季审法庭的判决为最终判决,禁止普通法法庭签发诉讼迁移令。上诉人按要求支付上诉费用,如若不能立即支付则被判入狱,直到支付为止。为了"更好地发现用来达到法令禁止的目的而支付或筹集的所有资金",法令规定为非法结社提供金钱的犯罪嫌疑人必须如实回答所有指控。另外,法令规定一名治安法官可以签发许可证,允许雇主雇用非法劳工。[①] 这一条款是 1799 年《结社法》的又一创新之处,对《劳工法令》的学徒制条款造成沉重打击。

1799 年《结社法》通过之后,议会收到了来自全国各地工人的请愿书,这些地方包括伦敦、威斯敏斯特、利物浦、曼彻斯特、布里斯托、普利茅斯(Plymouth)、巴斯(Bath)、兰开斯特(Lancaster)、利兹(Leeds)、德比(Derby)、诺丁汉(Nottingham)和纽卡斯尔(Newcastle)等。请愿书宣称"《结社法》导致所有熟练工匠和工人受到巨大伤害"。他们批评《结社法》条款含糊不清,例如诱使工人拒绝工作的有罪条款。但《结社法》的大多数条款并没有受到请愿者的批评,而请愿者关注最多的是程序性问题。每一份请愿书均表达了对去除陪审团审判的遗憾,并反对法律禁止诉讼迁移令的条款。来自利物浦和曼彻斯特的两份请愿书显示,1799 年法令没有规定担任治安法官的雇主不得处理本行业的案件。议会下院对请愿书的批评予以回应,成立六人委员会,负责起草新议案。其中两名委员是辉格党人,完全反对 1799 年法令;另外四名委员支持对 1799 年法令进行适度修

---

① Danby Pickering, ed., *The Statutes at Large*, Vol.42, Cambridge: Cambridge University Press, 1799, pp.342-350.

改,以满足请愿者的要求。① 新议案在议会迅速通过,于 1800 年 7 月 29 日成为法律,宣告存续 1 年零 17 天的 1799 年《结社法》寿终正寝。1800 年《结社法》成为支配工会法律地位的主要法律,直到 1824 年被废除。

1800 年《结社法》在 1799 年《结社法》的基础上修订后颁布,与 1799 年《结社法》比较异同后,才能更了解 1800 年《结社法》的创新之处与重要意义。1800 年《结社法》澄清了非法契约的界定,明确规定雇主与工人之间的契约具有法律效力。一些这样的例外是必需的,因为 1799 年法令的字面意思好像规定了所有雇佣契约均是非法的。在界定阻止工人工作或诱使工人离开工作的罪行时,1800 年《结社法》使用"故意地和恶意地"(wilfully and maliciously)替换 1799 年《结社法》中的"直接地或间接地"。词语变换也同样体现在试图阻止雇主雇用他认为合适之人的犯罪行为的界定中。1800 年《结社法》在工人被雇用后拒绝工作的罪行条款中加入"无正当理由"的表述。在试图引诱他人参加非法集会或为非法目的捐赠的罪行规定中删除"直接地或间接地"。1800 年《结社法》将"故意地"一词加入为任何违反法律之人支付费用的条款中。最后,1800 年《结社法》创造了一种新的罪行:雇主结社。法令规定,与雇主降低工人工资、增加或变更工人工作时间、增加工人的工作量等相关的所有契约都是非法无效的。缔结这些契约的雇主将受到惩罚。但与结社的工人不同,有罪的雇主不会被立即监禁,而是处罚金 20 英镑。只有在不能缴纳罚金或不能以实物抵押的情况下,雇主才可能被监禁三个月。

1800 年《结社法》对法律程序也做了一些改动。首先,两名治安法官取代一名治安法官审理犯罪。其次,增加条款规定被控犯罪相关的行业中的雇主不能担任治安法官。另外,法令规定治安法官至少在开庭前 24 小

---

① John V. Orth, "English Combination Acts of the Eighteenth Century", *Law and History Review*, Vol.5, No.1 (Spring, 1987), pp.200-201.

时签发传票。1800年法令允许缺席判决,即治安法官在被告不在场时做出判决。1800年法令规定,上诉人的担保金额为10英镑。季审法庭不再是最终判决,而且未提及禁止诉讼迁移令。1799年法令关于原告败诉需支付三倍诉讼费用的规定被取消,1800年法令规定只负担全额诉讼费用。

1800年法令第一次规定仲裁适用于工资、工人妨碍工作、工人拖延工作时间、工人怠工等方面的所有劳资纠纷。法令规定在劳资争端发生三天之内,双方可以各委任一名仲裁者予以仲裁。如果仲裁不能达成一致,则由治安法官在三天之内予以解决。治安法官有权传唤证人,并强迫证人指证。如果一方不能执行治安法官的裁决,则被处以监禁,直至服从判决。如果一方要求仲裁,而另一方不能委任仲裁者,后者需缴纳罚金10英镑。①

1800年《结社法》是18世纪国家限制劳工结社立法的集大成者,但又并非简单的法令汇编。之前的结社法已经涵盖经济门类中多种行业,包括所有重要的棉纺织业。即使在结社法未涉及的行业,工人联合行为也受到共谋的普通法限制。尽管如此,法令的结果仍不尽如人意,"很多诡诈的手段"使得已有法令失效。正如18世纪末磨坊主抱怨的那样,普通法程序迟缓而缺乏效率。1800年《结社法》是对1799年《结社法》的改进,两部法令均是为了提供"更加快捷和警戒性的法律制裁"。为了达到这一目的,立法者从已有的结社法中借鉴良多。普通法的"共谋"条款并未废除,而是与更加快捷、廉价和简单的结社法并存。② 1799年和1800年《结社法》普遍适用于所有行业,涉及工资、工时、审判程序等诸多方面的内容。

回溯18世纪结社法的演变历程,我们可以发现1799年和1800年《结

---

① Owen Ruffhead, ed., *The Statutes at Large*, Vol.18, London, 1800, pp.465-471; John V. Orth, "English Combination Acts of the Eighteenth Century", *Law and History Review*, Vol.5, No.1 (Spring, 1987), pp.201-205.
② John V. Orth, "English Combination Acts of the Eighteenth Century", *Law and History Review*, Vol.5, No.1 (Spring, 1987), p.206.

社法》在很多方面承袭已有结社法。例如,1721年裁缝《结社法》规定增加工资或缩短工时为非法行为,而后在1796年造纸匠《结社法》中进一步详细规定,最后在1800年《结社法》中获得普遍适用。此外,关于强制证人指证、上诉、判决表格等程序性规定也是借鉴之前结社法的内容。但1799年和1800年《结社法》在承袭已有法令的同时,也有独特的贡献。1800年《结社法》中关于缺席审判的规定是新的规定,没收资金和签发非法劳工许可证的规定没有先例可循。最为重要的是,1800年《结社法》关于仲裁的条款更是首次出现,标志着英国劳资政策从管制到仲裁的变化。

3. 从结社法看劳资政策变迁

结社法是18世纪英国劳资立法的重要组成部分,也是劳资立法中极具特色的部分,与18世纪英国经济变迁和劳资冲突的加剧有密切关联。结社法的颁布是贵族与工厂主结盟的结果。正如 E. P. 汤普森(E. P. Thompson)所言:"贵族所关心的是镇压人民当中雅各宾派的'密谋',而工厂主所关心的却是去挫败他们要求提高工资的'密谋';反结社法就是为了达到这样的双重目标。"①从1721年针对伦敦和威斯敏斯特的裁缝颁布结社法开始,一直到1800年制定适用于所有行业的结社法,最后到1824年废除所有结社法,结社法在这一个世纪里的沉浮反映了英国劳资政策的变迁。

在所有结社法中,最引人注目的条款是对非法契约(或合同)的界定。不管法令使用的术语是简单的还是复杂的,结社法的核心都是契约。用契约来定义工会在今天看来可能是奇怪的,即使在19世纪"工会"已有非常精确的定义:"个人组成的非法人志愿团体,有时履行友谊会的职能,但通常是利用聚集起来的人力和财力来维护,如果可能的话是提高其成员的工

---

① [英] E. P. 汤普森:《英国工人阶级的形成》(上册),钱乘旦等译,南京:译林出版社,2001年,第215页。

作报酬和工作条件"①,但契约准确无误地形容出了 18 世纪结社法的真实内容。雇主通常缔结私人契约以联合起来降低工人的工资。结社法只不过是雇主将他们运用的法律形式沿用到劳动关系中。② 18 世纪结社立法为工人组织提供了法律基础,使工人组织更符合法律要求。1799 年和 1800 年《结社法》成为国家终止干预工资的一个标志,此后劳资双方将通过雇佣契约来规定工资、工时、工作条件等内容。从这个意义上来讲,18 世纪末的结社法成为劳资关系领域自由放任的信号,表明自由放任主义开始逐步取代家长制主义而主导国家的劳资政策。

纵览 18 世纪英国结社法的演变,有以下两点值得注意:(1)契约逐渐取代身份成为劳资政策的立论之基。结社法对契约的强调,特别是 1800 年《结社法》澄清了非法契约的界定,明确规定雇主与工人之间的契约具有法律效力,从而使得契约逐渐成为约束劳资双方的法律文本。与此对照的是,16 世纪《劳工法令》奠定了前工业化时期英国劳资政策对身份等级的强调,这与前工业化社会的等级社会特征相关。(2)仲裁逐渐取代管制成为劳资纠纷化解的新机制。1800 年的仲裁条款明确规定,通过仲裁解决劳资纠纷和冲突。治安法官厘定工资的作用逐渐下降,代之以仲裁者的角色处理劳资纠纷。1800 年《结社法》将仲裁机制引入劳资立法,"试图将劳资关系的调整限定在单个的雇主和单个的工人之间进行,反对雇主和工人任何形式的联合。这已经是基于自由主义理念的做法,是国家建立一种个人主义的劳资关系模式的一种尝试"③。简言之,18 世纪末的结社法在借鉴已有结社法的基础上有所创新,成为英国劳资政策转变的重要标志。

---

① R. Y. Hedges and Allan Winterbottom, *The Legal History of Trade Unionism*, London: Longman, 1930, pp.13 – 18.
② John V. Orth, "English Combination Acts of the Eighteenth Century", *Law and History Review*, Vol.5, No.1 (Spring, 1987), p.208.
③ 金燕:《工业革命前后英国对劳资关系的国家干预》,南京大学博士学位论文,2008 年,第 91 页。

二、调解与仲裁制的萌芽

调解与仲裁是英国中世纪以来实行的一种争议或纠纷解决机制。作为一种古老的产生于实践中的争议解决方式,仲裁在当今世界依然焕发着活力,并成为非诉讼争议解决方式中"最受到重视、最有效用、最制度化并被广为应用的方式"①。自中世纪以来,调解与仲裁的应用范围较为广泛。随着近代早期英国"诉讼爆炸"的出现,为解决纠纷,英国社会出现了一种"和解文化"(culture of reconciliation),即通过调解与仲裁使诉讼双方达成和解。② 在劳资关系领域,调解与仲裁也是解决劳资纠纷的重要机制。工业革命开始之后,特别是到18世纪末,国家开始通过劳资立法规定由治安法官对劳资纠纷进行仲裁,仲裁机制成为国家认可的劳资冲突化解机制。

1. 调解与仲裁的概念辨析③

调解与仲裁在范畴定义、进行程序等方面存在一定的联系和区别。道

---

① 侯登华:《仲裁协议制度研究》,中国政法大学博士学位论文,2004年,第8页。
② 初庆东:《近代早期英国"诉讼爆炸"现象探析》,《史林》2014年第5期;Craig Muldrew, "The Culture of Reconciliation: Community and the Settlement of Economic Disputes in Early Modern England", *The Historical Journal*, Vol.39, No.4 (1996), pp.915–942.
③ 本部分内容来自金博文硕士学位论文的相关部分,特此说明。参见金博文:《19世纪上半叶的英国劳资争议化解机制:立法与实践》,南京大学硕士学位论文,2015年。

格拉斯·努普认为,调解是"劳资双方或其利益代表之间就争议问题的解决而进行的一种讨论或达成的协议",而仲裁是"针对劳资双方未能达成一致的问题,由除双方之外的其他人或团体做出的权威有效的判决"。① J. 肖·洛威尔将调解描述为一种与法庭判决不同的非正式争议化解方式:劳资双方围桌而坐,相互之间进行讨论和协商,以一种"长时间谈判"的方式调和双方的争议,并最终达成某些协议。② J. 史蒂芬·琼斯将调解描述为一种"漫长的谈判",或是"市场上的讨价还价",抑或是"就某些争议问题的友好讨论",是一种非第三方参与,也无须正式向法庭提出申请解决,而由争议双方达成某种协议的非正式手段。③ 与调解相比,仲裁是一种当双方无法就争议达成一定结果时,通过第三方的介入来解决争议问题的方式,是在调解反复尝试失败后最后的争议化解手段。④ 丹尼尔·J. 赖恩认为:"仲裁是当事人根据他们之间订立的协议,或根据法庭的建议或命令,由其指定的私人,在为了这一目的而特别设定的机构中,对有争议的一件或数件事务进行裁决。"⑤ 韦伯夫妇在《产业民主》一书中指出,调解和仲裁的区别在于,作为决定劳资关系状况的手段,仲裁的决定并非完全反映双方的意愿,或是双方协商的结果,而是一种由裁判或仲裁人做出的裁定;另一方面,尽管它与法律条令的形式很相近,但它也并不能成为法律条令,因为它的结果不对任何一方有强制的义务约束力。⑥ 亨利·克朗普顿认为,"调解寻求在争议发生之前阻止和消灭导致争议的因素,并且在争议发生之前就对双方的异见和诉求加以调和",而仲裁则是在调解失败或是无法进行调解时的一种"事实之后"的行为,即此时双方分歧已经产生,并且争

---

① Douglas Knoop, *Industrial Conciliation and Arbitration*, p.25.
② J. Shaw Lowell, *Industrial Arbitration and Conciliation*, London: G. P. Putnam's Sons, 1893, p.23.
③ J. Stephen Jeans, *Conciliation and Arbitration in Labour Disputes*, p.25.
④ J. Stephen Jeans, *Conciliation and Arbitration in Labour Disputes*, p.33.
⑤ Daniel J. Ryan, *Arbitration Between Capital and Labor: A History and an Argument*, p.18.
⑥ Sidney and Beatrice Webb, *Industrial Democracy*, p.222.

议已经发生。① 卡罗尔·D. 莱特则认为,调解的最终结果是由劳资双方达成,而非由仲裁人或裁判做出,同时这样的结果也可以被某一方"拒绝接受"。"在这样的情况下,争议问题通过'漫长的谈判'得到化解,并且通过双方的妥协,或者可能的最优(利益)分配而达成调解协议。"②但与其他化解方式相比,"(仲裁)不仅是目前最好的化解手段,而且也是在目前工业社会环境下,针对工人和雇主之间相对权利做出调整的唯一合理方式"③。

综上而言,学者们虽然对调解和仲裁的定义各有所见,但对于二者的范畴界定却基本一致,即从以下三个方面对调解和仲裁加以界定:(1) 是否有独立的第三方介入主导争议的化解。从定义上看,第三方的介入与否决定了劳资争议的化解方式是属于调解还是属于仲裁,有第三方的介入并做出具有权威判决的劳资争议化解方式属于仲裁范畴,反之则归之于调解范畴。(2) 运用时机的先后。争议产生后,往往会有争议双方自行调解协商的过程。只有当调解失败后,争议解决才会进入仲裁阶段。(3) 过程是否正式,以及最终结果的权威与否。从各自程序上看,仲裁过程相对更加正式。一般而言,当争议问题进入仲裁阶段,劳资双方共同接受一位仲裁人,由他一人或是各自代表双方的数位仲裁人进行仲裁,相关证人得到召集,参与调查,接受盘问;双方在接受仲裁之时对争议问题各自做出陈述,仲裁人在认为合适之时对有关情况提出询问并最后做出裁决。而与仲裁相比,调解更像是一种市场谈判,"所涉双方为探讨争议问题而互相碰面,如果可能的话,达成一个友好的谈判结果,而无须将问题提交到任何正式的法庭机构,或者交给第三方来决断"④。一般而言,调解达成的结果是一种非正式的双方协议(agreement),仲裁的结果则是具有一定法律权威的

---

① Henry Crompton, *Industrial Conciliation*, pp.16-17.
② Carroll D. Wright, *Industrial Conciliation and Arbitration*, p.34.
③ Carroll D. Wright, *Industrial Conciliation and Arbitration*, p.37.
④ J. Stephen Jeans, *Conciliation and Arbitration in Labour Disputes*, p.28.

判决或裁定(fiat or award)。

在劳资争议化解实践过程中,调解与仲裁两种方式在涉及范围、化解方式的主体、侧重点以及程序等方面也呈现出相关的差异性。

首先,调解主要针对单一工厂或单一地区的劳资争议,范畴较小;而仲裁往往涉及某一行业或者更大地区范围,范畴较大。正如琼斯所言:"普遍而言,在民间实践中,调解主要通过雇主和工人所组成的联合委员会(进行谈判)的方式,应用于小规模争端的化解;而仲裁则是主要涉及,诸如总工资率没有得到合理制定等引起的更大范围争议的调整。"①韦伯夫妇也认为:"如果双方更愿意在一些小的争议点上进行让步,即在这些情况下,雇主或工人都有足够的力量达到这一点,他们都不会要求将争议提交仲裁。"②

其次,劳资争议调解的主体主要是劳资双方,仲裁方式的主体则是第三方。在调解实践中,劳资争议的化解有赖于劳资双方在谈判中的讨价还价,而在劳资仲裁中,劳资争议问题的解决与否取决于第三方的公正性和权威性。在调解当中,劳资双方都试图争夺谈判桌的主动权,争取有利于本方的利益。为了解决纠纷争议,劳资双方在讨价还价中维护己方利益,是劳资双方进行调解谈判的基础。而在以第三方为主体的仲裁实践中,作为第三方的仲裁人的选择、仲裁程序的商定和仲裁人判决结果的公正有效性往往成为劳资双方关注的焦点。

最后,劳资争议调解与仲裁在实践中的侧重点、主要运用手段以及程序有着各自特点。调解主要强调的是双方创造和平与友好的谈判环境,所运用的主要方式是协商谈判;而仲裁主要侧重于对争议事实的裁判与判决,主要是听取双方的陈述,依据"公正和良心"做出判断。因此,调解主要是劳资双方中的一方发起,就争议问题向另一方提出要求,该方表示接受,

---

① J. Stephen Jeans, *Conciliation and Arbitration in Labour Disputes*, p.31.
② Sidney and Beatrice Webb, *Industrial Democracy*, p.239.

于是双方在和平的氛围中进行讨论,或是双方各自选择与指定代表,由两方代表就各自所代表方的利益进行协商谈判,所达成的协议结果成为双方维持和平的基础。这当中仍然存在另一种情况,即一方提出就争议问题进行讨论的要求被另一方拒绝,而向第三方申请求助,通过他们的斡旋,将另一方拉到调解的道路上来,以保证双方的争议继续通过调解方式得以解决。在这个过程中,第三方的作用仅仅是斡旋或干预,为双方调解创造充分条件,既不参与调解过程,也不做最终的裁决,双方达成的结果仍然是非正式的协议。劳资仲裁则由于第三方的介入,而在劳资关系领域中呈现出三种不同的形式:第一种是借助地方政府的权威性,以治安法官为主的地方官员作为官方仲裁人;第二种是由劳资双方各自选择中间人,由中间人指定第三人作为仲裁人进行裁决;第三种则是成立独立于劳资双方的仲裁委员会,双方各自选择相同数目的代表进入委员会,并由仲裁人做出仲裁,如果仲裁人之间也存在争议,那么由双方委员共同选定委员会之外的人作为裁决人(umpire)进行最终裁决。

  调解与仲裁之间存在很大的差异性,但不可否认的是,在涉及内容、实施前提和达成效果等方面仍然存在相似性和关联性。一方面,作为工业化时期最为核心的劳资争议问题,工资成为调解和仲裁共同涉及的主要内容。正如卡尔·莫特所言:"每一个关于劳资关系的词语都涉及利益问题。"[1]劳资双方常常围绕着工资表以及计件价格等问题产生争议,而调解和仲裁往往促使这些争议朝着化解与缓和的方向转化。另一方面,作为民间化解劳资争议的两种方式,调解与仲裁都是在自愿主义的前提下进行的,"无须国家法律认可或司法承认,提交争议不是强制性的,裁决结果的接受与执行也无须借助外来权力,而是依据个人信誉、公共舆论、工会或雇

---

[1] Carl H. Mote, *Industrial Arbitration: A World-Wide Survey of Natural and Political Agencies for Social Justice and Industrial Peace*, p.1.

主组织的集体荣誉以及争议双方的声誉"①。通过调解与仲裁,在一定程度上避免了可能的激烈对抗,从而促成了劳资关系的相对缓和。

2. 仲裁制的早期发展与立法②

作为解决争议的一种方式,仲裁早在12世纪的英国就已存在。仲裁最先由教会律师发明,并被教会法庭用于处理有关诽谤与中伤、什一税诉讼以及关于婚约、家庭财产方面的纠纷。③ 渐渐地,仲裁开始应用于世俗事务中,用于处理商业活动、契约、财产以及雇佣关系中出现的争议。在城市中,制造业主和商人在处理预付资金、商品及货物质量等方面的纠纷时,双方经常选定共同认可的仲裁人来裁决。中世纪商人行会之间的纠纷,也通过仲裁来解决。如切斯特商人行会章程规定:"成员间的纠纷将通过行会内部的仲裁来解决,而不得求助于法律。"④在乡村,各郡的乡绅在解决财产方面的纠纷时,多采取仲裁方式。一些小的债务纠纷经常由邻居或本地牧师进行非正式仲裁。有时候,甚至地主与佃农、领主与农奴之间的纠纷也诉诸仲裁。尽管仲裁人的权威在法律上的认定很模糊,但这并不影响仲裁的推广,因为甚至地方法庭也鼓励通过独立仲裁人来裁决纠纷。⑤

从1485年都铎王朝建立起,至1760年工业革命兴起前,这段时间通

---

① Joseph D. Weeks, *Industrial Arbitration and Conciliation in France and England*, Pittsburgh: A. A. Anderson and Son, 1879, p.6.
② 本部分内容来自刘金源论文的相关部分,特此说明。参见刘金源:《近代英国劳资争议仲裁制的兴起》,《世界历史》2016年第2期。
③ James A. Jaffe, *Striking a Bargain: Work and Industrial Relations in England, 1815 – 1865*, p.210.
④ E. Lipson, *The Economic History of England*, Vol.1, London: Adam and Charles Black, 1929, p.246.
⑤ James A. Jaffe, "Industrial Arbitration, Equity, and Authority in England, 1800 – 1850", *Law and History Review*, Vol.18, No.3 (Autumn, 2000), pp.529 – 530.

常被认为是英国前工业化时期。此间，在晚期重商主义影响下，英国手工业生产发展迅速，劳资之间的雇佣关系处于形成之中。虽然现代意义上的劳资冲突还未出现，但在各类作坊及手工工场中，劳资之间的争议、纠纷或冲突逐渐浮出水面。在商业领域内盛行的仲裁制逐渐渗透到劳资关系领域，并应用于劳资争议或纠纷的化解之中。正如爱德华·鲍威尔（Edward Powell）所指出的："师傅与学徒或雇主与工资劳动者之间的关系，均可通过仲裁方式加以规范。"①

前工业化时期的英国，家长制成为社会主流意识形态。在家长制主义的影响下，英国政府出台多部劳工法令，旨在以家长制仲裁来化解劳资纠纷或冲突。1563年颁布的规范劳资关系的《劳工法令》中，特别加入了与仲裁相关的条款。如该法令第28条规定："如果师傅虐待学徒……或者学徒对师傅不尽其职，师傅或学徒均可向郡治安法官或师傅住所的地方官员进行控告……该治安法官或地方官员必须公平处理，解决师徒间的纠纷。"②尽管该条款没有明确提及仲裁，但"治安法官或地方官员"的"公平处理"方式，往往指的是调解或仲裁。正是依靠国家立法的支持，治安法官处理劳资纠纷的结果即裁决结果才具有法律效力。正如莫特所指出的："治安法官依据双方请求对劳资争议所做出的裁决，对任何一方都具有约束力，并以扣押或变卖财物、监禁等手段来确保裁决的强制执行。"③前工业化时期的劳工立法不仅规定由各地治安法官厘定工资表，而且赋予治安法官处理劳资纠纷的权力。在劳资争议处理方面，代表政府的治安法官往往充当仲裁人的角色，治安法官主导下的官方仲裁（official arbitration）在劳资关系领域开始

---

① Edward Powell, "Arbitration and the Law in England in the Late Middle Ages", *Transactions of the Royal Historical Society*, Vol.33, No.2 (Octoter, 1983), p.50.
② R. H. Tawney and Eileen Power, eds., *Tudor Economic Documents*, Vol.1, p.348.
③ Carl H. Mote, *Industrial Arbitration: A World-Wide Survey of Natural and Political Agencies for Social Justice and Industrial Peace*, p.24.

发挥作用。① 由于治安法官代表着政府权威,因而在其主导下的仲裁通常也被称为"强制仲裁"(compulsory arbitration),即裁决结果具有法律效力,可以强制执行。

17世纪后半叶,随着工商业领域争议的不断增长,各类形式的仲裁也变得越来越普遍。为使民间仲裁走向规范化与程序化,1698年,英国颁布历史上第一部《仲裁法》(Arbitration Act),对工商业领域的纠纷化解做出具体规定。依据法案规定:"自1698年5月11日起,所有商人、店主或其他人,为终止任何除采取个人行动或向衡平法院起诉之外别无其他解决方案的争议、纠纷或案件,均应依法提交给双方选定并在王国任一法庭登记的仲裁人,由仲裁人做出裁决。……由当事方提交的争议,一旦仲裁人做出最终裁决,当事方必须遵照执行。任何漠视或拒绝执行裁决结果的当事方,将以藐视法庭原则而遭受惩罚。"②为避免仲裁结果的不公正,法案还规定:"任何因涉嫌腐败或采取其他不正当手段而做出的仲裁或裁决,都将被视为无效或没有法律效力,该仲裁或裁决结果可由任一普通法法院或衡平法法院予以撤销。"③可见,英国仲裁立法从一开始就具有强制性色彩,这一方面体现在仲裁程序的安排及仲裁人必须在法庭登记,同时也体现在仲裁结果的法律效力上,由此意味着前工业化时期政府在经济领域发挥着重要作用。

根据18世纪中叶达勒姆郡治安法官埃德蒙·图的笔记可以发现,除处理各类民事或刑事纠纷外,劳资争议解决成为治安法官的职责之一。在埃德蒙·图记载的1 400多起争议或纠纷中,劳资争议或纠纷为375起,占

---

① 英国自中世纪以来就延续着地方自治传统,主要由乡绅担任的治安法官代表着中央政府的权威,负责国家法令在地方上的实施。参见杨松涛:《十八世纪英国治安法官司法实践》,《历史研究》2013年第4期。
② Owen Ruffhead, ed., *The Statutes of the Realm*, Vol.7, London: Dawsons of Pall Mall, 1963, pp.369-370.
③ G. Ellenbogen, "English Arbitration Practice", *Law and Contemporary Problems*, Vol.17, No.4 (Autumn, 1952), pp.657-658.

总数的 26.7%。① 这些争议,要么由治安法官通过调解或仲裁方式得以解决,要么由雇主或劳工提起诉讼。有时候,地方官员也会作为仲裁人或任命仲裁人来裁决劳资争议。1732 年,伦敦织布行业出现劳资争议:雇主肆意延长工作时间,而不肯增加工资。经协商未果后,劳工代表向伦敦市长发出请愿书,要求其加以干预。结果,对于这起劳资争议,伦敦市长做出最后裁决:劳工工资及工作时间保持不变;正常工作时间为早上 5 点到下午 7 点,但保证其中有两小时的早餐和午餐时间;超出此时间段的工作,雇主应按照每小时 3 便士支付加班费。② 治安法官或地方官员作为仲裁人来干预劳资纠纷,其目的在于构建稳定的社会秩序,强化政府的权威,因为"在 18 世纪的英国,无论在官员眼中,还是在民众眼中,政府权威的合法性,依然有赖于其在履行某些家长制主义职责方面的表现"③。

18 世纪下半叶,劳资纠纷急剧增长,面对劳工阶级要求厘定工资、改善工作条件的请愿,政府干预却越来越少,"1773 年的斯皮塔菲尔德丝织工成为最后一个成功地要求议会以立法手段为其厘定工资的团体"④。18 世纪最后十年成为该世纪最为动荡的时期,"罢工和结社变得越来越普遍"⑤,其中以棉纺织业的劳资冲突最为激烈。棉纺织业织工向议会请愿,他们"请求规定一种快速而花费少的仲裁方式来解决劳资间时常发生的争议",雇主"由于希望终结这些永续的争议而支持这种请求"。⑥ 正是在棉纺织业劳资双方的联合要求下,1800 年 7 月,一部适用于英格兰的《棉纺

---

① Gwenda Morgan and Peter Rushton, "The Magistrate, the Community and the Maintenance of an Orderly Society in Eighteenth-Century England", *Historical Research*, Vol. 76, No. 191 (February, 2003), p.61.
② C. R. Dobson, *Masters and Journeymen: A Prehistory of Industrial Relations, 1717-1800*, p.75.
③ Alan Fox, *History and Heritage: The Social Origins of the British Industrial Relations System*, p.42.
④ Kenneth Brown, ed., *The English Labour Movement, 1700-1951*, p.32.
⑤ John Stevenson, *Popular Disturbance in England, 1700-1870*, London: Longman, 1979, p.127.
⑥ [法]保尔·芒图:《十八世纪产业革命——英国近代大工业初期的概况》,杨人楩等译,北京:商务印书馆,1983 年,第 372 页。

织业仲裁法》(Arbitration Act for the Cotton Industry)在议会通过。

法案规定:"自 1800 年 8 月 1 日起,在大不列颠之被称作英格兰的部分,若棉纺织业的雇主和劳工就实际已完成或即将完成的工作之工资问题未能达成一致,由此在双方之间产生诸如减少或增加工资、人身伤害或物品损坏等方面的争议时,经任何一方提出后,该争议将依法通过仲裁方式解决。"在进入仲裁程序之前,争议双方均可各自提名一名仲裁人,仲裁人将就争议做出仲裁或裁决。在接受仲裁任务后,仲裁人有权传唤争议双方及其证人,监督证人宣誓,听取双方陈述,就双方争议之事务做出最终裁决。仲裁人所做出的裁决在任何情况下都是最终的以及决定性的。不过,"如果仲裁人无法就争议达成一致意见,或在争议提交的三天内未能做出裁决,仲裁人则须立即毫不拖延地前往就近的治安法官所在地,向治安法官陈述二人的不同观点,治安法官将在充分听取双方陈述的基础上,在争议提交的六天内做出裁决,裁决结果对于争议双方都是最终的及决定性的"①。

《棉纺织业仲裁法》是英国劳资关系领域第一部仲裁法,从内容可看出,当劳资争议产生后,政府首先倡导劳资双方自行仲裁解决,而不希望治安法官较早涉入。只有当自行仲裁面临困境时,代表政府的治安法官才会加以干预,并做出最终裁决。这表明工业化时期的英国政府,逐渐减少了对劳资关系的直接干预,赋予劳资双方在解决争议方面一定的自由权,从而为民间的自愿仲裁提供了法律保障。

18 世纪末期,随着法国大革命带来的暴力逐渐蔓延,政府越来越担心劳工结社将引发骚动或暴乱。由此,1799 年议会通过《结社法》,旨在打击劳资之间的结社对抗,维护社会稳定。但对处于弱势地位的劳工来说,在结社权利丧失后,通过个体力量难以同雇主抗衡。为此,法案起草

---

① A. E. Bland, P. A. Brown and R. H. Tawney, eds., *English Economic History: Select Documents*, pp.568-569.

委员会部分成员认为,既然劳工已被剥夺联合斗争的权利,那么国家就应给予其额外的法律援助。于是1800年《结社法》做出修订,增加了一些仲裁条款。法令规定:"在大不列颠之被称作英格兰的部分,如雇主和劳工未能就任何制造业中实际完成的工作所应被付与的价格达成一致……又如任何行业或制造业中雇主和劳工间因涉及有关工作或工资的任何合同或协议发生争执或分歧……任何一方均被许可并有权提出和指定一名仲裁人代表自己一方,这两名仲裁人须在规定时限内做出裁决。对于双方来说,在任何情况下,裁决结果都是最终的及决定性的。如果上述指定的仲裁人对争议未能达成一致,那么,双方或其中一方均可依法要求上述仲裁人立即毫不拖延地把争议之事移交给治安法官……由治安法官做出的裁决将是最终决断。"①1800年《结社法》所制定的这种仲裁"并不是新立法的开始,而是一种废而不用的制度的暂时的部分的更新,并不是这种制度的复活"②。

1800年《结社法》中的仲裁条款,与《棉纺织业仲裁法》基本类似,即在劳资争议的解决上,劳资双方的自行仲裁优先,治安法官的裁决只是最后选择。这既体现出政府对民间早已有之的自愿仲裁的认同,也体现出政府在必要的情况下愿意实施国家干预。不过,两部法案的差异性较为明显:从适用范围来看,《棉纺织业仲裁法》只适用于棉纺织业,而《结社法》适用于所有行业;从劳资双方最为关注的工资争议来看,《棉纺织业仲裁法》同时包括"已完成的工作"和"即将完成的工作",而《结社法》仅包括"已完成的工作"。这种差异性导致两部法令的实施效果截然不同:截至1803年,依据《棉纺织业仲裁法》裁决的劳资争议达1 500多例,"大多数的争讼案

---

① G. D. H. Cole and A. W. Filson, eds., *British Working Class Movements: Select Documents, 1789-1875*, London: Macmillan, 1951, p.93.
② [法]保尔·芒图:《十八世纪产业革命——英国近代大工业初期的概况》,第373页。

件交由仲裁处理,都得到了花费少的迅速解决"①;与之形成鲜明对照,截至 1804 年,《结社法》的"仲裁条款沦为一纸空文",几乎未见成效。尽管如此,1800 年《结社法》中的仲裁条款涵盖所有行业,比《棉纺织业仲裁法》的适用范围更广,代表了英国仲裁制发展的方向。

毫无疑问,仲裁制代表了英国劳资政策的转向:一方面,政府不愿再充当劳资之间的"家长"角色而干预有关雇佣合同、工资、工时等方面的具体劳资争议;另一方面,政府认可并倡导民间早已有之的仲裁方式,并力图将民间仲裁纳入国家管制的轨道。这种管制,并不在于国家对劳资争议本身做出是非曲直的评判及处理,而在于对解决争议的方式即仲裁的程序与结果进行法律监管。仲裁立法也反映出政府在劳资关系中角色的转变,即政府不再对劳资争议进行直接干预,而是规范和引导劳资双方自行解决争议。仲裁制之下,治安法官的角色也发生了变化,从之前的监管者变为如今的仲裁者。

3. 调解与仲裁的早期实践

调解与仲裁是治安法官司法实践的重要方式。在工业革命开始之后,治安法官更多地运用调解与仲裁等非正式手段处理劳资纠纷。② 在仲裁立法的规定下,治安法官的主要任务是防止劳资双方的团体行为(例如结社、罢工、骚乱等),保证雇主与劳工个人之间契约的推行。③ 调解与仲裁成为治安法官的常用方式,以处理雇主不加薪、劳工怠工或罢工行为。由治安法官主导的官方调解与仲裁成为工业化初期英国化解劳资纠纷的主要机制。

---

① [法]保尔·芒图:《十八世纪产业革命——英国近代大工业初期的概况》,第 373 页。
② Douglas Hay and Paul Craven, eds., *Masters, Servants, and Magistrates in Britain and the Empire, 1562-1955*, p.91.
③ John V. Orth, "English Combination Acts of the Eighteenth Century", *Law and History Review*, Vol.5, No.1 (Spring, 1987), p.204.

治安法官桑德斯·韦尔奇(Saunders Welch)积极担当调解者的角色，且深受劳资双方的欢迎。1766年，韦尔奇只身前往伦敦西区莱斯特广场附近的考博街(Cranbourn Alley)，那里聚集着一群鞋匠。他们敲锣打鼓地前往多家雇主的店铺，抗议他们接受未经正规学徒训练的工人在他们那里工作，有损于其他鞋匠的权益，而工资是鞋匠们游行的诱因。当韦尔奇出现在鞋匠们面前时，他立刻被人们认了出来。鞋匠们高呼他的名字，声音响彻考博街的上空。他们的呼喊不是因为恐惧，而是因为喜悦。韦尔奇首先安抚这群鞋匠的情绪，然后说服他们解散，因为他们的集会是非法的。他又看到雇主们正通过楼上的窗口听他讲话，于是他又说道："雇主们知道根据上涨的物价提高鞋子的售价，他们也应该考虑工匠家庭所需要的东西。"在韦尔奇的调解下，雇主们同意增加鞋匠的工资。[1] 这一案例表明，韦尔奇通过调解的方式解决了鞋匠与雇主之间的劳资纠纷，作为调解者，韦尔奇在工匠中间也有很高的声望。

萨里郡治安法官理查德·怀亚特的工作笔记表明，在1767—1776年间他共处理劳资纠纷案件15起，占受理案件总数的7%。其中由雇主发起的诉讼有4起，而由劳工发起的诉讼有11起。[2] 怀亚特在处理劳资案件时，也经常采用调解的方式化解劳资纠纷。例如，1770年12月11日，铁匠约翰·伍兹(John Woods)在未事先告知雇主詹姆斯·钱皮恩(James Champain)的情况下辞掉工作，但依据法律规定，劳工需在辞掉工作前三个月告知雇主。治安法官怀亚特和他的同事受理钱皮恩的控告后，伍兹与钱皮恩达成协议，只有因为洪水或其他事故打断伍兹的工作时，他才可以到铁匠铺工作。两名治安法官签字认可他们的协议。[3] 庭

---

[1] C. R. Dobson, *Masters and Journeymen: A Prehistory of Industrial Relations, 1717-1800*, p.77.
[2] Douglas Hay and Paul Craven, eds., *Masters, Servants, and Magistrates in Britain and the Empire, 1562-1955*, p.73.
[3] Elizabeth Silverthorne, ed., *Deposition Book of Richard Wyatt, JP, 1767-1776*, Guildford: Surrey Record Society, 1978, p.21.

外调解成为18世纪治安法官司法实践的重要方式。通过调解化解劳资纠纷有利于避免劳资矛盾的进一步激化,也有利于减轻治安法官和当事人的压力。

韦尔奇的同事、著名"弓街警察"(Bow Street Runners)的长官、伦敦治安法官约翰·菲尔丁(John Fielding)经常运用仲裁方式来化解劳资纠纷。例如,1761年9月14日,一些木匠作坊中的帮工要求雇主缩短工时和增加计件工资。他们在雇主拒绝他们的要求后,举行罢工。大多数雇主通过解雇罢工者和拒签"协议"的成员进行报复。尽管制床木匠、锯木工、车工、搬运工仍在工作,但大多数做橱柜和木椅的木匠要么在罢工,要么被解雇。当9名雇主不情愿地让步时,其他在妥协与不妥协中间徘徊的木匠开始支援罢工的木匠,并向国王请愿。9月18日,雇主们达成一致意见:"橱柜和木椅的帮工愿意像往常一样立即回来工作者,将继续获得工作,并对他们进行鼓励。如果帮工不回来工作,那么雇主将他们认定为违抗枢密院法令之人,由他们自己承担后果。"这种情况下,罢工的木匠帮工与雇主无法达成和解。菲尔丁首先宣布他愿意听取双方的诉求,然后游说双方接受仲裁。两周后,雇主答应不再要求帮工签署协议,回来就可以工作。同时,他们以枢密院的法令为令牌,在12月11日通过米德塞克斯郡的季审法庭,以"共谋"和非法集会的罪名起诉30多名帮工。其中很多讼状被移送王座法庭审理,法庭在1762年7月30日裁定禁止雇主对帮工让步。菲尔丁于是召集雇主,希望他们不要默认王座法庭的判决。菲尔丁支持帮工的做法,受到了一些雇主的批评。[①] 尽管限于史料我们不清楚木匠帮工与雇主之间关于工资的纠纷是否得以妥善解决,但菲尔丁以治安法官的身份积极调解了双方的纠纷,希望通过仲裁平息双方的冲突。

1768年3月,流亡法国的政治家威尔克斯返回英国。4月,王座法庭

---

① C. R. Dobson, *Masters and Journeymen: A Prehistory of Industrial Relations, 1717–1800*, pp.78–80.

判决威尔克斯监禁。不满的伦敦民众高呼"威尔克斯与自由",进行游行示威,甚至引发骚乱。在"威尔克斯事件"的影响下,很多工人抓住这个机会,走上街头,要求增加工资。面对骚乱者和游行的工人,治安法官维护秩序的能力受到严峻考验。负责伦敦治安的菲尔丁面临的任务是将政治煽动势力从工人运动中分离出来,并使所有示威者远离威斯敏斯特和肯辛顿宫,以及平息四大劳工团体(商船船员、煤炭装卸工、裁缝和丝织工)的不满。4月29日,伦敦市议员召集煤炭装卸工各类团伙的头领,宣读厘定工资的法令,达成和解,解散团伙。5月5日,船员罢工,要求增加工资。随后煤炭装卸工、裁缝和丝织工也加入罢工的队伍,要求增加工资。为解决争议,治安法官菲尔丁在弓街举行了一场雇主和工人代表均出席的会议。在双方协商下,菲尔丁制定了一个解决工资问题的方案,但部分工人对方案表示不满,继续罢工。于是,菲尔丁邀请多位工龄较长的工人说服罢工工人,同时与雇主进行沟通,最终制定出较为合理的工资表。于是工人开始复工,争议得到解决。①

到18世纪下半叶,调解劳资纠纷成为治安法官的主要工作。例如,1769年毛织工协会向弓街请愿执行一项集体性协议,要求计件工资在每丈1先令到1先令6便士之间,并要求违反协议的劳工赔偿200英镑。弓街的治安法官判定这项协议无法律效力,但他们同意致信制造业委员会,促成劳资双方进行协商,使织工获得其应得的赔偿。② 治安法官在整个行业推行协商达成的协议,希望鼓励和引导劳资双方组织的良性发展,但也会受到越权的指责。实际上,治安法官很少超越自己的权限,即使在18世纪末治安法官促使雇主与劳工达成和解时,他们也偏向于在明确法定权力基础上行动。当1795年伦敦市议会讨论重新颁布煤炭装卸工法案时,表

---

① C. R. Dobson, *Masters and Journeymen: A Prehistory of Industrial Relations, 1717 - 1800*, pp.82 - 85.
② C. R. Dobson, *Masters and Journeymen: A Prehistory of Industrial Relations, 1717 - 1800*, p.89.

达了对前任市长兼治安法官托马斯·斯金纳(Thomas Skinner)的感激之情:"幸赖他不懈地努力,使无数劳工和雇主的纠纷得以调解。特别是煤炭搬运工人在他及时而谨慎的干预下,变得勤劳而满足。"[1]可见,为维护社会秩序,治安法官的调解与强制仲裁成为工业化初期英国劳资纠纷化解机制的重要组成部分。

---

[1] C. R. Dobson, *Masters and Journeymen*: *A Prehistory of Industrial Relations*, 1717 - 1800, p.92.

三、劳资纠纷化解机制的嬗变

18世纪下半叶是英国工业化起步、经济社会结构大变动时期,同时也是劳资政策指导思想从家长制控制向自由放任过渡时期。作为家长制劳资政策重要组成部分的厘定工资和学徒制先后被废除,标志着家长制劳资政策的结束。随着亚当·斯密的自由主义经济学说成为国家主流的经济思想,英国政府对劳资纠纷或争议采取自由放任政策,在限制劳工结社的同时,鼓励劳资双方自由协商,授权治安法官参与劳资纠纷的调解与仲裁。劳资纠纷的化解机制也从前工业化时期治安法官的家长制保护与控制转变为工业化初期的调解与仲裁。

1. 劳资政策指导思想的演变

在工业革命的推动下,纺织业、制铁业、造船业和航运业等工业迅猛发展,而农业在国民经济中的地位日趋下降。与此同时,瓦特改良蒸汽机获得成功推广,解决了工厂动力的问题,由此推动了手工业生产向机器工业生产的过渡。在生产技术变革的序幕已经拉开、工业革命的号角吹响之际,重商主义政策的弊端日益显露。[①] 政府对于经济领域的保护或垄断举

---

① 刘金源:《18世纪英国主流经济理论的演变》,《英国研究》2014年第6辑。

措日益遭遇挑战。新兴的工商业阶层要求废除重商主义的垄断政策,破除不利于生产发展的障碍,为经济的发展松绑,使经济在市场的主导下自由发展。这样一来,延续了几个世纪的家长制开始面临严峻挑战。① 取代家长制的是反映新兴工商业阶层利益诉求的古典自由主义(Classical Liberalism)理论,又称自由放任学说。

古典自由主义经济学说的开创者和代表人物是亚当·斯密。1776年,斯密出版了《国民财富的性质和原因的研究》一书,集中阐述了古典自由主义经济学说的基本内容和理论体系,标志着古典政治经济学的诞生。斯密在该书中对劳资关系中政府职能、契约自由、市场自由等方面进行了集中表述,这些表述成为英国18世纪末19世纪初劳资政策的指导思想。

斯密在书中提出了"看不见的手"的市场理论。在斯密看来,每个人都有着利己之心,资本家将资本投入产业的时候,盘算着的只是自己的利益,但从不打算促进公共利益;然而,由于受到"看不见的手"的指导,"他追求自己的利益,往往使他能比在真正出于本意的情况下更有效地促进社会的利益"②。以此为出发点,斯密反对政府对经济生活进行干预。在斯密看来,政府无须干预经济社会领域,因为"一只看不见的手引导他们对生活必需品作出几乎同土地在平均分配给全体居民的情况下所能作出的一样的分配,从而不知不觉地增进了社会利益,并为不断增多的人口提供生活资料"③。由此,斯密提出自由放任的经济理论,主张让经济生活按照其本身的规律来发展,而置身于经济之外的政府不得加以任何干预。

在自由放任学说的基础上,斯密对工业化之初的劳资关系提出了自己的看法。斯密认为,工资问题是劳资关系的核心,而在这一问题上,劳资双方的对立是显而易见的,即"劳动者盼望多得,雇主盼望少给。劳动者都想

---

① 刘金源:《近代英国劳资政策指导思想的演变》,《史学月刊》2013年第6期。
② [英]亚当·斯密:《国民财富的性质和原因的研究》(下卷),第27页。
③ [英]亚当·斯密:《道德情操论》,蒋自强等译,北京:商务印书馆,2009年,第232页。

为提高工资而结合,雇主却想为减低工资而联合"①。劳工的劳动所得就是工资,而对于工资水平即劳动力价格问题,斯密反对政府的立法干预,认为工资水平应该由市场力量决定,主张雇主和劳工通过签订契约的方式来确定工资水平。斯密主张应由劳资双方自由签订雇佣契约,政府不应干涉。这是因为,劳动所有权是一切其他所有权的主要基础。"一个穷人所有的世袭财产,就是他的体力与技巧。不让他以他认为正当的方式,在不侵害他邻人的条件下,使用他们的体力与技巧,那明显地是侵犯这最神圣的财产。"②因此,一个人是否适合被雇用,应当交由有那么多利害关系的雇主自行裁夺。立法当局通过立法干涉劳资双方的契约,那显然不只是压制,而且是僭越。在斯密看来,契约自由而非管制才是劳资关系的基础。因此,斯密极力反对限制行业竞争,倡导劳动力的自由流动。

对于劳资关系中的结社对抗行为,斯密也有精辟的见解。他认为,在劳资争议中,雇主与劳工越来越倾向于以各自联合的方式来维护各自的权益。由于雇主人数较少,联合起来较为容易,而且他们的联合为法律所允许。为了与雇主相对抗,也为提高劳动力的价格,劳工们也逐渐走向联合。但是,雇主对于劳工的联合极为不满,他们"喧呼呐喊,请求官厅援助,要求严厉执行取缔工人结合的严峻法规"③。结果,劳工的联合因为雇主的反对和政府的打压而不能持久,从而在劳资争议中处于不利地位。

尽管如此,在对政府职能的态度上,斯密坚决反对由国家的"有形之手"来调节经济活动。在斯密看来,国家的职能仅限于以下三个方面:一是保护本国社会的安全,使之不受其他独立社会的暴行与侵略。而此种义务的完成,又只有借助于兵力;二是为保护人民不使社会中任何人受其他人的欺侮或压迫,换言之,就是设立一个严正的司法行政机构;三是建立并维

---

① [英]亚当·斯密:《国民财富的性质和原因的研究》(上卷),第60页。
② [英]亚当·斯密:《国民财富的性质和原因的研究》(上卷),第115页。
③ [英]亚当·斯密:《国民财富的性质和原因的研究》(上卷),第61页。

持某些公共机关和公共工程。① 由此可见,国家的职能不包括对经济领域的干预。国家应允许资本家自由地开展经济活动,实现自由生产、自由竞争、自由经营。而国家的盲目干预,往往会使得劳动的用途从有利转向不利,阻碍社会的发展。不过,斯密的自由放任主义并不是无政府主义。斯密主张"政府只需维持一个合理的环境,至于社会的运作,就留待个体去自由运转了"。显然,斯密眼中的政府是一种"典型的自由主义最小化政府"。②

18世纪末兴起的古典自由主义理论,冲击着传统的家长制思想。正如肯尼斯·布朗(Kenneth Brown)所说,"保护众多劳工免受自由市场侵害的家长制主义,正迅速地被个人和政府所放弃"③,而"工业化带来的新变化,促使行会制度及工资管制显得'过时了',一种'自由放任'的新政策逐渐被议会所采纳"④。基于此,政府逐步抛弃了近代以来延续的家长制法规条令。

2. 家长制立法的废弛

前工业化社会的家长制立法代表了土地贵族的利益,但随着工业革命的开展和工商业的发展,工商业阶层迅速崛起,在斯密的古典自由主义学说的影响下,他们强烈要求废弃已有的家长制立法,保障经济自由。18世纪下半叶家长制立法逐渐被废弛,到19世纪初政府相继废除《劳工法令》与《结社法》,这标志着家长制立法的终结,由此成为英国政府在劳资关系领域转向自由放任的重要里程碑。

---

① [英]亚当·斯密:《国民财富的性质和原因的研究》(下卷),第285—293页。
② 陈祖洲:《通向自由之路:英国自由主义发展史研究》,南京:南京大学出版社,2012年,第213页。
③ Kenneth Brown, ed., *The English Labour Movement, 1700-1951*, p.69.
④ Henry Pelling, *A History of British Trade Unionism*, Middlesex: Penguin Books, 1963, p.19.

家长制立法的废弛与工业革命引发的经济社会变革密切相关。工业革命推动了英国劳工立法从保护转向竞争、从管制转向契约、从集体财产转向个人财产。① 家长制立法强调保护与控制,已经不能适应社会经济发展的需要。前工业化社会英国家长制立法集中体现在《劳工法令》,其核心的条款包括学徒制、强制劳动和限制劳工流动、厘定工资。18世纪下半叶工业化兴起时期,作为家长制立法核心内容的厘定工资条款和学徒制条款逐渐遭遇挑战。

H. 希顿在考察西约克郡17和18世纪治安法官厘定工资的情况时指出,厘定工资的法令在18世纪下半叶的西约克郡只是"徒有其形",早已遭到漠视。② 不可否认的是,18世纪下半叶厘定工资的做法在一些郡仍然存在。例如,德文郡在1778年发布新制定的厘定工资表,而且重新发布厘定纺织工工资的做法一直持续到1790年。③ 这一方面说明治安法官厘定工资的做法在不同地区存有差异;另一方面表明即使治安法官重新发布厘定工资表,也极有可能像西约克郡那样仅仅是重复之前的做法。这表明治安法官厘定工资的实践在18世纪下半叶已成强弩之末。

从18世纪中叶开始,劳工要求治安法官厘定工资的需求遭到雇主们的反对。例如,1756年格洛斯特郡的羊毛织工向议会请愿,要求议会重申该行业最低工资,由治安法官负责厘定工资,但雇主们成功地阻止该法令的执行。④ 厘定工资的做法已受到雇主们的挑战,随后议会也对厘定工资产生怀疑。"工业化早期的社会结构与文化环境,使得英国成为最不利于

---

① Simon Deakin and Frank Wilkinson, *The Law of the Labour Market: Industrialization, Employment and Legal Education*, Oxford: Oxford University Press, 2005, p.20.
② H. Heaton, "The Assessment of Wages in the West Riding of Yorkshire in the Seventeenth and Eighteenth Centuries", *The Economic Journal*, Vol.24, No.94 (June, 1914), p.232.
③ R. Keith Kelsall, "Wage Regulation Under the Statute of Artificers", in W. E. Minchinton, ed., *Wage Regulation in Pre-Industrial England*, p.204.
④ E. Merrick Dodd, "From Maximum Wages to Minimum Wages: Six Centuries of Regulation of Employment Contracts", *Columbia Law Review*, Vol.43, No.5 (July, 1943), p.648.

推行家长制保护主义的国家。"① 在不少新兴行业,一种有别于传统主仆关系的新型劳资关系,即劳资间的市场化契约关系开始盛行起来。雇主越来越反对政府对劳资关系的干预,而主张通过市场途径来解决劳资纠纷,这最终促使政府的劳资政策发生转变,即从早期家长制干预逐步转向自由放任。1773 年,议会接受斯皮塔菲尔德织工的请愿,为该郡织工厘定行业工资,这大概是议会最后一次通过立法手段来实施工资管制。此后,面对来自劳工阶层要求厘定工资、改善工作条件的请愿,议会几乎充耳不闻。② 斯皮塔菲尔德织工要求议会立法保护他们工资水平的努力开始于 1765 年,后经近十年的请愿或暴动,才迫使议会勉强出台法令。斯皮塔菲尔德织工法令仅针对米德塞克斯郡、伦敦和威斯敏斯特、伦敦塔等区域的丝织工。由此可见,到 18 世纪 70 年代,家长制保护立法已完全衰落。

18 世纪 90 年代,反法战争引发通货膨胀,但工资未能相应增加,这使得劳工生活水平下降,由此导致劳工普遍要求最低工资立法的出现。③ 1795 年 11 月 5 日,诺福克郡农业工人为解决他们多年来忍受的苦难,经过讨论制定出他们认为最好和最和平的解决方案,主要包括:(1) 劳工应当根据他的劳动获得合理的工资,而之前通过以市场价出售面粉和济贫税救济等缓解劳工贫困的方式,不仅是对劳工的侮辱,也是一种不合理的救济模式,不能缓解劳工的贫困。(2) 劳工的工资须根据小麦的价格波动而及时调整。(3) 向议会请愿,要求厘定工资。④ 诺福克郡农业工人的方案获得一些有识之士的回应。1795 年,贝德福德郡治安法官塞缪尔·惠特布

---

① Patrick Joyce, *Work, Society and Politics: The Culture of the Factory in Later Victorian England*, Brighton: Harvester Press, 1980, p.152.
② Kenneth Brown, ed., *The English Labour Movement, 1700 - 1951*, p.32;刘金源:《〈反结社法〉与英国工业化时期的劳资关系》,《世界历史》2009 年第 4 期。
③ E. Merrick Dodd, "From Maximum Wages to Minimum Wages: Six Centuries of Regulation of Employment Contracts", *Columbia Law Review*, Vol.43, No.5 (July, 1943), p.649.
④ A. E. Bland, P. A. Brown and R. H. Tawney, eds., *English Economic History: Select Documents*, pp.552 - 553.

雷德(Samuel Whitebread)向议会提交了一份议案,要求授权治安法官在季审法庭"根据日、周、月或年,有无啤酒或苹果汁,以及货币价值和丰歉程度,为农业劳工厘定工资和工时";治安法官厘定的工资为最低工资,所有低于官方厘定工资的契约均为无效;有违规定的雇主将受到罚金与监禁处罚。① 惠特布雷德的提案意在补充伊丽莎白《劳工法令》中治安法官厘定最高工资的规定,他主张治安法官需要厘定最低工资,以保障劳工的基本生活水平。他的议案能否获得议会通过将证明家长制立法是否仍然适应社会发展。

1796年2月12日,惠特布雷德的议案进行二读。惠特布雷德认为,通过立法解决穷人的抱怨势在必行。惠特布雷德援引普雷斯(Price)的著作,痛陈劳工的工资跟不上物价的涨幅,指出"工人迫于时局而不鼓励结婚,生子也被认为是诅咒"。他希望通过最低工资立法将这些穷困的劳工从极度依赖的状态中解救出来。皮特首相随后发言,反对议案。皮特指出惠特布雷德的议案是不明智的,而且即使执行也不会达到预期的效果。皮特认为普雷斯的判断是错误的。皮特提醒议员关注"国家干涉阻碍工业发展的情况,以及最好的意图产生最坏的结果的情况"。皮特反对国家干涉工业和商业,认为劳工的贫困来源于济贫法的滥施。他认为不管济贫法的初衷是如何明智,济贫法都束缚了劳工的流动,造成了混乱与无序。皮特认为厘定最低工资是鼓励劳工懒惰。② 在皮特的反对下,最低工资议案被议会否决。

惠特布雷德的议案遭到议会否决,表明自由放任学说已经在议会获得很大影响力。自由放任学说要求政府放任劳资双方自由缔结契约,反对政府干预劳资关系,主张由市场决定工资高低。到19世纪初,废除厘定工资

---

① Evelyn Hubbard,"The Minimum Wage: Past and Present",*The Economic Journal*,Vol.22,No. 86 (June, 1912), p.303.
② A. E. Bland, P. A. Brown and R. H. Tawney, eds., *English Economic History: Select Documents*, pp.556 – 565.

条款的呼声越来越高,最终议会在 1813 年废除《劳工法令》中关于治安法官厘定工资的条款。

与厘定工资条款一样,学徒制条款也在 18 世纪下半叶逐渐废弛,并在 1814 年正式被废除。正如保尔·芒图所言:"产业革命就是要对学徒条例给以致命的一击,同时也会给工人们以新的理由来留恋这些条例。"① 早在 18 世纪中叶,曼彻斯特生产细纹布和格纹布的织工已组织起强大的行业协会,靠抵制没有学徒出身资格的劳动者涌入以保障他们的地位。1759 年,格纹布织工要求法官依法执行学徒身份的规定时,巡回法官做出了对他们不利的判决,判决把国家的法律抛在一边,而支持斯密当时还没有明确表达出来的学说。如果要实行学徒法,"那么开设企业的自由将受到摧残","当工业还处于幼年时代,伊丽莎白女王的法令是为了保证公共福利;但是现在,工业已经成熟到我们看到的那种完善程度了,废除这些法令大概是合适的,因为这些法令有可能阻碍和束缚起初必须靠规定才能获得的知识"。② 这次判决预示了半个世纪之后《劳工法令》的废除。

从思想上看,斯密的自由放任学说为废除学徒制提供了基础。斯密认为,学徒制侵犯了劳动者的劳动自由,也侵犯了雇主的自由。斯密指出:"妨害一个人,使不能在自己认为适当的用途上劳动,也就妨害另一个人,使不能雇用自己认为适当的人。一个人适合不适合雇用,无疑地可交由有那么大利害关系的雇主自行裁夺。立法当局假惺惺地担忧着雇主雇用不适当的劳动者,因而出手干涉,那明显地不只是压制,而且是僭越。"③ 学徒制并不能保证市场上"不常出现不良作品",也"不能保证没有欺诈",而且长期的学徒制并不倾向于养成少年人的勤劳习惯。斯密反对学徒制对

---

① [法]保尔·芒图:《十八世纪产业革命——英国近代大工业初期的概况》,第 368 页。
② [英] E. P. 汤普森:《英国工人阶级的形成》(上册),第 310—311 页。
③ [英]亚当·斯密:《国民财富的性质和原因的研究》(上卷),第 115 页。

劳工和雇主自由的限制。很多雇主也"愈加感到学徒制的规定不仅限制了他们雇用工人的人数,限制了他们招募工人的自由,更使他们不得不承担学徒的食宿、教育等额外的家长式义务"①。因此,雇主也希望废除学徒制条款。

在自由放任学说的影响下,到18世纪末,国家基本废弃学徒制。但劳工却仍然希望继续执行学徒制。例如,约克郡的毛织业和毛纺业工人在1806年向呢绒业委员会抱怨利兹的几个工厂雇用"非法的"劳工。剪绒工和织工的协会联合小织布业主发动请愿,"要求对工厂加以限制,执行学徒制",然而他们都未能从下院得到满意的答复,"他们的请愿仅仅引起了议会对他们结社的注意以及对旧家长式法规的注意"。② 到1814年,议会终于废除学徒制条款。

厘定工资条款和学徒制条款在18世纪下半叶的被废弛,是经济自由主义对家长制的胜利。工业革命的发展使得家长制法令走向穷途末路,随着工商业发展的狂飙猛进,家长制法令归于沉寂。

3. 纠纷化解机制的转变

英国历史学家阿诺德·汤因比(Arnold Toynbee)在19世纪80年代关于工业革命的讲座中,第一次使用"工业革命"这一术语,意指18世纪和19世纪早期人口数量显著增长、农业人口减少和城镇的兴起、工厂取代家内制手工工场、贸易的扩展、财富的生产与分配的变革。在汤因比看来,工业革命最根本的变革在于制度变革,他说:"工业革命的本质是竞争取代中

---

① 金燕:《工业革命前后英国对劳资关系的国家干预》,南京大学博士学位论文,2008年,第77页。Douglas Hay and Paul Craven, eds., *Masters, Servants, and Magistrates in Britain and the Empire, 1562–1955*, p.65.
② [英] E. P. 汤普森:《英国工人阶级的形成》(上册),第318页。

世纪控制财富的生产与分配的管制。"①中世纪的管制一直延续到18世纪中叶,成为前工业化时期英国化解劳资纠纷机制的基本特点。随着18世纪末仲裁法的制定,之前存在的调解与仲裁实践成为法律条款,这在一定程度上反映出政府职能的转变,即从之前的管制转变为仲裁,试图建立一种基于个人自由的劳资关系模式。如芒图所言,工业革命"通过自己的经济后果来加速旧规章的毁灭,同时又通过自己的社会后果来制定新的必要的规章"②。

伊丽莎白《劳工法令》在中世纪劳工立法的基础上制定出台,是家长制劳资政策的集中体现。在前工业化社会,家长制是国家主流的意识形态,强调等级社会的保护与控制。在劳资关系领域,劳资立法的典型特征是管制,即以治安法官为代表的国家权力管理和控制雇主与劳工。但工业革命促使竞争取代保护、契约取代管制、个人财产取代集体财产,由此引发家长制保护立法的废弛与自由契约的兴起,劳资政策从之前的法律管制转变为18世纪末的仲裁与自由放任。尽管受到法国大革命的影响,国家在1800年出台的《结社法》加强了对工人的控制,但这种做法并非常态,而且在1824年即予以废除,由此标志着英国政府在劳资政策领域完全转向自由放任的道路。

1800年《结社法》增加了仲裁条款,使之前棉纺织业的仲裁法适用于所有行业。仲裁条款揭示了英国政府劳资政策开始有意识地从管制向仲裁转变。早在18世纪中叶,议会已经在犹豫舍弃管制政策,这在1756年制定纺织业的工资厘定法令,随后在1757年废除的做法中明显表现出来。1756年法令颁布之后,议会受到许多请愿书与反请愿书的攻击。雇主宣称法官厘定工资的条款因"约克郡布业竞争日益剧烈之故,绝对不能实

---

① Arnold Toynbee, *Lectures on the Industrial Revolution in England*, Cambridge: Cambridge University Press, 2011, pp.85, 92.
② [法]保尔·芒图:《十八世纪产业革命——英国近代大工业初期的概况》,第385页。

行"。工人则要求严格执行法令规定。"布业资本家强调订约自由及自由竞争之种种利益。织布工人得地主及绅士之助,要求以法律维持其平昔之所得。"下院处于左右为难的境地,在两者之间动摇,先是下令起草一种议案来加强现存的法令,最终则支持布业资本家在 1757 年废除 1756 年法令。议会此时"盖采取放任政策矣"。当时劳资双方围绕 1756 年法令的斗争,"标志出新旧思想之交替"。① 1800 年《结社法》标志着这一转变的最后形成,此后工资不再是国家事务,资本与劳动力自由竞争。② 国家不再厘定工人工资,并不意味着国家完全放弃对劳资关系的管制,而是将重心转向工作条件,这在 19 世纪工厂立法中得到集中体现。劳资双方通过自由契约协商工资,国家仅是在协商无法达成时提供仲裁,这成为英国劳资关系政策转变的重要内容。18 世纪末的仲裁以治安法官的强制仲裁为主,而民间仲裁的案例囿于材料则不能窥其全貌。正如韦伯夫妇所言:"无论如何,十八世纪末叶,劳资两方自由订约之办法,已成为厘定工资之唯一途径。"③

英国劳资政策在 1800 年发生转变,不仅表现在 1800 年《结社法》的颁布,也表现在以下三个方面的变迁:首先,劳资双方使用书面合同的频率增加,包括完成工作之后资方可能提供的证明信;其次,简易审判权的增加使得劳工法令更具刑事色彩;最后,高等法庭对劳工骚乱的态度更加强硬或冷酷。④ 上述三个方面的变迁预示了 19 世纪英国劳资关系的发展概貌。

18 世纪下半叶的劳工立法具有除旧布新的特征,"当中世纪法规的旧

---

① [英]韦伯夫妇:《英国工会运动史》,第 36 页。
② John V. Orth, "English Combination Acts of the Eighteenth Century", *Law and History Review*, Vol.5, No.1 (Spring, 1987), pp.204, 207.
③ [英]韦伯夫妇:《英国工会运动史》,第 52 页。
④ Douglas Hay and Paul Craven, eds., *Masters, Servants, and Magistrates in Britain and the Empire, 1562–1955*, p.101.

结构崩坍时,劳动立法的基石正在安放"①。前工业化社会的家长制立法渐趋废弛,同时相继颁布一系列结社法。家长制的管制政策让位于自由放任与仲裁,旨在建立基于个人自由的劳资关系模式。工业化兴起时期劳资纠纷化解机制也从管制向仲裁转变,到 19 世纪上半叶仲裁制迅速发展起来。

---

① [法] 保尔·芒图:《十八世纪产业革命——英国近代大工业初期的概况》,第 376 页。

四、小　结

作为过渡时期的18世纪下半叶，一方面劳资政策的指导思想从家长制向自由放任过渡，另一方面劳资纠纷化解机制从保护性立法向自由竞争、从管制向仲裁过渡。家长制与自由放任在博弈中此消彼长，自由放任逐渐成为主导劳资政策的准则，家长制立法相继废弛。契约自由、竞争自由等成为政府和雇主的共识，两相联合压制劳工的结社行为。政府在工资纠纷化解中的角色也从家长制管制转向自由放任与仲裁。

18世纪下半叶英国政府延续前工业化时期限制劳工结社的立法，相继颁布限制裁缝、丝织工、制帽匠和造纸匠的结社法令，到1799年和1800年出台《结社法》，将限制结社的立法扩展到所有手工行业。结社法的颁布是贵族与工厂主结盟的结果，旨在镇压人民当中雅各宾派的"密谋"和挫败劳工要求提高工资的"密谋"。同时，结社法令禁止以实物取代工资，在某种程度上有利于保护劳工获得维持生计的工资。1800年《结社法》的出台标志着国家终止干预工资时代的降临。18世纪结社法的演变历程表明，契约逐渐取代身份成为劳资政策的立论之基，雇主与工人之间的契约具有法律效力。与国家终止干预工资同步的是，仲裁成为劳资纠纷化解的新机制。作为国家代理人的治安法官的角色从前工业化时期的"家长"转变为工业化时期的"仲裁者"。

这种转变的完成与斯密的自由主义学说具有密切联系。斯密反对政府干预,主张发挥市场的作用,要求契约自由、劳动自由、竞争自由等,对英国劳资政策的变化产生重要影响。在 18 世纪后期,自由放任学说获得英国议会和政府的认可,用来处理劳资纠纷。政府逐渐放弃家长制劳资政策,转而给予劳资双方缔结契约的自由,仅仅发挥仲裁者的作用。虽然 1800 年政府的劳资政策出现急转,但那仅仅是为防止政局变动的临时举措,在 19 世纪 20 年代之后,自由放任成为政府的常态。

　　除此之外,家长制立法在 18 世纪末的废弛与工业革命的蓬勃开展关系密切,到 19 世纪初政府废除《劳工法令》的厘定工资与学徒制条款,劳工的最后一道屏障消失,面临更加严峻的局势。对于劳工而言,他们同时承受两种关系的强化:"一种是经济剥削关系的加强,另一种是政治压迫关系的加强。雇主与劳工之间的关系变得越来越冷酷,越来越少人情味。"[①]尽管国家出台了法律禁止劳工结社,但劳资冲突愈演愈烈,不断考验着英国政府化解劳资冲突的能力。政府在 19 世纪初废弃结社法,沿用 18 世纪末仲裁立法的实践,使得仲裁制获得迅速发展。

　　总之,在工业革命初期,自由主义思潮的兴起促使劳资纠纷化解机制发生嬗变。政府逐渐放弃家长制控制与保护,转而采用自由放任和仲裁,减少对劳资关系的国家干预。雇主与劳工则在斗争中订立契约,劳资双方的身份等级规定让位于契约规定。工业化初兴时期劳资纠纷化解机制的嬗变,为 19 世纪上半叶以调解、仲裁及工厂立法为核心的劳资争议化解机制的发展提供了前提。

---

① [英] E. P. 汤普森:《英国工人阶级的形成》(上册),第 216 页。

第三章
调解与仲裁的兴起

19世纪上半叶,在工业化不断推进的历史进程中,英国劳资关系领域的对抗成分逐渐减少,劳资双方开始寻求和平友好的争议化解方式。于是,根植于英国民间社会的调解与仲裁方式,作为化解劳资冲突的有效机制在劳资关系领域开始兴起并得到广泛应用,并在实践中取得了积极成效。调解与仲裁机制的兴起有利于调和劳资双方利益、缓和劳资之间的关系,并为集体谈判机制的萌芽奠定基础,进而对维护社会稳定和促成社会转型产生积极影响。本文以1800年为研究起点,对19世纪上半叶以调解与仲裁为主的英国劳资冲突化解机制的演进历程做系统考察,重点对促成调解与仲裁机制在19世纪上半叶的形成与推广的积极因素进行分析,并辩证看待调解与仲裁在实践中的成效与不足,总结19世纪上半叶英国劳资关系领域冲突化解的教训与经验。

一、仲裁法令的出台

工业革命以来,英国工业的大发展造成劳资冲突不断增加。作为民间解决冲突的手段,各类形式的仲裁在劳资关系领域内的应用也变得越来越普遍。然而,与仲裁在民间的广泛运用相比,英国政府针对仲裁的立法时间则要晚得多,并在实践中不断予以修改。这一过程中,英国政府的仲裁立法一开始抱着家长主义态度,试图对民间仲裁实施法律管制。不过,收效甚微的立法实践让英国政府开始经历态度和角色的转变,不再对劳资争端进行直接干预,而在倡导劳资双方自行解决争议的基础上加以规范和引导。

1. 19世纪早期的仲裁法令

作为一种解决争端的方式,仲裁在英国历史上早已有之。仲裁的形式和程序首先是由12世纪晚期的教会律师发明的,在14世纪中期之后开始广泛应用于世俗事务。[1] 早期仲裁基本都采用自治的形式,并不受法律监督,而到了19世纪初期,随着工业化带来的社会问题的增多,国家开始将仲裁以法律的形式规定下来,以化解日趋激烈的劳资冲突。19世纪早期

---

[1] 金燕:《浅谈工业革命时期英国的工业仲裁》,《理论界》2012年第8期。

的仲裁法令正是在这样的背景下出台的。

17世纪后半叶,随着英国经济的发展,工商业领域内的劳资冲突不断增加,各类形式的民间仲裁也变得越来越普遍,包括财货交付、商品质量、工资纠纷等。为了将其予以规范化与程序化,英国议会开始颁布有关仲裁的法律来鼓励仲裁在劳资关系领域的应用。1697年,英国政府正式制定了第一个仲裁法案。① 该法案主要是针对商业领域的纠纷做出仲裁规定,一旦仲裁人做出最终裁决,当事双方必须遵照执行,并且将仲裁协议登记在法庭审理记录上,任何漠视或拒绝执行裁决结果的行为将以藐视法庭原则而遭受惩罚。该部仲裁法的出台,首次为各类形式的仲裁走向规范化提供了法律指导。

18世纪末19世纪初,劳资状况的急剧变化促使议会重新开始通过法律手段加强对仲裁形式的推广。工业革命开始以来,围绕着工资、工时和工作条件等诸多问题,英国劳资纠纷骤然增多,工人们的利益诉求越来越迫切。这些都尤为明显地反映在传统手工业部门——棉纺织行业的工人身上。"连年歉收和长期战争造成之灾难,带来为数累累之请愿者,其中尤以新成立之棉业工人联合会之请愿为最力。"②1792年以来,英格兰棉布织工的工资不断下降,并由此与棉纺织厂主发生了多次纠纷,而1799年颁布的《结社法》又剥夺了他们联合行动的权利。于是他们向议会请愿,请求议会制定一种快速并且花费少的仲裁方法来解决劳资争议,并随时根据情况变化规定劳动力价格。棉纺织业雇主也要求政府提供一个迅速解决劳资争议的方案。1800年,一项适用于英格兰地区的《棉纺织业仲裁法》诞生,这是19世纪议会通过的第一个仲裁法案。③

仲裁法的颁布旨在平息该行业内的有力请愿,缓解由经济形势变化所

---

① 范战江主编:《劳动争议处理概论》,北京:中国劳动出版社,1995年,第119页。
② [英] 韦伯夫妇:《英国工会运动史》,第40页。
③ Douglas Knoop, *Industrial Conciliation and Arbitration*, p.100.

导致的紧张的劳资关系。该法案规定,"自 1800 年 8 月 1 日起,英格兰棉纺织业雇主与工人就已完成或即将完成的工作的工资问题无法达成一致,双方之间在增减工资、人身伤害或物品损坏等方面产生争议时,经由任何一方提出后,将依法通过仲裁方式进行解决",法案还就仲裁人的人选和职责做出规定,"任何一方都有权各自提名和指定一位仲裁人代表本方,对争议进行仲裁,并做出裁决……由仲裁人来主持宣誓并召集证人作证,共同听取双方的抱怨以及争议"。① 对于仲裁结果,法案规定,仲裁人的判决对于争议双方来说在任何情况下都是最终的并且是决定性的。法案对仲裁人无法就所涉及的争议达成一致意见的情况也做出了规定,如果仲裁人在三天之内没能签署判决,他们须立刻前往距离争议地点最近的治安法官的所在地,向治安法官详细介绍争议情况以及两个仲裁人的相互意见;治安法官有权倾听双方的陈述,并在争议提交后的六天内做出决定并签署决议,那么这时,治安法官的意见对双方而言则成为最终的且具有决定性的决议。同时,为了公正起见,这个被指定的治安法官不能是棉纺织厂主。仲裁的结果被记录在印花纸上,双方各持一份,上面还附有包括争议双方与仲裁人的宣誓词、对该法案表示遵守的仲裁请求、罚金缴纳证明书、证人承诺书以及仲裁决议意见等项目在内的附加明细表。

作为英国劳资关系领域的第一部仲裁法案,1800 年《棉纺织业仲裁法》中表现出这样一种趋势,在化解劳资争议的过程中政府首先倡导双方自行仲裁,双方自行仲裁的结果是"最终的及决定性的",同样具有法律效力,而当这种仲裁无法继续进行时,治安法官会对争议予以干预,做出最终裁决。为了保证仲裁的正常执行,法案还对一些破坏仲裁的行为制定了约

---

① 39 and 40 George Ⅲ, c. 90, *The Statutes at Large from the Thirty-nine Year of the Reign of King George the Third, to the End of the Fifth and Concluding Session of the Eighteenth and Last Parliament of Great Britain, Held in the Forty-first Year of the Reign of King George the Third*, London: George Eyre and Andrew Straham, 1800, p.440.

束性和惩罚性措施:拒绝出席仲裁人会议的一方或是拒绝提供证据的证人全都被送进教养院,直到对仲裁表示服从才能够被释放;如果双方有一方拒绝提交仲裁申请或指定仲裁人,或拒绝服从仲裁结果,将面临10英镑的罚款或者处以不超过三个月的监禁,且不得保释;劳资争端提交仲裁的有效期为六个月,逾期不得交予仲裁人、治安法官、教区警役、保长等相关人士进行仲裁。① 可以看出,工业化时期的英国政府,在面对劳资对立日趋激烈之时,尝试将民间自愿仲裁作为一种争议化解方式纳入议会法案,在一定程度上对劳资关系进行干预。

18世纪末期,劳工结社对正常社会生产关系造成日益严重的扰乱,英国议会就此于1799年颁布了著名的《结社法》,法案禁止工人通过结社的方式获得平等谈判的机会。凡彼此订立条约、协定、盟誓,通过结社来要求提高工资,或减少、改变工时,或削减工作总量,均被视为非法。通过这部法律,工人们被剥夺了自由结社以自助的权利,许多社会人士都认为劳工们应该得到法律方面的补偿。② 法案起草委员会部分成员也认为,国家应给予被剥夺联合斗争权利的工人额外的法律援助。

虽然仍然面临着一些内部反对声音的压力,但支持对《结社法》进行修改的大多数议员们也开始承认简易裁决程序是必要的,并且在第二年推动议会及时赋予工人对劳资争议申请仲裁的权利。与旧的《结社法》相比,修正案特别加进了一些有关仲裁的新规定,这些规定将以下几方面的争议归入仲裁解决的程序中:(1)工资或是在任何制造业中所完成工作的报酬。(2)任何由工人对工作造成的损害或是声称所造成的损害。(3)工人在完成工作时的

---

① 39 and 40 George Ⅲ, c. 90, *The Statutes at Large from the Thirty-nine Year of the Reign of King George the Third, to the End of the Fifth and Concluding Session of the Eighteenth and Last Parliament of Great Britain, Held in the Forty-first Year of the Reign of King George the Third*, pp.440 - 443.
② G. B. E. Amulree, *Industrial Arbitration in Great Britain*, p.26.

误工行为。(4) 没有按合同规定完成工作的行为。① 《结社法(修正案)》将仲裁的适用范围设定为雇主和劳工之间发生任何涉及工作或工资的劳资争议,而又不能由他们相互之间自行调解的案例,例如,雇主和工人未能就任何制造业中实际完成的工作所应被付与的价格达成一致的,或是任何行业或制造业中的雇主和工人间因任何合同或协议中涉及工作或工资问题而发生争执或分歧的。对于这些争议,法案规定:"任何一方均被允许和有权提出和指定一名仲裁人作为自己一方的代表,两名仲裁人须在规定时限内做出裁决,对于双方而言,裁决结果在任何情况下都是最终的及决定性的。雇主和工人,或他们中的各一方都可要求和获致对这类争执的事件进行仲裁和公断,这种做法是合法的。"② 同时,对不服从仲裁、破坏仲裁的行为进行严惩,这些条款基本沿袭了《棉纺织业仲裁法》的规定,只在细节上做了稍微调整。例如,将前法案中劳资争端提交仲裁的有效期由六个月缩短为三个月;将原有仲裁法案中,治安法官有权对那些不愿参加仲裁或不遵守仲裁者进行监禁的严厉条款予以废除,保留了不遵守仲裁结果需罚款 10 英镑的规定等。

1800 年《棉纺织业仲裁法》在棉纺织业工人中一度起到相当大的作用。一位博尔顿地区的纺织工理查德·尼达姆(Richard Needham),声称自己在法案通过的最初两年内在 100 多个争议中协助仲裁。③ 托马斯·索普(Thomas Thorpe)——另一位博尔顿织工,作为仲裁人解决争端的案件数达到 200 件,并表示在工资、工时、管理方式以及工作合同等问题上产生的纠纷

---

① G. D. H. Cole and A. W. Filson, eds., *British Working Class Movement: Select Document, 1789-1875*, pp.91-93.
② 39 and 40 George Ⅲ, c. 106, *The Statutes at Large from the Thirty-nine Year of the Reign of King George the Third, to the End of the Fifth and Concluding Session of the Eighteenth and Last Parliament of Great Britain, Held in the Forty-first Year of the Reign of King George the Third*, p.469.
③ House of Commons, "Reports of the Select Committee on Petitions Relating to the Act for Settling Disputes Between Masters and Workmen in Cotton Manufacture", *House of Commons Parliamentary Papers*, London, 1802-1803, p.3.

和争端因为该部法律的颁行而大大减少。① 到1803年,在《棉纺织业仲裁法》下得到解决的劳资争议达1 500多例,大多数的争讼案件交由仲裁处理,都在花费少的情况下得到了迅速解决。② 大多数宣判是有利于工人的。

为了将《棉纺织业仲裁法》对仲裁程序做出法律性规定从而产生的效果在全国范围内推广,议会先后于1803年和1813年立法将其扩展至苏格兰与爱尔兰地区。"一种合理的模式应该应用于大不列颠和爱尔兰王国被称作苏格兰(或爱尔兰)的部分,这种廉价和简易的模式力图避免并解决其棉纺织业中存在于雇主和织工之间,或是织工与受雇中间人之间,或是雇主和负责用针线点缀棉织品的工人之间的争端。"③法案分别对苏格兰和爱尔兰地区制造业中的工资价格、工资增减、延误工期、违背合同等问题进行了规范。

随着时间的推移,《棉纺织业仲裁法》在实践中的问题逐渐暴露出来,织工和工厂主都对法案表示不满。首先,法案没能保护织工免受工厂主联合一致减薪以及生活成本上升的威胁。④ 作为对雇主削减价格的回应,900名怀特菲尔德地区的织工立即提出仲裁申请,仲裁人将案卷交由一位地方检察官寻求意见,地方检察官做出了有利于工人的判决意见。工厂主们对此则表示不满,并申诉到季审法庭上,地方法官在偏向雇主要求的基础上做出决议:织工们的行为等同于控制工资制定权,因此是不合法的。⑤ 治安法官的任意处置让工人们的权益很难得到切实保护。其次,长期存在的《主仆法》往往站在资方的立场,将资方违约的行为仅仅视为民事违约处

---

① House of Common, "Reports of the Select Committee on Petitions Relating to the Act for Settling Disputes Between Masters and Workmen in Cotton Manufacture", *House of Commons Parliamentary Papers*, p.10.
② [法]保尔·芒图:《十八世纪产业革命——英国近代大工业初期的概况》,第373页。
③ G. B. E. Amulree, *Industrial Arbitration in Great Britain*, pp.205, 209.
④ James A. Jaffe, "Industrial Arbitration, Equity, and Authority in England, 1800-1850", *Law and History Review*, Vol.18, No.3 (Autumn, 2000), p.536.
⑤ House of Common, "Reports of the Select Committee on Petitions Relating to the Act for Settling Disputes Between Masters and Workmen in Cotton Manufacture", *House of Commons Parliamentary Papers*, pp.33-34.

以经济制裁,而工人们破坏劳动合同则被视为刑事违法,并被处以监禁,同时强迫工人在工资得不到任何保障的情况下接受长期合同,因为让雇主们不能忍受的是工人们开始有权选任一个自己人作为仲裁人,对他们的地位和权威加以挑战,这样,"主人就被放在从属于仆人的地位并受仆人的监督"①。最后,雇主认为法案不仅易导致大量轻率的仲裁诉讼,并且特别容易耗费织工与雇主们的时间。② 此外,他们还言之凿凿地指出,由法案产生的琐碎诉讼恶化了雇主和工人之间的关系。③

于是,工人和雇主们都行动起来。工人们要求对法案进行修改,将厘定工资的内容添加进去,而工厂主们则认为法案的存在没有实际必要,要求完全废除法案。在这样的背景下,1802—1804年间,议会对该法案进行了多次讨论和修改。议会委员会做出报告,认为1800年《棉纺织业仲裁法》给予雇主和工人指定各自仲裁人以听取争议的权利,事实上造成了极大的不便和延误,未能产生预期的良好效果。1804年议会委员会建议,在双方觉得需要的情况下,应将仲裁争议的权利交给治安法官;如果双方觉得没有必要,则由治安法官在就近地区提名四位公正人士来解决争议,其中一半是雇主,另一半是工人,双方也有权各自挑选一位。④ 最终在1804年,《棉纺织业仲裁法(修正案)》得到议会通过。

与原先涉及仲裁的两个法案相比,新仲裁法最重要的影响在于减轻了仲裁者的任意处置权。它废除了仲裁人主持宣誓的权力,并且治安法官的简易判决变成了只有当争议双方同意将争议交给治安法官处置的时候才采用的首选审判形式。新法案继续保留将仲裁作为解决劳资争议的一种

---

① [法]保尔·芒图:《十八世纪产业革命——英国近代大工业初期的概况》,第374页。
② James A. Jaffe, "Industrial Arbitration, Equity, and Authority in England, 1800-1850", *Law and History Review*, Vol.18, No.3 (Autumn, 2000), p.536.
③ Robert Glen, *Urban Workers in the Early Industrial Revolution*, London: Croom Helm, 1984, pp.148-149.
④ G. B. E. Amulree, *Industrial Arbitration in Great Britain*, pp.33-34.

方式,但是将其更多地纳入法律的监管之下,特别是赋予治安法官对劳资纠纷进行仲裁这一新职责。① 法案规定,"在任何双方产生争议的案件中,双方可以达成一致,同意将他们的纠纷提交给就近的治安法官或地方长官仲裁时,该治安法官或地方长官应听取他们的陈述并做出简易裁决;但如果双方有一方反对听从治安法官或地方官员的决定,那么治安法官有权就双方提交的争议和证据,要求双方进入仲裁程序"。在仲裁人的选择上,法案做出新的规定,"(治安法官或地方长官)有权提出一个合适的仲裁人的名单,最少为4人,最多为6人,名单中至少有一半是雇主或者是雇主的代理人,一半是该行业的织工。"② 争议双方可以从该名单中各选定一名仲裁人,仲裁会议进行的时间和地点由该治安法官或地方长官决定,争议问题需在48小时内得到听取,仲裁人做出的决议将是最终的结果。

1804年仲裁法案修正案虽然对原有的仲裁法案进行了修改,但自身也与之前的几个法案类似,仍然存在着以下两方面的缺陷:(1)仲裁的适用范围有限。可以看出,19世纪早期的仲裁法案主要是针对传统的棉纺织业中的劳资争议而颁布的,适用范围也仅限于棉纺织业,而且即使在这些行业中,也并不是所有地区劳资争议的解决都使用这种方式。(2)在仲裁实践过程中,其体现的公平性和有效性不足。1804年修正案中尤其值得注意的一点是,原法案中规定的被指定仲裁的治安法官不能是棉纺织厂主这一条款遭到废除,原本就因为个体力量难以与势力强大的雇主相抗衡的工人们在仲裁中的利益更加难以得到切实保护。早期仲裁存在着不足和缺陷,实践中也存在问题,对劳资关系的调整作用有限。

从1800年仲裁法案、结社法修正案以及1804年仲裁法修正案中,我

---

① James A. Jaffe, "Industrial Arbitration, Equity, and Authority in England, 1800 - 1850", *Law and History Review*, Vol.18, No.3 (Autumn, 2000), p.537.
② 44 George Ⅲ, c. 87, *The Statutes of the United Kingdom of Great Britain and Ireland*, Vol.2, London: George Eyre and Andrew Straham, 1806, p.157.

们可以看出 19 世纪早期仲裁法案具有以下三方面特点：(1) 适用范围往往很小，主要限于传统行业的劳资争议。这是由于工业化刚刚兴起，新的生产方式还没有波及所有行业，而在一些传统行业如棉纺织业中，技术革新最快，对劳资关系产生的冲击最早，新的生产方式已经影响到了工人的生活和工作，劳资紧张状态已经影响到正常生产。因此，政府最先针对这些行业的仲裁进行了规范。(2) 由于早期仲裁实践主要呈现出自愿性的特点，为了将这一体系纳入广泛的劳资争议的解决过程中，仲裁法案适应这一特点，在认同个体自治仲裁的同时，开始强调国家和政府的干预。(3) 政府作为仲裁的第三方发挥规范作用。尽管 1800 年和 1804 年的仲裁法试图以法律的形式将仲裁作为解决劳资争议的手段，但是仍然主张优先由劳资双方选定仲裁人，将代表地方政府一方的治安法官的裁决作为最后选择。

19 世纪初期仲裁法案的出现并非偶然，已然存在的民间仲裁实践为仲裁法的颁行做了铺垫。19 世纪前后，英格兰的工作和生活中有着各种各样解决争议的方式，目的在于实现"无需法律即能维持的秩序"。强调自愿主义原则，对个体之间的争议进行免于法庭监督或干预的仲裁，是解决英格兰许多地区社会生活中争议问题的有序和普遍的方式，涉及范围包括商业活动、合同、财产和雇佣关系等。[①] 仲裁实践的广泛推行给仲裁法案的出台提供了有益的借鉴。

19 世纪早期仲裁法案的颁布标志着国家对仲裁争议的态度开始经历着从鼓励民间使用到政府有限干预的转变。在仲裁法案出台之前，国家对民间自愿仲裁方式的干预较少，主要将其视为劳资之间自寻争议化解的一种手段。随着工业化不断推进，劳资关系紧张状况的日益加剧和冲突的日趋暴力化，促使政府以家长的姿态，用法律的形式对民间仲裁加以规范和

---

① James A. Jaffe, "Industrial Arbitration, Equity, and Authority in England, 1800–1850", *Law and History Review*, Vol.18, No.3 (Autumn, 2000), p.525.

引导,使仲裁成为以相对和平的方式化解劳资争议、在一定程度上缓和社会对抗的有效尝试。在仲裁法的规范下,劳资双方自由选择自己的仲裁人就某一争议问题进行仲裁,政府更多地扮演着第三方的角色,以最终仲裁的方式对双方的争议做出裁决,同时对仲裁过程加以规范,以保证仲裁的顺利进行。1804年《棉纺织业仲裁法(修正案)》的存在长达20年,这表明仲裁正成为政府试图解决工业化早期劳资争端的一种可行手段。

2. 1824—1833年的仲裁法令

19世纪早期的仲裁法案虽然已经对将民间仲裁纳入国家干预的轨道,并对其加以规范化和法律化做了初步的尝试,然而自身仍然存在着适用范围有限、公平性不足的缺陷,导致早期仲裁法案的实际效果不甚明显。基于此,从19世纪20年代起,议会就解决社会生产领域的劳资争议问题,开始不断扩大仲裁法案的适用范围,增强仲裁决议的法律效力。1824年《关于巩固和改进劳资争议仲裁的法案》(An Act to Consolidate and Amend the Laws Relative to the Arbitration of Disputes Between Masters and Workmen)以及1833年《民事诉讼法》(Civil Procedure Act)开始了一个逐渐发展演进的过程。

在《结社法》盛行的时代,19世纪早期的仲裁法案试图建立起一种以自愿仲裁为前提,加强政府规范和干预色彩的劳资争议解决模式,进而建立起一种全新的劳资关系。然而,劳资争议问题的出现往往是群体性的,雇主削减工资的做法针对的是整个工人群体,对处于弱势地位的劳工来说,在联合结社的权利被剥夺之后,个体力量难以同雇主抗衡。修正案所体现出来的,试图以个体仲裁的方式解决工人工资降低问题、化解劳资争议的设想是错位的,也是会失败的。正如阿莫利勋爵指出的那样,不承认工人结社权利的仲裁就像是"给一个失去双脚的人一辆自行车,以弥补其先天不足"①。

　　这样的问题对立法机关接下来20年仲裁的推广产生不良的效果,然而,从19世纪20年代起,议会已经就解决因工资问题引发的劳资争议,开始不断扩大治安法官简易审判权的适用范围:1819年,治安法官对争议做出决议,规定工资支付的权威已经突破棉纺织业,从而扩大到海事纠纷的范畴;1820年,在治安法官对海员工资实现简易裁决权拓展仅仅一年之后,议会重新接受运用仲裁来解决劳资争议的方式,给予海员和雇主通过仲裁干预以寻求补救的机会。② 1823年,这种权力正式扩大到农业、手工业、印染业、采矿业、煤矿业、驳船业、矿井业、玻璃制造业、制陶业等行业中来,随后又扩展到了制帽业、麻织业、棉毛织业、棉织业、制铁业、皮革业、毛皮织业、亚麻织业与丝织业等其他行业中。③ 1824年,在工人阶级的持续斗争以及激进主义者的努力下,限制劳资双方结社自由权的《结社法》终于被废除。同时,议会委员会也建议,指导和规范仲裁的法律应该得到强化、修改并运用到所有行业之中。④ 于是,对仲裁应用形式的扩展伴随着《棉纺织业仲裁法》的废除,以及《关于巩固和改进劳资争议仲裁的法案》的颁布而再次得到推广。

　　这部法案开篇就将仲裁应用的地域范围扩大至大不列颠和爱尔兰王国的任一地区,并申明继承了早先仲裁法案中原有的适用范围,"兹规定,大不列颠和爱尔兰王国任何行业或工厂内,雇主与工人之间,或者工人与他们所雇用之人之间发生争议的,可以通过以下的方式得到解决和决断,即有关就已完成的或正在进行的工作将要给付的价格(无法达成一致),无

---

① G. B. E. Amulree, *Industrial Arbitration in Great Britain*, p.44.
② 1 and 2 George Ⅳ, c. 75, *The Statutes of the United Kingdom of Great Britain and Ireland*, 60 George Ⅲ, 1 George Ⅳ 1819 – 1820, 1 George Ⅳ 1820, London: His Majesty's Statute and Law Printers, 1820, pp.352 – 354.
③ James A. Jaffe, "Industrial Arbitration, Equity, and Authority in England, 1800 – 1850", *Law and History Review*, Vol.18, No.3 (Autumn, 2000), p.538.
④ G. B. E. Amulree, *Industrial Arbitration in Great Britain*, p.46.

论涉及工资的支付,或是工作时长,或者劳资之间的人身伤害或物品损坏的争议,还是劳工未按时交付产品或产品质量存在问题,雇主提供劣质原料,以及关于计件产品的长度、宽度、价格的争议"①。法案也对仲裁争议的程序做了规定,"上述争议产生后,雇主和劳工双方或任何一方均可依法提出仲裁","治安法官有权听取双方陈述,并就争议做出简易裁决。如任何一方不愿将争议提交治安法官仲裁,那么治安法官有权提名四名或六名仲裁人,其中同行业的雇主与劳工各占一半,双方从名单中各自挑选一名仲裁人,仲裁人有权听取他们的陈述,并做出最终裁决"②。仲裁人同时被赋予传唤争议双方及证人、扣押财物和施行无保释的监禁等新的权威;禁止由工厂主任职的治安法官出任仲裁人的规定也得以重新恢复;治安法官的判决是决定性的,无须受到任何法庭的回审。

在对先前仲裁法案的内容有所继承的基础上,1824 年法案还对旧法案中的一些内容加以修正和补充。首先,1824 年仲裁法对上诉申请的时间加以缩短,对劳资纠纷处理结果不满意的任意一方可以在六天内提请仲裁,而不是之前仲裁法案所规定的数月时间。其次,在对仲裁人身份的规定上,不仅治安法官不得具有工厂主身份,而且其代理人也不能是工厂主。最后,对于治安法官的权力,就劳资双方相互的权利义务,法案还做了多种其他规定:在得出仲裁结果后,工人不得再向雇主提出其他要求,并且在24 小时内交予雇主一份不再申诉的保证文书;双方在法案后所附包括表示遵守的仲裁请求、罚金缴纳证明书、证人承诺书以及仲裁决议意见等项目在内的附加明细表上签字确认并相互交换。此外,法案还对其他一些特殊情况进行了关注,例如,针对作为争议一方的雇主在仲裁程序进行过程

---

① 5 George Ⅳ, c. 96, *The Statutes of the United Kingdom of Great Britain and Ireland*, Vol.9, London: George Eyre and Andrew Straham, 1806, p.860.
② 5 George Ⅳ, c. 96, *The Statutes of the United Kingdom of Great Britain and Ireland*, Vol.9, pp.860-861.

当中破产,或者提出申诉的是已婚妇女或儿童等可能案例,法案也都做了相关规定。同时法案还规定,雇主雇用工人时需要提供一式两份的工作记录或是证明票据,将来一旦发生争议,其可以作为仲裁的证据提供。

这部《仲裁法》先后经历两次修订。1837年,《仲裁法(修正案)》规定,雇主与工人之间产生争议后,任何一方提出申诉,双方将直接进入强制仲裁程序;其间,治安法官的权力在于提名仲裁人,并做出最终裁决。① 1845年修正案则专门针对织袜业和丝织业做了相关规定;同时,治安法官有权确定工资表,规定工作条件的标准等,裁决结果被视为最终决定,双方必须遵守。②

1824年《关于巩固和改进劳资争议仲裁的法案》及其修正案继承了《结社法(修正案)》及1800年《棉纺织业仲裁法》的基本框架。与原仲裁法案相比,1824年仲裁法一方面尝试保留1800年和1804年仲裁法的立法精神,将仲裁的适用范围继续扩大至国内所有行业,并对所涉及的争议问题、仲裁程序、仲裁人提名和仲裁结果执行等方面做了更加明确细致的规范。例如,对任何一方挑选的仲裁人在争议提交的两天内拒绝参与或未能做出仲裁的,治安法官有权指定另外的仲裁人取而代之,如果新指定的仲裁人在两天内仍拒绝参与或未能做出仲裁,另一方仲裁人则可单独听取双方陈述,并就争议独自做出裁决;同时,对于拒绝在仲裁会议上作证的人,治安法官还将"有权对其实行七天到两个月不等的无保释监禁"③;为了保障仲裁结果的有效性,对于任何违反仲裁结果的行为,治安法官"有权对其进行财产扣押、处以不超过三个月的无保释监禁"④。可见,1824年《仲裁法》相比原仲裁法案有着更大的强制性。

---

① Carl H. Mote, *Industrial Arbitration: A World-Wide Survey of Natural and Political Agencies for Social Justice and Industrial Peace*, p.35.
② Carl H. Mote, *Industrial Arbitration: A World-Wide Survey of Natural and Political Agencies for Social Justice and Industrial Peace*, pp.35-36.
③ 5 George Ⅳ, c. 96, *The Statutes of the United Kingdom of Great Britain and Ireland*, Vol.9, p.862.
④ 5 George Ⅳ, c. 96, *The Statutes of the United Kingdom of Great Britain and Ireland*, Vol.9, p.861.

虽然1824年法案对之前的仲裁法做了修改,适用范围得到极大扩展,但是仍然存在不足之处。一方面,法案条款过于冗杂,且对仲裁在实践中的运用限制较多。普莱斯就曾表示,仲裁法案的条款很多都是不必要的,它们将原本人们熟悉的简单案例变得过于复杂和难以理解,实际上使得最常见的东西变得无比的繁杂,"人们很清楚地知道仲裁不需要这些该死而又死板的喋喋不休"[1]。另一方面,法案的规定使得仲裁的过程类似于审理刑事案件,并且治安法官们在仲裁过程中的态度并不是完全不偏不倚的,这就造成许多工人不愿将争议纠纷提交到治安法官那里进行仲裁,失败使得工人们对于仲裁的兴趣大减。普莱斯的观点反映着当时工人的心态:"我从来不知道在哪个案例中会出现治安法官偏向那些除了屈辱和不公正外别无他物的工人们。"因此,除了一些很少的案例外,1824年法案几乎就等同于一个形同虚设的规定。[2]

接下来的数年时间,议会为促进仲裁推广所做的努力并没有直接反映在对仲裁法的修正上,议会为仲裁在其他领域的推广而做的立法尝试反而更值得注意。例如,1828年和1829年,议会先后通过《储蓄银行法案》(*Saving Banks Act*)与《互助社法》(*Friendly Society Act*),这两部法案将仲裁原则扩大到金融领域和社会团体领域。1828年法案规定,储户与银行发生的争议应当由强制性的仲裁来解决;同样,1829年法案规定,一个社会团体的章程制度当中必须包含如下条款:发生争议时是由治安法官进行简易裁决,或是由双方指定仲裁人做出仲裁。

19世纪30年代开始,一种将仲裁协议置于法庭保护之下的趋势已经出现。1833年《民事诉讼法》的颁布,更是成为仲裁逐渐法律化这一趋势的开始。在1833年《民事诉讼法》当中,几项条款都对仲裁的程序和仲裁

---

[1] James A. Jaffe, "Industrial Arbitration, Equity, and Authority in England, 1800 – 1850", *Law and History Review*, Vol.18, No.3 (Autumn, 2000), p.538.
[2] G. B. E. Amulree, *Industrial Arbitration in Great Britain*, pp.50 – 51.

结果的法律效力做了更为明确的规定。首先,仲裁人对证人资格的审查方式产生变化。先前仲裁法只要求仲裁人主持证人宣誓,几乎没有对证人提供伪证做出相关惩罚规定,而1833年的仲裁法案则规定,"在任何法律规程、仲裁令或者仲裁申请中,都应该规定仲裁人监督证人的宣誓,或是接收法律认可的证人资格认证书",一旦证人故意提供虚假证据,任何违反宣誓或认证书的规定的行为都将被视为做伪证而据此受到审判和惩罚。其次,仲裁人所做的判决结果将以仲裁协议形式纳入法庭记录,直接具有法律意义,与法庭判决几乎具有同等效力。法案规定:"无论根据的是法庭的规程还是治安法官或是初审法院的命令,被指定成为仲裁人或裁判的任何人,根据所获得的相应权力和权威所做的裁决中都需规定:仲裁协议应该纳入法庭记录中,没有法庭的准许,仲裁协议的结果不可被任何一方自行撤除。"[①]从1833年涉及仲裁的几项法案条款中可以看出,法律的痕迹开始越来越明显地出现在仲裁法对仲裁实践的规范当中,仲裁协议的法律权力开始逐渐得到扩展,早先仲裁的任意性和有效性不足由于法庭的介入与法律效力的扩大而逐渐得到修正和补充。

总而观之,自1824年《结社法》废除以来的仲裁法案与19世纪早期的仲裁法案相比,在一些方面正经历着新的变化。首先,仲裁法案的适用范围得到极大扩展,这不仅反映在地域范围上,也体现在行业范围上。从地域范围看,仲裁法所涉及地区已从棉纺织厂所在区域扩展到整个不列颠岛和爱尔兰地区;从行业范围看,仲裁法的适用范围已突破棉纺织业内的劳资争议范畴,扩展到全国其他大大小小的手工行业的劳资纠纷中,这些都适应着工业革命的推进过程。其次,仲裁决议的法律权力也得到一定的扩大。仲裁的结果开始得到法律的保护,逐渐具有法律意义,而不再是一种仅仅弥补劳资争议损失的权宜之计。仲裁开始克服随意性而朝着法律化

---

① 3 and 4 William Ⅳ, c. 42, *The Statutes of The United Kingdom of Great Britain and Ireland*, Vol. 13, London: George Eyre and Andrew Spttiswoode, 1833, p.146.

的方向发展。随着仲裁结果越来越法律化,法案中针对仲裁细节所做的规定越来越多地出现法庭和法律的介入:任何人成为仲裁人或裁判都需要按照法庭的规程、由治安法官或初审法院来选定;证人的资格也开始需要得到法律的认证,而不再仅仅依靠口头宣誓;证人的权利和义务受到法律的限制,提供虚假证据、做伪证的证人要受到法律的惩罚;仲裁结果也受到法庭记录的保护,具有了一定的法律效力,原先仲裁规定的随意性与仲裁结果无约束效力的状况也开始得到改变。

19世纪三四十年代仲裁法的发展和变化主要出于以下两个因素:(1) 随着雇主和工人各自形成组织,劳资关系对抗的代价增大,旷日持久的联合罢工和同盟歇业容易威胁到小雇主的生计或者扰乱生产秩序,往往造成重大的损失。19世纪30年代,斯塔福德郡制陶业以及伦敦印刷业中的仲裁就具有限制竞争性降价或限制工资增长的作用。(2) 从维护辖区安定的角度来说,治安法官也希望加强自身和法庭的权力,迫使劳资争议在仲裁会议上得到和平解决。一些治安法官,如肯尼昂(Kenyon)等人就表达出对仲裁的支持,因为他们认为"仲裁人解决复杂的争议比起衡平法庭的法官们更有能力"[①]。

但是,自1833年法案开始,仲裁法律权力的扩大也存在着一定局限性。著名律师奇蒂(Chitty)在19世纪30年代中期的记录手册中,对这些变化表示了遗憾:

> 无论由陪审团决定判决结果的方式是多么的不完善和有异议,但似乎也很难有其他更为令人满意的方式……我们从来不曾预见一种公正和正确的判决是由任何一个公民,由一两个人来做出的……因此,人们自然地倾向于由陪审团来进行公开审理……而不是由单个仲

---

① James A. Jaffe, *Striking a Bargain: Work and Industrial Relations in England*, 1815–1865, p.213.

裁人做出私人裁定。①

在他看来,仲裁人往往缺乏法律和证据意识,很小的忽视常常会造成错误的判断。即使仲裁人的身份是律师,他们也会缺乏经验,因为他们无法抽出连续数个小时来反复参加许多常常具有仲裁特征的会议。在这些情况下,奇蒂认为仲裁仅仅是对那些难以负担正常诉讼费用的人们的一种立法怜悯。②

3. 1854年《普通法程序法案》

1854年的《普通法程序法案》(Common Law Procedure Act)延续着1833年《民事诉讼法案》颁布以来所显现出的仲裁决议法律效力不断扩大的趋势,并对仲裁人的权力和仲裁的进程进行了一定调整,使得仲裁法律不断完善,并逐步构建起现代仲裁法律的框架。1854年仲裁法的影响也逐步扩展到其他经济社会领域,从而对整个社会生产关系进行着有益调整。

即使仲裁法令权威在19世纪劳资关系领域扩张中存在着缺陷与不足,但也不能忽略仲裁对英国工人阶级的持续性影响。正如普莱斯所指出的,人们非常清楚他们能够通过仲裁解决劳资争议,而无须求助于法律。

1853—1854年,英国普雷斯顿纺织业发生罢工事件,引起了巨大社会反响。这场行业性大罢工在持续了近7个月后宣告失败,工会的资产损失殆尽,工人们未能实现目标。③ 当劳资冲突中的双方都联合起来时,劳资对抗就不再是单独的个体之间的对抗,而演变成两大集体之间的对抗。在劳资关系的天平达到重新平衡的过程中,雇主和工会双方付出的代价颇为

---

① James A. Jaffe, "Industrial Arbitration, Equity, and Authority in England, 1800 – 1850", *Law and History Review*, Vol.18, No.3 (Autumn, 2000), p.539.
② Joseph Chitty, *The Practice of Law in All Its Departments: With a View of Rights, Injuries, and Remedies, as Ameliorated by Recent Statutes, Rules, and Decisions*, London: Henry Butterworth, 1834, pp.73 – 74.
③ 尹建龙:《工业革命与英国企业家集团》,南京大学博士学位论文,2009年,第238页。

惨痛。为了避免和弥补劳资冲突给社会生产带来的强大冲击,劳资双方开始寻求更为合理的解决方式,也促使政府"鼓励更加平和的解决劳资冲突的方式"①,仲裁法案正是在这样的诉求下朝着仲裁决议法律化以及仲裁权力扩大的方向不断发展。1854年,议会通过《普通法程序法案》,该法案包含了大量有关仲裁的规定,为集体仲裁制的兴起提供了法律依据,从而构建了现代法律的框架。②

较之于19世纪20至40年代的几个仲裁法案,1854年《普通法程序法案》既是对它们所存缺陷的弥补,也是对它们当中初现趋势的完善发展。它对前法的继承和发展主要体现在以下三个方面。

首先,仲裁者的权力发生变化。法庭或法官都有权在仲裁审理前对程序做出指导。法案规定,"任何全部或是部分无法按照常规方式解决的争议应该被提请至法庭或法官处。法庭或法官根据双方申请,以认为合理的方式对争端纠纷进行即时裁决,或者将争端纠纷交予由双方选定的仲裁人裁定,或是交予法庭人士和郡法庭法官判决"③。法官也有权在仲裁审理期间和仲裁判决后,对仲裁过程和仲裁结果的实施加以影响,法庭或法官有权在任何时间或时间段,对仲裁人所做的裁决参考意见中涉及价格与其他事项的一些条款,"按照自己认为合适的方式做重新考虑与重新决定"。此外,任何由法官已经做出的裁决结果必须强制执行,双方在七天后不得对此表示拒绝或提出更改要求。法官也可以在任何时间段为该法案的真正施行制定总规程和规则。

其次,法案对仲裁过程做了一定调整。一方面,仲裁首先提交给法庭或法官,再由法庭或法官决定是进行简易裁决或交至仲裁人裁定,还是交予上

---

① Philip Bagwell, *Industrial Relations*, Dublin: Irish University Press, 1974, p.28.
② G. Ellenbogen, "English Arbitration Practice", *Law and Contemporary Problems*, Vol.17, No.4 (Autumn, 1952), p.658.
③ "Common Law Procedure Act, 1854", *House of Commons Parliamentary Papers*, London, 1854, p.1310.

级法院判决,而不再是双方选择仲裁人,仲裁不一致才交至法官处审理。另一方面,在1854年法案中,仲裁过程还出现了陪审团的参与,"任何一方都可以在仲裁结束前,向陪审团做再次呈诉以对证据进行重新总结;另一方也同样可以公开案例,对证据再次进行综述"。此外,作为证人需要"提供一份严肃的宣誓书或在法庭上提出严格的证词,法庭、法官或其他审裁官员等人接受宣誓书或证词书才能准许其成为证人"。① 而与之前的仲裁法案所规定的,仅仅通过做宣誓就有资格作为证人出席仲裁会议的规定有所不同。

最后,仲裁决议法律效力得到进一步扩大。在1854年法案当中,任何根据法官权威做出的合理的仲裁判决结果,一定时期后双方不得对此表示拒绝或提出更改要求,仲裁结果可以由法庭或法官强制执行。此外,仲裁协议或书面仲裁意见都可以成为法庭裁定规程。法案中规定,"对于每一方的申请,除非双方的协议或申请中,包含有双方申明不将此作为法庭规程等等的字句,否则每一份得到赞同的仲裁协议或仲裁申请,无论契据和书面指示有没有签章,都可以成为任何一个高等法庭或威斯敏斯特衡平法庭的裁定规程"②,而不仅仅是之前仲裁法案中所规定的一般法庭。这些都表明,1854年法案对仲裁决议法律效力的扩大做了相当大的努力。

1854年法案的颁布为仲裁实践创造了良好的法律环境。一方面,仲裁的进行由法庭和法官执行,规避了大量没有法律知识的仲裁人进入仲裁程序的情况,也避免了无法抽出连续数个小时来反复参加许多仲裁会议的律师因为经验不足而出现人浮于事的状况。另一方面,仲裁决议进一步的法律化也使得仲裁逐渐具有缓和劳资纠纷和争端的法律效力。但是,法案颁布后的1854—1855年间,各地的法官在调查时纷纷表示,很少有甚至没有涉及劳资纠纷的案件提交到他们面前,偶尔有劳资争议和纠纷提交至法庭,但

---

① "Common Law Procedure Act, 1854", *House of Commons Parliamentary Papers*, p.1315.
② "Common Law Procedure Act, 1854", *House of Commons Parliamentary Papers*, p.1314.

是等法官就仲裁会议召开时间及地点做好决定,劳资之间却已自行安排调解。① 直到1858—1871年,各地法庭接收仲裁案件的数目才有了稍许增长。

虽然1854年法案由于自身法律强制的意味过于浓重,有所违背民间自愿主义仲裁原则,对民间仲裁实践的影响甚微,但是它的出台却对仲裁法的发展有着重要的意义。一方面,它在一定程度上增强了仲裁法律的实际效力,增加了仲裁手段解决劳资争议的可能性;另一方面,它完善了仲裁法律结构,构建了现代仲裁法框架。这些都对19世纪六七十年代劳资关系出现相对缓和状况以及"仲裁爆炸"时代的来临起到了一定作用。

1854年法案对仲裁法体系所产生的积极影响逐渐扩展到经济社会的多个领域。正如阿瑟斯勋爵(Lord Arthurs)所注意到的那样,19世纪中叶仲裁法案中的一些条款通常出现在议会颁布的其他法案中,其中就包括1855年的《煤矿监督法》(Coal Mine Inspection Act),这些法案都对所在行业中涉及的争议纠纷做了仲裁形式的处理。例如,《煤矿监督法》规定,在解决煤矿工作中出现的争议问题时,"由煤矿主和政府事务长各选定一人作为仲裁人,上述两人在进入解决纠纷程序和确定适用于该煤矿和矿地的特别法令之前,选定第三方作为裁判来解决双方之间的争端","独立仲裁人或任一仲裁人的裁决都被规定为最终的决定,并且因此也将确定成为特别法令"。② 同时,双方在一定期限内也可以对裁决结果提出修改申请,"在成为特别法令之后,任何煤矿主或政府事务长都可以在任何时候申请对其进行修改",一旦申请得到通过,将按照同样的程序对双方之间的争议以及之前所做的裁决再次进行审理。除此之外,该法还同样对双方中任意一方违背法案规定的行为进行惩罚。煤矿主、煤矿监管员或代理人忽视或

---

① County Courts,"Return from Each Judge of County Courts of The Number of Matters Referred to Him for Arbitration Under Either Section 3 or Section 6 of The Common Law Procedure Act, 1854", *House of Commons Parliamentary Papers*, London: The House of Commons, 1854-1855.
② 18 and 19 Victoria, c.108, *The Statutes of the United Kingdom of Great Britain and Ireland*, 18 and 19 Victoria, 1854-1855, London: Her Majesty's Printers, 1855, p.491.

故意违反,"根据本法案,或由其需要而设立的通例或特殊法令的规定",皆处以不超过5英镑的罚款,如果在一定时期内对违反行为没有及时改正,则还会面临直到纠正完成日为止每天罚款1英镑的处罚;若"任何受雇于煤矿中的人员,凡忽视或故意违反任何特殊法令的规定,将被处以不超过2英镑的罚款,或面临国家监狱或感化院三个月以下监禁,并可能面临强迫劳役的处罚"[①]。这些条款基本都沿袭了仲裁法的规定,对采煤行业争议纠纷的仲裁解决做了法律上的努力。

总体看来,仲裁法案的演进过程主要体现为两条主线,即适用范围的不断扩大和仲裁决议法律效力的不断增强。仲裁法案的发展顺应着劳资关系和劳资政策的变化而不断自我调整、补充和纠正。英国工业化以来,劳资双方的对立促使国家开始关注日益恶化的劳资关系,政府抱着家长主义的态度试图对劳资关系做适当干预,颁布了一系列仲裁法案,试图将民间的自愿仲裁纳入国家法制的轨道,议会立法使处理劳资关系的适用范围开始不断扩大,但仲裁法案的强制性与民间仲裁的自愿原则背道而驰,因而法案在实施过程中成效微弱。在这一过程中,英国政府劳资政策的主导思想开始转变,政府角色开始转型,在劳资仲裁中不再对劳资争端进行直接干预,而是在规范和引导劳资双方自行解决争议中发挥作用,在仲裁实践中遵循自愿主义原则,必要时辅以仲裁法案和法庭的法律手段来保证仲裁的有效性。虽然在仲裁实践中的运用并不十分突出,但是仲裁法案的发展却作为国家劳资政策变化的侧面反映,表现出政府在尝试化解劳资冲突、缓和劳资关系的历史进程中自身角色的不断调整。这种变化和调整促进了一种协商谈判机制的出现,为劳资争议的和平解决以及工业化时期劳资关系的相对缓和创造了新环境。

---

① 18 and 19 Victoria, c.108, *The Statutes of the United Kingdom of Great Britain and Ireland*, 18 and 19 Victoria, 1854 – 1855, pp.494 – 495.

二、调解与仲裁的推行

18世纪末开始在英国社会逐渐传播的自由放任思潮,到19世纪上半叶其影响越来越多地达到社会上层,政府和议会也开始改变自己的看法,认为社会问题应由市场力量决定,政府不应过多加以干预。因此,当劳资对立问题在社会生活中日益显现时,政府一方面仍维持原有的法律调控体系,另一方面则倡导和鼓励民间自由处理劳资争议。作为民间化解劳资争议的两种主要方式,调解与仲裁在英国前工业化时期就已在民间社会广泛存在,并逐渐从商业贸易领域进入劳资关系领域。工业化时期,劳资之间围绕工资水平、工作条件等争议问题而产生的对立与紧张状况,促使调解与仲裁在民间劳资关系处理中的运用越来越普遍。一方面,官方强制仲裁由于与民间自愿主义原则背道而驰,对劳资争议化解的影响逐渐消退;另一方面,随着大工业生产的发展,以及雇主和工会两大组织逐步发展和成熟,民间自愿调解与仲裁从一种随意性、非正式性的个体性争议化解手段,逐渐发展成为一种有组织的集体性争议化解方式。民间调解与仲裁的兴起在一定程度上缓和了紧张的劳资关系。民间劳资争议调解与仲裁的演变发展,首先反映出英国社会从传统的家长主义管制转向近代的自由放任;其次,同时也是最重要的,这样的演变标志着一种较为自由或自主的劳资冲突化解机制的诞生,并为19世纪后半叶以调解与仲裁为核心原则的集体谈判制在英国的兴起奠定了基础。

1. 调解与仲裁兴起的原因

作为化解劳资矛盾的主要方式,调解与仲裁在19世纪上半叶的劳资关系领域内极为流行,并成为主要的劳资争议解决手段,究其原因,大致有以下几个方面。

第一,工业革命的基本完成以及经济的繁荣发展为调解与仲裁的广泛应用提供了经济基础。19世纪中叶前后,英国基本完成工业革命,成为世界上第一个工业化国家。此后三十年是英国经济发展的黄金时代,英国作为世界工厂地位的确立推动着其经济霸权向世界范围扩张,也使英国的发展进入一个巅峰时期。经济的发展与国力的强盛为劳资协商合作提供了可能性。"不断增强的经济稳定性和经济活力无疑是一个非常重要的因素,它拓展了劳资谈判的界限。"[①]劳资合作是经济发展在劳资双方心理上的必然反应。于是,经济领域中劳资双方之间的对抗与合作并存,与工业化早期相比,暴力对抗逐渐消解,以调解与仲裁为特征的劳资争议化解方式在这样的经济形势下开始广泛流行起来。

第二,工人态度的转变。随着经济的快速发展,工人逐渐放弃用激烈的对抗方式争取自身环境的改善,转而寻求以较为温和的方式解决劳资之间的矛盾。这一方面是因为随着雇主组织的不断建立,劳资力量也处于相对平衡之中,激烈的斗争方式往往给工会造成极大的损失;另一方面,经济形势的繁荣发展使得工人工资有所提高,工厂工人群体的兴起也让温和的经济斗争成为工会组织的斗争方式和斗争主题。同时,当劳资之间发生争议时,工会也不主张以罢工的形式进行对抗,而是愿意通过和平的方式加

---

① Robert Gray, *The Aristocracy of Labour in Nineteenth Century Britain*, c. 1850 – 1900, London: Macmillan, 1981, p.25.

以解决。工人联合会的 W. 迪森（W. Dyson）表示，"任何不通过罢工就能促成争议解决的方式都值得考虑"，伦敦排字工人协会的 C. W. 柏沃曼（C. W. Bowerman）则对"为了解决工作条件和工作环境的劳资争议，而将雇主和工人双方召集起来，在友好气氛之下讨论争议之处的做法"表示欢迎。[①] 这种态度的转变也在工会的章程中部分地体现出来。例如，1834 年伦敦印刷业新成立的排字工人工会的章程中规定，仲裁人由雇主和工会指定同样数目的人数组成，任何争议须听取双方关于争议的陈述，工资应由仲裁决定。当年 7 月，伦敦排字工人因为没有得到应得的报酬而宣布停止工作。工人从自身利益出发一致同意印刷业雇主们将该争议提交仲裁、由牧师或监工做仲裁人的提议，并根据工会章程中有关仲裁的规定，接受以仲裁的方式解决工人薪酬的争议问题。1845 年，保护产业工会联合会（National Association of United Trades for the Protection of Industry）的成立章程中规定："对于工会成员之间或工会成员与雇主之间的所有纠纷，均须诉诸仲裁或调解方式解决。"[②]1852 年，新成立的苏格兰矿工联合会（The Scottish Miners' Association）的章程中也同样包含了仲裁条款："在任何情况下，如果劳工觉得有必要为提高工资或为其他目的而举行罢工，那么，地方委员会将就此问题进行仲裁。"[③]工人接受调解与仲裁作为解决劳资争议的方式，促进了调解与仲裁的兴起。

第三，雇主的态度也发生了转变，并对以和平方式解决劳资之间争议的做法表示认同。一方面，随着英国工会运动斗争方式趋于温和以及工会领导人的个人社会形象得到改观，雇主逐渐改变了对工会的态度。与 19 世纪初相比，工会领导人的社会形象发生了巨大改变。这一时期的工会领导人，他们性格稳重、能力卓越、谈吐文雅，在雇主面前不卑不亢，摆脱了

---

① Douglas Knoop, *Industrial Conciliation and Arbitration*, pp.18 – 19.
② Ian G. Sharp, *Industrial Conciliation and Arbitration in Great Britain*, p.2.
③ Daniel J. Ryan, *Arbitration Between Capital and Labor: A History and an Argument*, p.62.

"粗野""麻烦制造者"的不良标签,塑造了受人尊敬的中产阶级绅士形象。工人阶级变得更加自制和理性,在获得了社会普遍认可的同时,也逐渐消解了雇主对工会及其领导人的排斥和偏见,雇主开始承认工会的角色并与之开展合作。另一方面,19世纪中期以后,随着工业革命进程的发展,英国工业化被不断推向高潮,企业规模扩大,资本投资额增长,造就了英国经济的繁荣与发展,这大幅增加了雇主们的利润收入,而因劳资纠纷引发的长时间罢工和闭厂往往导致巨额利润的损失,为许多雇主所忌惮。工人队伍和工会力量的壮大,也让雇主感到"每次同工人发生冲突时所遭受的损失和营业困难也就越多。因此,工厂主们……学会了避免不必要的纠纷,默认工联的存在和力量。……过去带头同工人阶级作斗争的最大的工厂主们,现在却首先起来呼吁和平和协调了"①。因此,在经济繁荣的大背景下,生产的稳定性和持续性是第一位的,在涉及工资水平问题的争议中,雇主也愿意用和平方式化解争议,并做出一定程度的妥协,从而换取生产的持续和稳定。雇主愿意同工会合作,开展集体谈判,适度满足工人提高工资、改善待遇的需求,以保证生产的顺利进行。雇主对调解与仲裁方式的认同,促成这种方式在近代英国劳资关系领域迅速推广。

第四,除了劳资双方态度的转变外,地方官员的倡导也推动着调解与仲裁方式在劳资争议化解中的运用。工业化时期,地方官员时常以调解人或仲裁人身份来处理劳资争议,同时也鼓励劳资争议由双方自行调解或仲裁,"治安法官不对工资做出规定,而由雇主和工人自行集体协商,最后达成的条件将按仲裁法令中的惩罚条款,针对所有个人强制执行"②,即治安法官鼓励这样一种化解方案:劳资双方事先就争议问题进行协商谈判,再将他们所达成的调解协议送交给由当地治安法官主持的季审法庭予以确

---

① [德]马克思、恩格斯:《马克思恩格斯选集》(第4卷),中共中央马克思恩格斯列宁斯大林著作编译局编译,北京:人民出版社,1995年,第420页。
② House of Commons, *Report from Assistant Handloom Weavers Commissioners*, Part 4, London, 1840, p.204.

认和保存,如果双方有一方不愿进行谈判,地方官员将作为一种斡旋的力量加以介入,以确保劳资双方做出一定的让步。在很多情况下,或出于家长制思想所赋予的责任意识,或出于保护社会财产的考虑,地方官员直接鼓励劳资双方通过仲裁或调解来解决争议,这是调解与仲裁能够在英国兴起的一个非常重要的因素。例如,1824年,在麦克莱斯菲尔德丝织业中发生劳资争议,由于雇主将工人的工作时间肆意延长,却没有给工人涨工资,该地丝织业工人在诉求无果的情况下举行罢工,并进行大规模集会。劳资之间的对立和紧张状态促使市长出面,来到工人中间,要求每个工厂的工人都选出两位代表与他进行会谈。当被问及工人们为什么不愿加班工作,工人代表们回答:这样的加班条件实际上造成他们工资水平的下降,并会给在工厂里工作的儿童的身心健康造成伤害。在听取各工厂工人代表的发言后,市长试图让他们接受加班。当工人对这样的要求表示异议后,市长告诉工人,他会与雇主一方见面,并出面组织雇主与工人的调解会。通过多次调解,雇主和工人代表们进行了协商与谈判,市长也多次出席调解会,通过斡旋劝说双方做出一定让步,推动了调解谈判的进程。

总体而言,良好的经济发展形势为劳资协商合作提供了可能,创造了良好的条件,在这样的环境和条件下,雇主、工人的态度各自发生转变,开始正视对方的合法存在,并愿意以和平友好的方式解决劳资争议。同时,出于维持地方秩序安定的考虑,地方官员对和平化解争议方式的倡导也在实践中促成了劳资争议解决方式的转变,即由工业化初期的暴力对抗发展为调解与仲裁,使之在劳资关系领域兴起,并成为广泛解决近代英国各行业劳资争议问题的常用方式。

2. 调解与仲裁兴起的状况

在处理冲突、化解矛盾方面,调解与仲裁是古已有之的做法。其中,最早甚至可以追溯到古希腊罗马时期。当时,民间遇有争议发生时,当事人便约定将是非曲直交由一位双方共同信任的、处事公道的第三者来裁断。著名哲学家亚里士多德就曾指出仲裁在争议化解中的作用和价值:

> 仲裁较法院更为公正,因为仲裁人在进行仲裁时所关注的是对当事人公正,而法官关注的只是法律。当事人指定仲裁人解决争议的原因正是为了求得公正地解决争议。①

中世纪时期的商人们为适应商业活动的需要,自发组织起商事法庭等争议仲裁机构,一项争议是否提交仲裁完全凭当事人双方的自愿,仲裁人也由当事人自主选定,多为德高望重的商业人士,他们根据当时的从商习惯或者他们自己对公平概念的理解对纠纷进行裁断,裁决结果由当事人自觉履行。②

在英国,调解与仲裁一开始也被运用于处理商业利益方面的纠纷,主要涉及商业活动、契约、财产以及雇佣关系中出现的争议。③ 17世纪的一份巡回法庭的记录文件也表明,调解与仲裁被用来解决非常广泛的争端,包括教区矛盾、家庭矛盾、乞丐安置、工资增减等多种社会问题。④ 随着英国近代手工业的快速发展,劳资雇佣关系在各地手工作坊和工场中不断形成,师傅和学徒、雇主与劳工之间的争议纠纷也随之不断出现,并开始成为社会主要矛盾之一。于是,调解与仲裁方式开始从商业领域进入劳资关系领域,并在化解劳资争议和纠纷实践中得到运用。

英国工业化早期,大工业生产导致手工工人生活水平下降,劳资之间的冲突日益激烈。为了保证基本生产的进行,在具有自治主义传统的英国

---

① Constantine N. Katsoris, "New York Stock Exchange, Inc. Symposium on Arbitration in the Securities Industry-Foreword", *Fordham Law Review*, Vol.63, Issue 5(1995), p.1501.
② [英]施米托夫:《国际贸易法文选》,赵秀文译,北京:中国大百科全书出版社,1993年,第6页。
③ Edward Powell, "Arbitration and the Law in England in the Late Middle Ages", *Transactions of the Royal Historical Society*, Vol.33, No.2 (October, 1983), p.53.
④ 金燕:《浅谈工业革命时期英国的工业仲裁》,《理论界》2012年第8期。

民间社会中,各行各业都充满着解决争议的方式,它们的存在保证着"无须法律即能维持的秩序"①。其中,作为缓和矛盾、化解争议的主要手段,调解与仲裁在民间得到广泛应用。1793 年,伦敦印刷业雇主为避免劳资争端影响生产的进行,在工人的同意下,提出由五位雇主同排字工人的代表们进行谈判,对工人提出更改工资价格表的要求进行了协商和调解。② 1808 年,英格兰北部地区的煤矿中,煤矿主同工人签订的契约中也已广泛出现利用仲裁解决一些诸如计件工资率、价格水平表的确定等常见劳资争端的规定。③ 这些调解与仲裁基本上都采用自治的形式,一旦争议发生,双方在共同认可的基础上直接进入调解阶段或仲裁程序,无须等待繁琐漫长的法庭裁决。可以说,这在一定程度上简化了劳资争议化解的过程,节省了劳资争议化解的人力、物力和财力成本。

面对当时层出不穷的劳资对抗,受家长保护主义影响的政府也开始倡导调解与仲裁方式,并试图将其纳入劳资争议化解的轨道,以缓解劳资关系领域的紧张局面。在地方,以治安法官等地方官员为主的政府发挥着规范和指导作用,利用自己的权威和影响将调解与仲裁手段作为地方管理方式的一部分,致力于化解地方矛盾和纠纷,稳定地方社会秩序。处理雇主减薪、劳工罢工等行为,化解劳资争议由此成为治安法官的主要职责。治安法官们或斡旋于劳资双方之间,调解双方争议问题,促成双方达成调解协议;或作为仲裁人来裁决劳资双方之间的争议。伦敦部分鞋匠曾因为工资问题举行集会向雇主施加压力,在当地治安法官韦尔奇的斡旋和主持下,双方经过多次协商,雇主最终同意向工人支付额外津贴。④ 19 世纪初

---

① Robert C. Ellickson, *Order Without Law: How Neighbors Settle Disputes*, Cambridge: Harvard University Press, 1991.
② James A. Jaffe, *Striking a Bargain: Work and Industrial Relations in England, 1815 – 1865*, p.121.
③ Michael W. Flinn, *The History of the British Coal Industry*, Vol.2, Oxford: Clarendon Press, 1984, p.353.
④ C. R. Dobson, *Masters and Journeymen: A Prehistory of Industrial Relations, 1717 – 1800*, p.77.

期的一份有关地方仲裁情况的议会记录中则有这样的记载:"两天时间内无法通过协商解决的争议,到第三天时会交给当地治安法官来进行裁决。"治安法官利用自己的权威和影响,往往在短时间内化解双方之间所存在的争议,"治安法官需要做的是化解他们的观点分歧;因此,治安法官往往只需一刻钟左右的时间就可以化解争议"。[1] 一旦发生争议,劳资双方无法达成一致时,他们须前往距离争议地点最近的治安法官的所在地,治安法官有权在倾听双方的陈述后,做出裁决并签署决议,治安法官的意见成为最终且决定性的决议。

19世纪早期,在面对劳资关系日趋紧张和对抗激烈的问题时,英国社会民间和政府都将调解与仲裁作为缓和劳资矛盾的主要方式。作为化解工业化时期劳资争议的常用手段,调解与仲裁在英国的兴起初期基本上沿着两条平行的主线:一是自愿主义原则指导下的民间实践,二是政府引导与规范下的官方实践。而与民间调解与仲裁实践相比,政府主导的劳资争议化解方式更多地体现出强制色彩。一方面,与民间调解与仲裁立足于争议双方的自愿不同,政府主导下的调解与仲裁只要争议中的一方提出即可进入相应程序。另一方面,裁判结果具有法律效力,双方必须遵照执行,违反裁决结果者将受到严惩。然而,这种强制性与民间劳资化解方式的自愿性是相违背的,因而不容易为民间所接受。同时,"负责裁决的治安法官或由雇主充当,或与雇主有着千丝万缕的联系",裁决结果的公平性很难得到保障,因而很难得到劳资双方的充分支持。[2] 在博尔顿,纺织工人托马斯·索普参与的200多例劳资争议中,仅有11例交由治安法官处理,其中只有1例做出了有利于劳工的裁决,而另一位工人詹姆斯·霍尔克罗夫特

---

[1] House of Commons, "Reports of the Select Committee on Petitions Relating to the Act for Settling Disputes Between Masters and Workmen in Cotton Manufacture", *House of Commons Parliamentary Papers*, p.5.

[2] Ian G. Sharp, *Industrial Conciliation and Arbitration in Great Britain*, p.282.

(James Holcroft)参与的 300 多例劳资争议中仅有四五例被提交给治安法官。①

随着工业化的快速推进以及工会与雇主组织的不断成熟,早期的仲裁方式已无法满足新的经济社会发展需要,发展迅速的大工业让许多从事治安管理的地方官员对相关行业的专业知识缺乏了解,劳资纠纷的骤然增加也让治安法官在解决争议方面应接不暇,不愿意再参与对一些劳资争议的仲裁。19 世纪初,当倡导劳资之间签订自由契约、反对干预的自由放任思潮已成为共识,作为化解争议的手段,官方主导的调解与仲裁对劳资争议的直接干预越来越少,而民间自愿主义原则下的调解与仲裁却在各行业中得到蓬勃发展。

作为工业化早期的生产行业,纺织业内部对争议进行调解的情况较为普遍。19 世纪初期,纺织业劳动力根据从事生产环节的不同,主要分为纺工和织工,并大部分都是手工工人,他们皆以领取计件工资为生。随着大机器在该行业中得到广泛使用,手工工人的经济地位急剧下降,劳资争议也大多围绕工资问题产生。在友好和平的氛围下,对涉及个体或集体之间的争议问题进行讨论,进而达成一定协议的调解方式就已经在很多行业中被用作解决劳资争议的方法。以考文垂及其周边地区为例,19 世纪初期的几十年中,该地区的纺织工人先后在 1815 年、1816—1818 年、1822 年、1824 年、1826 年、1829 年、1831 年以及 1834 年多次要求重新制定工资表。② 为了更好地维护工人权益,纺织工会也在各地建立和发展起来。1839 年,约克郡和达勒姆郡的雇主为了对抗工会势力和避免相互竞争,共同组成雇主协会,协会的目的在于控制整个地区的行业工资水平。面对紧张的对立局面,纺织工会起草工资要求表,并推举代表与雇主进行调解谈判,"雇主代

---

① J. L. Hammond and Barbara Hammond, *The Skilled Labourer*, *1760-1832*, London: Longman, 1979, p.63.
② James A. Jaffe, *Striking a Bargain: Work and Industrial Relations in England*, *1815-1865*, p.124.

表中有一位主席,工人代表中也有一位主席;雇主代表主席与工人代表主席就工资要求的适当性进行单独讨论,其他人对任何可能遗漏的地方提出问题(进行讨论)"①。劳资双方之间的调解使得一场似乎无法化解的对抗消融于无形。这种以调解手段化解争议的方式在纺织行业中得到广泛运用,韦伯夫妇在《产业民主》一书中将纺织行业中的调解实践称赞为近乎"典范"。②

印刷业也是较早运用调解手段化解劳资矛盾的行业之一,尤其是伦敦的印刷行业。E. H. 亨特(E. H. Hunt)认为,19世纪上半叶的印刷行业就已经存在着谈判或协商等初级的争议化解方式。③ 此后,伦敦印刷行业的工资水平几乎都由雇主和排字工人之间联合协商来决定。1804年,雇主与工人各自推举相同数量的代表进行谈判与协商,以便共同议定劳动工资水平。1805年,伦敦印刷业劳资双方进行了一次涉及工资率问题的联合谈判,由八位雇主代表与数目同样多的工人代表在伦敦布里奇大街的约克旅馆进行了谈判。④ 会议举行了三次,双方对调解的结果都颇为满意。此后,受雇主和工会两方的委托,在劳资双方产生争议之时,双方代表共同负责对工资率的议定,成功地在1805年工资率基础上修订了1810年工资率,成为19世纪整个行业工资率的基础。

煤矿业是英国工业生产领域中较早兴起的行业,也是19世纪初运用劳资调解与仲裁方式化解争议较多的行业之一。19世纪初期,煤矿业劳动力以领取计件工资为生的采煤、装煤和运煤工人为主。他们主要负责煤矿中的挖采、搬运和分类工作,工资按件或小时计算。由于煤矿分布位置

---

① House of Commons, "Report from the Select Committee on Masters and Operatives (Equitable Councils of Conciliation)", *House of Commons Parliamentary Papers*, London, 1856, pp.100 – 101.
② Sidney and Beatrice Webb, *Industrial Democracy*, p.203.
③ E. H. Hunt, *British Labour History*, *1815 – 1914*, New Jersey: Humanities Press, 1981, p.282.
④ Ellic Howe, ed., *The London Compositor: Documents Relating to Wages, Working Conditions and Customs of the London Printing Trade, 1785 – 1900*, London: Oxford University Press, 1947, pp.87 – 88.

的分散和煤矿工人常年在地下作业,煤矿业的劳资斗争往往局限于某些地区而不能形成规模。工人们通常会通过调解谈判来与矿井管理者约定工资率,矿井的管理者也会与工人们直接谈判,在实际谈判过程中,双方所涉及的内容还会包括矿井下的工作条件,例如通风口的数量等与矿工利益直接相关的内容。1831年,诺森伯兰地区考彭煤矿的监工约翰·沃森(John Watson)留有一份记录。矿工们向矿主直接提出自己的请愿书,要求矿主做到以下五点:(1)废弃老旧的轨道矿车。(2)双作制下工资要增加8英镑。(3)在潮湿环境下作业的工资需要增加4英镑。(4)在狭窄通道中工作,每向前挖进一码,工资就要增长3英镑。(5)煤矿通道工作中所耗费的蜡烛费用需矿主支付。经过谈判,最终矿主拒绝了第一条和最后一条要求,并对其余几条内容的实施范围做了一定限制。例如,对第三条在潮湿环境下作业需增加工资的要求,矿主做了如下规定:当确实需要在由于通道顶部漏水而产生的潮湿环境中工作时,煤矿会对工人增加工资,但对仅仅因为从地面渗水而出现工作环境潮湿的情况则不予接受。在得到矿主的答复后,工人们于三天后再次提请第二次谈判,要求将搬煤工搬运至60码处的每筐煤炭的计件工资以及推运矿车的工人的日工资增加至1先令4便士。矿主在谈判中给出答复:只对搬煤工搬运至80码处的每筐煤炭计件工资增加到1先令4便士,推运矿车的工人的日工资则增加为1先令2便士,给予他们每天额外的蜡烛津贴。① 在调解谈判过程中,矿工和矿主的争议在讨价还价中得到了一定程度的化解。

除了当争议发生时雇主与工人通过调解谈判方式达成某些妥协之外,煤矿业中的劳资双方也往往在雇佣合同中添加仲裁条款来解决将来可能发生的争议或纠纷。1812年,达勒姆郡华盛顿煤矿和工人签订的雇佣合同里,也有相似的条款:如果在双方之间发生任何争议,该争议必须提交给

---

① James A. Jaffe, *Striking a Bargain: Work and Industrial Relations in England, 1815-1865*, p.91.

煤矿的两名监工予以仲裁,一名由矿主指定,另一名则由工人指定。若两名仲裁人之间存在不同意见,那么就交由两名监工指定的第三个人决定,这样的裁决应是决定性的。① 这项条款,不仅对仲裁人的选择做出了规定,即由矿工和矿主各自选定的监工作为仲裁人,而且还规定了仲裁的程序和结果效力。这样一种仲裁条款在实践中开始发挥作用。1831年秋季,瓦尔德里奇煤矿的矿主与矿工之间由于计件工资问题而产生争议,双方在矿区视察员安东尼·西摩(Anthony Seymour)的提议下成立了一个由16人组成的仲裁委员会来解决争议,劳资双方决定由矿主、矿工各自选定一名监工充当仲裁人,就双方争议的计件工资进行裁决。在充分听取双方陈述后,"两名仲裁人没有意见分歧",共同主导制定出一份计件工资表,对这样的裁决结果,劳资双方均表示接受,一场工资纠纷通过和平的仲裁方式得以化解。②

随着工业化的不断推进,当劳资双方都联合组织起来时,劳资冲突不再是单独的个体之间的冲突,而演变成两大集团之间的冲突,化解冲突的重任因而落到了代表双方利益的集体身上。这样,与工业化早期不同的是,民间的调解与仲裁从一种充满随意性和非正式性的个体性争议化解手段,逐渐发展成为一种双方自发的、有组织的集体性争议化解方式,这种集体性争议化解方式逐渐成为工业部门中各行各业的常态。这主要表现在,工会和雇主组织在面临劳资争议之时,各自自发选定数目相同的代表共同组成具有调解或仲裁性质的委员会,劳资双方在委员会的范围内就争议问题定期进行谈判和协商,最终达成调解协议或仲裁判决。以制陶业为例,该行业从业人数多、劳动分工强以及有长期的斗争传统,导致该行业劳资

---

① James A. Jaffe, "Industrial Arbitration, Equity, and Authority in England, 1800-1850", *Law and History Review*, Vol.18, No.3 (Autumn, 2000), p.544.
② James A. Jaffe, *Striking a Bargain: Work and Industrial Relations in England, 1815-1865*, pp.226-227.

纠纷不断。1836年，斯塔福德制陶业劳资双方为了解决争议纠纷，从全国制陶业工人联合会中选定六名工人代表，从制陶业商业公会中选出六名雇主代表，以及从非制陶工会的工人中选出六名代表共同组成调解委员会，治安法官则作为斡旋人保证整个调解过程的和平友好气氛。[1] 同年，格拉斯哥制陶业雇主和劳工之间工资或计件的价格问题的解决，都要通过由三位雇主和三位工人所组成的仲裁委员会，"当双方因产品价格及所付工资而出现争议时，依据本协议，该争议须交给由六人组成的仲裁委员会处理，委员会则由雇主挑选的三名工厂主与劳工挑选的三名陶工组成"[2]。调解与仲裁委员会取得极大成效，"劳资双方都养成了仲裁的习惯，并且每次处于麻烦之中时都会求助于这一原则"[3]。它的存在为制陶业劳资关系的稳定做出相当大的贡献，"平均每100例争议中，约有90例得以成功解决"[4]。这样，在此后三十多年时间内，制陶业没有发生过一起罢工事件，劳资双方处于相对和谐的关系之中。

19世纪中叶前后，调解与仲裁委员会先后在丝织业、造船业和印刷业等多个行业中存在，它们在确定价格表、制定生产规则等方面成功地对雇主们施加了压力。[5] 以印刷业为例，1834年，伦敦排字工人工会与雇主共同组成仲裁委员会，规定行业的工资水平由仲裁决定，仲裁人由雇主和工会指定同样的人数组成。[6] 自此，伦敦印刷业工人工资的争议问题都由该委员会仲裁。1853年，印刷行业中成立了一个仲裁法庭（Arbitration Tribunal），由三名工人和三名雇主组成，并指定一位辩护律师作为裁判，

---

[1] James A. Jaffe, *Striking a Bargain: Work and Industrial Relations in England, 1815–1865*, p.127.
[2] Carroll D. Wright, *Industrial Conciliation and Arbitration*, p.10.
[3] Carroll D. Wright, *Industrial Conciliation and Arbitration*, p.10.
[4] Daniel J. Ryan, *Arbitration Between Capital and Labor: A History and an Argument*, p.64.
[5] Ian G. Sharp, *Industrial Conciliation and Arbitration in Great Britain*, p.2.
[6] 金燕:《浅谈工业革命时期英国的工业仲裁》,《理论界》2012年第8期。

当仲裁人无法达成一致意见时,由裁判做出最终判决。① 1856 年,印刷行业中再次成立了一个常设性仲裁委员会,三名工人、三名雇主以及一位拥有投票权的主席组成了该委员会,其中主席由一位法律界人士担任,主席在仲裁人产生意见分歧时使用投票权,对劳资争议做出最终裁决。该委员会的工作主要是"和平友好地解决劳资之间有关价格、工资之类的争议问题,避免因法庭的介入而引起的不必要的花费以及带来的麻烦和烦忧"②。可见,调解和仲裁机构的出现为和平解决劳资争议的难题做出了有效尝试。在绝大多数情况下,这些做法逐渐为劳资双方所接受,并对化解劳资争议、缓和劳资关系起到了重要作用。

3. 调解与仲裁制的成效

作为一种化解劳资争议的机制,调解与仲裁的兴起和在民间实践中的广泛运用,深刻影响了 19 世纪上半叶英国劳资关系的变化。一方面,调解与仲裁促进了劳资争议的和平解决,部分化解了劳资之间的冲突,从而在一定程度上缓和了工业化时期的劳资关系;另一方面,由于 19 世纪上半叶的调解与仲裁在效率、有效性和法律地位上存在着自身的不足,因而对劳资关系的调整力度仍需进一步提高。

从积极的影响看,调解与仲裁调整了劳资双方的利益,缓和了这一时期的劳资关系。首先,调解与仲裁成为稳定劳资关系的"安全阀",暴力对抗不再成为劳资之间的主流。在劳资双方出现争议之时,谈判、协商和斡旋作为化解纷争的主要手段,往往成为避免争议上升为冲突的第一道"防火墙"。1836 年,普利茅斯的石匠工人与雇主就工作时间问题发生纠纷。

---

① Henry Crompton, *Industrial Conciliation*, p.131.
② Ellic Howe, ed., *The London Compositor: Documents Relating to Wages, Working Conditions and Customs of the London Printing Trade, 1785–1900*, p.266.

"我们无法与雇主们一起解决问题",一位工人代表向工会陈述道,"我们已经尽最大能力争取与他们达成对双方都公平的解决方案。我们已经用放弃早餐时间的让步来换取我们享有晚餐时间的权利,但他们(雇主)却丝毫不听取我们的请求"。[1] 雇主对工人要求的充耳不闻引发了工人的罢工。随后,一场调解会及时举行,雇主做了让步,接受了石匠们的要求。1841年,在斯文登(Swindon),建筑工人反对雇主引进计件工作制、减少工人工资和延长工作时间,在谈判中提出条件,要求雇主对工作时间加以限制,改善工人的生活环境。在得到承包商拒绝在协议书上签字的消息后,工人的怒火再次引发了新一轮罢工行动。最终,"在与几位权威人物进行了数次面谈"之后,雇主和工人双方达成了书面协议,对工作时间做了规定。[2] 通过对劳资争议问题进行谈判和协商,调解与仲裁促成了劳资关系的稳定,维护了行业与地区的和平。

其次,在民间调解与劳资仲裁中,由双方代表组成的调解与仲裁机构的存在为劳资双方矛盾冲突的化解提供了有效的途径。这些机构的中立性和公正性,让劳资双方不再心存戒备,而依据证据和良心做出的、具有一定的法律效力的裁决也较好地在一定时期内化解了劳资双方之间的争议。同时,这些机构所创造的机会和提供的场所,也让双方在和平的环境和氛围中寻找到化解争议的合理方案,劳资关系才逐渐有缓和的机遇和可能。一方面,通过委员会的调解与仲裁,工人有机会了解到行业的发展状况,了解到为了行业发展而削减工资是必要的,并体会到雇主的利益诉求。"当他们(工人)了解到形势变得大好之时,他们会理直气壮地要求分得利润;而当形势变得糟糕之时,他们会主动愿意接受较低的工资水平。"[3]这样就为劳资双方达成共识创造了基础。另一方面,调解与仲裁委员会将工人和

---

[1] James A. Jaffe, *Striking a Bargain*: *Work and Industrial Relations in England*, 1815-1865, p.94.
[2] James A. Jaffe, *Striking a Bargain*: *Work and Industrial Relations in England*, 1815-1865, p.95.
[3] Carroll D. Wright, *Industrial Conciliation and Arbitration*, p.38.

雇主聚集在一起,打破阶级之间的上下之分,让他们平等地直视对方,消除双方之间存在的疑虑,调和双方的利益差异,为劳资双方创造和平协商的平台。劳资双方在"一天的工作,合理的工资"的原则下,以一种友好的精神达成共识。"……在没有限制公平竞争的前提下,仲裁委员会正常地发挥着作用,成为制定公平的市场价格的最好方式。……裁判员的出现也阻止了由于劳资双方分歧过大而造成的破坏性后果。"①

最后,调解与仲裁作为调和劳资双方关系的平衡器,在一定程度上调和了二者在利益上的纠纷和矛盾。调解与仲裁方式在劳资争议化解过程中所扮演的引导性角色,能够使劳资双方的核心利益在最大限度上得到平衡,有利于维持劳资关系的相对稳定和生产秩序的安定。一方面,在和平友好的谈判协商环境中,雇主的利益能够得到一定保证。对雇主而言,调解与仲裁有助于维持行业生产,保证行业经济的繁荣,其利润也能够通过一定的妥协得到保障。另一方面,工人的要求一般也都可以得到满足。对工人而言,谈判和调解能够避免大规模的罢工活动,工会基金也能够避免损失,同时他们的经济要求得到了一定程度上的合法化,其社会地位也得到一定提升。1831年,第一次参加完艾什顿地区的调解会议的一位纺织技工这样描述当时的情景:会议一开始,各种提议、决议、二读、投票程序就开始进行。其中第一项就是讨论雇主们提出的关于周边地区纺织业产品平均价格表的提议,雇主们坚持认为这些价格是"适当的",而工人们则认为这些都"低于真正的平均价格表"上的数字,并一致否决该提议,工会领袖建议雇主和工人双方都将本方制定的价格表提议上交,根据独立的实地调查再做出决定。这项提议最终在会议上被通过。② 通过调解与仲裁,劳资双方都有平等的机会争取有利于本方的利益,并在利益调和的基础上保

---

① Carroll D. Wright, *Industrial Conciliation and Arbitration*, p.39.
② James A. Jaffe, *Striking a Bargain: Work and Industrial Relations in England, 1815 – 1865*, p.131.

障行业的和平。

然而,兴起过程中的调解与仲裁在实践中也存在着一些不足之处。

首先,在化解争议方面效率低下。在一些行业,虽然雇主和工人都有各自的仲裁章程,保证一切的争端都将提交仲裁解决,也各自成立了地方性、行业性的仲裁委员会,但是以1856年印刷业仲裁委员会为例,尽管由三名工人、三名雇主和一位有投票权的法律人士组成委员会之后,解决了一些劳资之间的小争议,但是仍然有一些重要的劳资争议问题从提交之日起被耽搁了九个月之后,才被迫以诉诸法律诉讼的方式加以解决。[1] 化解劳资争议时低下的效率使得该仲裁委员会在坚持了数年时间后以失败告终。布里斯托尔地区的调解与仲裁委员会也行事拖沓,"争议问题从委员会转到仲裁人手中被耽搁六到九个月,仲裁人过了八到九个月才做出决定"[2],这样的效率往往影响着调解与仲裁的实践效果。

其次,英国各行业的调解与仲裁委员会几乎都是临时性机构。无论是个体性的调解与仲裁,还是以组成委员会的方式进行集体性质的调解与仲裁,调解与仲裁委员会一般是在劳资争议产生之后建立,一旦争议通过委员会的努力得以和平化解,委员会的使命也就完成了,其解散就在所难免。一方面,组成调解委员会的代表人数一般不固定,也没有明确的调解人;调解达成的结果往往是雇主和工人之间通过讨价还价达成的,并且对双方的约束力较小。克朗普顿指出,临时性委员会的失败明显是由于它的"非永久性或者说非系统性,并且没有给予裁判或具有投票权的主席以最终决定的权力,而这对于每一个委员会而言都是至关重要的"[3]。雇主和工会同时拥有自己的调解委员会,在争取双方权益平衡的过程中劳资双方的委员

---

[1] V. L. Allen,"The Origins of Industrial Conciliation and Arbitration", *International Review of Social History*,Vol.9,Issue 2(August,1964),p.240.
[2] Sidney and Beatrice Webb, *Industrial Democracy*, p.187.
[3] Henry Crompton, *Industrial Conciliation*, p.130.

会往往意见不一,在处理争议纠纷之时各自调解的有效性也会大打折扣。另一方面,由于19世纪上半叶存在的仲裁机构的临时性,以及仲裁人身份的兼任性,意味着当争议发生之时,在需要仲裁的时候,劳资双方才会从雇主与劳工阶层中指定代表组成委员会。可见,在介入调解或仲裁之前,双方代表们的身份是雇主或劳工;只有在参与调解或仲裁时,他们才获得调解人或仲裁人身份。这样,对于正在形成中的争议,劳资双方由于缺乏沟通渠道,现有的调解与仲裁手段只能够化解已经出现的劳资争议,而难以化解潜在的劳资纠纷,因而不利于实现劳资关系的长久和谐。

最后,《主仆法》等旧法令的存在,剥夺了工人应有的法律地位,造成工人与雇主地位的严重失衡。例如,《主仆法》对于劳资双方违反雇佣合同的处罚规定缺乏公平性:若劳工违反雇佣合同,均被视为刑事犯罪行为,将被判三个月监禁;而雇主违反雇佣合同,则被视为民事违法行为,只须接受传唤或支付罚金。[①] 由于无法获得合法地位,工会利益难以得到法律保障。工业化时期,虽然调解和仲裁作为化解争议的常见手段在许多行业中得到广泛运用,但在早期民间实践中,以谈判、协商为主要方式的调解进程往往由于一方的拒绝和反对而中断,尤其是雇主们凭借经济和社会地位的优势往往拒绝与工人进行谈判调解,早期调解中所达成的协议也并非能够得到双方的严格执行。1817年,在莱切斯特,地方官员鼓励编织工人与雇主进行谈判,以解决工人工资问题,但在劳资双方经过调解,就工资表达成一致协议之后的短短几周时间内,雇主就明显违反协议中的规定,拒绝给工人增加工资。[②] 雇主对工人争取调解的呼声不予理会。同时,作为劳资双方共同裁决争议的仲裁,劳资双方在经济、社会及法律地位上的不平等,既影响到弱势一方对于

---

① Alan Fox, *History and Heritage: The Social Origins of the British Industrial Relations System*, p.139.
② *Fifth Report from the Select Committee on Artizans and Machinery*, Oxford: Bodleian Library, pp.263-265.

仲裁的接受程度，也影响到仲裁结果的公正性。1833年，制陶业中由工人和雇主共同组成的仲裁委员会成立不久就宣告解散，这是因为部分制陶工人对仲裁的结果不满，其中一个重要原因就是工人们认为雇主不讲信用。1834年，制陶业雇主再次提议建立由五名雇主组成新的仲裁委员会，工人们对此表示拒绝，他们认为这样的仲裁会与工会的利益相冲突。[①] 工人、雇主地位的不对等对仲裁制的发展造成阻碍。因而，只有当雇主和工人之间实现了法律地位的平等，调解与仲裁制的发展才会真正得到保障。直到19世纪六七十年代，随着常设性调解仲裁机构的纷纷建立以及工人、雇主双方法律地位的日趋平等，一种基于自由与平等的集体性劳资冲突化解机制——集体谈判制才开始正式形成。

[①] John Boyle, "An Account of Strikes in the Potteries, in the Years 1834 and 1836", *Journal of the Statistical Society of London*, Vol.1, No.1 (May, 1838), pp.37–45.

三、工厂立法的兴起

19世纪上半叶,在劳资关系领域,英国政府除了默许民间调解与仲裁的发展并颁布法律加以规范和引导之外,也致力于通过颁布一系列工厂立法,来消除劳资纠纷或冲突的隐患,进而力图建构起稳定而和谐的劳资关系,颁布工厂立法由此而成为劳资冲突化解机制的重要组成部分。

1. 工厂立法的背景

工业革命以来,使用机器进行生产是工业化的标志之一,新生产方式的出现不仅大大提高了生产效率,也催生了新的生产组织形式——工厂制的出现。但是与工厂制这一新的生产组织形式相伴而生的还有一系列严重的问题。其中,工作强度的增大和工资水平的低下尤其造成劳资对抗的加剧,使得工业领域的劳资关系问题成为社会各方关注的焦点。

18世纪末19世纪初的工业革命中,机器的发明和应用增加了工人的劳动强度,这主要体现在劳动时间的肆意延长方面。工厂主们在引进和使用新型机器时,"认为资本应当加以集中利用,所以要求工人每天多工作一两个小时"[①]。

---

① Sidney Pollard, *Labour History and the Labour Movement in Britain*, Aldershot: Ashgate, 1999, p.9.

在工厂之外,没有一定的工作时间限制,工作强度没有那么大,劳动者们享受着比工厂中的工人们更多的自由。而在工厂之中,工厂主们对工人的压榨却往往达到极致。例如,一家棉纺织厂的车间里的1 000多位工人每天的工作时间多达12小时。① 1814年2月至1815年3月,兰开郡贝克巴罗镇一家棉纺织厂雇用约150名教区徒工,这些徒工每周工作6天,每天的工作时间从早上5点到晚上8点,加班会一直持续到当天晚上9点或10点,早上7点和中午12点各有半个小时用餐时间。② 对"习惯于小作坊工作的工人来说,工厂的劳动纪律是不能忍受的",工人们感受到一种严格不变的规则的束缚,每位工人都感到"像一个机轮那样被卷入无灵魂的机械装置的不停运转之中"③。

然而,在工作时间遭到肆意延长的同时,工人的工资水平和生活水准却由于受到机器大生产时代来临的影响而被直接降低。1813年,治安法官厘定工资的法令被议会宣布废止,工人的工资从此随劳动力市场供求关系的变化而产生变动,工厂主们掌握了制定工资的权力。为了获得更多的利润,他们想方设法压低工人的工资。1815年,克朗普顿的一个中等收入水平的织工每星期的收入可达到11先令9便士,到1816年被降低为9先令,到1817年只有6先令6便士。在斯托克波特,一家纺织厂的织工的收入是每周8先令。1816年,工厂主以添置工厂设备为由降低工人工资,大多数工人的工资被减少了6便士。而在工人收入水平降低的同时,生活品的物价水平却在上涨,工人家庭的生活状况更为窘迫,他们"无法得到足够的最普通最便宜的食品,他们衣衫褴褛……没有家具,有些人还睡在草铺上,'每天工作16个小时的现象并不少见'"④。此外,还有最让手工工人感

---

① John Belchem, *Industrialization and the Working Class: The English Experience, 1750 - 1900*, Hants: Scolar Press, 1990, p.45.
② J. L. Hammond and Barbara Hammond, *The Town Labourer*, London: Longman, 1978, p.102.
③ [法]保尔·芒图:《十八世纪产业革命——英国近代大工业初期的概况》,第333页。
④ [英]E. P. 汤普森:《英国工人阶级的形成》(上册),第327页。

到恐惧的:机器的广泛使用意味着大量手工劳动力的失业。

于是,工人不满于自己的处境,罢工、游行、抗议等对抗形式层出不穷。1814年,为了反对工厂主削减工人工资,曼彻斯特几百名纺织工人公开举行示威活动。1817年,斯托克波特纺织工人对工厂主几次图谋降低工人工资的行为提出抗议,数十位工人拒绝为工厂继续工作。1818年,曼彻斯特2 000名骡机织工罢工,要求工厂主依据物价上涨的幅度提高工资水平;博尔顿数千名织机工人因生活处境艰难同样进行了罢工活动。长期的罢工、请愿和暴力对英国社会产生了巨大的影响,严重扰乱了正常的生产秩序,社会治安变得糟糕,由此引起英国政府对劳资冲突的关注。面对工人对工资、工时以及工作环境等方面的不满而产生的暴力抗争,在一定程度上受到残余家长主义影响的政府采取了积极干预措施,一方面予以武力镇压,另一方面也寻求立法手段来维护生产秩序的稳定,由此导致了早期工厂立法的兴起。

除了日益恶化的工厂状况促使政府开始发挥自身职能,对改善工人工作条件和提高工人生活水平做出积极干预外,英国政府职能的发挥与这一时期社会思潮的转变也密切相关。工业化初期,家长主义仍在英国社会中有一定影响,整个社会是"承认权威的、等级制的、有组织的和多元主义的"[①]。在这样一个等级社会中,上下级之间存在着权利与义务的关系。上层统治者行使统治权力,要求得到下层民众的服从与尊敬,但前提和合法性来源是上层统治者对下层民众提供保护并履行义务。在这样的背景下,政府、贵族与乡绅等社会上层被赋予社会责任与义务。然而,随着经济社会形势的变化,家长主义保护色彩逐渐消退,英国经济的发展逐步受到亚当·斯密所倡导的自由主义的影响,强调保护自由贸易、自由竞争,政府对经济生活采取不干涉的原则,政府的活动主要局限在保护人身安全和私

---

① David Roberts, *The Social Conscience of the Early Victorians*, New Heaven: Stanford University Press, 2002, p.9.

有财产不受侵犯的范围之内。这对劳资关系领域的影响是：议会取消了几个世纪前颁布的有关工资厘定以及学徒制方面的保护条款，并宣布废止《劳工法令》等劳资关系法律；同时，工厂主们对议会颁布工厂法的行为觉得不可理解，认为对工厂工作条件等做出规定是对经济发展自由的限制。他们对任何干涉工厂生产的法案均予以抵制。19世纪早期的立法因为几乎得不到执行而流于形式。

19世纪上半叶是英国向工业化社会过渡的关键时期，不仅经济领域发生了翻天覆地的变化，思想领域也呈现出新旧交替的特色。在自由主义思想盛行的同时，面对自由放任所带来的严重社会问题，民众要求国家进行一定干预的思想也已经开始萌芽。亚当·斯密认为，在社会运作中，政府的主要功能包括以下三个方面：(1) 保护社会安全，使之不受其他独立社会的暴行与侵略。(2) 维持社会秩序，保护人民，使社会中任何人避免受到其他人的欺辱或压迫。(3) 承担私人无力承担的公共工程等。在斯密看来，国家为了维护社会公平、保证生产秩序，需要发挥自己的一定职能。

同样作为自由主义者的约翰·穆勒(John Mill)，结合新的历史条件加以进一步阐释和发挥，形成了新的自由主义思想，国家干预的影子开始若隐若现地映射在这样一种新思想中。穆勒认为，在某一时期或是一个国家的特殊情况下，那些真正关系到全体利益的事情，只要私人不愿意做而并非不能高效率地做的，就应该而且也必须由政府来做。[①] 穆勒将国家干预的范畴扩大到七个方面，其中的一个方面强调通过立法手段来实现某一阶级或阶层的愿望，如缩短工人劳动时间；另一个方面则认为政府可以对他人利益进行适当干预等。可以看出，穆勒的自由主义在强调自由的同时，还主张在公共领域发挥国家与政府的作用，以弥补个人自由的缺陷。作为一种新思想的倡导者，穆勒清醒地面对各种社会问题，符合时代的要求，拥

---

① [英] 约翰·穆勒：《政治经济学原理》(下卷)，胡企林、朱泱译，北京：商务印书馆，1991年，第542页。

有大批的追随者,其思想逐渐由个人的理论上升为国家的指导思想。下层民众也从这样一个新的角度中获益,这首先就表现在政府开始对工业化进程中出现的社会、经济问题进行立法干预。英国议会成立各类专门委员会(Selected Commission),负责深入调查工厂中存在的劳资矛盾,总结并提交调查报告;议会则对报告中所提及的突出问题予以讨论,并以立法解决,以平息工人们的不满,避免更大的劳资对抗,这些都对如何解决工业化时期出现的社会问题进行了探索,为后来建立完善的解决机制积累了宝贵经验。

2. 工厂立法的出台

19世纪初期以来,初兴的工厂里长期缺乏安全的劳动条件和生产环境,劳动环境恶劣、工伤事故不断,严重威胁到工人的生命安全和身心健康。机器化时代的来临也让工人的劳动节奏大大加快,劳动负担进一步加重。女工即使在怀孕期间也得不到特殊的照顾,每天工作十二三个小时。① 几乎所有行业的工人每天的劳动时间都超过 12 个小时。这在儿童身上体现得尤为突出,最早一批进入工厂的年幼的学徒工,他们从早晨 5 点一直工作到深夜 11 点,同时还要遭受各种各样的惩罚。② 这种问题的凸显一方面是因为,新兴工厂主为了缓解早期工厂劳动力不足的情况,大量雇用徒工和儿童;为了尽可能压榨剩余价值,工厂主肆意延长工人劳动时间,剥夺工人接受知识和宗教的教育机会。另一方面,随着工业革命的进行,英国逐步推广使用蒸汽机器,市场的广泛需求和丰厚的经济回报促使工厂主不断增加

---

① [德]恩格斯:《英国工人阶级状况》,中共中央马克思恩格斯列宁斯大林著作编译局编译,北京:人民出版社,1956年,第 207 页。
② John Belchem, *Industrialization and the Working Class: The English Experience, 1750 - 1900*, p.45.

工人的工作时间,同时为了降低雇用成本,在就近地区找自由穷人的子女进厂做工成为常例。这些孩子通常为 7 岁左右,有的甚至更小,每天在工厂中工作十三四个小时。从 19 世纪初开始,社会民众出于人道主义观念的影响、对英国社会问题的关切以及对国家未来的担忧,越来越关注那些在工厂中工作的儿童。由于劳动时间过长,童工身心受到工厂繁重工作的影响。对此现象进行立法限制成为这一时期英国工厂立法的中心问题。

1802 年,作为棉纺织厂主的老皮尔在议会中提出一项旨在改善棉纺织厂中所雇用童工工作条件和环境的议案,并最终在议会中得到通过,这就是《学徒健康与道德法》。该法案旨在保障受雇于各类棉纺织厂以及其他工厂的童工的健康水准及道德程度:"鉴于近来各种棉纺织、毛纺织厂在同一厂房同时雇用教区男女徒工及其他人员已成为惯例,有必要制定规章以保障这些教区徒工和其他人员的健康水准和道德程度。"[①]根据该项法案,工厂主不得雇用或强迫已经与其签订约定或之后将与之签订约定的教区学徒在任何一天做工超过 12 小时(按上午 6 点至晚上 9 点计算),其中必不可少的用餐时间不在此内;至少在教区徒工进入工厂的最初四年中,必须抽出工作日的一部分,在一般工作时间内,根据其年龄和能力,由工厂主出资聘请合适的教师在专用场所教授识字、写字和算术,或者这三门中的一门。1802 年法案不仅是童工问题改革者争取到的第一个重要成果,同时也成了英国工厂立法的肇始。

由于 18 世纪末 19 世纪初期的大部分童工都是教区与工厂主签有协约的教区徒工,所以 1802 年法案中的大部分条款涉及的都是教区学徒,其适用范围还没有扩大到自由儿童,并且 1802 年法案成效甚微。1816 年议会文件中记载的一次询问反映了这一事实:出庭律师兼曼彻斯特治安法官

---

① House of Commons,*A Bill*,*Intituled*,*an Act for the Preservation of the Health and Morals of Apprentices and Others*,*Employed in Cotton and Other Mills*,*and Cotton and Other Factories*,London,1802,p.313.

威廉·戴维·埃文斯（William David Evans）在被询问到关于1802年法案在曼彻斯特是否得到执行时回答，虽然的确知道一个关于棉纺织厂管理的法令，但是他直到询问前一天才看到这个法令，因为作为治安法官和律师，他一直没有遇到特殊情况需要去阅读这一法令。① 法令没有效果，面临处理的事务也不需要治安法官和律师去查阅应用它，1802年法案成为一纸空文，这促使立法者开始对童工问题进行重新思考。

工厂毫无节制地雇用并肆意压榨占居民很大比例的穷人子女，将给下一代带来非常严重的后果，这种后果不会造福于国家，而只会成为最沉重的灾难。② 1819年，在得到上议院的支持后，皮尔委员会成功地促成《棉纺织工厂规范法》的顺利通过。新法案规定，所有棉纺织厂禁止雇用9岁以下儿童入厂工作，9—16岁儿童每天除去用餐时间外，实际工作时间减少为12个小时，并禁止夜间工作，同时规定由一名地方法官和一名教区牧师担任工厂视察员。③ 然而在1825年，一本名为《曼彻斯特及其周边地区工厂的工作、用餐等时间》的小册子揭露了工厂劳动的现状。作为英国新兴工业城市代表的曼彻斯特地区，工人们的普遍工作时间每天长达14个小时以上。此外，奥德姆地区的工人不允许在工厂用早餐，每天工作时间长达13个小时；利兹的情况还稍好些，但每天的工作时间也达到12个半小时。④ 1819年法案成了一纸空文。劳工学者哈钦斯和哈里森不禁感慨道：

不论对社会还是对于工业而言，19世纪的前20至30年，都是一

---

① House of Commons, "Report of the Minutes of Evidence, Taken Before the Select Committee on the State of the Children Employed in the Manufactories of the United Kingdom", *House of Commons Parliamentary Papers*, London, 1816, p.311.
② House of Commons, "Report of the Minutes of Evidence, Taken Before the Select Committee on the State of the Children Employed in the Manufactories of the United Kingdom", pp.132-133.
③ 59 George Ⅲ, c.66, *The Statutes of the United Kingdom of Great Britain and Ireland*, London: J. Butterworth and Son, Law Bookfellers, 1819, pp.418-419.
④ B. L. Hutchins and A. Harrison, *A History of Factory Legislation*, pp.30-31.

个黑暗的年代。花费 25 年的时间仅仅立法去限制一个 9 岁儿童每周工作的时限为 69 个小时,并且这些立法还仅限于棉纺织行业。①

针对 1819 年法案的有效性不足,约翰·霍布豪斯(John Hobhouse)提出修正议案,1825 年在议会得到通过并成为法律。修正案首先对工人的工作时间再次做了规定:16 岁以下工人每天除去一个半小时的用餐时间外,工作时间不得超过 12 小时,用餐时间规定在 11 点到下午 3 点之间,不得晚于下午 3 点;周六的工作时间规定为早晨 5 点至下午 4 点半,不得超过 9 小时。其次对儿童的年龄也有相关涉及:如果儿童的父母或监护人声明其达到法律规定的年龄,雇主无须对雇用其做工的行为负责。此外,为保证法律的有效性和公正性,修正案还规定,自身作为工厂主,或是作为工厂主的父亲或儿子的治安法官,不得听取原告的诉讼申请;申诉的期限也缩短到两个月之内。该项修正案仅仅将平均工作时间缩短了半个小时,对儿童实际年龄的漠视也等同于默认低龄儿童到工厂做工的事实。1831 年,又一部修正案在议会被通过。该修正案规定,凡工厂主在夜间开厂做工而被告者,将即刻判以处罚,除非其可以证明自己没有雇用低于法定年龄的工人。同时将 12 小时工作时间的应用范围扩大到所有 18 岁以下的工人,而并非 1819 年法案和 1825 年修正案中规定的 16 岁以下。② 在法律和公众舆论的压力之下,工厂主们开始引进 12 小时工作制,并希望推广到周边工厂中,阻止同行之间以加长工作时间的方式来进行竞争。

这些工厂立法建立在议会调查委员会的调查结果基础之上,并没有大量听取工人的意见,劳资之间缺乏交流沟通;此外,这些立法行为一般是在工人罢工发生之后,政府才予以干预的结果。同时,工厂法的执行

---

① B. L. Hutchins and A. Harrison, *A History of Factory Legislation*, pp.32 - 33.
② 1 and 2 William Ⅳ, c.39, *The Statutes of the United Kingdom of Great Britain and Ireland*, London: His Majesty's Printers, 1831, pp.248 - 252.

和监督制度还存在着很多问题。一方面，工厂主们对工厂法持抵制态度，他们以解雇相威胁，要求工人用虚假证明应付检查，并且利用工厂立法的漏洞来规避法律。另一方面，政府没有投入资金用于聘请足够多的视察人员，执法人员的不足无法保障立法得到切实的实施。工厂法存在的问题与不足让工人们感到失望，工人们担心这部法律会变得形同虚设。①

劳动时间的漫长、劳动压力的繁重不仅引起工厂工人的不满，工厂工人的悲惨遭遇也得到地方乡绅的同情。在当时地主、工厂主、工人的大三角关系中，土地所有者出于对资产者的厌恶，会用一种旧式老爷的态度来渲染工人的苦难，以达到打击工厂主的目的。1830年，一位约克郡的托利党乡绅理查德·奥斯特勒（Richard Oastler）与6名工人代表举行会晤，签订了"菲克斯比大厅协议"，答应领导缩短工作时间运动。在其写给《利兹信使报》的一系列信件中，他将工厂内的工作制度和环境比作尚不及西印度奴隶的非人待遇，直斥工厂制度为"约克郡的奴隶制"，从人道主义的角度要求将21岁以下工人的工作时间减少为10小时，从而得到了公众舆论的广泛关注。奥斯特勒所发表的这些信件成为十小时工作制运动的起点。1832年，约克郡的许多工业城镇中的纺织工人举行集会，大规模的集会活动在4月24日复活节那一天达到顶峰，当天参加集会的多达12 000人。同年春天，兰开郡也同样兴起了要求限制工作时间的集会，要求对工厂工人的工作时间和工作环境进行有效立法规范。许多与纺织业密切相关的工业城镇开始成立工人自发组成的缩短工时委员会，要求议会制定法律，限定工人的工作时间。原先分散在各地的委员会不断发展，逐步联合起来，各地的斗争也连成一片。群众性的集会此起彼伏，请愿活动不断。布拉德福德教区的主教G. S. 布尔（G. S. Bull）、纺纱工人协会的领导人约

---

① G. D. H. Cole and A. W. Filson, eds., *British Working Class Movement: Select Documents, 1789 – 1875*, p.326.

翰·多赫蒂（John Doherty）以及后来宪章运动的领导人 J. R. 史蒂芬斯（J. R. Stephens）等都加入到这场运动中来。争取十小时工作时间的斗争也开始超出约克郡和兰开郡，向南扩展到了伦敦地区。

为了平息工人们的怒火和抗议，议会内部不断提出缩短工作时间的议案。1831—1832 年，萨德勒、阿什利勋爵先后提出十小时工作议案，要求减少工人过度的劳动时间、改善工人恶劣的工作环境。他们成为议会内缩短工作时间的推动者，先后组织成立工厂调查委员会展开对工厂的调查。1833 年，该工厂委员会在经过调查后报告：在工厂中，儿童平均每天工作 12 小时，有时甚至连续工作 16 个小时，雇用 6 岁以下儿童做工的现象也较为常见。委员会搜集了大量证据，揭露了工厂工人的悲惨生活，引发了公众的持续关注。这样的状况令人忧心，无论是从暂时还是从长远来看，都对工人的健康状况造成威胁，"立法是合乎情理的事情"。

1833 年 8 月，一部新的《工厂法》（Factory Act）在议会得到通过。这部法案首次对工人年龄进行了明确的划分，它以 18 岁作为成年的年龄标志，将 9—13 岁的工人视为儿童工人，13—18 岁的工人视为青年工人，18 岁以上的工人视为成年工人。该法案重申了 9 岁以下儿童不得被雇用的规定，同时规定 9—13 岁的童工每天的工作时间限定为 8 小时，即每周 48 小时；13—18 岁的工人每天的工作时间限定为 12 小时；同时，处于工作中的 9—13 岁的童工必须接受每天 2 小时的学习教育，并且在继续工作前要提供可以证明已达到学习要求的凭证；18 岁以下的工人禁止在夜间工作。不过，仅有法律条文依然不够。如何保证法律得到执行成了新工厂立法的一个重要方面。于是，1833 年的新工厂法案规定由中央政府任命视察员来保证该法案的实施。政府任命了 4 名工厂视察员，这些视察员有权对任意工厂进行视察，并要求召见证人以得到证据，在必要时会根据法案做出对任何人有效的规定和指令，有权强制工厂内的工人接受教育。凡是妨碍视察员行使权力的行为将受到超过 10 英镑罚金的惩罚。① 就法案执行方面所拥有的司法和执法权力看来,视察员和治安法官相比已经不相上下。在建立起工厂视察员制度后,工厂法才得到真正执行。恩格斯在《英国工人阶级状况》中积极地评价了这一制度的作用:

> 由于实施了这个法律,特别是由于任命了视察员,工作日平均缩短到十二三个小时,童工也尽可能地由成年人来代替了……工厂劳动的恶果一般说来表现得不太明显了。②

视察员制度从制度层面推动了工厂法的贯彻实施。

由于1833年工厂法仅仅对雇用童工和年轻工人的工作时间做了单一限制,工厂主们往往钻法案的空子大量雇用成年女工,而且女劳动力相比男劳动力所显示出的廉价优势也促使女工在工厂中的人数不断增长。据统计数据显示,当时英国煤矿雇用了 1 185 名 20 岁以上的女工和 1 165 名 20 岁以下的女童工在矿井中工作,另有 3 650 名已婚和未婚的女工在地面上劳动。在这 6 000 人中,有 2 240 人在苏格兰各个煤矿劳动,大多数矿井都雇有大约 100 或 150 名女工。③ 与此同时,女工的处境也急剧恶化。19世纪40年代,女工在工厂中的状况受到议会的关注。1840年,议会成立由阿什利勋爵领导的调查委员会,对煤矿女工状况进行询问证人、采集证据的工作,并于1841年发布《关于规范工厂中童工劳动法案委员会报告》。该报告不仅大量阐述了煤矿中童工的工作状况,同时也正视起约克郡西部和兰开郡北部地下煤矿中大量女工的生存状况。工厂视察员开始注意到工厂女工存在着超时工作的现象。女工们在工厂中超时劳动,为工厂主创

---

① Joel H. Wiener, *Great Britain*, *The Lion at Home*: *A Documentary History of Domestic Policy*, *1689 - 1973*, New York: Chelsea House Publishers, 1974, pp.1547 - 1558.
② [德]恩格斯:《英国工人阶级状况》,第219页。
③ [英]罗伊斯顿·派克:《被遗忘的苦难:英国工业革命的人文实录》,蔡师雄等译,福州:福建人民出版社,1983年,第221页。

造了更多的经济利润,有时竟然从早晨5点一直工作到晚上8点左右。视察员霍纳在报告中呼吁,"12小时的工作对任何人来说都可以称得上是底线,过度的超时工作切盼得到法律的禁止"①。此外,女工工作时常常穿裙子,长时间的劳动会让她们分神,相对于男性工人,更容易被卷进轰鸣作响、运转不停的机器中而出现死亡或是严重受伤的情况。英国议会内部经过激烈的争论,于1844年提出了新的工厂法案。在1844年工厂法中,妇女首次被纳入规定之中,与童工、年轻工人一起受到法律的保护:工厂主不得强迫童工、年轻工人和女工在机器运转时清洗机器,工厂中的机器和传送装置的每个部分都必须装上安全防护设施,但关于工作时间的规定与1833年工厂法相比则没有太大变化。法案将童工的最低年龄限制降低为8岁,规定8—13岁的儿童每天的工作时间为6个半小时或7个小时,同时强制其每天的上学时间为3个小时,半工半读得到认可;13—18岁的工人每天最高工作时限为12个小时;男女工人同时进餐,工作时间和进餐时间通过公共时钟进行管理;夜间工作行为仍被视为非法。②

直到1846年,随着谷物法的废除,反对工厂法修改的保守议会解散,缩短工时委员会才重新抓住了机会。支持十小时工作时间的人们独立于政治势力之外参与竞选,并支持那些声称将允诺对十小时工作制立法的参选者进入议会。1847年,经过议会下院三读,新的工厂法案成为法律,其中最重要的规定就是将成年工人每天的工作时间缩短为10小时,它是缩短工作时间运动取得的一次重大胜利,也是对工厂主实施的一次重大打击,受到了广大工厂工人的热烈欢迎。此后,限制工作时间和规范劳动条件逐渐为英国政坛所接受,并成为政府进行劳工立法的重要内容。

争取十小时工作制的运动深刻地影响着19世纪三四十年代的工厂立

---

① B. L. Hutchins and A. Harrison, *A History of Factory Legislation*, p.84.
② 7 and 8 Victoria, c. 15, *The Statutes of the United Kingdom of Great Britain and Ireland*, London: Her Majesty's Printers, 1844, pp.42 - 62.

法重点的转变,也使得这一时期的工厂立法过程颇显曲折。与早期的工厂立法相比,十小时工作制下的工厂立法的关注重点从工厂内工作环境的优劣开始渐渐转向工作时间的长短,同时也开始将立法关怀从学徒童工扩大到年轻工人和女工,直到 1847 年工厂法案将十小时工作制普及到全部成年工人。与此同时,由于工人群体意识的逐渐觉醒,工人也开始以群体方式来争取自身的权益,劳资双方的对立也更加激烈。基于此,出于对工业资本的厌恶和对工人状况的同情,以及对稳定社会环境的考虑,掌握政权的土地所有者有条件地支持工厂立法,改善工人的生存环境。在三者的博弈中,随着十小时工作制运动的不断发展,工人运动的压力逐渐超过议会的底线,保守势力和工厂主们试图阻止更深一步的立法改革,进一步的工厂立法经历了反复和曲折。自 1833 年开始直到 1847 年,议会才将十小时工作制正式列入法律。

3. 工厂立法的推广

从 1802 年工厂法到 1847 年十小时工作制法案,经过工人 40 多年的不断斗争和多次立法修正,议会最终把工作时间限制在 10 个小时。1850 年,议会颁布了新的工厂法案。该法案正式确立了标准工作日,规定了工作时间、工作时段和用餐时间。其中,女工和年轻工人在法定工作日的工作时间为 10 个半小时,工作时段在上午 6 点至下午 6 点或上午 7 点至下午 7 点之间,用餐时间为 1 个半小时;工厂在星期六下午 2 点停工。[①] 不过该法并没有涉及童工的工作时间,童工从上午 5 点半工作到晚上 8 点半的做法仍然被认为是合法的。1853 年工厂法案将法定的工作时间扩及童工,他们的法定工作时间为 6 个半小时,每天上午 6 点之前和下午 6 点之

---

① B. L. Hutchins and A. Harrison, *A History of Factory Legislation*, p.108.

后不能被雇用参加工作。① 这两部法案的颁布,使得工厂主们不再可能无限地延长工人们的工作时间。工厂主们的利益遭受损失,他们反复声称,工厂法案应该做出改正,否则英国工业将会严重衰退。然而,工厂立法已然成为英国政府立法的主要趋势,接下来的立法进程表明议会颁布的工厂法案所规定的范围正逐渐由纺织行业向其他行业进一步扩展。

从19世纪40年代起,1833年工厂法和1844年工厂法就已经出现工厂法案的覆盖范围逐渐扩大的趋势,首先由纺织业逐渐扩展到与纺织业有关的行业,如印花行业、印染行业、花边织造业。1843年,议会委员会在对兰开郡、德比郡印染厂的童工和年轻工人状况进行调查的基础上,提供了一份关于印花棉布印染厂工人工作环境的报告。在这份报告中,印染行业童工和年轻工人的工作状况着实令人担忧。近三分之二的印染厂工人在9岁以前就开始参加工作,他们每天的工作时间一般都超过10个小时;童工和年轻工人经常因为印染涂料的难闻气味而感到头痛或头晕;女工的工作条件也非常艰苦,主要是因为烘房室内温度过高,湿布散发的蒸汽让人窒息。② 此外,在印花和花边行业中,也存在大量妇女、儿童和年轻工人被雇用后日夜工作使得健康受到了极大的损害,以及童工的教育机会被剥夺的情况。这些情况都促使工厂立法在让纺织工人得到一定法律保护、工作条件逐渐改善的同时,向纺织业外的工业和工厂延伸,以相对完善的立法形式来改善全体工人的工作条件。如1845年工厂法议案就针对印花行业做出规范,将童工的最小工作年龄限制为8岁,在工人的工作时限方面则明文规定,禁止13岁以下的儿童和妇女在晚上10点钟到早上6点之间工作,13岁以下的儿童每半年的上学时间需要满一个月。③

---

① B. L. Hutchins and A. Harrison, *A History of Factory Legislation*, p.111.
② B. L. Hutchins and A. Harrison, *A History of Factory Legislation*, p.124.
③ 施义慧:《童年的转型——19世纪英国下层儿童生活史》,南京:南京大学出版社,2012年,第207页。

1847年纺织业工人争取到把工作时间缩短为十小时后,印染和花边行业的工人们也联合起来向本行业的工厂主们要求他们的工作时间和工作条件与纺织业工人一样。例如,1853年,博尔顿的印染工人组成了一个缩短工时委员会,为获得与纺织工人相同的工作时间发起集会运动,运动在苏格兰西部逐渐展开。当年6月,苏格兰的13个印染工厂主同意工人对工作时间的要求,规定每周的工作时间为66小时,后来又缩减为60个小时。1860年,关于印染厂工作规定的提案在议会得以通过,它将印染、漂白、烘干等工作置于工厂法的规定范围之内。1861年,议会针对花边行业颁布工厂法案,其中有两项例外的规定:(1)允许16—18岁的青年工人从早上4点工作到晚上10点。(2)工厂机器可以不采取防护设备和措施。1862年,另一部有关印染业的工厂法案做出规定,明文禁止露天的漂白印染工厂在夜间工作。

工厂立法的发展虽然将工厂法案扩展到印染业、印花业和花边业中,但是仍然仅限于纺织行业系统。自1864年起,工厂立法的范围开始向着非纺织业的其他行业扩展。1867年,沃波尔议员提交了一份工厂法修正提案,经过讨论最终在议会获得通过,成为1867年工厂法。1867年工厂法将很多新的行业纳入工厂法案的实施范围内,如陶瓷业、火柴业、铜矿业等。新通过的工厂法案规定,所有这些被纳入法案的新行业都被置于1864年工厂法的卫生管理规定之下,同时也必须执行1833年、1844年、1850年、1853年和1856年工厂法中关于工作时间、童工年龄、机器防护等的规定。同时,该法案还特别规定12岁以下的男孩和妇女不能被雇用做玻璃的熔化和煅烧工作,11岁以下的儿童不能被雇用做磨削金属的工作,童工、年轻工人和妇女不允许在玻璃厂进餐,视察员有权要求工厂主们配置鼓风机和其他清洁设备来清除灰尘,等等。[①] 1867年工厂法使当时英国

---

① B. L. Hutchins and A. Harrison, *A History of Factory Legislation*, pp.170 – 171.

所有的工业生产部门都得到了法律的规范和管理。到这时,工厂中涉及的主要问题,例如童工问题、工作时间限制问题、工作环境改善问题等都才得到相对完善的解决,儿童的工作时间有所缩短,最低工作年龄也有所提高,成年工人的工作时间缩短为 10 个小时,工人们在工作中的安全也基本得到防护设备的保证,工厂生产过程中产生的烟尘也得到清洁设备的清理,危险的生产程序也得到一定限制。

19 世纪 50 年代起,工厂法开始超出纺织行业范围,逐步推广应用到其他行业中,并且关于劳动基准的规定及其有效执行,直接满足了工人缩短劳动时间和改善生产条件的要求。这表明,从 19 世纪中期开始,国家在经济层面和社会层面发挥了越来越积极的作用,旧有的自由放任的观念逐渐受到挑战,关于国家作用的新的思想观念逐渐形成。在这种逐渐形成的思想观念的影响下,国家对经济领域出现的劳资对立开始关注,对规范工厂的立法行为力度越来越强,对所涉及生产行业的影响面也越来越广。国家的立法限制从法律角度界定了工人生产的合法性,对工厂主们随意压榨工人的行为做了一定约束。同时,在工厂立法过程中,英国政府走了一条渐进式道路。议会在调查和制定法案时,一直在设法压低工人的实际需求,满足工人所提出的部分条件,这既间接地促进了工厂制度的健康发展,又有助于缓解紧张的劳资冲突。工作时间的调整是一个不断博弈、相互妥协的结果,缓慢反复的立法过程为劳资关系的调整提供了余地,缩短工作时间成为不可逆转的趋势。到 19 世纪 60 年代后期,在议会立法和强大社会力量的推动下,英国政府通过法律手段逐步解决了工厂主和工厂工人之间的剧烈冲突这一复杂的社会问题,为英国劳资关系的协调与缓和营造了良好的环境背景。

四、小 结

在19世纪上半叶的英国,以调解与仲裁为核心的劳资争议化解机制的演进是一个涉及多个层面的长时段的复杂过程。一方面,作为劳资争议化解的两种主要手段,调解与仲裁在劳资关系领域的广泛运用是工业化不断推进的产物;另一方面,调解与仲裁在劳资关系领域的运用效果,又直接对工业化社会的稳定产生影响。其中,工人和雇主作为劳资关系的两大主体,他们的态度与活动又和调解与仲裁的兴起及发展存在着一种互动关系。在新的社会经济背景下,这种互动关系主要体现在劳资之间开始逐渐放弃原有的对立与对抗,转而寻求利益调和与协商合作的方式与途径,同时,调解与仲裁所带来的和平与稳定又深深影响了这一时期的劳资关系。19世纪上半叶,随着工业化的不断推进,英国经济形势被不断推向高潮,同时劳资关系也开始呈现相对缓和的新变化。当劳资关系变得和谐后,工人会尽量减少罢工,而雇主则尽可能避免歇业,劳资双方都避免走向对抗。在这样的背景下,具有自愿主义特征、强调和平友好的调解与仲裁方式开始为劳资双方所接受,到19世纪中叶前后,以调解与仲裁为主要方式的劳资争议化解机制逐渐形成,并发展成一种雇主协会和工会代表之间进行自发协商的集体谈判制度。

调解与仲裁在19世纪上半叶英国的兴起与广泛运用,不仅与工人、雇主之间的暴力对抗成分不断消减,相互协商合作的必要性和可能性不断增长相关联,也与英国政府立法职能的发挥有着密切联系。工业化以来,劳资关系领域的紧张对立状况,让英国政府逐渐意识到调解与仲裁在规范和调整劳资关系中的重要作用,开始用立法的方式支持和引导调解与仲裁机制的发展,并试图将其纳入国家处理劳资争议的法制轨道上来。从1800年到1854年,英国议会先后颁布多部仲裁法令,试图将民间仲裁纳入国家管控,建立政府主导下的强制仲裁。1800年《棉纺织业仲裁法》和1804年《棉纺织业仲裁法(修正案)》率先对棉纺织业内的仲裁时间、地点和程序等做出法律规定;1824年《关于巩固和改进劳资争议仲裁的法案》和1833年《民事诉讼法案》则逐步扩大了仲裁的运用范围;1854年《普通法程序法案》包含了大量有关仲裁的规定,为仲裁实践创造了良好的法律环境,进而为调解与仲裁机制的发展提供了法律依据。

此外,政府还成立多个调查委员会,对产生劳资争议与冲突的工厂进行专门调查,并根据调查报告的结果制定相关法律。通过一系列的工厂立法,工厂法案保障了劳资争议化解中相对弱势一方的工人合法权益,以避免潜在的劳资对立,促进了劳资关系的稳定。从1802年到1867年,英国议会先后颁布了多部工厂法案,这些法案不断缩短工厂工人的劳动时间,要求改善工厂的工作环境,设立视察员(inspector)对法案的实际执行情况进行监督,并将工厂立法的范畴不断扩展到其他行业,以满足工人的部分迫切要求,试图缓解工厂中日益突出的劳资矛盾,争取将劳资冲突控制在萌芽中,以更好地保障劳资之间的和平状态。工厂立法在一定程度上保障了工人的切身利益,维护了工人的合法地位,为调解与仲裁在工业生产领域中的运用创造了良好的外部环境。

除了立法手段之外,政府还通过对调解与仲裁的倡导和鼓励来促成劳资争议化解机制的发展。地方官员出于保护私人财产和维持社会稳定的考虑,通过充当第三方介入或干预的方式倡导和鼓励双方通过调解与仲裁的手段自行化解劳资纠纷和争议。从实践的角度看,政府对调解与仲裁的倡导和鼓励不仅直接促成劳资争议的化解,而且为劳资双方的协调谈判提供了调解与仲裁服务,为谈判框架和仲裁程序的建立以及劳资争议的化解提供了指导和帮助,并对以调解与仲裁为主的劳资争议化解机制的发展起到了引导与推动作用。

这样,在各方因素的支持和促成下,调解与仲裁成为19世纪中叶前后各行业调整劳资关系、化解劳资冲突的流行手段。作为一种和平方式的劳资争议化解手段,自愿主义原则下的调解与仲裁机制的兴起,减少了工业化时期英国的罢工、闭厂等劳资对抗行为,为劳资冲突的化解提供了一种有效途径,为19世纪50至80年代劳资关系的缓和及社会秩序的稳定奠定了基础。同时值得注意的是,调解与仲裁自身也经历了一个演进过程。

首先,随着大工业的发展,原先分散的工厂逐渐聚合在一起,各生产部门之间的联系日益密切,以个体性、行业性和地区性为特点的早期调解与仲裁逐渐演变为以仲裁与调解委员会为特征的、有组织的集体性劳资争议化解方式。

其次,政府主导下的强制仲裁与民间自愿主义仲裁在工业化早期并行发展,官方仲裁的强制原则与民间仲裁的自愿原则相悖,导致在实施过程中鲜有成效,强制性的官方仲裁逐渐消退,其放弃了对劳资关系的直接干预,进而以立法形式引导和规范劳资双方诉诸仲裁来解决争议,促使民间自愿主义原则指导下的仲裁制蓬勃发展。仲裁经历了一个从政府主导的仲裁向民间自愿仲裁转向的过程。在这一过程中,往往在发生劳资争议之时才成立的临时仲裁委员会在19世纪50年代逐渐被常设性的仲裁委员会所取代,自愿仲裁的常态化正逐步成为仲裁制发展的一大趋势。

总之,19世纪上半叶,英国劳资关系逐渐呈现缓和态势。这种相对缓和局面的出现，不仅有赖于英国良好的经济环境，还有赖于劳资双方态度的转变，以及政府在立法调节劳资冲突上所起的引导和促进作用，而调解与仲裁的兴起和劳资争议化解机制的不断演进给英国劳资关系带来的积极影响更是值得关注。在政府的倡导和鼓励下，调解与仲裁作为化解争议的主要方式为劳资双方所接受，并在各行业中得到广泛运用。以调解与仲裁为核心的劳资争议化解方式在英国由此得到进一步发展，它的兴起和发展对构建良性的劳资关系产生了重要影响。

第四章
民间集体谈判制的盛行

19世纪中后叶是英国工业及经济霸权的鼎盛时期。在国内劳资关系领域,一场持久而深刻的变化开始发生。这主要表现在:在劳资两大主体上,以工厂工人为主体的新模式工会(New Model Trade Union)开始兴起,工会反对罢工等各类形式的劳资对抗,倡导劳资协商与合作,主张用和平方式来化解劳资争议;而逐步联合起来的雇主也开始放弃闭厂等对抗性手段,转而寻求与工会的合作,倡导以协商、谈判方式来化解劳资冲突。由此,发端于民间、以调解与仲裁为核心原则的集体谈判制在英国开始出现。从1860年诺丁汉的织袜业开始,到1864年伍尔弗汉普顿的建筑业,再到19世纪70年代后英格兰北部的制铁业及煤炭业,英国工业区的许多行业都建立起了常设性集体谈判机构——仲裁与调解委员会。在委员会的成功实践之下,通过协商、谈判以及仲裁等和平方式解决劳资争议或冲突成为劳资间乃至整个社会的共识,由此带来了英国二十多年劳资关系的和平局面。为鼓励与规范民间日益盛行的集体谈判实践,政府于1867年颁布《调解委员会法》(Councils of Conciliation Act),1872年颁布《仲裁法》,一方面试图让集体谈判机构处于内政部的管控之下,另一方面力图赋予集体谈判协议以法律效力。但两部法案未能充分考虑到民间集体谈判的自愿性特点,其所强调的强制性原则以及繁琐的法律程序为劳资双方所诟病,因而在实践中几乎沦为一纸空文。不过,为了从根源上减少劳资争议和劳资冲突,保障作为弱势群体的劳工的权益,提升工会在劳资集体谈判中的地位,政府不仅修改和完善了劳资关系的相关法案,实现了工会地位的合法化,而且在工厂立法及其他社会立法方面也有所作为,这为19世纪中后叶英国劳资关系的相对缓和提供了条件。

一、工会、雇主与舆论变化

"集体谈判制度是现代市场经济国家具有悠久历史的调整劳动关系的重要机制。"①尽管集体谈判制盛行于 20 世纪后的西方世界,但其历史渊源则可追溯到工业化时期的英国,英国也因此成为集体谈判制的发源地。"集体谈判通常被理解为劳资关系的一种机制,其中一群或数群工人代表(通常以工会方式组织起来),与单个雇主或一群雇主(经常以雇主协会形式组织起来),就工资、工作条件以及其他问题进行面对面谈判。"②1860 年英国诺丁汉织袜业仲裁与调解委员会的成立,标志着一种常态化、制度化的争议化解机制即集体谈判制的确立。

直到 19 世纪末,"集体谈判"的术语才被英国学者首先使用。1891 年,劳工史学者碧翠丝·波特(Beatrice Potter)在探讨合作社运动时指出:"个人之间的以货易货必须被工人组织与消费者组织所授权代表之间的谈判所取代。个人之间的交易……必须让位于集体谈判。"③这里的"集体谈判",是指消费合作社与工会之间关于商品价格及工人工资的协商、谈判,

---

① 程延园:《集体谈判制度研究》,北京:中国人民大学出版社,2004 年,第 1 页。
② James A. Jaffe, *Striking a Bargain: Work and Industrial Relations in England, 1815 - 1865*, p.111.
③ Beatrice Potter, *The Cooperative Movement in Great Movement in Great Britain*, London: George Allen and Unwin, 1891, pp.216 - 217.

而不是劳资间的谈判,这表明"集体谈判"概念在诞生之初并不具有后来的含义。1897年,碧翠丝·波特在与丈夫西德尼·韦伯合著的《产业民主》一书中,再次使用了"集体谈判"的术语,他们这样描述道:

> 工人协调一致,派出代表以整个团体名义与雇主谈判。雇主就不会与单个的工人签订一系列的个体雇佣协议,因为他面对的是一种集体意愿(collective will),只需要签订一份单一的(集体)协议,而协议原则上涵盖了到签订之时特定团体、阶级、阶层的所有工人。①

从这一描述来看,集体谈判具有了其现代含义。

尽管"集体谈判"这一术语直到19世纪末才被劳工史学者所使用,但在此前几十年,集体谈判实践在英国劳资关系领域就已经出现。正如弗农·H. 延森(Vernon H. Jensen)所说:"集体谈判这一术语的出现要晚于其实践。"②从19世纪中叶起,英国一些地区与一些行业,劳资双方已在探索用调解、仲裁等和平方式来化解争议,调解与仲裁因此被认为是集体谈判的原初形式。作为"集体谈判"术语的发明者,韦伯夫妇在1897年明确指出:"学者们应该注意到,直到最近,集体谈判与调解、仲裁之间不存在明显差别。关于这一主题的早期著作中所称的仲裁或调解,在很大程度上就相当于组织化的集体谈判。"③

作为20世纪最为主流的劳资冲突化解机制,集体谈判制最先兴起于19世纪60年代的英国民间。那么,为什么直到19世纪后半叶,集体谈判制才在英国出现呢?我们认为,民间集体谈判制的兴起,与19世纪后半叶工会、雇主组织以及经济繁荣背景下公众舆论的变化有关。

---

① Sydney and Beatrice Webb, *Industrial Democracy*, p.173.
② Vernon H. Jensen, "Notes on the Beginning of Collective Bargaining", *Industrial and Labor Relations Review*, Vol.9, No.2 (January, 1956), p.225.
③ Sydney and Beatrice Webb, *Industrial Democracy*, p.173.

1. 新模式工会及其斗争策略的变化

19世纪中后叶,随着工业化的完成以及机器大生产的全面推进,以技术工人为主体的新模式工会迅速兴起,其推行尽量避免罢工、倡导劳资对话的斗争策略,为劳资之间集体谈判的兴起提供了重要前提。

进入19世纪中叶,机器大生产的迅猛推进,极大地改变了工人阶级的主体构成:手工工人逐渐没落而退出了历史舞台,工厂工人成为新兴的蓬勃发展的力量。作为工人阶级代表的工会也随之发生变化:19世纪30年代组织的以手工工人为主体的战斗性工会——以纺纱、建筑、呢绒、陶瓷为主的四大工会,在机器大生产的冲击以及雇主的打压之下走向没落。与此同时,工厂中那些技术手艺精湛、工资收入较高的技术工人开始联合起来,组织起排他性的独立的工会,史称"新模式工会"。

1851年成立的"机械工人混合工会"(The Amalgamated Society of Engineers)成为新模式工会诞生的标志。该组织涵盖全国机械行业的机械工、机修工、安装工、铁工、造模工等,每个分支都有自己的工会,然后再联合起来组成"混合工会"。成立之初,其会员就达到12 000人。[1] 此后发展迅速,到1860年为21 000人,1875年为44 000人,1888年达到54 000人。有了机械行业这一榜样后,其他行业纷纷效仿,木工细木工混合工会、锅炉与铁船制造工联合会、棉纺纱混合工会、北兰开郡动力机织工协会、成衣工混合工会、全国矿工联合会等一批新模式工会先后建立起来。[2] 新模式工会具有行业性特征,但不同行业之间也联系紧密。1868年,英国职工大会(Trade Union Congress)宣告成立,这标志着遍及全国的工会运动走向了联合,由此壮大了工会力量,从而为雇主承认工会的代表性并与之进行集

---

[1] Henry Pelling, *A History of British Trade Unionism*, p.50.
[2] 钱乘旦、许洁明:《英国通史》,上海:上海社会科学院出版社,2002年,第282页。

体谈判奠定了坚实基础。正如亨特所言:"集体谈判的许多形式都需要雇主做出主要让步。……如果不是遭遇到强大的抵制力量以迫使其坐到谈判桌前,雇主是不会接受集体谈判的。"①

与传统工会不同,新模式工会"组织严密,结构稳定,资金充足,有一批专职干部"②,负责工会的日常事务以及与雇主谈判。与手工工人不同,技术工人是工厂制的受益者,由其所主导的新模式工会,虽然也发动与雇主的斗争以捍卫自身权益,但其斗争策略却有了根本性改变。传统的工会战斗性强,动辄使用罢工等对抗手段,力图使雇主接受其要求。新模式工会则完全不同,尽量避免使用罢工等手段与雇主对抗,这几乎成为工会干部们的共识。在工会干部们看来,"罢工无异于是对工人、雇主以及整个商业帝国的彻底毁灭"③。在向1867年皇家委员会提供的证词中,机械工人混合工会总书记威廉·艾伦(William Allan)反复强调:"我们厌恶罢工,执行委员会尽其所能地阻止罢工,委员们总体上都坚决反对罢工。"伦敦行业协会(London Trades Council)总书记乔治·奥哲尔(George Odger)也多次声明:"社交世界中的罢工,就如同政治世界中的战争一样。罢工是一种犯罪,除非是迫不得已。"④即便是工会活动家中的激进派,对罢工也持谨慎态度。木工细木工混合工会总书记罗伯特·阿普尔加思(Robert Applegarth)告诫其下属:"永远不要放弃罢工的权利,但你们需要当心的是,罢工也是一把双刃剑。"⑤《火石玻璃工杂志》载文宣称:"罢工已经成为工会的祸害,但并不能据此认为我们在任何情况下都放弃了罢工的念头,

---

① E. H. Hunt, *British Labour History, 1815–1914*, p.281.
② 王觉非主编:《近代英国史》,南京:南京大学出版社,1997年,第658页。
③ Alan Fox, *History and Heritage: The Social Origins of the British Industrial Relations System*, pp.31–32.
④ Hamish Fraser, *A History of British Trade Unionism, 1700–1998*, New York: Macmillan, 1999, p.54.
⑤ Henry Pelling, *A History of British Trade Unionism*, p.60.

我们很清楚,在某些情况下罢工难以避免。"①

在几乎放弃罢工作为威慑手段的情况下,倡导与雇主之间的对话与合作,通过集体谈判来化解争议或冲突,成为新模式工会捍卫工人权益的主要手段。阿普尔加思在其工会活动生涯中,一直"对罢工持怀疑态度,并致力于在调解与仲裁协议的基础之上寻求与雇主的合作"②。伦敦排字工协会秘书鲍尔曼也明确倡导与雇主合作,他表示:"在英格兰,我欢迎任何旨在将雇主和工人组织在一起的运动,这些运动的主旨在于确定雇佣条件和待遇,或以友好方式解决争议之事。"③正是在工会干部的努力下,调解或仲裁等集体谈判条款被纳入工会组织章程之中。全国制铁工人混合工会章程第 16 条明确规定:"任何工厂的劳工与雇主之间产生任何分歧或争议时……双方应该在第一时间将争议提交给(仲裁与调解)委员会的秘书,秘书将依据仲裁原则的相关精神,调查争议双方的诉求,尽力解决所提交的争议。"④

作为各行业新模式工会的领导机构,英国职工大会在其年度决议中也一再重申调解与仲裁原则。1876 年英国职工大会做出如下决议:"本届大会充分承认绝大多数行业通过接受仲裁与调解原则而带来的益处,并保证运用一切手段,尽力扩大解决劳资争议的上述原则之运用范围,以实现劳资争议的和平化解。"⑤1888 年大会也以绝对多数通过下述决议:"本届大会认为,由雇主和劳工依据平等原则组建的联合(仲裁与调解)委员会非常有必要,它有助于增进双方之间的了解,解决影响双方利益的难题;同时,它还能促使大工业中心的劳工将争议提交给商会和其他雇主机构,进而有

---

① Takao Matsumura, *The Labour Aristocracy Revisited: The Victorian Flint Glass Makers, 1850-1880*, Manchester: Manchester University Press, 1983, p.130.
② Arthur L. Bowley, *Wages in the United Kingdom in the Nineteenth Century*, Cambridge: Cambridge University Press, 1900, pp.121-122.
③ Douglas Knoop, *Industrial Conciliation and Arbitration*, pp.18-19.
④ Carroll D. Wright, *Industrial Conciliation and Arbitration*, pp.44-45.
⑤ Carroll D. Wright, *Industrial Conciliation and Arbitration*, p.46.

利于推动这类委员会的建立。"①

  从实践来看,在 19 世纪中后叶各地各行业集体谈判机构的建立过程中,新模式工会及其干部起到了积极作用。19 世纪六七十年代,在矿工领袖托马斯·哈利迪(Thomas Halliday)与亚历山大·麦克唐纳(Alexander McDonald)的努力下,煤矿行业的工会联合会接受了调解与仲裁原则,通过与雇主的合作,在全国绝大多数煤矿建立了仲裁与调解委员会。全国制铁工人混合工会书记约翰·凯恩(John Kane)说服了提赛特制铁厂负责人大卫·戴尔(David Dale),后者再去劝说其同行,最终成功地建立起涵盖整个提赛特制铁业的仲裁委员会。② 同一时期,斯塔福德郡制铁业、莱斯特制靴及制鞋业、诺森伯兰及达勒姆的化工业,均建立起类似的集体谈判机构,新模式工会在其中起到了重要作用。

  当仲裁与调解委员会成立后,工人及工会对以调解、仲裁方式来化解劳资争议给予充分支持。1867 年皇家委员会委员爱德华·特罗(Edward Trow)在对劳工群体调查后指出:"工人们真正地、真诚地信任调解(与仲裁)制,并且忠实地执行各类裁决。"③1870 年,伍尔弗汉普顿郡法官、担任多个委员会独立仲裁人的鲁伯特·凯特尔(Rupert Kettle)在发言中称,他了解到相当多的行业——建筑业、丝织业、各类制造业、合约交易、各类生产行业以及分配产业——都已建立起仲裁与调解委员会,但他还从未听说过有工人违反合约、拒绝执行裁决的情况。尽管这可能言过其实,但在工会的监督及约束之下,工人很少违背集体谈判所达成的协议。而一旦出现工人违约,出于维护自身地位、声誉以及集体谈判机构权威的需要,工会也会尽力采取补救措施。例如 1876 年,由于一小部分工人拒绝遵从裁决,擅离职守,为此,工会不仅向雇主支付了 678 英镑 10 先令 1 便士的损失,同

---

① Ian G. Sharp,*Industrial Conciliation and Arbitration in Great Britain*,p.4.
② Hamish Fraser,*A History of British Trade Unionism*,1700 – 1998,p.67.
③ J. Stephen Jeans,*Conciliation and Arbitration in Labour Disputes*,p.116.

时还选派工人及时填补了空缺的岗位。也正是在工会的大力倡导与支持之下,集体谈判制才稳步发展起来。

2. 雇主组织态度的转变

近代英国各行业兴起的集体谈判,从其涵盖范围来看可以分为不同层级:处于最低层级的是车间或工厂级的集体谈判,通常是在工人(或工会)代表与作为个体的雇主之间进行,由于工人是以联合起来的力量同单个雇主进行谈判,因而雇主处于相对弱势地位,这反过来也促使雇主走向了联合。而其他层级,如行业级、地区级、全国级集体谈判,往往是在作为工人代表的工会与作为雇主代表的雇主组织之间进行。从 19 世纪后半叶开始,集体谈判基本上是在工会与雇主组织这两大主体之间进行的。如果说新模式工会对于仲裁与调解的倡导为集体谈判制的兴起提供了重要前提,那么,走向联合的雇主改变态度,承认工会的代表性并愿意与之进行协商与对话,则成为集体谈判制兴起的决定性因素。

劳资双方的组织化是集体谈判制兴起的前提。从英国的经历看,劳工组织即工会的出现比雇主组织的兴起要早得多。从集体谈判两大主体的形成看,代表劳工的组织,即工会的出现要远远早于雇主组织。韦伯夫妇认为,英国最早的工会始于 17 世纪后半叶。[①] 如果说工会的成立是为了改变作为个体的工人在与雇主谈判中的弱势地位,那么,随着工会势力的迅猛发展,单个的雇主在谈判中难以同工会相抗衡,由此促使雇主走向联合,雇主组织开始兴起。正如有学者所言:"正式的雇主组织的出现通常要比劳工组织要晚一些,当面对日益增强的工会势力时,作为个体的雇主感觉到自身的弱小而难以应对,出于联合抵制的目的,雇主组织

---

① [英]韦伯夫妇:《英国工会运动史》,第 1 页。

开始兴起。"①雇主组织的兴起既是集体谈判制兴起的前提之一,同时也是集体谈判制在更大范围内推行的保障。

由于隐秘性及临时性特征,雇主组织最初出现的时间无从考证。但进入 19 世纪后,风起云涌的工会运动给雇主带来了极大的压力与挑战,同时也消解了雇主之间的矛盾,最终促成多地雇主组织的形成。② 在曼彻斯特、博尔顿、艾什顿、普雷斯顿、格拉斯哥等地,不少雇主组织都是在罢工期间应对罢工的压力而成立的,并以打压工会运动为其最初目标。正如学者安德鲁·H. 雅米(Andrew H. Yarmie)所言:"联系他们的主要纽带就是来自工会活动的压力。"③在 19 世纪中叶前,英国有影响力的雇主组织包括:普雷斯顿纺纱厂主协会(The Master Spinners' Association)、约克郡和达勒姆郡地毯制造商协会、奥尔德姆棉纺主协会(Oldham Cotton Masters' Association)等。不过,这些雇主组织大多在罢工期间建立,其往往采取同行歇业或集体闭厂的方式,来与发动罢工的工会进行对抗;而一旦劳资对抗消除,雇主组织则大多被解散。为此,阿瑟·J. 麦基弗(Arthur J. McIvor)指出:"不宜夸大 19 世纪中叶前雇主组织的重要性,也不宜高估雇主组织对劳资关系的影响。这是因为,除个别特例外,当时的雇主组织并不强大,代表性也不强,存续也不持久。……雇主组织的组建,只是为了应对特别的、特殊的危机形势,通常情况下,一旦特定争议或停工解决了,这些组织往往就名存实亡了。"④

19 世纪中叶后,劳资关系领域内出现新变化:以技术工人为主体的新

---

① J. T. Ward and W. Hamish Fraser, eds., *Workers and Employers: Documents on Trade Unions and Industrial Relations in Britain Since the Eighteenth Century*, London: Macmillan, 1980, pp.94 - 95.
② H. A. Turner, *Trade Union Growth, Structure and Policy: A Comparative Study of the Cotton Unions in England*, Toronto: University of Toronto Press, 1962, pp.371 - 375.
③ Andrew. H. Yarmie, "Employers' Organizations in Mid-Victorian England", *International Review of Social History*, Vol.25, Issue 2 (August, 1980), p.212.
④ Arthur J. McIvor, *Organized Capital: Employers' Associations and Industrial Relations in Northern England, 1880 -1939*, Cambridge: Cambridge University Press, 1996, p.41.

模式工会风起云涌,工会运动对雇主造成强大的压力。出于对这种压力的回应,雇主之间逐渐消除竞争、弥合分歧,雇主组织大规模兴起。1851年12月,机械行业雇主中央协会(The Central Association of Employers of Operative Engineers)宣告成立。[①] 该组织是伦敦及英格兰西北部机械行业雇主的联合,显然是雇主对刚刚成立的机械工人混合工会的回应。1853年,兰开郡雇主防卫协会(Lancashire Masters' Defence Association)成立。1865年,建筑行业雇主总会(General Builders' Association)宣告成立,其目的在于保护建筑行业雇主免受罢工的危害,至1867年,该组织涵盖了84座城镇的建筑业雇主协会。1866年,布莱克本、普雷斯顿以及伯恩利纺织行业的雇主联合起来,成立了北部与兰开郡东北部棉纺主协会(North and North-East Lancashire Cotton Spinners' and Manufactures' Association),致力于推动该区域内纺织行业劳动力价格的统一标准。作为对1868年成立的英国职工大会的回应,1873年,"全国雇主协会大联盟"(The National Federation of Associated Employers of Labour)宣告成立,这意味着雇主组织也在全国范围内走向了联合。

19世纪中叶前雇主的联合是为了应对罢工的挑战,而19世纪中叶后的新模式工会普遍放弃了罢工这一对抗性手段,主张通过协商、谈判来解决劳资争议。作为回应,这些新成立的雇主组织也逐渐抛弃同盟歇业或闭厂等对抗性手段,转而默认工会的地位并愿意与之谈判。雇主组织态度的变化,主要出于以下两方面的考虑。

一方面,与工会进行集体谈判是攫取生产利润、稳定生产秩序的最佳选择。19世纪中叶,英国成为世界工厂,在经济繁荣的大背景下,生产秩序的稳定是获取高额利润的首要因素;反之,对抗性的大罢工或同盟歇业,会让雇主损失惨重。如1853—1854年普雷斯顿纺织行业大罢工与同盟歇

---

① Keith Burgess, *The Origins of British Industrial Relations: The Nineteenth Century Experience*, London: Croom Helm, 1975, p.23.

业长达七个月,给雇主造成的利润损失多达16.5万英镑。① 以此为鉴,在以工资问题为主体的劳资争议中,雇主也接受和平方式的集体谈判,并愿意通过一定程度的妥协、退让来实现生产的稳定性及持续性。对此,马克思和恩格斯有着深刻的论述:工人队伍的壮大与工会力量的发展,让雇主感到"每次同工人发生冲突时所遭受的损失和营业困难也就越多。因此,工厂主们……学会了避免不必要的纠纷,默认工联的存在和力量。……过去带头同工人阶级作斗争的最大的工厂主们,现在却首先起来呼吁和平和协调了"②。

另一方面,工业化中成长起来的技术工人的教育水平普遍提高,与具有战斗性的手工工人相比,技术工人大多文雅、冷静、自尊、自重,技术工人所具备的这些优秀品质"被看作是社会和谐必不可少的要素"③。尤其是新模式工会的专职干部大多具有比较高的素养,在社会上成功地塑造出衣冠楚楚、受人尊敬的绅士形象,这在得到公众普遍认可的同时,也促使雇主对工会的地位予以承认。这是因为,在不少雇主看来,强大的工会"不仅可对工人形成约束,引导工人用有序的、和平的方式来处理争议和不满,而且能确保互相竞争的雇主为工人支付同等的工资,以限制越来越残酷的竞争"④。

至19世纪60年代末,越来越多的雇主开始认可工会并愿意与之谈判。雇主发现,与作为工人代表的工会打交道,会比与一大群工人打交道要容易得多。工会干部往往在谈判时充满友善,处事理性,愿意理解雇主的处境并倾听其观点,尤其是工会干部在捍卫工人利益时并不会采取杀鸡取卵的办法,即不会不顾及工厂的长远生存。为此,与分散化、缺乏组织的

---

① 尹建龙:《英国工业化时期的雇主结社行为与劳资冲突》,《世界历史》2014年第3期。
② [德]马克思、恩格斯:《马克思恩格斯选集》(第4卷),第420页。
③ Hamish Fraser, *A History of British Trade Unionism, 1700 - 1998*, p.65.
④ Alan Fox, *History and Heritage: The Social Origins of the British Industrial Relations System*, pp. 129 - 130.

工人相比,工会通常更愿意接受某种妥协。① 这促使雇主们更乐于同工会打交道,并致力于通过与工会的协商谈判来解决争议。1873 年,铁路承包商托马斯·布莱塞(Thomas Brassay)声称,对工会干部接受谈判机制,雇主们应心存感激。19 世纪 70 年代,南威尔士煤矿主发现,工会在敦促矿工接受浮动工资表方面发挥了重要作用。②

在以上因素推动下,19 世纪中后叶的雇主及雇主组织,对调解与仲裁机制逐渐持友好与倡导态度。皇家委员会在 1867—1869 年调查后发布的报告表明,38 名雇主及 8 个雇主协会积极倡导仲裁或调解,占据受访者的绝大多数。报告提到,达林顿钢铁公司建议实施强制仲裁,并强调雇主和工人均不得采取致使生产中断的罢工或闭厂行动。斯金尼格罗夫钢铁公司非常推崇仲裁,并要求每个行业委员会或郡议会任命的独立仲裁人有权强制执行裁决。苏格兰钢铁公司强调,委员会做出的所有裁决,对争议各方应具有约束力。帕尔默造船及钢铁公司负责人则明确指出:"避免罢工的一种有效方式完全可以在调解与仲裁原则中找到,调解与仲裁为劳资双方或其代表提供了一种沟通理解的有效途径。"③

从实践而言,在 19 世纪后半叶英国各地各行业集体谈判机构的建立过程中,雇主及其组织起到了主导性作用。正如有学者在 19 世纪末所指出的:"在几乎每一个当今成为特色的行业中,都是雇主引入了调解制。"④在相当多的情况下,当工人持消极或公开敌视态度时,雇主对于集体谈判的热情却并未消解,并最终通过努力建立起仲裁与调解委员会,使集体谈判得以推行。事实也正是如此。1860 年建立的诺丁汉仲裁与调解委员会,其创始人 A. J. 蒙德拉(A. J. Mundella)本身就是一位雇主,也正是在他

---

① E. H. Hunt, *British Labour History*, 1815-1914, p.284.
② Hamish Fraser, *A History of British Trade Unionism*, 1700-1998, p.63.
③ J. Stephen Jeans, *Conciliation and Arbitration in Labour Disputes*, pp.110-111.
④ J. Stephen Jeans, *Conciliation and Arbitration in Labour Disputes*, p.113.

的努力下,诺丁汉织袜业摆脱了长期以来的劳资对抗局面。当诺丁汉出现示范性榜样后,不少行业的雇主都热心于仲裁与调解委员会的创建,并致力于将调解与仲裁条款列入工厂章程。例如1872年,制铁行业雇主联合会(The Iron Trades Employers' Association)在英格兰北部制铁行业集体谈判制的推广方面发挥了重要作用,该组织"通过结盟的方式来培训本行业的雇主,引导他们相互熟识,促成彼此间的观点交流,将个人观点融入集体机构之中,向全行业传播相关信息,以便寻找一种最好的方式来观察和处理劳工问题或影响雇主权益的其他问题"①。由此看来,雇主组织的兴起及其对调解与仲裁的认同,对集体谈判制的兴起起到了决定性作用。

3. 经济繁荣下公众舆论的推动

19世纪中叶,英国在全球范围内确立了工业、商业及贸易霸权,国内经济维持稳定增长及持续繁荣局面,这对劳资关系产生了深远影响:经济繁荣带来的收入增长为劳资转向合作、实现利益共享提供了条件,公众舆论对社会稳定的关注以及对劳资之间和平化解争议的期望,为集体谈判制的兴起提供了良好的社会环境。

19世纪中叶后30年间,英国经济进入持续增长阶段,由此带来国民财富的迅速增加。从国民生产总值看,1851年为52 330万英镑,1861年为66 800万英镑,1871年为91 660万英镑,1881年达到105 120万英镑,30年间约翻了一番。在国民生产总值的构成中,工业(采矿业、制造业、建筑业)产值的增长幅度最大,1851年为17 950万英镑,1861年为24 360万英镑,1871年为34 890万英镑,1881年为39 590万英镑,30年间的增长

---

① Arthur J. McIvor, *Organized Capital: Employers' Associations and Industrial Relations in Northern England, 1880–1939*, p.45.

幅度达到121%,远超国民生产总值的增长率。① 在经济繁荣的背景下,劳资双方在一定程度上共享了经济发展的成果,这表现在工人工资与雇主利润都有了显著增长。从工人工资收入来看,1851年,各工业(采矿业、制造业、建筑业)部门的工资总计9 210万英镑,1861年为12 590万英镑,1871年为16 610万英镑,1881年达到19 510万英镑,30年间工人工资收入的增长幅度为112%。② 尤其是在1850—1875年间,技术工人的平均工资水平总体上上升了三分之一。③ 从雇主一方来看,资本增长则更为迅猛。据估算,1865年全国生产性资本为370 000万英镑,1875年增长到580 000万英镑,1885年达到740 000万英镑,仅20年间资本总量就翻了一倍。④

以上数据表明,劳资双方于19世纪中后叶共享了经济发展的果实。而要实现这种利益共享,则有赖于生产秩序的稳定。19世纪30至50年代,手工工人工会发起了一系列罢工,而雇主也针锋相对,他们采取同盟歇业或闭厂的方式加以应对。这种对抗的结果是两败俱伤:罢工或闭厂的长期延续会造成工会罢工基金的枯竭,工人为了生计往往被迫复工;对于雇主来说,生产的中断则会造成巨大的经济损失,其生产利润难以保障。因此,在经历了19世纪中叶前的激烈对抗后,劳资双方均认识到,冲突与对抗只会两败俱伤,而对话与合作则能实现共赢,通过集体谈判方式来解决争议,避免劳资争议影响到正常的生产秩序,成为劳资双方的共同目标。

对于雇主来说,从生产利润的持续性及稳定性考虑,对工人或工会做出让步成为一种最优选择。劳工史学者莫尔顿和台德为此指出:"大约有

---

① B. R. Mitchell and Phyllis Deane, eds., *Abstract of British Historical Statistics*, Cambridge: Cambridge University Press, 1962, p.366.
② Phyllis Deane and W. A. Cole, *British Economic Growth 1688 – 1959: Trends and Structure*, Cambridge: Cambridge University Press, 1969, p.152.
③ Alan Fox, *History and Heritage: The Social Origins of the British Industrial Relations System*, p.128.
④ Phyllis Deane and W. A. Cole, *British Economic Growth 1688 – 1959: Trends and Structure*, p.274.

30年的时间,英国的资本家们处在一个左右逢源的天地中,市场的扩大和利润的不断增加似乎成了一条自然法则。……在这种情况下,就可以运用一种非常有效的两面政策来对付工人,这就是极端残酷和明智适时的让步相结合的政策。"① 哈米什·弗雷泽(Hamish Fraser)也认为,19世纪中后叶的经济社会环境为集体谈判制的兴起提供了条件:

> 经济繁荣为工人组织起来并获利提供了空间,也为雇主做出让步提供了灵活性。技术工人短缺的状况同样迫使雇主做出让步。在经历了19世纪30及40年代的紧张关系后,双方都期待达成某种程度的社会和谐,这有助于一种和解的文化氛围的形成。通过理性在社会组织中的应用,"进步"有可能实现,这一自由的乐观主义思潮推动着双方去寻求和解的机制。②

此外,劳资冲突和对抗不仅仅造成劳资双方在经济上两败俱伤,导致生产的下降与停滞,而且还影响到社会秩序的稳定,因而引发公众舆论的不满。对劳资双方施加舆论压力,迫使其走上对话与合作的道路,成为公众舆论的重要诉求。正如韦伯夫妇在19世纪90年代所指出的:

> 最近二十年来,仲裁在公众中的受欢迎程度大大增强了。每一届政府都为努力推动仲裁的实施而引以为豪。最近一段时间,每当发生劳资对抗时,我们公众中就弥漫着这样一种情绪,即劳资双方应将争议提交给一位公正的仲裁人予以裁决。③

在19世纪中叶前,集体谈判兴起面临的障碍之一,就是雇主不愿意承

---

① [英]莫尔顿、台德:《英国工人运动史 1770—1920》,叶周等译,北京:生活·读书·新知三联书店,1962年,第105页。
② Hamish Fraser, *A History of British Trade Unionism, 1700-1998*, p.69.
③ Sydney and Beatrice Webb, *Industrial Democracy*, p.224.

认工会的地位,不愿意放下身段与地位卑微的工人或工会进行谈判。19世纪中后叶,雇主转而与工会合作,倡导以集体谈判的方式解决争议,其原因之一在于公众舆论对雇主及其组织所造成的强大压力。当时的一份小册子揭示了雇主愿意与工会谈判的背后动因,雇主:

> 希望达到的目标是在公众面前树立良好形象。他们感觉到蓄意降低工资是一件肮脏的事情。他们也认识到,除非能让公众产生这样的信念,即雇主在一定程度上是在公平行事,否则,他们总会被看作是一群贪得无厌、缺乏情感、不讲原则的家伙。这群家伙虽然获利甚丰,但仍希望从身心疲惫、境遇悲惨的劳工那里榨取最后一个硬币①。

从工会方面看,19世纪中叶前,工会的战斗性及其所开展的罢工逐渐引起公众不满,因而在公众中产生不良影响。工会往往被人们诋毁为英国竞争力的破坏者,工会对待工人与管理者的态度同样粗暴。对于接受正统资产阶级政治经济学的公众来说,工资水平是由劳动力市场上的供需关系所确定的,而工会诉诸罢工等手段,要挟雇主来提高工资的做法,违背了基本的社会共识;工会所采取的暴力对抗手段,不仅造成生产停滞,而且造成社会动荡,危及公共利益。尽管公众对劳资关系中相对弱势的工人及工会持同情态度,支持工会以联合起来的力量与雇主抗争,以维护劳工权益;但公众并不认可工会诉诸的罢工等暴力对抗手段,而主张劳资双方以协商、对话、谈判等和平方式来化解劳资争议或冲突。

19世纪中叶后兴起的新模式工会"非常关注其所采取的行动对于公众造成的影响"②。新模式工会被那些"有着较高知识素养、性格温和者所控制",他们极力反对罢工,"对于劳资争议持一种冷静与温和的观点"③。

---

① James A. Jaffe, *Striking a Bargain: Work and Industrial Relations in England, 1815 - 1865*, p.134.
② E. H. Hunt, *British Labour History, 1815 - 1914*, p.286.
③ Hamish Fraser, *A History of British Trade Unionism, 1700 - 1998*, p.40.

为改变工会在公众视野中的"战斗者""麻烦制造者"等不良形象,工会干部逐步放弃罢工等斗争手段,力图以和平方式来化解与雇主之间的劳资争议。正如有学者所指出的,19世纪后半叶,"集体谈判成为工会斗争策略的最优选择之一,因为它是当时对抗(雇主的)强权及专断、实现自卫的最好方式"[①]。

由此可见,公众舆论对于劳资双方斗争策略的转变产生了重要影响,得到公众认可的仲裁、调解等集体谈判的程序性规则逐渐被劳资双方接受,由此推动了集体谈判制的兴起。

综合而言,集体谈判制在近代英国的兴起,是作为劳资双方代表的工会及雇主组织斗争策略转变的结果;但这种转变的实现,有赖于19世纪中后叶英国经济繁荣所带来的宽松环境以及公众舆论对劳资双方造成的压力。正是在上述因素的综合作用下,从19世纪后半叶开始,一种全新的争议化解机制——集体谈判制在民间兴起,并对此后英国劳资关系的发展走向产生了深远影响。

---

① James A. Jaffe, *Striking a Bargain: Work and Industrial Relations in England, 1815-1865*, pp.77-78.

二、自愿主义集体谈判

学界普遍认为,第一个常设性集体谈判机构——1860年诺丁汉仲裁与调解委员会的建立,是集体谈判制兴起的标志。卡罗尔·D.莱特就指出:"1860年标志着不列颠仲裁与调解史上的新纪元……基于完全自愿基础之上、无须诉诸法律程序以及强制实施裁决的一种系统性调解或仲裁机制(即集体谈判制)终于建立起来。"①此后,如雨后春笋一般,随着各类集体谈判机构的建立,民间集体谈判在英国各地蓬勃兴起。

1. 民间集体谈判机构的建立

实际上,在1860年之前,英国一些地区或行业也曾建立起仲裁与调解委员会。例如,1834年,格拉斯哥、里斯利的纺织行业建立了仲裁与调解委员会,斯塔福德郡也建立起仲裁委员会。19世纪50年代,麦克里斯菲尔德的丝织业、造船业以及伦敦的印刷业也建立了仲裁与调解委员会。②但为何不将这些机构的建立作为集体谈判制确立的标志呢?这是因为:一方面,早期仲裁与调解委员会多为临时机构,只在争议产生时建立,一旦争

---

① Carroll D. Wright, *Industrial Conciliation and Arbitration*, p.10.
② Ian G. Sharp, *Industrial Conciliation and Arbitration in Great Britain*, p.2.

议通过调解或仲裁得以解决,委员会大多宣告解散;即便有些委员会存续时间稍长,但其运作也不太成功。① 另一方面,建立仲裁与调解委员会的地区或行业并不普遍,调解、仲裁等争议解决机制的运用还未成为劳资双方及社会的共识。只有到 19 世纪 60 年代后,这种状况才得以改变。

从英国的经历看,率先建立集体谈判机构的地区或行业,往往长期以来饱受劳资冲突及对抗之困扰,劳资关系长期处于紧张状态。为避免劳资对抗的恶性循环以及两败俱伤局面,劳资双方都在转换斗争策略,积极探索和平的争议化解机制,而建立常设仲裁与调解委员会则成为一种成功的尝试。在这方面,诺丁汉织袜业走在全国前列。诺丁汉是英国工业化时期的针织业中心,1860 年,国外市场需求的扩大促进了针织业的繁荣,"工人据此提出增加工资,雇主认为如同意工人的要求则是失策的"②。工资争议引发了针织业的三场大罢工,最长一次达十一周之久。当第四次罢工爆发后,雇主决定联合起来,准备以集体闭厂的方式加以对抗。

在此关键时刻,作为雇主之一的蒙德拉站了出来,坚决反对闭厂提议。蒙德拉指出:"这意味着将所有人都赶到大街上去,我们将处于一种可怕的骚乱状态。我们对此提议表示厌恶。"③如果不能集体闭厂,那么如何解决当前的困局呢?蒙德拉提议,立即召开由劳资双方共同参加的圆桌会议,并得到其同行认可。经过两个多月的筹备,12 月 3 日,英国历史上第一个常设集体谈判机构——诺丁汉织袜业仲裁与调解委员会(Board of Arbitration and Conciliation for the Hosiery Trade in Nottingham)终于建立起来,由此开创了英国劳资关系史的新纪元。这是因为,迟至 19 世纪 60

---

① V. L. Allen, "The Origins of Industrial Conciliation and Arbitration", *International Review of Social History*, Vol.9, No.2 (1964), p.239.
② V. L. Allen, "The Origins of Industrial Conciliation and Arbitration", *International Review of Social History*, Vol.9, No.2 (1964), p.244.
③ W. H. G. Armytage, *A. J. Mundella, 1825 – 1897: The Liberal Background to the Labour Movement*, London: Ernest Benn Ltd., 1951, p.32.

年代,工会依然未获得应有的法律地位,不少雇主仍拒绝认可工会的代表性及其地位,也不愿放下身段与工会就争议进行谈判,更谈不上建立劳资间的联合谈判机构了。显然,诺丁汉仲裁与调解委员会的建立,成为改变这一局面的开始。委员会的组建及运作,一定程度上体现了劳资双方相对平等的原则。从组织结构看,委员会由 22 名代表组成,雇主代表及工人代表各占一半;代表任期为一年,由劳资双方各自通过选举产生。委员会以选举方式产生正副主席各一名(由劳资双方各自推选一人),结果蒙德拉因其开创性贡献而被一致推选为主席,副主席则由工人代表担任。[1] 劳资双方同样以选举方式,各自推选一名代表担任委员会秘书,共同处理日常事务。

为提高委员会工作效率,在蒙德拉的建议下,仲裁与调解委员会之下又设立了专门的咨询委员会,由劳资双方各选派两名代表组成。根据规定,当劳资争议产生后,首先必须提交给咨询委员会,由后者负责对争议进行调查并尽量以协商、调解的方式予以解决,而不是将争议直接提交给仲裁与调解委员会。"如果不能够以友好方式来调解其所受理的争议,那么咨询委员会必须将争议提交给仲裁与调解委员会处理;在任何情况下,咨询委员会均无权就争议做出裁决。"[2]针对作为劳资争议主体的工资问题,委员会章程特别做出规定,工资表如需改变,即任何一方提出增加或降低工资的诉求,均须提前一个月以书面形式将诉求呈交给委员会秘书,委员会才予以受理。当有关工资及其他争议被正式提交给委员会且处于等待调解或仲裁期间时,劳资双方均不得诉诸罢工或闭厂,即不能终止正常生产,由此确保了争议处理期间生产秩序的稳定。[3]

仲裁与调解委员会为解决劳资争议而设立,劳资争议一旦产生,首先

---

[1] Ian G. Sharp, *Industrial Conciliation and Arbitration in Great Britain*, p.3.
[2] Daniel J. Ryan, *Arbitration Between Capital and Labor: A History and an Argument*, p.59.
[3] Carroll D. Wright, *Industrial Conciliation and Arbitration*, p.16.

将诉诸调解,而该工作主要由咨询委员会来完成,调解程序并不像法庭审理案件那样严肃而正式。当调解会议召开时,劳资双方代表围着圆桌交错而坐。调解会议往往在一种友好的气氛中进行,双方都希望最大限度地消除分歧。但很多时候,争议的调解并非一次会议就能解决,而更像是一场漫长的"消耗战"。就争议本身,双方代表对各自立场加以阐释,且尽其所能地去说服对方。"通过面对面接触,争议双方增进彼此了解,理解对方的困境及诉求,由此展示出相互间的克制与退让。"①但这种说服工作起初往往难以奏效,各执己见的情况较为多见。而一旦争议无法实现调解,那么将会进入仲裁程序,而仲裁可能会造成赢者通吃的局面。正因为如此,劳资双方更愿意通过多次协商,最终以相互妥协的方式达成一致,实现争议的化解。虽然这耗费了更长时间,但却是摆脱困境的真实有效方式。②

一旦调解的努力宣告失败,或者任何一方不愿诉诸调解,劳资争议将进入仲裁程序。仲裁委员会由 22 名代表组成,全体会议每个季度召开一次,即在每年的 1 月、4 月、7 月、10 月召开,集中处理需要裁决的争议。不过,如遇特殊或重大争议,经主席批准并召集,仲裁委员会也可临时召开。仲裁会议召开前至少一周,争议双方须向委员会提交书面陈述,清楚详尽地阐释争议状况、原委及各自诉求。仲裁委员会由主席来主持,争议双方各自委托秘书阐述己方立场和诉求,回答仲裁委员的问题。在充分听取双方陈述后,仲裁委员会以投票方式做出裁决。由于劳资双方在委员会中拥有相同数目的代表,因此有时就会出现票数相等的情况,这就是常见的投票僵局。依据章程初始规定,此时主席可投出决定票,其个人裁决与集体投票裁决具有同等效力。

决定票权使得主席的地位非常重要,而担任主席的蒙德拉本身又是雇主,这使得他在行使这一决定票权时面临困境。几年之后,诺丁汉仲裁与调

---

① J. Stephen Jeans, *Conciliation and Arbitration in Labour Disputes*, p.29.
② Henry Crompton, *Industrial Conciliation*, p.38.

解委员会修改章程，取消主席的决定票权，而授予劳资双方共同选定的争议行业之外的独立仲裁人这种权力。独立仲裁人的素质要求很高，他必须熟悉法律知识，具备司法权威和经验以及良好的口碑。在裁决争议时，他必须运用其训练有素的判断和智识，将所受理材料中那些最为核心、最为必要、最为直接的部分筛选出来，并据此做出裁决。① 蒙德拉因其丰富的仲裁经验以及崇高威望，被诺丁汉多个行业仲裁委员会选定为独立仲裁人。

在织袜业仲裁与调解委员会的示范作用下，诺丁汉其他行业也在蒙德拉的指导下，纷纷建立起仲裁与调解委员会，其中包括1868年蕾丝业建立的仲裁与调解委员会。"诺丁汉的织袜、蕾丝行业曾被认为是欧洲争议最多的行业，但1860年织袜业及1868年蕾丝业委员会的建立，使这些行业转变为管理最好、劳资关系最为缓和的行业。"② 诺丁汉仲裁与调解委员会存续近二十年，不仅给长期饱受劳资对抗之苦的针织业带来长期和平局面，而且为其他地区建立集体谈判机制树立了榜样。1867年，莱斯特织袜业仲裁与调解委员会宣告成立，其组织结构与运作方式几乎是诺丁汉委员会的翻版。参加委员会的劳工代表在评述其成效时写道："无论是雇主还是劳工，在执行委员会的决定方面，我们没有遇到什么麻烦。双方都接受这些决定。"③

除了针织行业外，1864年成立的伍尔弗汉普顿建筑业仲裁与调解委员会（Board of Arbitration and Conciliation in the Building Trades in Wolverhampton）同样值得关注。1864年，为终止一场延续十七周之久的大罢工，伍尔弗汉普顿市长出面，倡议建筑业举行劳资双方共同参加的"公开会议"，商讨创建一种和平的争议化解机制。④ 3月21日，伍尔弗汉普顿

---

① J. Stephen Jeans, *Conciliation and Arbitration in Labour Disputes*, p.35.
② G. B. E. Amulree, *Industrial Arbitration in Great Britain*, p.90.
③ Henry Crompton, *Industrial Conciliation*, p.45.
④ V. L. Allen, "The Origins of Industrial Conciliation and Arbitration", *International Review of Social History*, Vol.9, No.2 (1964), p.246.

建筑业仲裁与调解委员会宣告成立。该委员会总体上沿袭了诺丁汉委员会的组织结构及程序规则,但在以下两个方面有所改进:其一,伍尔弗汉普顿委员会主席直接由劳资双方从本行业之外推选产生,且拥有决定票权。当时,劳资双方共同选定郡法庭法官鲁伯特·凯特尔担任主席职务。凯特尔是一位资深法官,有着丰富的争议化解经验,曾多次受邀担任各类争议的调解与仲裁人,因而深受欢迎。① 其二,委员会的职责除了化解争议外,还包括为劳资双方确定未来的工资表。根据章程规定,建筑工人的工资水平,由此前每小时 5 便士 3 法新,提高到每小时 6 便士;关于加班工资,晚上 8 点至次日凌晨 5 点,工人应雇主要求而加班的,雇主将按照每小时 9 便士的标准支付加班费,周日的加班费将按照每小时 1 先令支付。②

在委员会成立之初,集体谈判范围仅限于木工与细木工,但后来又吸引了建筑业其他劳工加入:泥水工、砖瓦工于 1866 年加入,石工于 1868 年加入。至 1875 年,伍尔弗汉普顿委员会在确定建筑业统一工资标准、以集体谈判化解劳资争议方面发挥了重要作用。作为委员会主席,凯特尔还向各地传播伍尔弗汉普顿集体谈判的经验,他先后被邀请到米德兰地区周边城镇,协助建筑业建立类似的集体谈判机构。至 19 世纪 70 年代初,在莫尔文、伍斯特、曼彻斯特、伯明翰等地的建筑行业,仲裁与调解委员会被从无到有地建立起来。

在诺丁汉与伍尔弗汉普顿的集体谈判机构影响下,英国各地及各行业纷纷组建起类似的集体谈判机构。1867 年,斯塔福德郡制陶业建立起仲裁与调解委员会,这是英国历史上第一个跨越城镇界限而覆盖全郡的行业性仲裁机构,这个常设机构一直成功运作到 1892 年,其后被劳资间联合委员会取代。③ 1869 年,在经历近十年的劳资对抗后,英格兰北部的制铁业

---

① Ian G. Sharp, *Industrial Conciliation and Arbitration in Great Britain*, p.186.
② Carroll D. Wright, *Industrial Conciliation and Arbitration*, pp.59-60.
③ Ian G. Sharp, *Industrial Conciliation and Arbitration in Great Britain*, p.4.

成立起仲裁与调解委员会,其涵盖了米德尔斯堡、达林顿等地35家钢铁厂雇主以及13 000多名工人。委员会成立后,当地钢铁业工资调整方案不再依赖于罢工或闭厂威慑之下的妥协,而是依赖于劳资间的集体谈判。1869—1874年间,"委员会以公开协商方式确立固定工资表,劳资双方均愿意接受,没有一个违反案例。无论是减少还是增加工资,其标准都是统一的"①。

19世纪70年代后,随着政府劳资立法的调整以及工会地位的提升,集体谈判制的发展迎来新契机。1873年,诺森伯兰郡煤炭业成立了由12名劳资代表组成的联合委员会,负责处理劳资间的日常争议。② 在达勒姆郡,以各煤矿为单位,劳资双方组建了联合委员会,以谈判、协商方式来化解纠纷,并共同制定工资表。1876年,南斯塔福德郡制铁与锻造业工资委员会(South Staffordshire Mill and Forge Wages Board)宣告成立,其主要宗旨是根据市场行情变化,由劳资双方以协商、谈判方式确定制铁业的浮动工资表。工资委员会不仅成为制铁业劳资关系的主要协调机构,而且对周边什罗普郡、兰开郡、南约克郡以及德比郡制铁业工资表的确定及劳资关系的走向产生深远影响。③

不难发现,在19世纪六七十年代,以诺丁汉及伍尔弗汉普顿的仲裁与调解委员会为中心,英国各地各行业纷纷组建起常设性谈判机构,这些机构为劳资双方以集体谈判方式化解争议提供了一个交流平台。

2. 民间集体谈判制的特点

19世纪六七十年代,以常设仲裁与调解委员会为标志、以调解与仲裁

---

① Daniel J. Ryan, *Arbitration Between Capital and Labor*: *A History and an Argument*, p.69.
② Henry Crompton, *Industrial Conciliation*, p.69.
③ G. B. E. Amulree, *Industrial Arbitration in Great Britain*, p.91.

程序为原则的集体谈判制,在英国劳资关系领域迅速兴起。英国集体谈判制的影响力甚至跨越了国界,欧美其他国家纷纷派出代表,到英国来考察集体谈判制并学习其推广经验,并在各自国家引入集体谈判制。英国的集体谈判制,体现出以下两方面的鲜明特点。

一方面,政府的集体谈判立法与民间集体谈判实践相互背离,因而其影响力微乎其微,民间集体谈判完全独立于国家司法权威而自行发展。

进入 19 世纪后,由于受到自由主义经济学说的影响,英国政府视劳资关系为劳资间的私事,因此不再像此前那样为劳资双方制定工资表,也不再支持治安法官主持化解劳资争议。不过,19 世纪中叶后,面对民间日益盛行的仲裁与调解实践,政府还是出台了两部集体谈判立法。但立法的初衷也并非是对劳资关系的具体干预,而是去规范与管控民间谈判实践,并致力于构建一种自治型的劳资关系。

1867 年,在经过特别委员会调查及多次波折后,英国政府出台了《调解委员会法》。法案对于民间仲裁与调解委员会予以认可,但试图对其加以管控,并赋予其裁决以法律效力。法案规定,任何地区任何行业,在向内政部申请并获得许可证之后,均可以选举方式建立仲裁与调解委员会(现存的委员会可向内政部申请并获得许可证);在劳资双方同意的情况下,委员会可处理劳资间的任何争议,但未来工资表的制定被排除在外;委员会做出的裁决是"最终决定",不可被任一法庭所推翻,且该裁决具有法律效力,拒不执行者将受到"扣押财物、罚款或监禁等处罚"[1]。

从内容来看,政府倡导的集体谈判与民间集体谈判存在着以下明显差异:(1)民间集体谈判机构的建立完全是自发的,无须政府许可。法案要求集体谈判机构向政府申请许可证,其初衷虽然是实施规范化管控,但人为地为机构建立设置了复杂的程序,难以得到劳资双方的认可。(2)法案

---

[1] G. B. E. Amulree, *Industrial Arbitration in Great Britain*, pp.217–218.

赋予获得许可证的仲裁与调解委员会的裁决以法律效力,其初衷可能是彰显政府的权威,但却违背了民间仲裁的自愿接受与自愿执行原则,因而在实践中难以推行。为此,工会活动家亨利·克朗普顿评价说:"我相信没有哪怕一份许可证会被申请颁发,实际上,法令几乎没有成效。"①卡尔·H.莫特也认为:"尽管法案一直生效到1896年,但它只不过是一纸空文,因为没有一例依据法案条款而提出的许可证申请。"②

1872年,政府又出台了《仲裁法》。该法案基于"契约自由"原则,鼓励劳资以协商、谈判方式签订雇佣合同,并赋予其法律效力。"一旦雇主将书面合同提交给劳工并被后者接受,那就意味着合同对于劳资双方均具有约束力。"③但法案同时规定,在提前48小时书面告知对方的前提下,合同可以终止。在仲裁事务方面,与工资、工时、工作条件等相关的所有争议均可提交仲裁,未来工资表的制定也被纳入到仲裁事务之中。对于争议事务进行仲裁并接受裁决结果,被写入雇佣合同之中。如一方拒绝裁决结果,另一方可以违反雇佣合同为由提起诉讼,违约方将会受到扣押财物、罚款与监禁等处罚。可见,1872年法案的变化在于:扩大了集体谈判涉及争议的范围,未来工资表的制定也可通过协商、谈判来解决,这在一定程度上反映了民间的诉求。不过,仲裁的强制性延续下来,并以雇佣合同的法律效力为保障;但雇佣合同的终止又过于随意(提前48小时书面告知对方),因而任何一方均可以终止合同的方式来规避强制仲裁,由此法案在实践中的可操作性被大大降低。④ 此外,法案相关条款"缺乏足够的灵活性,无法满足不同区域、不同行业中诸多的、不断变化的需求"⑤。由此,法案"又一次未

---

① Henry Crompton, *Industrial Conciliation*, p.142.
② Carl H. Mote, *Industrial Arbitration: A World-Wide Survey of Natural and Political Agencies for Social Justice and Industrial Peace*, p.36.
③ Ian G. Sharp, *Industrial Conciliation and Arbitration in Great Britain*, p.288.
④ Carroll D. Wright, *Industrial Conciliation and Arbitration*, p.52.
⑤ Douglas Knoop, *Industrial Conciliation and Arbitration*, p.105.

能实现立法者的愿望"①,在实践中陷入失败境地。

不难发现,政府出于良好初衷出台了两部集体谈判立法,力图对民间集体谈判加以规范与管控,但法案设置的繁琐程序及其所体现出的强制仲裁原则,与民间集体谈判的灵活性、自愿性背道而驰,法案最终未能推行自然也在情理之中。有学者对此评述道:"我还从未听说过有哪位工联主义者或任何劳工组织成员赞同强制仲裁,尽管也可能找得到如此个案。可以肯定,雇主对强制仲裁也不赞同。……在我看来,强制仲裁肯定会带来伤害。"②因此,在1896年新的法案出台前,政府集体谈判立法与民间集体谈判实践几乎平行发展,两者间未能出现交集。政府权力及司法权威对民间集体谈判实践几乎未产生作用,劳资双方以自己认可的方式、不受外界干扰地推行集体谈判,化解劳资争议或冲突。

另一方面,19世纪中后叶的集体谈判,属于英国民间劳资双方的自觉自愿行为,体现着劳资双方的共同意愿,带有鲜明的自愿主义特色。

如前所述,集体谈判制是在工业化时期乃至工业化之后自由放任大背景下兴起,处于民间的劳资双方自发探索出的一种和平的争议化解机制。国家职能在劳资关系领域的缺失以及国家立法在实践中的失败,使英国的集体谈判制具有鲜明的自愿主义特色。具体来说,自愿主义体现在以下三个方面。

第一,集体谈判机构组建的自愿性。英国各地建立的仲裁与调解委员会完全依据劳资双方的意愿,体现出劳资双方的共识。委员会创建过程中,完全排除了政府权力与司法权威的影响,无须获得中央或地方政府的批准。尽管一些郡法官或地方官员受邀在委员会中担任主席或独立仲裁人角色,但并不意味着民间集体谈判机构带有官方色彩。依据自愿原则建

---

① Ian G. Sharp, *Industrial Conciliation and Arbitration in Great Britain*, p.289.
② Douglas Knoop, *Industrial Conciliation and Arbitration*, p.92.

立的集体谈判机构运作得很成功,经济学家斯坦利·杰文斯(Stanley Jevons)评价道:"所有证据都显示,那些成功的仲裁机构必须是完全自愿的机构。"①

第二,集体谈判程序性规则的自愿性。调解与仲裁是集体谈判的重要程序性规则,劳资争议产生后,是否进入集体谈判的调解或仲裁程序,完全依赖于劳资双方的自觉自愿,而不受国家法律的约束。因此,尽管英国曾出台了多部集体谈判立法作为强制仲裁司法权力,但在成效方面,正如卡罗尔·D.莱特在1881年所言:"据我所知,这种权力的运用至今还找不到一个案例。过去十八年来,英国绝大多数已裁决的争议均以自愿方式提交。"②

第三,集体谈判协议执行的自愿性。民间集体谈判所形成的协议并不具有法律效力,其执行与否完全依赖于劳资双方的自觉自愿。但在实践中,违背协议的情况较为少见。这是因为,当争议双方同意将争议提交仲裁时,双方都已做好愿赌服输的心理准备。调解或仲裁达成的谈判虽缺乏法律约束,但对争议双方依然具有强大的道德约束力。为此,约瑟夫·D.威克斯(Joseph D. Weeks)在1879年指出,在当今英国集体谈判实践中,"仲裁完全是自愿的。……除了个人荣誉感、公众舆论、工会与雇主组织的集体声誉以外,仲裁结果的实施并不依赖于任何强制性权力。在绝大多数情况下,争议方的声誉就已经足够了"③。对于集体谈判的自愿主义特点,美国学者詹姆斯·A.贾菲概括道:"劳资双方在国家权威之外举行的自治型谈判体现出的'自愿主义制度',通常被认为是英国劳资关系独一无二的特色。"④

---

① Daniel J. Ryan, *Arbitration Between Capital and Labor: A History and an Argument*, p.21.
② Carroll D. Wright, *Industrial Conciliation and Arbitration*, p.11.
③ Joseph D. Weeks, *Industrial Arbitration and Conciliation in France and England*, p.6.
④ James A. Jaffe, *Striking a Bargain: Work and Industrial Relations in England, 1815–1865*, p.113.

3. 集体谈判对劳资关系的影响

"集体谈判制是一种通过民主和协商来解决劳资矛盾的方式。"[①]集体谈判制的兴起及推广,促进了19世纪中后叶英国劳资关系的深刻转型:自工业化以来,劳资之间的冲突与对抗逐渐转向对话与合作,一种以协商对话、谈判合作为基础的新型劳资关系逐步确立起来,由此为20世纪英国乃至其他欧美国家劳资关系的转向提供了先导。

首先,集体谈判机构的建立及其成功运作,化解了以工资问题为主体的大量劳资争议,避免争议或纠纷转化为冲突或对抗,由此结束了劳资间长期对抗局面,促进了劳资关系的相对缓和。

集体谈判机构建立的主旨在于化解劳资之间的各类争议,确保争议产生后正常生产秩序的稳定。这一点在各地各行业仲裁与调解委员会章程中均有所体现,即一旦劳资之间产生争议,双方均不得直接诉诸罢工或闭厂等对抗性手段,而必须将争议提交给仲裁与调解委员会,由委员会以调解或仲裁方式来解决;在争议提交及处理期间,正常生产秩序必须得以维持,任何一方均不得擅自停工。章程对劳资争议处理方式的明确规定,一方面从根本上避免了争议转化为冲突的可能性;另一方面也保障了正常的生产秩序,缓和了劳资关系。

例如,英格兰北部制铁业仲裁与调解委员会,在解决行业工资争议方面成效显著。1869年委员会成立后,明确劳资双方通过协商、谈判方式共同确定浮动工资表。根据双方达成的工资表,1869—1874年,工人计件工资呈上升趋势,工人每炼一吨铁,其收入从8先令增长到13先令3便士;1874年后则出现逆转,降低了9便士;19世纪70年代中期又增加了3便

---

① 张丽琴:《欧洲集体谈判研究——以英、德、瑞为例》,北京:中国政法大学出版社,2016年,第18页。

士,随后一直下降,到 1881 年降到 7 先令。① 尽管在十多年间工资表变化幅度较大,但由于工资调整是劳资双方通过集体谈判来决定的,因而并未引发劳资争议,对抗性劳资关系转向缓和。

19 世纪 70 年代的南威尔士煤炭业仲裁与调解委员会,也见证了集体谈判制在解决工资争议方面的成效。1875 年,在一场 12 万煤矿工人参与的为期 17 周的大罢工后,劳资双方成立了仲裁与调解委员会,决定通过协商谈判方式、根据煤炭市场行情变化来确定工资表。根据谈判协议,煤炭行业采用浮动工资表:第一轮浮动工资表时限为 1875 年 5 月起,每半年做一次调整,调整幅度在 5% 以内,首次确定的标准为蒸汽煤每吨为 12 先令,烟煤每吨为 11 先令。1878 年、1882 年、1891 年又分别确立新的浮动工资表。② 浮动工资表由当地雇主组织和工会共同做出,得到劳资双方认可。因此,尽管二十多年间煤炭工人的工资总体下降了,但并未导致罢工的发生。

通过集体谈判方式化解劳资间的日常争议尤其是工资争议,减少了劳资间的冲突与对抗,促进了劳资关系的总体缓和。对于集体谈判为何能发挥这样的作用,卡罗尔·D.莱特在 1881 年指出:

> 在调整劳资双方的相对权利方面,我毫不讳言地认为,这不仅是目前设计出的最好方式,也是最为理性的方式。在做出这个声明之时,我不会忘记罢工或闭厂的方式,但我并不赞同这两种方式,因为它们既不理性,也不文明。在罢工或闭厂威胁之下,任何一方的胜利或失败,并不能表明公正的获得或丧失;而公平地说,仲裁与调解委员会经过慎重考虑而做出的决断,是最可能接近人类判断所能达到的正义和公正。③

---

① Carroll D. Wright, *Industrial Conciliation and Arbitration*, p.25.
② J. Stephen Jeans, *Conciliation and Arbitration in Labour Disputes*, pp.71-73.
③ Carroll D. Wright, *Industrial Conciliation and Arbitration*, p.37.

其次,集体谈判制兴起后,过去对立的劳资双方开始以一种对等的身份和地位进行面对面沟通与谈判,由此逐渐消解了劳资之间长期延续的疑虑、敌视、仇恨等情绪,一种以相互尊重、理解、沟通与合作为基础的新型劳资关系开始出现。

从英国的情况看,集体谈判制率先建立的地区或行业,往往是劳资关系较为紧张、劳资对抗较为剧烈的地区或行业。以诺丁汉织袜业为例,1860年前劳资之间的关系就像战场上的敌人一样。尽管19世纪初针对雇主的暴乱、谋杀、纵火、破坏机器等现象消失了,可劳工对雇主依然充满着怨恨和疑虑,而雇主对劳工也充满着仇恨,因此"在萧条时期,雇主总是尽其所能地压低工资,越是没良心的雇主,对工人的压榨就越厉害;在生产复苏或行业好转时期,对劳动力需求的增长有时推动工资微涨,但总会遭到雇主千方百计的抵制"①。1860年诺丁汉针织业发生三起大罢工,其中最长一次的延续时间达十一周之久。但雇主并没有屈服,反而考虑用集体闭厂方式来与劳工对抗,劳资关系的紧张与对抗程度由此可见一斑。

随着集体谈判机构的建立及其运作,这一状况逐渐得以改变。仲裁与调解委员会是劳资双方依据平等原则而组建的联合机构,劳资双方在该机构处于一种平等地位。委员会由劳资双方选派数目相同的代表组成,双方共同选定主席以及具有决定票权的独立仲裁人。在召开调解与仲裁会议时,劳资双方围绕着圆桌交错而坐,谈判桌上没有高低之分、主次之别。在争议产生之时,劳资双方均能客观冷静地坐下来,以相互尊重与互信为基础,展开面对面的沟通与谈判,寻求争议的解决之道。

值得注意的是,集体谈判还为劳资双方提供了行业信息的沟通平台,由此增强了彼此间的理解与互信。很多劳资争议的产生源于劳资双方掌握信息的不对称,集体谈判提供了制度化的信息分享与沟通渠道,这就为

---

① Henry Crompton, *Industrial Conciliation*, p.34.

避免争议提供了可能。如诺丁汉委员会在处理一项工人要求增加工资的争议时,就派遣三名劳工代表赴法、德两国,考察当地同行的工资水平。三名代表回国后,在委员会作证时指出,法、德两国工人制造的产品质量更好,但工资水平却低于英国,因此劳工提出增加工资的要求不切实际,这不利于提升英国产品的竞争力。① 可见,通过集体谈判,劳资双方都增强了对于行业状况以及对方处境的理解:雇主理解了劳工的生活困境,劳工也理解了市场竞争的压力。因此,当仲裁与调解委员会做出增加或降低工资的裁决时,劳资双方均予以支持。

可见,以集体谈判方式来沟通信息、化解争议,能使劳资间的猜忌、疑虑、怨恨逐步消除,取而代之的是相互尊重、理解、信任与合作,一种新型劳资关系开始出现。全国制铁工人混合工会(National Amalgamated Association of Iron Workers)秘书爱德华·特罗在谈到仲裁对劳资关系的影响时坦言道:

> 关于我自己对于仲裁的看法,我相信它是适于解决劳资争议唯一公平、体面的方式。当争议双方怀着对公平及体面协议的热切期望而见面,并在友好与和解的气氛中协商争议中的各种问题时,就不会存在对失败的担心。恰恰相反,过去那种疑虑、猜忌情绪被驱散了,而彼此间的信任建立了起来。②

最后,民间集体谈判制的兴起表明,劳资相对平等在实践中先行,而在国家政治与法律层面滞后,这种强烈反差所带来的压力,在一定程度上推动了议会改革及劳资关系的立法进程。

近代英国民间兴起的集体谈判机制,是以劳资争议处理过程中劳资双方的相对平等为基本原则的,集体谈判因此常被披上"公正"和"平等"的外

---

① Carroll D. Wright, *Industrial Conciliation and Arbitration*, p.38.
② Joseph D. Weeks, *Industrial Arbitration and Conciliation in France and England*, p.9.

衣,尤其是"程序平等"原则在集体谈判实践中得以体现。但值得注意的是,集体谈判制兴起之初,在谈判桌之外,劳资双方的政治地位与法律地位却严重不对等,工人或工会并未获得与雇主平起平坐的地位。从政治地位看,尽管 19 世纪 30 年代工人阶级与资产阶级为获取政治选举权而并肩战斗,但 1832 年议会改革后,由于较高的财产资格限制,雇主获得政治选举权而进入国家政权体系之中,"工人阶级被排斥在外,由此强化而非消减了民众对更广泛选举权的要求"①。随后,工人阶级在 19 世纪三四十年代掀起了三次轰轰烈烈的宪章运动,为实现平等的政治选举权而斗争,但也终无所获。从法律地位看,19 世纪 70 年代前,英国政府规范劳资关系的法律依然是 1823 年出台的《主仆法》。这里的"主人"指的是雇主,"仆人"指的是劳工,仅从名称就可看出劳资双方法律地位的不平等。这种不平等可从劳资双方违背雇佣合同的惩罚上看出来:劳工违约被视为刑事犯罪,并将被判监禁或罚金;雇主违约则被视为民事行为,只需要做出相应赔偿。②

可见,迟至 19 世纪 60 年代,从政治与法律层面看,国家并未给处于弱势的工人以应有的地位,这与集体谈判实践中劳资相对平等的地位形成强烈反差。国家在政策层面的这种厚此薄彼之举,造成集体谈判两大主体之间政治与法律地位的悬殊,使得双边谈判中的天平难免向雇主一方倾斜,因而很难保证集体谈判的公正性。提高工人阶级的政治与法律地位,实现劳资之间的平等,进而推动集体谈判的进一步发展,成为当时的重要社会诉求。

1865 年,工人阶级成立全国改革联盟(National Reform League),在政

---

① Donald M. MacRaild and David E. Martin, *Labour in British History*, *1830 – 1914*, New York: Macmillan, 2000, p.144.
② G. D. H. Cole and A.W. Filson, eds., *British Working Class Movement*: *Select Documents*, *1789 – 1875*, p.552.

治方面"要求毫无保留地让所有工人阶级享有选举权",同时还反对歧视工人阶级的《主仆法》。① 19世纪70年代,包括一些雇主在内的议员,也纷纷敦促政府出台相关法律,提升工人阶级的政治与法律地位,以推动集体谈判制的健康发展。1871年,查尔斯·阿德礼爵士(Sir Charles Adderley)指出,雇主自身就是一个强大联盟,劳工应被赋予能与之抗衡的权力,以捍卫自身权益。布鲁斯(Bruce)在发言中指出:"对于劳资双方的争议,法律不能也不应试图强加干预,这类问题不能通过刑事惩罚加以解决。更好的解决方式是,制定不偏袒任何一方的法律,精心使之在任何方面都公正平等;同时促进劳资双方相互理解,引导其尽量通过理性而非法律自行解决冲突。"②

来自社会各界的压力,推动了政府议会改革与劳资关系立法的进程。在政治方面,1867年议会改革法案规定,在城镇,居住一年以上且缴纳济贫税或其他税的房产所有者或租客,只要拥有10英镑以上财产,即可获得选举权。③ 这样,工人阶级主体已获得选举权。1884年议会改革方案,则完全取消了财产资格限制,赋予所有成年男子以选举权。④ 这意味着所有的工人阶级,无论其财产与地位如何,都能享有平等的选举权。这样,工人阶级在政治地位上与雇主基本实现了平等,由此提升了工会在集体谈判中的地位。在劳资关系立法方面,1867年,政府修订了《主仆法》,允许工人在遭雇主起诉时提供有利于自己的证据,同时在执法程序中用传唤取代了逮捕,但雇主依然可以在罢工时,以工人违背雇佣合约为由对其提起刑事

---

① Trygve R. Tholfsen, *Working Class Radicalism in Mid-Victorian England*, New York: Columbia University Press, 1977, p.307.
② Alan Fox, *History and Heritage: The Social Origins of the British Industrial Relations System*, p.158.
③ R. K. Webb, *Modern Britain: From the Eighteenth Century to the Present*, New York: Dodd, Mead and Company, 1968, pp.195 – 196.
④ R. K. Webb, *Modern Britain: From the Eighteenth Century to the Present*, p.401.

诉讼。① 1871 年的《工会法》(Trade Union Act)规定,任何法庭"不得以阻碍产业为由判定工会为非法,进而对任何工会成员以密谋或其他罪名提起刑事诉讼"②。1875 年《雇主与工人法》(The Employers and Workmen Act)的通过,则彻底宣告《主仆法》的终结。法案规定,雇主与工人之间的所有争议,一律视为民事纠纷,对违背合同者不再采取任何刑事处罚手段。③ 至此,工人及工会在法律地位上实现了与雇主的基本平等,这意味着其在谈判中与雇主的平等有了法律依据。

总体来看,民间集体谈判制兴起后,寻求劳资之间政治与法律地位的平等成为新形势下的社会诉求。在各方压力之下,政府顺势而为,推进议会改革,颁布劳资关系法案,逐步实现了劳资间的地位平等。从这个角度看,19 世纪后半叶劳资之间政治与法律地位的相对平等的实现,既是民间集体谈判实践中劳资相对平等的现实给予政府压力的产物,同时也为民间集体谈判制的发展提供了坚实保障。

---

① Henry Pelling, *A History of British Trade Unionism*, p.64.
② J. T. Ward and W. Hamish Fraser, eds., *Workers and Employers: Documents on Trade Unions and Industrial Relations in Britain Since the Eighteenth Century*, p.100.
③ G. D. H. Cole and A.W. Filson, eds., *British Working Class Movement: Select Documents, 1789 - 1875*, pp.579 - 581.

三、集体谈判立法

进入19世纪中后叶,发端于民间的调解与仲裁实践如火如荼地发展,并在化解劳资纠纷、稳定劳资关系方面发挥出重要作用。此时,尽管自由主义思潮仍喧嚣而上,将劳资争议及其化解视为劳资间私事的观点依然盛行,但作为第三方的政府,对民间集体谈判的实践也并未视而不见。虽然当时的英国政府并未出台化解劳资争端的具体法案,但为了引导与管控民间日益盛行的调解与仲裁实践,英国政府先后出台了两部集体谈判立法——1867年《调解委员会法》和1872年《仲裁法》。这两部法案的出台可谓充满争议、一波三折,虽然其在实践中的几无成效为人诟病,但这毕竟显示出自由放任大背景下政府对于劳资关系的关注以及干预劳资关系的努力,并为19世纪末20世纪初集体谈判立法的完善奠定了基础。

1. 1867年《调解委员会法》

实际上,英国政府早在1824年就颁布过《仲裁法》,但由于其仲裁原则的强制性以及仲裁程序的复杂性,均不为劳资双方接受,因而导致其在实践中未见成效。1856年,下院一个委员会报告承认,"1824年法案完全被人们所忽略了"①。此后30多年间,政府在劳资争议的化解方面再未出台相关法律。进入19世纪50年代后,劳资关系领域内出现新变化,这表现在:一方面,以1854年普雷斯顿纺纱行业的罢工与闭厂事件为典型,劳资之间的群体性对抗引起公众关注,促使不少有识之士在思考这样一个问题,即政府是否有必要通过立法形式来压制劳资冲突、敦促劳资双方和平解决争议。另一方面,19世纪上半叶零星的、偶发的仲裁与调解实践,在50年代后呈现出蓬勃发展之势,越来越多的地区和行业建立起仲裁与调解委员会,而作为委员会本身也逐渐从临时性机构向常设性机构转变。这些新变化无疑引起了英国政府的关注,以立法形式来化解劳资冲突,并对民间仲裁与调解实践加以引导与规范,逐渐被提上英国政府的议事日程。

1856年2月19日,议员威廉·亚历山大·麦金农(William Alexander Mackinnon)在下院提出一项动议,要求下院委任一个特别委员会,"调查建立公正法庭(Equitable Tribunals)的可行性,以便用友好方式协调劳资之间的分歧"②。该动议获得通过,于是以麦金农为主席的一个下院特别委员会建立起来,其所展开的调查和取证以及发布的报告为相关立法的出台做好了铺垫。

麦金农等人所提出的构想并非空穴来风,其所倡导建立的"公正法庭"实际上是指政府主导建立的劳资争议化解机构,而这一机构在19世纪初的法国和比利时已建立起来并大获成功。1806年,法国所有的工业中心都建立起"劳资纠纷调解委员会"(Conseils de Prud'hommes),该委员会由劳资双方推选代表组成,而主席则由政府任命。委员会兼具行政职能与司法职能,在劳资争议化解中起到至关重要的作用。麦金农的想法,无疑是想把法国的成功经验移植到英国,但未曾料到会遭遇到巨大挑战。在两年多时间内,委员会向百余名雇主和劳工进行调查取证,寻求他们对于建立

---

① Douglas Knoop, *Industrial Conciliation and Arbitration*, p.102.
② *1856 Parliamentary Papers*, Vol.13, p.2.

"公正法庭"的态度。结果,委员会发现在关于该机构是否有必要建立、其所拥有的权限以及所处理的劳资争议的范围等方面,各方之间存在着较大的争议。

在向委员会提供的证词中,支持者强烈倡导各地建立地方性的争议化解机构,并要求赋予该机构处理当地所有行业的劳资争议的权力。在支持者看来,这些机构将由不同行业的雇主和劳工选举或委派相同数目的代表组成,机构主席由政府指定的第三方担任,而最为理想的人选当属郡治安法官,治安法官所受的教育以及具备的法律知识,使其做出的裁决不会偏袒任何一方。不过,支持者也一致反对治安法官对于劳资纠纷的干预,因为当时人们普遍认为,解决劳资争议应该尽可能在完全不同于治安法庭的氛围中进行。[①] 然而,对于由政府主导成立劳资争议化解机构的倡议,反对派也发出了自己的声音。例如,早已建立起劳资争议调解与仲裁机制的约克郡与达勒姆郡的制毯业,就不希望其自发建立的争议解决机制受到外界干扰。该行业的雇主们对于目前的劳资关系较为满意,他们担心的是,政府主导的常设性争议化解机构在本地区的建立,在某些情况下可能会制造而非解决劳资争议。

关于政府主导成立的劳资争议化解机构的权力问题,两派之间也存在着争论。支持者崇尚法国的"劳资纠纷调解委员会",认为该机构拥有的法定权力是其成功运作的基石。以诺丁汉制造业主 W. 费尔金(W. Felkin)为代表的证人强烈主张建立法国式的争议化解机构,并赋予其裁决劳资争议的法律权威。为此,菲尔金还自行印制并散发了数千份宣传材料,希望获得公众舆论的支持。而反对派则援引 1824 年《仲裁法》的失败案例,以说明赋予该机构法定权力的不切实际。

两派不仅对于官方争议化解机构是否该成立以及是否应被赋予法定

[①] G. B. E. Amulree, *Industrial Arbitration in Great Britain*, pp.65 – 66.

权力存在争议,而且对该机构的职责范围也有着不同看法。对于已经发生的有关工资、工时、工作条件等方面的劳资争议,多数证人认为该机构有权处理。但对于未来的工资水平以及工作条件的确定是否属于该机构的职权范围,两派之间分歧明显。更大的分歧则体现在对于该机构所做出的决断或裁决是否具有法律权威、是否该强制执行或自愿执行上。很显然,当劳资争议被提交公正法庭审理时,其意味着劳资双方都会认可法庭裁决的结果,而法庭被赋予的法定权力决定了其裁决结果的执行具有强制性。支持者认为这种强制性能体现出政府的权威,是劳资争议得以化解的基石所在;反对派则表示,劳资争议的化解并不等同于法庭对于案件的审理,强制性原则和民间调解与仲裁实践的自愿性原则背道而驰。

经过近半年的调查、走访、取证之后,特别委员会终于完成了一份翔实的调查报告。在综合各派意见的基础上,委员会得出的谨慎结论是:"在我国,尤其是在那些大的商业、制造业及矿业区,建立调解法庭将是有益的。"①基于这样的结论,委员会提议对1824年《仲裁法》做出修订,使劳资双方均有权挑选或指定数目相同的仲裁人,并由仲裁人共同选定不属于任何一方的主席,且赋予其决定票权。法庭将在劳资双方的友善与共识基础上建立,争议的提交须得到劳资双方认可,而一旦提交也就意味着劳资双方认同了法庭仲裁人或独立仲裁人的权力与权威,而由他们做出的裁决也相应地具有法律效力,可以通过抵押财物、罚款和监禁等手段来强制执行。委员会同样也关注到英国各地民间早已建立的仲裁与调解委员会,这些自愿性委员会没有得到法律支持,在委员会看来"缺乏威严与持久性"②,因而一旦遭遇困难,就会面临解体的命运。为此,委员会在建议中指出:对于英国制陶业以及其他地区和行业已经建立起的仲裁委员会,政府应该加强管理,并赋予其法定权力,即由国务大臣为其颁发许可证,授权其处理与现

---

① Ian G. Sharp, *Industrial Conciliation and Arbitration in Great Britain*, p.283.
② G. B. E. Amulree, *Industrial Arbitration in Great Britain*, p.69.

有雇佣合同相关的各类争议,并可依法强制执行其做出的裁决。关于法庭是否有权处理有关未来雇佣合同的争议问题,委员会的观点是:赋予此类法庭任何权力,以强制手段来规范未来工资的做法是不可行的。

1856年7月,特别委员会的报告被提交到议会下院。1858年4月,特别委员会主席麦金农在对报告加以总结的基础上,向议会下院提交了一项议案,但在进入二读阶段时,因反对声音强烈而未获通过。当年的7—8月,麦金农将议案重新修订后又一次提交议会下院,但依然未摆脱失败的命运。1860年2月,麦金农在议会下院第三次提出议案,声称全国大多数工人群体都对议案表示支持。不过,对于议案的态度,议会中的分化依然明显。罗伯特·蒙太古(Robert Montague)、约翰·穆勒等人支持麦金农的议案,认为有必要建立公正的调解委员会。但内政大臣乔治·科尼沃尔·路易斯(George Cornewall Lewis)、副检察长威廉·阿瑟顿(William Atherton)等人表示反对,在他们看来,由政府出面对劳资争议进行干预的做法很不明智,这无益于劳资争议的解决。由于反对声较大,麦金农转而同意内政部的提议,即任命一个新的特别委员会,以调查出台相关立法的必要性。

新的委员会建立起来,并存续了11天,调查了14名证人。委员会出台的报告实际上是对1856年报告的确认,但对议案相关条款却做出了细微修改。1860年6月12日,议案在下院获得通过。在议会上院,曾担任大法官的著名不动产律师圣伦纳兹勋爵(Lord St. Leonards)成为议案的强有力支持者。在圣伦纳兹看来,1824年法案已成为一纸空文,即便是那些罢工活跃分子也不知道这部允许其将争议提交仲裁的法律,因此重新颁布相关立法是非常必要的。[①] 但反对派力量依然强大。雷文斯沃斯勋爵(Lord Ravensworth)认为,现有的治安法庭就可以对劳资争议做出公正裁决,毫

---

① G. B. E. Amulree, *Industrial Arbitration in Great Britain*, p.73.

无必要成立专门的劳资调解法庭。更多的反对意见认为,当前诺丁汉织袜业、斯塔福德郡制陶业,劳资双方自发建立的仲裁与调解委员会虽未获得政府的授权,缺乏法律权威,但运转良好,此时毫无必要再去组建由政府赋予其法律权力的争议化解机构。

由于存在激烈争论,议案在议会下院勉强获得通过。但在议会上院讨论时,反对派占据上风。为避免被否决的命运,格兰维尔勋爵(Lord Granville)建议暂缓表决,而主张由议会第三次组建特别委员会,调查建立政府主导的劳资争议化解机构的必要性与可行性。这一次的调查长达数年,而各行业接受调查的雇主与工人中,支持者与反对者兼而有之,公众的态度也处于分歧状态。但1865年斯塔福德郡一场大罢工的爆发,促使公众舆论开始聚焦到如何避免劳资对抗上。斯塔福德郡郡督利奇菲尔德勋爵(Lord Lichfield)积极干预这场劳资纠纷,并试图促使双方达成协议,但以失败而告终。这场大罢工事件给了圣伦纳兹勋爵以极好的机会。1865年5月8日,他再次将议案提交上院,但争论依然在延续。一些谨慎的支持者提出,他们反对任何机构对未来的工资加以厘定。圣伦纳兹勋爵则明确回应说,他无意提交一份授予调解法庭规定工资权力的议案。由于各方分歧较大,经过简短的讨论后,议案未提交表决就被撤回了。

经过一段时期的修改与酝酿后,1867年2月7日,圣伦纳兹勋爵再次向议会提交了议案。议案的调整如下:在征得劳资双方同意的情况下,委员会可以对未来12个月的工资水平做出规定,这对劳资双方均具有约束力。当时议会收到的来自劳资双方的48封请愿书中,绝大多数请愿书对此表示支持。在议会中,阿吉尔勋爵(Lord Argyll)对此表示支持,但前任大法官克兰沃思勋爵(Lord Cranworth)坚持认为,有关调解委员会强制规定工资的条款容易引起争议,主张在建议中删除。[①] 这一建议获得采纳。

---

① G. B. E. Amulree, *Industrial Arbitration in Great Britain*, p.77.

于是，修改后的议案重新提交议会两院，并最终获得通过，于 1867 年 8 月 15 日成为法律而被颁布施行。

1867 年通过的法案为《调解委员会法》，最初于 1858 年由麦金农在下院提出，并在下院经过三次辩论，无果。在麦金农议员任期结束后，圣伦纳兹勋爵成为法案的坚定支持者与提出者，他在议会内部奔走呼号，寻求议员们对法案的支持。为充分尊重并反映民意，在法案出台过程中议会成立了三个特别委员会，听取社会各界的声音，收集证人证言，并整理成报告提交议会下院。[1] 由于法案最终是由圣伦纳兹勋爵提交议会并获得通过，因此该法案又被称为《圣伦纳兹勋爵法案》(Lord St. Leonards' Act)。

不难发现，从 1856 年特别委员会报告的出台，到 1858 年议案第一次提交议会，再到 1867 年法案的正式出台，法案的出台可谓历时漫长、困难重重。相关议案多次在议会提出并进行讨论、表决，但议会中的争论如同社会上的争论一样激烈。正是在麦金农、圣伦纳兹等人的不懈努力以及对议案的不断修正下，法案终于在争论中获得通过。这场争论的核心是在自由放任背景之下，劳资争议的化解究竟是通过市场化渠道、由劳资双方自行解决，还是依靠国家干预、由政府主导的机构来解决。这场争论的背后，是 19 世纪中后叶自由放任与国家干预之间的碰撞与交融，这也使得法案的出台过程变得一波三折、充满坎坷，预示着法案在实践中的多舛命运。

1867 年法案在前言中明确指出："为更好地促进劳资争议的解决，在不废止此前各项法案的前提下，权宜之策是，经过女王陛下许可，授权劳资双方组建公平调解或仲裁委员会，在公平调解委员会权威之下，由委员会依据相关条款做出的裁决，可以强制实施。"[2]法案条款共分为 12 条，对于劳资争议化解机构的建立及其运作等，做出了详细的规定。

从委员会建立程序看，法案规定：在任何地区或行业，出于召集公开会

---

[1] Ian G. Sharp, *Industrial Conciliation and Arbitration in Great Britain*, pp.284-285.
[2] G. B. E. Amulree, *Industrial Arbitration in Great Britain*, pp.216-217.

议以解决劳资争议之目的,由劳资双方共同提出请求,经由内政部同意并颁发许可证,调解与仲裁委员会才可建立。委员会可依据行业基础或地区基础而建立。委员会成员以选举方式产生,但当选者必须为年满 21 周岁且在当地居住超过六个月的公民,且劳工方成员还须在本行业有七年以上的从业经历。① 委员会由劳资双方选派相同数目的代表组成,来自各方代表的人数少则 2 人,多则 10 人。委员会成立后,由劳资双方共同选定本行业之外的第三者担任主席职务。

从委员会的运作程序及劳资争议的处理来看,劳资争议的提交必须基于劳资双方的共同意愿,而一旦争议被提交,也就意味着劳资双方认可委员会的权威,并依法尊重委员会成员所做出的裁决。为便于争议处理,调解委员会内还成立了一个由劳工方代表、雇主方代表两人组成的调解理事会(Committee of Conciliation)。② 所有劳资争议被提交给调解委员会之后,首先要经过一个调解程序。理事会将在听取劳资双方争议诉求的基础上,对于争议双方的分歧尽可能加以调解。而一旦调解失败,争议之事将转而提交给调解委员会,由其按照相关规程来处理。调解委员会拥有处理劳资争议的法定权力,包括传唤证人、具结担保、签发财物扣押令等。在仲裁劳资争议时,调解委员会可以听取劳资双方对争议事项的诉求以及相关的证人证词,并依法做出裁决。依法裁决的最低法定人数为三人,包括主席及劳资双方代表各一人。调解委员会就劳资争议做出的裁决,是最终裁决,不可被任何法庭或权力机构所修改或推翻。同时,由调解委员会成员或主席依法做出的裁决,对于劳资双方均具有法律约束力。对于拒不执行或违背裁决者,另一方可以向当地治安法官提出申请,要求强制执行,执行

---

① Carroll D. Wright,*Industrial Conciliation and Arbitration*,p.50.
② Carl H. Mote,*Industrial Arbitration: A World-Wide Survey of Natural and Political Agencies for Social Justice and Industrial Peace*,p.36.

手段包括扣押财物、罚金与监禁等处罚。①

对于调解委员会所处理的劳资争议的具体类型,法案没有明文规定。不过,对于法案出台过程中就备受争议的未来工资率的规定问题,法案第4条做了明确规定:"对于工人或劳工未来将被支付的工资率,法案并未授权上述委员会做出裁定。"②这表明,法案并不赞同调解委员会来确定劳资之间的未来工资率。不仅如此,除工资率以外,法案也并未授权调解委员会去处理劳资间未来可能产生的争议,而仅仅将其职权范围限定在"现存争议的解决上"③。

从法案内容来看,与此前的1824年《仲裁法》一样,政府在认同民间调解与仲裁实践的基础上,力图对民间机构以颁布许可证的方式加以规范化管理,尤其是赋予其裁决以法律效力。但国家试图以法庭裁决方式来处理劳资争议,在当时自由放任背景之下,本身就存在着极大争议。由此,1867年法案的失败结局与此前1824年法案的结局几乎一样。1876年,工会活动家亨利·克朗普顿指出:"我相信没有哪怕一份许可证会被申请颁发,实际上,法令几乎没有成效。"④卡尔·H.莫特对此也指出:"尽管直到1896年前该法案一直生效,但它只不过是一纸空文,因为没有一例依据法案条款而做出的许可证申请。"⑤

阿穆里勋爵列举了19世纪60年代的两个案例,来说明1867年法案在实践中几乎被人遗忘的命运。1868年8月26日,制陶业的工人在斯塔福德郡的汉莱(Hanley)举行会议,改选当地仲裁委员会的劳工代表。担任委员会主席的约翰·怀斯(John Wise),曾经担任1856年议会特别委员会成员,但即便在他的致辞中也没有提到1867年法案,会议的其他几位发言

---

① G. B. E. Amulree, *Industrial Arbitration in Great Britain*, p.218.
② G. B. E. Amulree, *Industrial Arbitration in Great Britain*, pp.218-219.
③ Carroll D. Wright, *Industrial Conciliation and Arbitration*, p.50.
④ Henry Crompton, *Industrial Conciliation*, p.142.
⑤ Carl H. Mote, *Industrial Arbitration: A World-Wide Survey of Natural and Political Agencies for Social Justice and Industrial Peace*, p.36.

人对法案也只字未提。另一案例是：为调查法案通过后工会组织状况及劳资关系的变化，议会于1867年成立了一个特别委员会，并向有关个人及团体发放了一批关于调解与仲裁的问卷。在收到的34份调查问卷中，居然没有一份问卷提到刚刚颁布的新法案。也就是说，问卷填写者对法案颁布情况几乎一无所知。[①]

1867年《调解委员会法》历经十多年出台，为何其在实践中却几乎没有成效呢？这主要基于以下两个方面的原因：一方面，尽管法案的周密性及完整性体现着立法者煞费苦心的努力，但法案将作为普通人的劳资双方视为法律意义上的敌对者，这令劳资双方都不能接受。而关于调解委员会成员选举、委员会裁决的执行等，这方面的条款过于刚性化与复杂化，缺乏便捷性与灵活性，因此不能得到劳资双方认可。另一方面，法案明确规定，委员会无权处理劳资之间关于未来工资的争议，而事实上，当时劳资间的集体争议中，有九成以上恰恰属于此类争议。也就是说，绝大多数劳资争议均不属于调解委员会的受理范围。由此，与当时民间大量自发组建、不受任何司法约束且未获得许可证的调解机构相比，调解委员会在劳资争议的处理上并无更多优势。[②] 因此，法案最终成为一纸空文也就在所难免了。不过，该法案的出台依然具有一定的积极意义：在英国劳资关系史上，这是"英国首次对劳资之间的集体争议以及相应的集体谈判予以法律认可"[③]，从而为后续集体谈判立法的出台奠定了基础。

2. 1872年《仲裁法》

尽管1867年法案在实践中几乎没有成效，但从19世纪60年代起，劳

---

① G. B. E. Amulree, *Industrial Arbitration in Great Britain*, pp.79-80.
② Ian G. Sharp, *Industrial Conciliation and Arbitration in Great Britain*, p.286.
③ Carl H. Mote, *Industrial Arbitration: A World-Wide Survey of Natural and Political Agencies for Social Justice and Industrial Peace*, p.37.

资之间自发组建的调解与仲裁机构呈现出蓬勃发展之势,极大地缓和了劳资关系。不过,从劳资双方的组织化程度来说,新模式工会在19世纪60年代发展迅速,并在劳资集体谈判中发挥出重要作用;比较而言,雇主组织在60年代依然是凤毛麟角,在集体谈判中往往是单个或少数几个雇主来面对工会的挑战。劳资双方组织化程度的差异,从长远看不利于劳资关系的和谐发展。如何实现民间调解与仲裁的规划化与制度化,进而维系劳资关系的缓和局面,成为英国政府的关注点所在。

1867年,英国议会成立了一个皇家委员会,奉命调查"工会与其他协会的组织结构与章程及其对于劳资双方、劳资关系、行业及工业的影响"[①]。在随后两年时间内,委员会成员的足迹遍及英国各工业区的各行业,民间集体谈判机构的蓬勃发展及其成效尤其让委员会感到印象深刻。委员会报告认为,蒙德拉在诺丁汉、鲁伯特·凯特尔在伍尔弗汉普顿以及其他仲裁与调解委员会,提供了一种"迅速的、安全的、简便的"劳资争议解决方式。委员会对于凯特尔主持下的仲裁与调解委员会予以特别赞赏,因为该机构的目标不仅在于解决劳资争议,而且负责起草每年定期公布的工作规则与条件。这些工作规则不仅张贴于不同的工作场所,而且向受雇的工人发放,由此成为劳资间雇佣合约的基础。劳资双方共同确立工作规则的做法,受到工会的推崇。工会认为,这一实践将不仅"有助于减少并经常避免罢工的发生,而且有助于在劳资之间树立一种合作精神"[②]。委员会还就一系列问题,向劳资双方以及社会各界征询意见。这些问题包括:仲裁法庭是否有必要,仲裁法庭如何组建,仲裁法庭的司法权是否具有强制性,是否该排除普通治安法庭对劳资争议的司法裁决权等。对于这些问题的具体回答千差万别,但总体上看,大多数人赞同建立劳资争议的仲裁机制,以避免劳资对抗及社会动荡。

---

① Ian G. Sharp, *Industrial Conciliation and Arbitration in Great Britain*, p.287.
② Ian G. Sharp, *Industrial Conciliation and Arbitration in Great Britain*, p.287.

关于民间调解与仲裁是否需要国家管控及司法干预问题，一些证人表达了自己的观点。凯特尔明确反对用法律手段来确保雇佣合约的强制实施。在他看来，民间的调解与仲裁实践表明，在没有法律约束力的前提下，合约条款依然很好地被劳资双方所遵守，这主要缘于受到"道德制裁、行业力量或公共舆论"的约束。而委员会在提交的最终报告中也提到："这些自发的仲裁机构现在普遍得足以提供丰富的经验，其价值对于我们来说难以估量。不过，我们认为有一点是清楚的，这些工作规则以及委员会裁决，从其本性来说是完全自发的，没有从任何立法资源那里获取哪怕是一点点的直接援助，而这些倡导者自己也拒绝这些援助。"[1]这表明，委员会开始意识到自愿性对于民间仲裁的重要性，从而为新的立法中对相应条款做出修正提供了前提。

皇家委员会在历时两年的调查后，向议会提交了一份调查报告，建议以立法形式对民间仲裁加以规划，以对劳资关系做出调整。1872年4月19日，曾经担任诺丁汉织袜业仲裁与调解委员会主席的蒙德拉，此时已经是一名下院议员，他在议会中提交了一项仲裁议案。与1867年议案通过的艰难程度截然不同，1872年议案在议会中很少有人关注，更谈不上议员们为此而展开争论，而议会之外也没有支持或反对议案的请愿，因此议案很顺利地在下院获得通过。金奈尔德勋爵(Lord Kinaird)负责将议案提交到上院讨论，在他看来，如果上院贵族们通过该议案，那将意味着罢工的终结。如他所期望的那样，议案在上院获得通过，1872年《仲裁法》[2]由此出台。

---

[1] G. B. E. Amulree, *Industrial Arbitration in Great Britain*, pp.85 - 86.
[2] 法案致力于协调雇主与劳工之间的关系，故其另一名称为"1872年雇主与劳工法"(*Masters and Workmen Act*, 1872)。议案的最初起草者为伍尔弗汉普顿建筑业仲裁与调解委员会主席鲁伯特·凯特尔，得到英国职工大会的支持，但议案被起草后并未得以及时提交议会讨论。直到1872年，担任议员的蒙德拉在下院首先提出议案，并最终获得两院通过。因此，1872年法案通常也被称为"蒙德拉法案"。

1872年《仲裁法》更多地基于民间劳资关系的现状以及民间调解与仲裁的实践,因而其相关条款也显得更为实际。法案的主体条款并非是化解已产生的争议,而是致力于从根源上减少争议的产生。法案尊重契约自由原则,鼓励劳资之间以协商、谈判方式签订雇佣协议,"一旦雇主将书面协议提交给劳工并由后者接受,那就意味着协议对于劳资双方均具有约束力"[1]。但法案同时也规定,在提前48小时书面告知雇主或其代理人的前提下,劳工可以终止协议的实施,否则在协议存续期间,劳资双方均须按协议来行事,劳资双方不仅要受到协议中工作规则的约束,而且要受到由仲裁人所做出的关于未来工资率、工作时间、工作量、工作条件或工作规章的未来规则的约束。

法案鼓励劳资双方成立行业委员会,并赋予其以下两方面的权力:(1)委员会有权调查分歧或争议产生的原因,并在此基础上形成调查报告。(2)委员会可以邀请争议双方或其代表进行面对面交流,在由双方共同选定或由行业委员会、其他人或机构指定的主席的支持之下,以友好的方式化解争议。在那些没有建立类似机构的行业,行业委员会有权推动或主导调解与仲裁委员会的建立。[2] 基于自愿原则已建立或授权建立的仲裁委员会,"有权制定未来工资表或价格表,有权以司法程序来强制实施其裁决"[3]。强制性手段包括扣押财物、罚金以及监禁等,但处罚的依据并非是某一方违背了仲裁人的裁决,而是某一方违背了此前与另一方签订的协议,即破坏协议或契约成为强制执行裁决的威慑性手段。这也表明,虽然强制性原则在法案中有所体现,但它并非体现在裁决本身上,而是体现在协议或契约的法律效力上。

同1867年法案相比,1872年《仲裁法》在很多方面做出了调整,内容

---

[1] Ian G. Sharp, *Industrial Conciliation and Arbitration in Great Britain*, p.288.
[2] J. Stephen Jeans, *Conciliation and Arbitration in Labour Disputes*, p.126.
[3] Henry Crompton, *Industrial Conciliation*, p.143.

也更加简洁。法案内容主要涉及劳资间的雇佣协议或契约、仲裁委员会的职权范围及其裁决效力这两个方面。法案相关条款的主旨和精神都是许可性、自愿性的,政府的权力及司法权威在法案条款中并未得到多少体现,这表明法案在很大程度上顾及民间劳资争议处理的自愿性原则,因而是一种进步。法案的倡导者与提出者,无论是凯特尔还是蒙德拉,其预期大致有以下两个方面:一方面,推动劳资间大规模签订有关工作条件的长期协议,确保劳资双方将未来所有的困难或争议提交给仲裁委员会或类似机构;另一方面,正如凯特尔所提出的,将执行裁决作为专门条款纳入工作协议之中,以对劳资双方形成约束。然而,从实施成效来看,与此前几部法案一样,该法案几乎没有推行下去,"法案又一次未能实现立法者的希望"[①]。皇家劳工委员会(Royal Commission on Labour Problems)在一份报告中,也承认1872年法案几乎或完全失败。

这份基于民间劳资调解与仲裁实践而出台的法案,为何还是难以避免失败的命运呢?大体看来,主要有以下三个方面的原因:(1)法案相关条款缺乏灵活性,不利于实践中的具体操作。对此,皇家劳工委员会报告中这样解释法案失败的原因:"这可能是因为,在很大程度上,关于组建委员会的条款缺乏足够的灵活性,不足以满足不同区域、不同行业中诸多的、不断变化的需求。"[②] (2) 劳资争议或冲突,不同于日常的治安纠纷,也不同于刑事案件,国家用法律手段来干预劳资争议化解,不能得到劳资双方的认可。因此,劳资双方强烈反对法案中相关程序的法律性质,尤其是反对用扣押财物、罚金、监禁等手段来强制执行裁决的可行性。(3)法案所倡导的司法仲裁在执行中面临障碍,实际上根本无法推行。这是因为,一方面,仲裁委员会所有关于现在或未来的工资、工时、工作条件等方面的裁决,对处于协议期内的劳资双方具有约束力,任何一方可诉诸法律手段强制推

---

① Ian G. Sharp, *Industrial Conciliation and Arbitration in Great Britain*, p.289.
② Douglas Knoop, *Industrial Conciliation and Arbitration*, p.105.

行。但另一方面,雇佣协议的维系纽带非常脆弱,因为任何一方只要提前 48 小时给予对方以简短通知,便可终止协议。而协议一旦终止,强制性裁决对于双方来说就失去了法律效力。① 由此,依据法案而实施的仲裁,与民间自愿仲裁并无二致,但在程序方面却复杂了很多,因而自然遭到劳资双方的抛弃。

尽管 1872 年《仲裁法》与此前的 1824 年法案、1867 年法案一样,在实践中几乎没有被推行,但这三部法案的出台,体现出政府以法律手段干预民间调解与仲裁的努力。从这三部法案关于仲裁的条款来看,法律的刚性在逐渐减弱,对于自愿行动的依赖性逐渐增强。1824 年《仲裁法》建立起一种强制仲裁机制,只要一方提起司法仲裁,另一方无论是否参与,其裁决结果对双方均具有法律效力,法律的刚性达到极致。1867 年《调解委员会法》中的仲裁机制首先是双方自愿参与的结果,获得内政部许可证的仲裁委员会成为法定机构,其做出的裁决可依法执行。但值得注意的是,委员会只有在双方共同认可的情况下,才可以介入争议化解并做出决断。② 这种仲裁方式可以看作是法律强制性与民间自愿性之间的一种有机结合。1872 年《仲裁法》则为劳资双方自愿协议转变为强制仲裁提供了便利。基于契约自由原则,法案不再强调仲裁机构去主持化解劳资争议,而是鼓励劳资双方自愿签订雇佣契约,契约不仅规定了具体的工资、工时与工作条件,而且规定了劳资双方的权利和义务,其中就包括依法接受委员会的裁决。但劳资双方既可以自由签订契约,也可以自由终止契约,而一旦契约终止,委员会的裁决对于双方就如同一张废纸。由此看来,1872 年法案中,带有法律权威的强制性仲裁虽然被保留下来,但其实施则完全受制于劳资双方的契约自由权。这表明,政府的干预力度在减弱,对于劳资之间契约自由及自愿仲裁的认可度在逐渐增加。

---

① Carroll D. Wright, *Industrial Conciliation and Arbitration*, p.52.
② Ian G. Sharp, *Industrial Conciliation and Arbitration in Great Britain*, p.289.

1872年《仲裁法》是英国政府运用法律制裁来促进以集体谈判方式化解劳资争议的最后一次努力。到 1896 年颁布新的立法时,议会已不再把法律效力视为一种国家干预的必然伴生物。[①] 换言之,1872—1896 年,劳资冲突的化解机制,逐渐从国家监控下的强制仲裁向劳资之间的自行调解与仲裁转变,而国家机构在集体谈判过程中也只是充当着调解者与帮助者以外的第三方角色。

---

① Ian G. Sharp, *Industrial Conciliation and Arbitration in Great Britain*, p.289.

四、劳资立法的演进

面对19世纪后半叶以调解与仲裁为核心的民间集体谈判的盛行,英国政府出台了两部集体谈判立法试图加以规范与管控,但收效甚微。而另一方面,为从根源上减少劳资纠纷与冲突的发生,以及为推动集体谈判尽可能在对等的条件下进行,政府在劳资关系立法方面采取了切实有效的举措,这为19世纪中后叶劳资纠纷的化解以及劳资关系的缓和提供了重要保障。

1.《主仆法》的修订及废除

英国近代以来颁布的规范劳资关系法律中,最具影响力的当属《主仆法》。该法律基于传统社会中的家长制保护主义,将劳资双方置于一种不平等的地位,进而在劳资争议的处理上对雇主阶级加以偏袒,从而旨在构建一种以雇主为中心、以雇主利益优先为特征的劳资关系。进入19世纪后,随着经济社会形势的变化,《主仆法》成为工人阶级以及公众质疑与反对的目标。英国政府也逐渐顺应了这股潮流,对延续几个世纪的《主仆法》加以修订,直至最后彻底废除,劳资之间的平等地位得到法律的认可。这不仅从根源上减少了发生劳资争议或冲突的可能性,而且为19世纪后半叶集体谈判的发展提供了良好的环境。

在18世纪后半叶开始的工业化过程中,1563年颁布的《劳工法令》依然存续,该法令确立了此后三百多年间英国劳资政策的基本框架。尽管法令保障了劳资间的雇佣合同,但同时也确立了劳资间不平等的法律地位。法令对劳工的自由流动、为提高工资而进行的联合以及辞工等做了严格限制,而对雇主责任和义务方面的规定则宽容得多。例如,法令规定:"在合同期内,雇主无故辞退劳工,将被处以40先令罚款;劳工无故逃离工作,或拒绝为雇主服务,则将被处以监禁。"①对劳资双方违约处罚的不同,显示出劳资之间不平等的法律地位。

自近代以来,在家长制保护主义影响下,劳资关系在英国社会被视为主人(masters)与仆人(servants)之间的关系:主人为仆人提供庇护,保障其基本生存;仆人效忠于主人,为主人劳作。自18世纪以后,英国政府先后于1746年、1758年、1766年、1823年颁布《主仆法》。这些法案将劳资关系明确界定为主仆关系,同时对纳入"仆人"的职业范围做了细致划分。法案规定,雇佣合同是劳资间主仆关系存续的见证,多数行业的雇佣合同一年一签,合同对劳资双方均有约束力。任何一方违反雇佣合同,都将受到法律的惩处。不过,从惩处力度来看,劳工肆意违反雇佣合同,如未事先通告而举行罢工或停工等,均被视为刑事犯罪行为,将被判三个月监禁;雇主违反雇佣合同,如未能足额支付工资等,则被视为民事违法行为,须接受传唤或支付罚金。② 不仅如此,依据该法案,当雇主受到指控时,可以向法庭提供有利于自己的证据;而劳工受到指控时,则无权这么做。劳资之间法律地位的不对等由此得以充分体现,当劳资间因工资、工作条件等

---

① John Raithby, ed., *Statues of Realm*, Vol.4, London: Great Britain Record Commission, 1819, p.416.
② Alan Fox, *History and Heritage: The Social Origins of the British Industrial Relations System*, p.139.

产生争议时,处于强势的雇主如需解雇劳工,只需付出一定的经济代价;而劳工在未经雇主同意的情况下擅离职守,则可能面临牢狱之灾。

英国政府颁布的《主仆法》,塑造了一种极不平等的劳资关系,该法案也经常成为雇主起诉劳工的重要依据。斯坦菲尔德对雇主起诉劳工的程序做了这样的描述:"一个典型的案例往往以雇主对劳工的诉讼开始。受到起诉的劳工随即被逮捕,……并被带到治安法官面前。在那里会达成一份协议。法官会警告劳工,如果其拒绝为原来的雇主工作,将会面临刑事监禁。通常情况下,劳工会同意继续原来的工作。"①有学者估算,19世纪50年代中期的多数年份,在雇主依据《主仆法》提起的诉讼中,每年约有1 500名劳工被判入狱,另外有数千名劳工,或是损失部分或全部工资收入,或被解雇,或遭受鞭笞之刑。② 由此,《主仆法》成为维护雇主特权地位、打击工人及工会的法律工具。修订乃至废止《主仆法》,捍卫劳工的正当权益,成为工会及有识之士在19世纪中叶的共同诉求。

《主仆法》在推行过程中,也面临着治安法官在审理劳资纠纷时的司法权限问题以及法律涵盖的行业范围问题。在治安法庭对劳资纠纷的审理中,这些问题通常都是劳资双方争论的焦点。为解决这些问题,1844年2月,以罗伯特·帕尔默(Robert Palmer)为首的三名托利党议员在下院提出新的《主仆法》议案,并得到内政大臣詹姆斯·格拉汉姆(James Graham)的强力支持。该议案不仅强化了治安法官审理各类劳资纠纷的权力,简化了其裁决案件的程序,而且试图将《主仆法》涵盖的范围扩及所有行业。该议案得到全国几乎所有治安法官和雇主的支持,并且在议会下院二读中顺利通过。

---

① Suresh Naidu and Noam Yuchtman, "Coercive Contract Enforcement: Law and the Labor Market in Nineteenth Century Industrial Britain", *The American Economic Review*, Vol.103, No. 1 (February, 2013), p.111.
② Douglas Hay and Paul Craven, eds., *Masters, Servants, and Magistrates in Britain and the Empire, 1562-1955*, p.8.

在议案即将进入三读阶段时,全国工人阶级、工会以及宪章派都行动起来,发起了一场声势浩大的抵制运动,议会请愿、公众集会、报刊言论等成为工人阶级表达其诉求的主要方式。宪章派律师威廉·罗伯茨(William Roberts)在格拉斯哥举行的全国矿工大会上发言指出,依据议案,"仅仅依据井下工务员、监工、领班或其代理人的指证,矿主和治安法官就可以把任何一名矿工从家里拽出来投往监狱",这是"对工人阶级自由权的打击"。① 大会决定组织对议案的抗议请愿活动,以表达矿工阶层的不满。《陶工监察》(Potters Examiner)警告说,议案的目的在于迎合地方治安法官以当前以及近期企图摧毁工人阶级自由的努力,它会让工会变得无足轻重,因为除非无视牢狱之灾,否则罢工也无法进行。工人阶级的刊物《北极星报》(Northern Star)则刊载了议案中一些臭名昭著的条款,同时号召工人举行公众集会来表示反对。仅在1844年4月,全国就举行了66场公众集会,宪章派、工会及各类劳工成为集会的主要组织及参与者。

与此同时,全国各地反对议案的请愿书源源不断地被送往议会,并最终对议会下院的表决产生影响力。托马斯·邓库姆(Thomas Duncombe)在1844年5月1日的议会发言中指出,这是有史以来"压迫工人阶级的最阴险、最武断、最邪恶、最残暴的举措之一"②。邓库姆的发言得到多数议员的支持。尽管支持派议会仍在为议案辩护,但无力回天,议案最终未能通过三读而被宣告失败。1844年《主仆议案》的失败,是全国范围内工人阶级组织起来联合反对《主仆法》的结果。在这场运动中,工人阶级及公众开始认识到现存《主仆法》条款的不公正性,进而意识到劳资关系中劳工及工会法律地位的不对等性,而这在很多情况下成为劳资纠纷及冲突的渊

---

① Douglas Hay and Paul Craven, eds., *Masters, Servants, and Magistrates in Britain and the Empire, 1562–1955*, p.415.
② Douglas Hay and Paul Craven, eds., *Masters, Servants, and Magistrates in Britain and the Empire, 1562–1955*, p.419.

源。提高工会的法律地位，为工会日常活动的开展提供法律保障，既是工人阶级在19世纪的主要诉求，也成为当时议会立法的重点所在。

进入19世纪60年代，一场全国范围内的反《主仆法》运动开始兴起。在19世纪中叶经济繁荣、劳动力价格攀升的时代，《主仆法》变得越来越不合时宜。"当劳动力需求增长时，它却以合同形式牢牢地束缚着技术工人；它使得罢工瘫痪，并保障雇主在工厂中的权威。"①有数据显示，1858—1875年，雇主依据《主仆法》对劳工提出的诉讼年平均为10 000起，这甚至超过了有关盗窃罪的诉讼，这些诉讼遍及全国，尤其集中于北英格兰的工业区。②当时的劳工律师欧内斯特·琼斯（Ernest Jones）为此痛斥道："仅1864年这一年中，有10 246名劳工因雇主依据《主仆法》发起的诉讼而被判入狱，而尚无一例雇主因劳工发起的诉讼而遭牢狱之苦。"③

为改变饱受打压的地位，从1864年开始，工会发起了旨在修订乃至废止《主仆法》的联合行动。格拉斯哥总工会（Glasgow Trade Council）主席亚历山大·坎贝尔（Alexander Campbell）首先向《主仆法》发难，并得到苏格兰矿工协会主席亚历山大·麦克唐纳的积极响应。在坎贝尔的组织下，全国工会代表大会（Trade Union Conference）在伦敦召开，来自英国各地、各行业工会的代表参加大会，对于臭名昭著的《主仆法》进行严厉声讨，并提出了若干修订意见。来自各地的大会代表一致通过下述决议：

> 雇主和劳工之间关于雇佣合约相关问题的法律的不平等情形是最缺乏公正的，它成为压迫劳工的工具，理应被废止或修正。……法

---

① Douglas Hay and Paul Craven, eds., *Masters, Servants, and Magistrates in Britain and the Empire, 1562 - 1955*, p.116.
② Suresh Naidu and Noam Yuchtman, "Coercive Contract Enforcement: Law and the Labor Market in Nineteenth Century Industrial Britain", *The American Economic Review*, Vol.103, No. 1 (February, 2013), p.107.
③ *Master and Servant Act*, https://en.wikipedia.org/wiki/Master_and_Servant_Act.

案中关于违背合约将承担刑事后果的条款应该被全部废除。对于法案的任何修订,均不得对雇主或劳工有任何偏袒;……在涉及共同合约的所有问题上,劳资双方均应被同等相待。①

大会不仅通过了旨在修订《主仆法》的决议,而且还成立了专门委员会,以在全国各行业进行宣传和动员工作。委员会的努力颇有成效,奥尔德姆(Oldham)议员 J. M. 科贝特(J. M. Cobbett)同意代表工会在下院提出修订法律的议案。在工会及社会各界的持续斗争下,英国政府终于出台了 1867 年《主仆法》。与以前相比,新法案在雇佣合约争议的审理及处罚上有了新的规定。当法庭接到有关雇佣合约的诉讼时,对被诉方不再签发拘捕令、实施立即拘捕,而是向被诉方签发传唤令或传票,后者必须在法庭规定的时间、地点前来应诉;只有当被诉方拒绝接受传唤令或传票时,法庭才可签发拘捕,以强制方式将被诉方带至法庭应诉。案件的听证与审理必须在公开法庭上进行,至少需要两名法官的共同参与。在案件的听证及审理过程中,劳工有权提供有利于自己的证据。对于劳工违背雇佣合约的行为,通常采取罚金或赔偿损失的惩处方式,罚金数目一般不超过 20 英镑;只有违约行为造成对人身或财产的严重伤害时,法庭才可签发拘捕令,对违约者处以不超过三个月的监禁。②

由此可见,在改变法案的压迫性、提升劳工法律地位方面,1867 年法案确实有了很大进步,因此被视为工会斗争所取得的重大成就之一。不过,"1867 年法案并不能令人满意,因为劳工在特定条件下的违约行为依然被视作刑事犯罪"③。也就是说,尽管劳工违约的处罚方式有了改变,但

---

① G. D. H. Cole and A. W. Filson, eds., *British Working Class Movements: Select Documents, 1789–1875*, p.554.
② G. D. H. Cole and A. W. Filson, eds., *British Working Class Movements: Select Documents, 1789–1875*, pp.555–557.
③ G. D. H. Cole, *A Short History of the British Working Class Movement*, Vol.2, New York: Macmillan, 1927, pp.94–95.

劳工违约的性质依然没有变化，劳资双方法律地位的不平等仍成为困扰劳资关系的症结所在。

值得关注的是，1867年第二次议会改革后，工人阶级的主体获得议会选举权，从而在英国政治生活中展现出自身的影响力。19世纪六七十年代被称为"竞相改革时代"，为获取工人阶级的选票，自由党与保守党加快了劳资关系立法进程。提升工人阶级的法律地位，取消各项打压工会的法律，成为两党政府立法的重要目标。

进入70年代后，随着工会地位的合法化以及各项限制工会活动的法案的废止，彻底废除《主仆法》，以构建平等的劳资关系，逐渐被提上了议事日程。工会的持续斗争对政治精英产生了深远影响，越来越多的议员和政治家加入废除《主仆法》的斗争之中。W. A. 亨特（W. A. Hunter）认为，《主仆法》应该被废除，因为它是前自由贸易时代立法政策的延续，当时雇主与受雇者之间的关系被视为合约的一部分；但"慢慢地，一步一步地，我们逐渐认识到，劳动力是一种商品，如同其他商品一样，可以自由地买卖"①。蒙德拉在议会发言中指出，在其他国家，社会主义在工人阶级中很有市场，但在英国情况却不一样。为什么会这样呢？"因为我们的工人对于财产有着强烈的共识和尊重，他们所要求的无非是雇主和劳工必须站在权利平等的基础之上。如果本届议会在这方面能赋予他们以平等权，并设计出友好解决争议的方式，其结果将是最大程度地保障劳资双方的利益，并最有效地推进整体和谐。"②内政大臣罗伯特·洛维（Robert Lowe）成为《主仆法》反对者当中的最高级别官员，在他看来，法案可称得上一桩"立法奇闻"，法案中关于违背合约将受到刑事惩处的条款是非常"荒谬的"。③为此，洛维

---

① Mark Curthoys, *Governments, Labour, and the Law in Mid-Victorian Britain*, Oxford: Clarendon Press, 2004, p.196.
② Alan Fox, *History and Heritage: The Social Origins of the British Industrial Relations System*, p.158.
③ Mark Curthoys, *Governments, Labour, and the Law in Mid-Victorian Britain*, p.195.

提议完全废除《主仆法》，让郡法庭以处理民事纠纷方式来审理与劳动力买卖相关的合约争议。

1874年1月，洛维草拟出一项旨在取代《主仆法》、重新定位劳资关系的议案。议案将雇主与工人确定为劳资关系中的两大平等主体，同时废除了对违约行为进行刑事处罚的条款。尽管议案的支持者众多，但内政部法律顾问亨利·斯林（Henry Thring）认为，应适度保留对于人身或财产造成损害的违约行为的刑事惩罚权，以确保社会的稳定及安全。在斯林的建议之下，议案做出了相应调整：废除《主仆法》，由郡法庭通过民事程序审理与违背雇佣合约相关的争议，或者由治安法官来审理一些细微的争议；对于违约行为的惩罚，主要通过损失赔偿的方式，如果有必要，法庭可以采取扣押财产手段来强制执行，但不可采取监禁方式。

然而，在议案还未提交议会表决时，格拉斯顿（Gladston）领导的自由党政府垮台，迪斯累利（Disraeli）领导的保守党主政。尽管"对一些保守党人来说，废除《主仆法》是难以接受的"①，但面对工会运动长期以来的诉求以及公众舆论要求实现劳资平等权的呼声，保守党不可能无动于衷。内政大臣理查德·克罗斯（Richard Cross）最终接过了自由党人的提案，于1875年夏季提交议会表决并顺利获得通过。1875年《雇主与工人法》由此出台，而持续了几个世纪的《主仆法》终于退出了历史舞台。

从法案的名称上，就可以看出劳资两大主体地位的变化：劳方的称谓由此前的"仆人"（servants）变成了"工人"（workmen），其服从性与依附性色彩不复存在；资方的称谓由此前的"主人"（masters）变成了"雇主"（employers），高高在上的优越感由此消失。这种称谓的变化，体现出法律意义上劳资双方地位的变化，劳资关系也由此前传统社会中的家长制庇护关系演变为近代社会中的地位平等的契约合作关系。

---

① Mark Curthoys, *Governments, Labour, and the Law in Mid-Victorian Britain*, p.224.

从内容上看,法案对于劳资争议的处理以及违约的处罚方式等方面都做出了新的规定。在法庭审理劳资争议的权力方面,法案规定:如出于维护公正的需要,可以裁定雇佣合约中有关工资约定、工资或赔偿金偿付等条款不合法;在违约方愿意给法庭以满意的保证以继续履行合约并得到原告同意的情况下,法庭将裁定被告继续履行合约,并确定其违约行为所应支付的赔偿金;任何担保人为被告所支付的保证金,均视为被告欠下担保人的债务,而一旦被告履行了保证,依据法庭简易审判(summary jurisdiction)结果,法庭将如数把保证金退还给担保人。① 在法庭简易审判权的认定方面,法案规定,"雇主与工人之间产生的争议,将由具有简易审判权的法庭来进行听证并做出判决,此类法庭将被视为具有民事审判权的法庭"②。郡法庭在受理劳资争议、行使简易审判权时,其所判定的工资、违约赔偿金、保证金的数目不得超过10英镑。在案件审理程序上,法案规定,郡法庭或任何其他具有简易审判权的法庭在受理劳资争议案件时,"均不应将其视为刑事诉讼",因此法庭不得"签发拘捕令","不得以监禁、扣押财物等强制手段来执行款项赔付"。③

可见,《雇主与工人法》确立了劳资这两大主体在法律上完全平等的地位,法庭对任何一方提出的诉讼都会同等对待,而在诉讼审理过程中,劳资争议诉讼视同于其他各类民事诉讼,因此法庭在做出判决时,无论对雇主还是对劳工,其最终受到的将是民事惩罚,而非强制性的刑事惩罚。在新的法案中,此前对雇主的偏袒性条款消失了,甚至还出现了一些保护劳工权益的条款。例如,法庭充分认识到在签订雇佣合约时劳资双方的实际不

---

① G. D. H. Cole and A. W. Filson, eds., *British Working Class Movements: Select Documents, 1789–1875*, p.580.
② J. T. Ward and W. Hamish Fraser, eds., *Workers and Employers: Documents on Trade Unions and Industrial Relations in Britain Since the Eighteenth Century*, p.107.
③ G. D. H. Cole and A. W. Filson, eds., *British Working Class Movements: Select Documents, 1789–1875*, p.581.

对等地位,因而对于合约中那些关于工资、赔偿金等方面明显不公正的条款,在案件审理时不予支持。为此,在亨利·克朗普顿看来,1875年《雇主与工人法》的通过,标志着"工人的胜利"①。

从19世纪中叶后《主仆法》的修订及废除可以看出英国政府劳资政策的变化。《主仆法》是前工业社会的产物,其推行的主旨在于限制劳动力流动,稳定社会秩序,并保障雇主的权益。进入工业社会后,随着自由放任思潮的盛行,《主仆法》变得越来越不合时宜,工会发起的反对《主仆法》的斗争持续不断。与此同时,《主仆法》所规定的劳资间的不平等地位也成为民间集体谈判制发展的瓶颈所在。19世纪60年代末,工人阶级主体获得议会选举权,成为英国政治舞台上的一支重要力量。由此,英国的两大政党不得不顺应潮流,及时废除了《主仆法》,颁布《雇主与工人法》,通过赋予劳资双方以平等的法律地位以及推行程序平等原则,来引导与规范劳资关系的协调发展,政府这种因势利导的做法,得到了社会各界的认可。

2. 工会地位的合法化

工业化时期,随着劳资冲突的日趋普遍与剧烈,作为工人阶级代表的工会在与雇主协商谈判、维护工人权益方面发挥着越来越重要的作用。但直到19世纪工业化高潮时期,英国工会的地位依然没有获得国家法律的承认,其所从事的活动与斗争往往游走在国家法律边缘,由此经常成为各项法律所打压的对象。随着工人阶级势力的壮大以及政治选举权的获得,提升工会的法律地位,保障工会的资金安全及活动自由,进而赋予其在与雇主集体谈判中的平等地位,既成为工人阶级所追求的目标,也成为19世纪后半叶英国政府劳资关系立法的重点。

---

① Mark Curthoys, *Governments, Labour, and the Law in Mid-Victorian Britain*, p.229.

法国大革命时期，为稳定国内的社会秩序，1799—1800年，英国颁布了《结社法》，对劳工的结社行为进行严厉打击，工会的日常活动被视为非法，工会运动因此处于低潮。1824年，迫于劳工及社会各界的巨大压力，政府以《结社法（修正案）》的方式取消了禁止结社条款，实际上默许了工会的存在及其所开展的活动，结果造成工会势力迅猛发展，罢工频发，劳资对抗加剧。由此，英国又颁布了1825年《结社法》。该法案虽然重申了工会的结社权，以免其受到普通法中密谋罪的指控，但又规定结社权仅在谋求工资与工时的改变时才适用。法案规定，任何人通过"暴力、威胁与恐吓"等手段，或以"干扰、妨碍"他人正常工作等形式，胁迫或企图胁迫任何人参与结社，以谋求工资、工时、工作年限、工作条件等方面的改变，"将被处以监禁，或从事不超过三个月的劳役"。① 可见，这一规定实际上是禁止工会利用结社权来迫使工厂停工，进而剥夺工会在罢工期间的纠察权，从而压缩了工会的活动空间。

19世纪中叶，劳资冲突加剧，工会发起的罢工频发，而雇主依据1825年《结社法》对工会领导人提起的诉讼也不断增加。要想利用法律所赋予的结社权，与雇主展开斗争，维护劳工权益，就必须突破《结社法》的束缚，避免工会及其领导人受到密谋罪的指控。1845年，"全国各行业劳工保护协会"（National Association of United Trades for the Protection of Labour）成立，协会一直谋求各行业的团结协作，以实现工资水平的提高、工作条件的改善、劳资关系立法的推进以及对工会集体谈判权的承认等。在19世纪后半叶政府的各项劳资立法及工会立法进程中，该协会起到了重要推动作用。

1859年4月19日，英国出台了《工人干扰法》（The Molestation of Workmen Act）。法案规定，"任何工人或其他人，无论其是否处于雇佣关系中，不得因如下行为而被定为本法案所称的'干扰'或'妨碍'罪行，从而也

---

① G. D. H. Cole and A. W. Filson, eds., *British Working Class Movements: Select Documents, 1789-1875*, p.187.

不适于以'密谋罪'被起诉:其与其他工人或其他人签订合同,从而确定或意欲确定彼此从事工作的薪酬;其试图和平地以理性方式,而非采用(无论直接或间接的)威胁或恐吓手段,劝说他人终止或放弃所从事工作,以期达到改变既定工资水平率、工作时间的目的。本法案的任何内容,均不应视作是对工人违约或有意引导工人违约的任何行为予以授权"①。由此看来,《工人干扰法》实现了对 1825 年《结社法》的首次修正:法案对工会在罢工时期的和平纠察权予以认可,同时也更为明确地认可工会的结社权,从而在提升工会地位、推动劳资关系走向平等方面具有重要意义。

19 世纪 60 年代后,工人阶级广泛参与到争取议会选举权的运动之中。在人们越来越多地讨论工人阶级政治地位的同时,作为工人阶级代表的工会,其地位的合法化问题也逐渐成为社会焦点。60 年代是工会运动蓬勃发展的时期,但工会却处于一种"反常地位":工会的生存与发展得到认可,但政府又拒绝赋予其作为常设组织的合法地位,这是因为工会的目标——对行业的规范以及对罢工的支持——与公共政策完全对立。面对风起云涌的工会运动,政府实际上在如何对待工会问题上处于尴尬境地。正如当时一位政府官员所指出的:"工会主义通常被看作是令人厌恶与带来危险的麻烦事,对此,我们不敢用法律来禁止,于是只能徒劳地希望其自生自灭。"② 不过,随着 1866 年"谢菲尔德暴行"(Sheffield Outrage)的发生,英国政府终于抛弃了自由放任态度,与工会相关的立法的出台被提上议事日程。

19 世纪中叶,谢菲尔德的刀具行业成立了很多手工工人工会,工会排斥行业之外的非工会成员。一旦雇主雇用了非工会成员,工会往往采取各种手段来抵制甚至袭击非工会成员与雇主。60 年代中叶,面对越来越多的非工会成员被雇用,一些工会开始诉诸暴力,并在 1866 年 10 月达到高

---

① G. D. H. Cole and A. W. Filson, eds., *British Working Class Movements: Select Documents, 1789 - 1875*, pp.551 - 552.

② Mark Curthoys, *Governments, Labour, and the Law in Mid-Victorian Britain*, p.64.

潮。当时,一名非工会成员费尔尼豪(Feareyhough)因被雇用,其住所疑被工会成员炸毁,这被雇主及公众称之为"暴行"。工会一时成为众矢之的,调查暴行真相、出台相关工会立法成为民众的主要诉求。1867年,英国政府授权成立一个皇家委员会,"对工会及其他机构近期促成、鼓动、共谋实施的恐吓、暴力及恶行等进行调查",并形成调查报告,以便为相关立法提供参考。值得注意的是,委员会中有多位知名的工会同情者与支持者,他们是托马斯·休奇(Thomas Hughes)、弗雷德里克·哈里森(Frederic Harrison)以及利奇菲尔德伯爵(Earl of Lichfield)。在委员会赴各地调查取证的过程中,全国各行业工会领袖被邀请参与听证会。工会代表们一方面严厉谴责针对非工会成员以及雇主的暴行,另一方面也提出了工会地位合法化的诉求。

值得注意的是,不少中产阶级也支持工会地位的合法化,巴杰特(Bagehot)就是其中之一。1867年,他在《经济学家》发文指出:"工会应该被合法化,其规章也应该公之于众;否则,工会始终就是一个秘密的受打压的团体。"两年后的1869年,巴杰特又指出:"每个人都清楚,事实上你们无法将工会完全镇压下去;工会成为法律无法管制但又不能不管制的工业世界的一股现实的力量。"[①]

1869年,在充分调查取证的基础上,皇家委员会提交了一份最终报告。报告认为:(1)当前罢工频率的增长与工会力量的壮大没有直接对应关系,恰恰相反,正如工会领袖所强调的,在那些工会势力强大的地区,工会的约束使得罢工频率反而较低。(2)雇主组织虽然数量较少,但力量强大,其一直谋求以最实惠条件来雇用劳动力,并针对工会行动做出防卫。(3)工人针对雇主的结社行为,只要是基于完全自愿原则,那就是工人的自由权,雇主无权加以阻碍,但目前仍缺乏捍卫工人权利的相关政策。(4)目前普通法中关于劳工密谋的条款,以及将工会视为非法结社因而拒

[①] Alan Fox, *History and Heritage: The Social Origins of the British Industrial Relations System*, p.157.

绝为其财产提供安全保障的做法饱受诟病,因此,相关法律必须修改,对于结社必须给予明确界定。(5)有关限制劳工捍卫自身权益自由权的法律规则违背了现代立法精神,应将雇主与劳工置于平等地位,用法律手段保障其获得公平契约,不能将致力于旨在获取有利于雇佣协议的结社视为密谋,除非依据普通刑事法而存在着明显的不当行为。(6)目前对工会的诸多限制性规定应该予以全面修订,结社法的相关条款很不合理,应该予以全面废除,"对于工会得到财产和资金给予全面而积极的保障"[1]。从报告内容来看,委员会更为关注劳资冲突尤其是罢工等劳资对抗背后的深层次原因,并提出修订或出台相关立法以保障工人或工会权益,由此为19世纪70年代一系列工会立法的出台以及工会地位的合法化提供了基础。

70年代后,依据皇家委员会报告的建议,英国政府加快了提升工会地位、实现工会地位合法化的进程。1871年2月,英国出台了世界上第一部《工会法》,其内容主要有以下两个方面:(1)不得以妨碍产业为由而认定工会的目标为非法,因此工会的任何成员都不能以密谋或其他罪名受到刑事起诉;工会所确立的任何民事目标,均不应被视为非法。这一条款确保了工会的行动自由,从而实现了工会地位的合法化。(2)工会基金主要用于为工会成员提供福利,为那些支持工会行动的雇主或非会员劳工提供捐助,为那些被治安法庭裁决为缴纳罚金的会员缴纳罚款。依据本法案自愿进行注册后,工会享有"合法的民事权利",可以合法保有其财产,工会与其成员签订的有关就业、工会基金缴纳、福利津贴等协定可依法强制执行。[2]可见,工会的财产权受到法律的严格保护,这为工会产业行动的开展提供了经济保障。1871年《工会法》清除了工会产业行动的障碍,确立了工会

---

[1] J. T. Ward and W. Hamish Fraser, ed., *Workers and Employers: Documents on Trade Unions and Industrial Relations in Britain Since the Eighteenth Century*, pp.94-97.
[2] G. D. H. Cole and A. W. Filson, eds., *British Working Class Movements: Select Documents, 1789-1875*, pp.571-572.

的财产权,标志着工会地位的合法化。法案提升了劳资力量天平中工会的地位,有利于集体谈判在较为公正、平等的基础上进行,因此总体上得到工会及其领袖的认可。著名的工会领导人乔治·奥哲尔承认这是一项"良好的、自由的法案",英国职工大会的决议也对法案的总体效果表示赞同。①

1871年《工会法》奠定了此后几十年间(直至1926年大罢工之前)英国劳资政策的基调,这也就意味着,从今以后,雇主与工会都是平等的法律主体,政府对劳资双方应采取一视同仁的态度。鉴于长期以来工会及其罢工遭到打压的现实,政府为工会开展正常活动提供法律保障成为19世纪后半叶政府工会立法的重要目标。为了推动工会立法的进一步完善,1876年英国议会出台了《工会法修正案》(*Trade Union Act Amendment Act*)。该修正案规定:两个或两个以上的工会实现合并,无论其工会基金是否融合或分立,均须经正常的投票程序,参与投票的人数必须达到法定投票人数的50%以上,其中支持合并者必须超过反对者票数的20%以上,但这种合并决不能对任何一方债权人的权利造成损害;工会是指协调劳资关系的任何临时性或常设性联合,但如果这种联合对于任何行业或商业施加了强制性限制,那么这种联合将被视为非法结社。② 由此看来,修正案一方面对工会合并中的程序及其基金问题做了进一步规范,另一方面在肯定工会协调劳资关系功能的基础上,重申了政府对以限制产业为目标的非法结社的打击,旨在避免工会地位合法化后罢工的活跃与高涨。

有学者指出:"1871年《工会法》代表着劳工的实质性胜利,但承认集体谈判权的战斗并没有大获全胜。"③在《工会法》出台的几个月后,以维护社会治安与公共秩序为由,1871年6月29日,英国议会通过《刑法修正案》

---

① Mark Curthoys, *Governments, Labour, and the Law in Mid-Victorian Britain*, p.129.
② J. T. Ward and W. Hamish Fraser, eds., *Workers and Employers: Documents on Trade Unions and Industrial Relations in Britain Since the Eighteenth Century*, p.107.
③ Henry Rothschild, "Government Regulation of Trade Unions in Great Britain: Ⅱ", *Columbia Law Review*, Vol.38, No.1 (January, 1938), p.44.

(Criminal Law Amendment Act),其目的在于对工会的罢工权加以限制。法案对劳资关系领域尤其是罢工或闭厂事件中出现的以下行为认定为非法。(1) 对任何人身与财产施加暴力。(2) 使用威胁或恐吓手段,迫使他人在治安法官面前做伪证;使他人具结,并危及社会治安。(3) 使用强制手段,干扰或妨碍他人的下述行为:① 雇主解雇工人,或者工人肆意停工;② 雇主不能委派或工人无法接受工作安排;③ 雇主和工人从属或不从属于任何临时或常设的组织或结社;④ 雇主或工人接受任何临时或常设组织或结社所施加的罚金或惩罚;⑤ 雇主在生产经营方式、雇用人数等方面的改变。对于上述行为的任何干扰或妨碍,均被视为非法,因而"将被判处监禁,或者不超过三个月的劳役"[①]。从内容来看,这无疑是对以往限制罢工法案的一次背书。因为依据该法案,罢工中的任何恐吓、干扰或妨碍,均可被雇主或政府用来起诉工会,并足以使工会领袖蒙受牢狱之灾。

从1871年通过的两部法案来看,政府一方面顺应社会舆论及工会的压力,赋予工会合法地位,以校正劳资力量失衡的天平;但另一方面,政府动用刑法来惩治罢工中的各种常见行为,从而达到限制罢工的目的。然而,在劳资力量失衡、劳资地位不对等的前提下,罢工依然是工会与雇主博弈以捍卫工人权益的重要手段。

英国政府这种"胡萝卜与大棒"并用的做法,不利于从根源上消除劳资冲突,反而引起了工会的强烈不满,一场反对《刑法修正案》的运动在全国范围内兴起。乔治·波特(George Potter)等工会领袖在各地进行抵制法案的宣传与鼓动,并得到各方的积极响应。1872年,伦敦煤气工人为增加工资、减少工时而发动罢工,雇主援引《刑法修正案》,以违背雇佣合约为由将部分工人及工会领袖告上法庭,结果24人被处以六周劳役,6名罢工领导者被处以监禁。这是《刑法修正案》通过后的首次实施,工会也由此意识

[①] J. T. Ward and W. Hamish Fraser, eds., *Workers and Employers: Documents on Trade Unions and Industrial Relations in Britain Since the Eighteenth Century*, pp.100–101.

到,不废除这一法案,工会的罢工行动将无法开展。在 1874 年大选中,工会发起的反对法案的运动达到了高潮。① 在工会的倡导下,工人阶级原本投给自由党的选票纷纷投给了保守党,而保守党也承诺在胜选后会对工会的诉求做出回应,这就为《刑法修正案》的废除提供了契机。

由于失去工人及工会的支持,自由党在 1874 年大选中败北,新上台的保守党政府对工会采取怀柔政策。皇家劳工法委员会(Royal Commission on Labour Laws)宣告成立,其中两名工人受邀加入了委员会。依据委员会的调查报告,1875 年 8 月,《共谋与财产保护法》(Conspiracy and Protection of Property Act)在议会获得通过,而打压工会的《刑法修正案》宣告废止。法案的规定如下。(1)在劳资纠纷中,两人或两人以上达成的协议或联合不能被界定为密谋罪,相关人员也不得以犯罪之名被加以惩处。(2)任何受雇者,无论是单独还是与他人合谋,故意违背雇佣契约,进而造成其所在区域居民的煤气与水供应中断,或对他人的生命造成威胁、对身体造成伤害、对财产造成损毁等,都将受到简易法庭的审判,并被判处不超过 20 英镑的罚金或不超过三个月的监禁。(3)任何人以强制手段来限制他人的行动自由,包括:① 使用暴力或恐吓他人或其家人,或损坏其财产;② 隐藏他人的生产工具、衣服或其他财物,致使他人无法使用或妨碍其使用;③ 监视或围困他人的住所、工作地或营业场所;④ 两人或两人以上以骚扰形式在大街或道路上尾随他人,经过简易法庭审判,实施上述行为者将被处以不少于 20 英镑的罚金或不超过三个月的监禁。但是,"在他人住所、工作地、营业场所附近,或在通往这些场所的道路上集结,其目的仅仅是为获取或交流信息,则不应被视为上文所称的监视或围困"②。

从内容上看,《共谋与财产保护法》清除了工会运动所面临的诸多法律

---

① E. H. Hunt, *British Labour History*, 1815 - 1914, p.267.
② G. D. H. Cole and A. W. Filson, eds., *British Working Class Movements: Select Documents*, 1789 - 1875, pp.578 - 579.

障碍。将密谋罪从劳资纠纷中剔除出去,有利于工人或工会为对抗雇主而实施联合,工会的联合行动从此有了法律的保障。通过该法案,工会在罢工时期的和平纠察得以合法化,尽管个人所实施的干扰或破坏行动依然会受到惩处,尽管"恐吓、暴力"行为依然会受到刑事惩罚,但"干扰、妨碍、阻挠、胁迫"等危险表述已被禁用,这意味着工会的行动尤其是罢工自由权得到了法律保障。由此,有学者认为,在 20 世纪之前,该法案无疑为工会提供了一道护身符,"这不仅使工会获得足够的法律地位,而且在劳资纠纷中,其行动也获得豁免权"①。

3.《雇主责任法》出台

在工业化进程中,安全防护措施的缺乏使得各类工伤事故日益频繁,工伤事故的责任认定以及善后处理越来越成为劳资争议的焦点之一。劳工在工作场所发生工伤事故,雇主是否应该承担责任?对此,直到 19 世纪后半叶,英国政府一直秉承共同雇用(common employment)原则,为雇主开脱赔偿责任。根据该原则,如果工伤事故的发生是由于工人自身的疏忽或者是由于共同受雇的其他工人的疏忽所造成,那么雇主无须为此负责。如在 1850 年,铁路公司员工哈奇森(Hutchinson)乘坐公司火车出行时,遭遇撞击事故而受伤。于是,哈奇森将自己受雇的铁路公司告上法庭,要求获得赔偿。公司代表在应诉中指出,哈奇森的受伤源自与其共同受雇的另一名员工的疏忽,公司对此不负责任。法庭依据共同雇用原则,做出了公司不予赔偿的判决。同样的判决发生在 1868 年的威尔逊诉默里(Wilson vs. Murray)一案中,法庭甚至认定,共同雇用原则适用于铁路行业所有员工,由此引发了铁路行业员工的强烈不满。

---

① G. D. H. Cole,*A Short History of the British Working Class Movement*,Vol.2,p.117.

共同雇用原则在实践中带来明显的不公平。以铁路公司为例,在同一场事故中,铁路公司有责任对受伤的乘客进行赔偿,但对于在事故中同样受伤的铁路员工,却以共同雇用为由而拒绝赔偿。此外,其在雇主之间也造成明显的不平等:在一些小型的、工人直接接受雇主监督的工厂,一旦发生事故,雇主往往因未尽到监管责任而须向工人进行赔偿;而在那些规模较大、依靠雇主雇用的监工监管工人的工厂,工伤事故发生后,雇主很容易把责任推脱到监工身上,认为事故是监工玩忽职守所致,依据共同雇用原则,雇主则往往被免除责任。[①] 由此看来,共同雇用原则为雇主在工伤事故的诉讼中提供了一道护身符,法庭在受理此类诉讼时对这一原则的引用实际上是对雇主的纵容与偏袒,不利于雇主采取有效措施去强化工作环境的安全,加剧了工人对雇主及政府的不满,因而在某种程度上成为劳资关系恶化的渊薮。

共同雇用原则的最大受害者是煤矿工、铁路员工及海员,其他行业的工人也深受其害。这是因为,当雇主不愿承担赔偿责任时,工会不得不对受害者及其家庭给予补助与救济。据统计,1868—1875年,工程行业混合工会、铸铁工人工会、锅炉制造工工会,以及木工、细木工混合工会,为工伤事故受害者家庭提供的救济金为24 117英镑,尤其是工程行业混合工会在其成立后的25年间,为工伤事故受伤的会员提供的补助金高达25 900英镑。[②] 这成为工会基金中的一笔重要开支。为了废除共同雇用原则、敦促雇主承担应有责任,工会开始了持续不懈的斗争。早在1858年,矿工领袖亚历山大·麦克唐纳在一次矿工代表大会上,首次提出废除共同雇用原则的倡议。但直到19世纪70年代,当铁路行业混合工会成立并加入到这场斗争后,工会的这一诉求才进入政治家的视野当中。

1875年4月5日,身为铁路局主管的议员爱德华·沃特金(Edward

---

① Philip Bagwell, *Industrial Relations*, p.71.
② Philip Bagwell, *Industrial Relations*, p.72.

Watkin)首次在下院提出《雇主责任议案》(Employers' Liability Bill),要求废除共同雇用原则,并建议雇主赔偿金上限为工人的一年工资。但沃特金的提案未得到铁路公司联合会(Railway Company's Association)的认可,因此在议会中并未得到积极回应。尽管如此,1876年,议会授权成立铁路事故皇家委员会,就铁路事故的成因、责任及赔偿问题进行调查取证。铁路公司在接受调查时指出,大多数铁路事故都是由铁路员工疏忽所致,立法的改变只会在铁路公司与员工之间制造对立。铁路员工在作证时则认为,尽管安全事故多由铁路员工疏忽所致,但酿造事故的员工本身接受铁路公司雇用,铁路公司应为事故承担责任。1878年,麦克唐纳向内政部提交《雇主责任议案》,内政部同意说服内阁成员支持议案,但内阁成员对议案仍有分歧。

1880年大选结果改变了议案的命运,保守党的下野以及自由党的上台为议案的通过提供了契机。自由党议员很快在议会中提出议案,但议会中围绕着议案的争论依然非常激烈。支持派认为,共同雇用原则在劳资关系中的运用缺乏合理性与公正性,如果不废除,雇主就不可能为工人提供基本的安全防护;反对派则认为,议案将会给雇主带来额外负担,增加公司的运营成本,削弱英国工业的竞争力。[①] 经过激烈的辩论与交锋,1880年9月7日,《雇主责任法》(The Employers' Liability Act)终于在议会两院获得通过。

作为英国历史上第一部明确雇主责任的法案,《雇主责任法》对工伤事故中雇主需要承担责任的情形、免责情形、赔偿金数额及时间等做出了详细的规定。依据法案规定,由于与雇主生意相关的道路、工作、机器、设备等缺陷,或由于为雇主服务的监工监管工作的疏忽,或由于为雇主服务的工人接受并执行雇主的命令或指导,或由于依据雇主或其代理人制定的规章制度行事,或由于铁路行业负责信号、方向、机车头、火车控制的工人的疏忽,基于以上因素造成工人身体的伤害或死亡,雇主将依法做出赔偿。

---

① 金燕:《工业革命前后英国对劳资关系的国家干预》,南京大学博士学位论文,2008年,第196—197页。

关于赔偿金数额,法案规定,最高不超过事故发生前受害者三年工资的总和。关于赔付时间,法案规定,在工伤发生的六个月之内,或工伤造成死亡的十二个月时间内,各方应对赔偿金数额做出认定,在认定之后的六周之内,赔偿金必须依法偿付给受害者或其家属。①

从上述条款可见,共同雇用原则在上述五种情况下不再适用。这也就意味着,当工人受到的伤害源自雇主、监工、受雇同伴的疏忽时,雇主必须承担相应赔偿责任。举例来说,在一起铁路交通事故中,"一个疏忽的司机使一个转辙工和使一个旅客丧命,在新法律看来并无不同"②。因此,在把职工的地位和公众的地位等同起来的那个过程中,法案创造了一个良好的开端,这显然有利于保障工人及其家属的合法权益,由此在很大程度上被视为工会的胜利。

但值得注意的是,或许是为了平息反对者的不满,法案又加入了雇主免责的专门性条款。如果属于以下任何一种情形,即事故的发生并非"由于雇主、雇主代理人或者其他雇员的疏忽或过失所致;雇主推行的规章、制度、指令被认为正确无误、与事故发生没有必然关联;工人明知某种疏忽或过失可能造成其人身伤害,但未能在合理时间内向雇主或监工报告相关信息",在以上三种情形下,受到伤害的工人无权向雇主提出索赔要求。③ 这一条款表明,共同雇用原则在一定程度上依然被保留下来,因为如果认定工伤事故的发生与雇主或其代理人或其他雇员无关,那么工人的赔偿将无从谈起。

由此看来,法案一方面明确了在五种情形下雇主对于工伤事故要负责并给予赔偿,但另外又设定了三种免责的情形。而落实到具体实践中,一

---

① W. Adington Willis, *The Workmen's Compensation Act, 1897 and the Employers' Liability Act, 1880*, London: Law Publishers, 1899, pp.188-191.
② [英]克拉潘:《英国现代经济史》(中卷),姚曾廙译,北京:商务印书馆,1975年,第531页。
③ Arthur Robinson, *Employers' Liability Under the Workmen's Compensation Act, 1897, and the Employer's Liability Act, 1880*, London: Stevens and Sons, 1898, pp.58-60.

旦工伤事故发生,在责任认定方面就存在着很多不确定性。由于雇主占据优势地位,且有实力雇用专门律师,这使得在郡法庭审理的诸多工伤赔偿案件中,雇主得以脱逃责任,而作为受害者的工人则往往无法得到应有赔偿。1886年一个委员会出具的报告指出,1881—1886年,法庭审判了3 000件索赔案,索赔金总额超过45万英镑,但在很多案件中工人无法提供雇主方负有责任的证据,因而导致败诉,结果工人获得的判决索赔金额仅有12万英镑,平均每个案件只获得40英镑。①

事实上,为解决工人失业、疾病、工伤事故等带来的生计问题,此前工人阶级早就建立起互助会。正常情况下,工人每月向互助会缴纳保险基金,一旦遭遇工伤事故,工人可立即从保险基金中获得相应补偿。1880年之前,保险基金的缴纳者几乎都是工人,但1880年法案通过后,雇主开始成为保险基金的重要缴纳对象。为了避免在未来可能发生的工伤事故中遭遇工人的依法索赔,许多雇主在与工人签订雇佣合约时,同时签订一份"私立契约"(contracting out),其内容是雇主代替工人缴纳全部或部分保险基金,而工人在遭遇工伤事故后,可直接从保险基金中获得相应的赔偿。私立契约规避《雇主责任法》的做法,引起了人们激烈的争论。支持者认为,私立契约的订立使得事故发生后,工人能够方便、快捷地获得补偿,而避免可能遭到的法律诉讼。反对派则认为,雇主私立契约的订立侵害到个人的财产权及契约自由权,鼓励私立契约的做法实际上削弱了工人在雇用谈判中的力量,1880年法案实际上赋予了工人与雇主平等的法律地位,而私立契约则诱使工人放弃自身的法定权利;诉讼的威胁、公众的揭露以及可能付出的代价会敦促雇主更为谨慎、更加负责,但私立契约会使雇主不再感受到威胁,由此不愿在工厂采取各种防护措施,从而放任工伤事故数

---

① V. Markham Lester, "The Employers' Liability/Workmen's Compensation Debate of the 1890s Revisited", *The Historical Journal*, Vol.44, No.2 (June, 2001), p.478.

量的增长。①

私立契约是否受到法律的保护？这成为劳资双方及社会各界关注的焦点。但在1881年格里菲斯诉达德利伯爵(Griffiths vs. Earl of Dudley)一案中，王座法庭的判决宣告了私立契约的合法性。根据法庭判决，一旦劳资双方签订私立契约，在工伤事故发生后，即便责任属于雇主一方，工人也无权依据《雇主责任法》向雇主索赔。这一判决极大地推动了私立契约的盛行。自1880年后，制铁业雇主联合会为受雇的28 000名工人购买了保险基金。尽管工会极力反对私立契约，但法律诉讼程序的复杂性使得很多工人更愿意接受私立契约。而《雇主责任法》在实践中成效也并不显著。1890年，工人依据该法案提起的诉讼为389起，索赔金额达63 070英镑，结果只有208起诉讼获得法庭支持，获取的赔偿金仅为8 679英镑，平均计算，每起成功的索赔案获得的赔偿金约41英镑。② 由此可见，法案在保障劳工权益方面成效不大。这主要因为工人由于工伤事故将雇主告上法庭会面临很多现实的障碍：在工伤事故责任的认定上，由工人去举证存在很多困难；法庭诉讼会让工人付出时间、精力、金钱等，如非迫不得已，很少有工人愿意这么做。因此，在法案推行过程中，雇主与工人对于私立契约的接受，使得法案的实施陷入困境。

私立契约的存在，不仅使得工人放弃了法律所赋予的起诉雇主的权利，而且降低了工会在与雇主集体谈判中的地位。《雇主责任法》的通过被视为工会斗争的一大成就，但工会也很快认识到，该法案并未完全废除共同雇用原则，也没有排斥私立契约行为。由此，法案在敦促雇主履行赔偿责任、加强工厂设施的安全防护等方面，并没有多大成效。因此，工会开始行动起来，要求制定一部彻底废除共同雇用原则、明令排斥私立契约的《雇

---

① W. Adington Willis, *The Workmen's Compensation Act, 1897 and the Employers' Liability Act, 1880*, p.23.
② Philip Bagwell, *Industrial Relations*, p.75.

主责任法》。1880—1897年,尤其是1884年工人阶级获得政治选举权后,工会的这一诉求得到自由党政治家的支持。从19世纪80年代中期开始,新的《雇主责任法》议案不断向议会提出,其中1893—1894年,议会就新的《雇主责任法》议案进行了激烈讨论并表决,议案虽然在下院顺利通过,但在上院二读被否决。直到1897年,关于工人的工伤赔偿问题再次成为英国政治生活的焦点,新的替代性法案终于出台。

4. 工厂法的推进

19世纪后半叶是机器大生产确立并处于主流的时代,但由于行业的差异性,仍有不少工人在手工工场与家庭工业部门就业。在不同类型的工业部门中,工资、工时、雇用条件等问题一直成为劳资纠纷及冲突的中心。如果说劳资之间自发的自愿主义集体谈判主要致力于上述问题的解决,那么工厂工人的工作时间、工作环境、卫生、安全与教育等问题,在很多时候也成为劳资争议的焦点所在。工厂工人的工作状况在19世纪进入社会慈善家、社会活动家的视野。在各界社会力量的推动下,19世纪后的英国政府颁布了一系列工厂法,来规范工厂主的雇佣行为,改善工厂的工作环境,以维护劳工的权益,进而从根源上减少了劳资争议或冲突的发生。从这个角度而言,工厂法通常被视为从政府层面化解劳资争议或冲突的主要手段之一,成为劳资冲突化解机制的重要组成部分。从工厂法的历史演进中,可以透视出英国政府在劳资关系领域角色的变化。

从1802年第一部工厂法开始,一直到19世纪中叶,英国政府出台了多部工厂法,对于女工、童工以及年轻工人的工作时间等做出了具体规定,其中最为瞩目的成果就是针对女工与童工的十小时工作制的推行,由此开了政府以立法手段规范雇用行为的先河。但值得注意的是,19世纪中叶前,一方面,工厂法的实施范围仅限于新兴的纺织行业,其他行业则不属于工厂法管控范围之内,更不用说当时大量存在的手工工场了;另一方面,工厂法对工厂的卫生、环境等问题并未给予较多关注。这两方面的问题显然引起改革者们的关注。因此,到19世纪后半叶,一方面,"改革者面临的任务,就是将纺织行业施行的工厂法,推广到其他所有行业";另一方面,工厂的工作环境,尤其是卫生、安全防护等问题成为工厂法关注的新目标。

一般而言,工厂法出台的程序是:议会授权成立一个专门委员会,对相关行业工作状况进行调查,委员会完成报告后提交到议会,然后由改革派议员提出工厂法议案,在议会两院讨论并付诸表决,最后作为国家法律在全国范围内推行。专门委员会的调查报告往往成为工厂法议案的基础所在。

19世纪六七十年代是工厂法从纺织行业逐步扩散到其他行业以及从工厂推广到作坊的阶段,而这经历了一个循序渐进的过程。童工的工作时间及工作环境问题,在纺织行业普遍施行的工厂法中,已经有了明确的规定。但根据儿童雇用委员会发布的报告,其他行业童工糟糕的工作状况同样值得关注。报告特别关注到,在漂白、印染、花边等行业,女工与童工超过12小时的超负荷劳动成为常见现象。报告突出了"在最不卫生的条件下,以及在一切儿童可以合用的地方继续使用甚至年龄极小的儿童从事劳动的情形。花边制造业的未受限制的部分提供了不堪入目的证据。织袜业、草帽辫业以及其他的轻工业亦复如此。开始从事针织手套缝缀工作的一般年龄是五岁,有一位证人曾经看到'很多小至'三岁半。进入草帽辫'学校'的年龄通常是四岁,而三岁或三岁半也并非不普通。枕头花边'学校'的情形大同小异"[①]。

将这些与纺织相关的附属行业引入工厂法,成为当时的社会诉求之一。英国政府无疑关注到了这种诉求:1860年,议会出台法案,将漂白、印

---

① [英]克拉潘:《英国现代经济史》(中卷),第525页。

染行业纳入工厂法的管辖之下。1861年的法案则将花边行业纳入工厂法的实施范围,该行业女工、童工的工作时间受到工厂法的约束。根据规定,16岁以下童工的工作时段为早上5点至晚上10点,在这个时间段每天工作时长不超过9小时。1862年又出台印染业新规,禁止在室外染坊从事夜间劳动。① 1863年与1864年,轧光业与成衣业也先后加入工厂法行列。同样值得关注的是,1863年一项针对面包行业的法案出台,在晚上9时至早上5时之间,禁止18岁以下工人从事夜间劳动。② 这也就意味着,到60年代初,工厂法的实施范围已经扩散到与纺织相关的各行业。

不过,在纺织及相关行业工人受到工厂法保护的同时,其他行业工人的工作状况令人触目惊心,但却缺乏法律的管束。1862年,童工雇用委员会发布的第三份报告,揭露了未受工厂法约束的其他行业的工人尤其是童工超长时间、超负荷工作的现状。报告指出,南斯塔福德郡一些钢铁厂中,大量8岁左右的男童被雇用,从事钢铁废弃物处理及熔炉门开关等方面的危险工作,工作时间普遍达到12小时。黑乡(Black Country)的皮具厂中,13岁童工的工作时间为早上6点到晚上7点,有时甚至从早上5点到晚上8点。而在另外一些行业,童工及普通工人的工作环境非常恶劣:在陶器厂中,制陶的上釉流程中所使用的红丹对人体有致命伤害,"几乎没有几位上釉工在工作多年后不患上绞痛或瘫痪,很多人在年纪轻轻时就残疾了"。同样的状况也出现在火柴厂中,"磷燃烧产生的毒烟时刻侵害工人的下颌和肺部",伦敦布莱恩特和梅火柴厂(Bryant and May's Match Factory in London)的一名监工作证,他见到很多人由于工作而把身体搞垮了,"好几个人因为磷侵害到内脏而死亡,另外有18或20名工人失去了下颌"③。

---

① B. L. Hutchins and A. Harrison, *A History of Factory Legislation*, p.139.
② Ernest Von Plener, *The English Factory Legislation*, pp.51 - 52.
③ Eric Hopkins, *A Social History of the English Working Classes*, *1815 - 1945*, London: Edward Arnold Publishers, 1984, pp.103 - 104.

而在这些行业中,童工超负荷工作的现象非常普遍。这些不受工厂法约束的行业,劳工的工作环境及工作状况的披露令整个社会震惊,甚至包括明顿(Minton)、韦奇伍德(Wedgwood)等人在内的部分雇主对此也表示谴责。1862 年,这些雇主在致内政部的备忘录中指出:

> 10 岁以下的儿童受到雇用的情况较为普遍,这会造成其身体及心理上的伤害,由于立法举措缺乏,用自愿协定方式来匡正这些恶行是不可能的,因为仅靠部分雇主的努力无法达成一项全行业遵守的协定。①

全社会的共同努力终于促成了新的工厂法出台。在 1864 年《工厂法扩充条例》(*Factory Acts Extension Act*)中,更多的行业被纳入已经实施的工厂法管辖之下,这些行业包括:陶器、摩擦火柴、雷管、弹药筒的制造、纸张染色、棉布剪裁等。② 依据法案规定,工厂的含义扩充到上述行业中"任何雇用人力劳动的地方",这些地方不仅包括工厂,而且包含各类作坊。专门委员会中专业的医疗及卫生委员的意见在 1864 年法案中第一次得以体现,法案要求工厂主在工厂中安装通风设备,将机器生产中产生的有害气体、灰尘以及其他杂质排出室外,而违反这一规定者将被处以不超过 1 英镑的罚款,这也是将矿山法规则体系的相关部分移植到工厂法中的首次努力。③ 此外还有一项特殊规定,即为了保障工人的健康,童工、年轻工人及女工不得在某些特定工序正在进行的车间里就餐。如果说 19 世纪 60 年代初,与纺织相关的行业逐步被纳入工厂法管辖之下,那么,1864 年《工厂法扩充条例》则意味着工厂法的施行范围进一步扩大,这次被涵盖的基本上是那些工作环境较为恶劣、对人身健康危害较大的行业。

---

① B. L. Hutchins and A. Harrison, *A History of Factory Legislation*, p.152.
② Victorine Jeans, *Factory Act Legislation*, p.15.
③ *Factory Acts*, https://en.wikipedia.org/wiki/Factory_Acts.

工厂法的推广经历了一个循序渐进的过程。尽管纳入工厂法管辖范围的行业越来越多,但同样值得关注的是,直到19世纪60年代中期,仍有大量的在不同行业就业的工人无法受到工厂法的保护,这些工人分为以下两类:(1)在未被工厂法覆盖的行业中劳作的工厂工人,包括五金、煤炭、钢铁、造船、交通运输等行业的工人。(2)在工厂之外劳动的所有行业的工人,包括在仓库、手工工场、作坊以及家庭工业中劳动的工人。1862年成立的专门委员会对这两类工人的工作时间、工作环境等,同样给予了密切关注。伯明翰是工业化时期五金业的中心,而五金业,无论是工厂还是作坊,均不在工厂法的管辖之列。据调查,伯明翰五金业大约雇用了2 000名10岁以下儿童,其中有四分之一的儿童还不到8岁。这些童工整天在充满烟尘的环境中工作,这极易造成各种肺病以及黏膜疾病。而在一些小作坊中,童工被雇用的现象则更为普遍。可能正因为如此,"许多父母选择来到伯明翰,是因为他们的孩子在这里能找到工作、养家糊口。而大一点的女孩,如果勤快一点,就可以挣到成人一半的工资,她们中许多人每周能挣到10或者12先令"①。根据委员会发布的报告,在英格兰针织业,约有12 000名工人,但只有约三分之一即4 063名工人因为在针织厂工作而受到工厂法的保护,其他约三分之二的工人则因为工作地点的差异而处于工厂法的适用范围之外,这些工人往往在小作坊、私宅或仓库中从事针织品的裁剪、折叠、修补、打包、贴标等方面的工作。

根据多个行业的调查结果,委员会认为,将大型工厂置于法律监管之下而将各类作坊等排除在外是非常不公平的,因为作坊与工厂中的工人从事着同样的工作,而对作坊予以监管显然更为必要。委员会因此建议,"各类作坊,无论其规模大小,均应尽可能置于工厂视察员的管控之下;如果相关费用成为一道难以逾越的障碍,那么地方卫生部门应该承担起监管的责

---

① B. L. Hutchins and A. Harrison, *A History of Factory Legislation*, p.159.

任"。此外,委员会也认识到,就工厂而言,应依据其行业属性而确定其是否推行工厂法,目前将各类作坊排除在法律监管之外的做法会引发普遍的不满以及明显的不公平,因此,"应该将所有的行业均置于工厂法的管制之下"①。不难发现,委员会的调查报告指出了当时工厂法推行面临的问题,并给出了问题的解决方案。该方案的主旨就是要将工厂法的推行范围无限制扩大,即一方面要扩大到所有行业的工厂,另一方面要扩大到工厂之外所有行业的作坊等,由此让绝大多数工人都能受到工厂法的保护。

专门委员会提出的建议得到英国政府的重视,于是,1867年英国议会在工厂立法方面迈出了非常重要的一步,即将工厂法的范围无限制扩大到所有行业、所有类型的工厂、作坊以及其他场所。1867年工厂法分为两个法案,首先是《工厂法扩充条例》。该法案规定,工厂法将适用于使用机器生产的熔炉、制铁、制铜及机器制造业、五金行业、橡胶业、造纸业、玻璃业、烟草业、印刷业、装订业,以及其他雇用人数超过50人的所有场所。② 这也就意味着,工厂法的覆盖范围,不再局限于纺织业等那样使用机器生产、雇用大量劳工的加工厂或制造厂,而且将扩大至其他不使用机器生产但雇用人数超过50人的场所。自此,无论是大型工厂,还是员工超过50人的场所,均受到此前颁布的工厂法的约束,即这些场所必须遵守1864年法案中的卫生条款以及19世纪中叶各项工厂法中有关工作时间、童工的年龄、机械操作及教育等方面的规定,并接受内政部任命的工厂视察员的监管。1864年法案的下述条款被重申:经过内政大臣许可,高危行业的雇主要制定专门的工作规程,以免危险的工作程序造成人身伤害。法案还规定:12岁以下男童及所有女工不得受雇从事玻璃的高温熔化及低温退火工作;11岁以下童工不得受雇从事五金行业的碾磨工作;任何童工、年轻工人和女

---

① B. L. Hutchins and A. Harrison, *A History of Factory Legislation*, pp.159, 164.
② Ernest Von Plener, *The English Factory Legislation*, p.81.

工不得在玻璃厂的任何地方就餐;工厂视察员有权要求雇主使用电扇或采取其他设备,将磨削、上釉、齿轮打磨所产生的尘埃排出室外,因为这些尘埃极易被工人吸入并危害其身体健康。①

不过,考虑到行业的特殊性,法案又附有很多例外和保留条件。例如,法案附属条款针对部分行业做出了特殊规定:在印刷厂,16 岁以上男工,在工作一天、休息一天的情况下,每天的工作时间可长达 15 小时,并且不受工厂法关于夜班工作的限制;在书籍装订车间,14 岁以上的年轻工人以及女工每天可持续工作 14 小时;在造纸厂与玻璃厂,年轻工人的工作时间不受限制,只要每周工作时间不超过 60 小时即可;在使用水力机的钢铁厂、造纸厂以及大型印刷厂,根据行业工序的需要,可以雇用年轻的男工从事夜间工作,只要保证其白天适当休息即可。② 由此可见,这些保留条件在一定程度上抵消了立法者的良好初衷,从而影响到法案的推行成效。

1867 年法案的另一组成部分是《作坊管理法》(Workshop Regulation Act),该法案可被看作《工厂法扩充条例》的有效补充,即将雇用人数在 50 人以下、从事手工制造的所有场所,置于工厂法的管辖之下。事实上,1864 年工厂法已对某些特殊行业的作坊加以管理,而 1867 年法案则将这种对作坊的管理扩大到所有行业。法案对几个关键词做了界定:"雇用"意味着工人受雇于所有手工业,无论是否获得薪水,无论是为雇主还是为父母而工作;"作坊"指的是"雇主有权出入或管理有儿童、青年和妇女从事任何手工劳动的任何房屋或场所(无论是室内的还是室外的)";"手工业"则指的是"以获取收益为目的的任何手工劳动"③。

法案首先对工作时间作出严格限制,以减少超负荷的加班现象。根据

---

① B. L. Hutchins and A. Harrison,*A History of Factory Legislation*,pp.168 - 169.
② Ernest Von Plener,*The English Factory Legislation*,p.82.
③ B. L. Hutchins and A. Harrison,*A History of Factory Legislation*,p.170.

规定,任何行业不得雇用 8 岁以下的儿童,而 8—13 岁的儿童在受雇时只能做半日工,这与工厂中的情况一样。青年及妇女受雇时,每天的工作时间不得超过 12 小时,其中用餐时间为 1.5 小时;周六下午 2 点后不得雇用任何儿童、青年、妇女劳动,5 人及以下场所除外。在工作时段上,儿童的工作时间段被限制为早上 6 点至晚上 8 点;青年及妇女的工作时间为早上 5 点至晚上 9 点。① 在童工的教育方面,法案规定,童工每周必须上学并接受 10 小时的教育(工厂童工接受教育的时间为每周 15 小时),上学费用可从童工工资中扣除,父母或雇主必须为童工的教育负责,违反者将被处以罚金。②

19 世纪中叶的英国,各行各业的作坊依然众多,就业人数庞大,如何能确保法案在作坊中被有效实施呢?对此,考虑到作坊分布的广泛性以及数量的众多性,法案将监管作坊的权力赋予地方政府任命的卫生官(medical officer)。但不可思议的是,法案对卫生官的权限又加以限制,即如果卫生官怀疑某个作坊中存在违法行为,他并不能直接进入作坊视察,而必须得到地方法官的授权。③ 而这一规定,在很大程度上带来了法案在实施上的困境。

1867 年两部法案的出台,标志着此前只为某些行业工人提供保护的工厂法条款,现在已覆盖了英国各行各业的大工厂及小作坊,这是近代工厂立法史上的重大进步,同时也是国家权力在劳资关系领域强化的结果。那么,这两部法案在实践中执行的情况如何呢?法案的推行有赖于各类监管,而监管的权力被分别赋予内政部任命的工厂视察员和地方政府任命的卫生官,前者的职权范围主要是各类工厂,后者的职权范围主要是各类作坊。结果表明,代表中央政府权威的工厂视察员,大多数尽职尽责,法案在

---

① B. L. Hutchins and A. Harrison, *A History of Factory Legislation*, p.171.
② Ernest Von Plener, *The English Factory Legislation*, p.84.
③ Ernest Von Plener, *The English Factory Legislation*, p.85.

工厂中执行效果良好;而《作坊管理法》推行的情况则比较糟糕,几乎成为一纸空文。"全国只有五六个城镇对法案的执行予以严肃对待,绝大多数城镇将法案仅视为许可性的"①,往往不予以重视。极少数城镇,如莱斯特、诺丁汉、斯塔福德等对法案的实施非常重视:莱斯特专门任命了三四名卫生官去监管作坊,诺丁汉则任命一位警察作为视察员,效果良好。而在一些较大城镇,如利物浦、伯明翰、布里斯托尔、斯托克波特以及切斯特,地方当局没有为法案推行采取任何行动;而在谢菲尔德、佩斯里、奇切斯特,地方当局则拒绝执行法案。1870年的一项统计表明,在352个地方当局中,有172个根本没有采取任何措施来执行法律,只有110个对作坊的经常检查做了安排。②

各地工厂视察员的报告显示,各类工厂由于监管有力而较好地执行了工厂法,而与工厂毗邻的作坊,因为几乎没有卫生官去视察,而拒不执行作坊法的规定。由此,为规避法案的约束,不少儿童从工厂流入作坊之中,为挣工资而承受超负荷的劳动。1868—1869年的工厂视察员报告因此指出,在全国各地,《作坊管理法》几乎成为一纸空文。究其原因,除了上述各地方当局不予以重视外,还有以下几个因素:(1)迟至19世纪60年代,很多城镇依然没有建立起卫生委员会,更谈不上任命卫生官,因此无人监管法案的执行。(2)即便有的城镇任命了卫生官去监管作坊,但卫生官数量严重不足,如曼彻斯特直到1868年才任命了一位卫生官,而由其去监管辖区内所有作坊显然不切实际。(3)法案本身对卫生官的权限做了较多限制,尤其是卫生官在未得到治安法案及地方官员授权的情况下,即便怀疑作坊内有违法行为,也无权直接进入作坊加以查处。为了改变这种局面,在各地工厂视察员的强烈建议下,从1871年起,作坊监管权从地方政府转移到中央政府手中,工厂视察员同时肩负起监管作坊的职责。由此,工厂

---

① Sidney Webb, ed., *The Case for the Factory Acts*, p.120.
② [英]克拉潘:《英国现代经济史》(中卷),第528页。

视察员巡视的场所数量出现了激增。1867—1871年,全国工厂视察员巡视的场所数量从3万个陡增至11万个。① 1876年,黑乡一位工厂视察员宣称,其辖区内的作坊多达10 000个,每个作坊的雇用人数为3.5人。② 总体而言,尽管1867年《作坊管理法》有着种种不完善之处,但它毕竟是个重大的进步,因为它将大多数工人置于法律的约束和保护之下。

1867年的两部法案虽然涵盖范围较广,但值得注意的是,除了工厂及作坊以外,还有一些劳工并未被纳入法律保护的范围之内,这包括农业工人、家庭工业中的工人以及一些散工、零工等。将上述工人群体纳入国家法律保护之下,成为下一阶段工厂立法的目标。1867年,儿童雇用委员会发布最后一份报告,对于东英格兰部分乡村地区儿童与妇女团队的雇用状况做了披露。报告指出,儿童与妇女团队在工头的监视下,在野外长时间劳作,毫无疑问,其工作状况非常糟糕,工头经常就跟奴隶主一样。不少地区的农业工人组织起来,致力于改善其工作条件。于是,1868年《农业团队法》(Agricultural Gangs Act)出台。依据规定,所有团队的工头都必须从治安法官处获得资格证,不得雇用8岁以下的男童或女童;如果团队中有妇女和女童,那么工头必须由拥有资格证的女性担任。③

进入19世纪70年代后,针对已有法案在推行中遭遇的困境,工厂立法又经历了逐步调整与完善的过程。1871年《工厂与作坊法》(Factory and Workshop Act),对1867年两部法案的内容做了稍许调整。该法案规定,地方当局不再负责作坊的监管,而自法案通过之日起,由内政部任命的视察员承担起工厂与作坊的监管职责,并负责出具相关监管报告。法案还规定,16岁以下的女工以及10岁以下的童工不得受雇于砖瓦及瓷砖制造业。1872年,针对矿工的《煤矿及金属矿法案》(Coal and Metalliferous

---

① B. L. Hutchins and A. Harrison, *A History of Factory Legislation*, p.230.
② Eric Hopkins, *A Social History of the English Working Classes*, 1815-1945, p.104.
③ Eric Hopkins, *A Social History of the English Working Classes*, 1815-1945, p.105.

Mine Act)出台了。① 法案将下矿井工作的男童的年龄限制为 12 岁以上，而 16 岁以下的男童的每周工作时间不得超过 54 小时。与此同时，要求缩短工作时间、实现九小时工作制的运动开始兴起。这场运动发端于英格兰西北部的建筑及工程行业，并得到了英国各大工会的支持。作为对这场运动的回应，1875 年《工厂法》对于特定群体的工作时间做了调整，即女工与年轻工人每周的工作时间不得超过 56.5 小时。② 这一规定虽然没有完全满足工人的诉求，但在缩短工时方面却迈出了重要的一步。

1876 年，议会授权成立一个专门委员会，调查工厂法以及作坊法的实施情况，并了解将两部法案合并起来的可能性。委员会在调查过程中发现，由于两部法案在很多方面的规定并不一致，结果在实施过程中出现诸多困难及反常现象，造成了事实上的不公正。例如，在纺织业工厂中，童工受雇的年龄为 10 岁以上，每天只可工作 10 个小时，其中含 2 个小时就餐时间；而在其他工厂中，虽然童工受雇年龄不变，但童工每天的工作时间为 10.5 小时，就餐时间为 1.5 小时。而在各类作坊中，童工的受雇年龄为 8 岁以上，其每天的工作时间与就餐时间和工厂童工存在较大差异。这往往会造成一种不公正的现象，同一名童工，如果在不同的场所工作，其雇用条件也不一样，从而造成执法标准的差异性；当年仅 8 岁的童工被工厂拒之门外时，作坊则可以堂而皇之地雇用这些童工。很多工厂主由此抱怨法案的不公正，因为他们发现当自己的工厂受制于法案约束之时，往往作为竞争对手的作坊却能免受法案的约束。③ 因此，专门委员会建议简化并合并已有法案条款，除某些特殊行业外，将工厂、作坊等纳入统一的法案管辖之下。

---

① G. D. H. Cole, *A Short History of the British Working Class Movement*, Vol.2, p.126.
② G. D. H. Cole and A. W. Filson, eds., *British Working Class Movements: Select Documents, 1789-1875*, p.600.
③ B. L. Hutchins and A. Harrison, *A History of Factory Legislation*, p.178.

在调查过程中，委员会还发现，在工厂及作坊之外，还有许多在家庭工业中工作的劳工，这些工人实际上不受已有的任何一部法案的管辖。在家庭工业中，雇主往往雇用家庭成员、亲朋好友在自己的住所从事生产活动，其工作时间与就餐时间具有不确定性，加班、夜间劳动以及雇用低龄童工的现象非常普遍。但无论是工厂视察员还是地方卫生官，都无权进入私宅巡视。委员会因此建议，应该按照作坊法的标准，将家庭工业纳入法案的管束之下。

基于专门委员会提交的长篇报告，1878年英国议会合并了此前的工厂法及作坊法，颁布了一项新的《工厂与作坊法》。新法案取消了工厂与作坊以雇用50人为界限的绝对划分，而是将各种工作场所划分为以下五类：（1）纺织业工厂，其所限定的工作时间比其他工厂要短一些。（2）非纺织业的工厂。（3）雇用童工、年轻工人及女工的作坊。（4）只雇用女工而不雇用童工及年轻工人的作坊。（5）只雇用家庭成员的家庭作坊。[①] 这五类场所中，前两类属于工厂，即"使用受蒸汽、水力或其他机械动力以驱动机器的场所"；后三类属于作坊，即"雇主有权出入的、以获取利润为目标，雇用人力劳动以从事商品的制造、改装、修补、装饰、成型、改造的场所"。[②] 对于以上劳动场所，除了特别标注的以外，法案的条款规定及执法标准相对统一。为了管理上的方便，法案对在各类场所中工作的上述群体，在年龄上做了统一规定，即18岁以上的女工、14—18岁的年轻工人以及10—14岁的童工。[③] 法案推行的目标，旨在改善制造业中女工、年轻工人及童工的健康状况，保障儿童的受教育权利，并力图弥补此前法案中的不足。法案的主要内容如下。

在卫生方面，所有工厂（包括作坊，但家庭工业除外）必须处于整洁状态，保持良好的通风状态，远离恶臭的侵扰，避免过度拥挤；如果视察员发

---

① B. L. Hutchins and A. Harrison, *A History of Factory Legislation*, p.182.
② Sidney Webb, ed., *The Case for the Factory Acts*, pp.92-93.
③ Sidney Webb, ed., *The Case for the Factory Acts*, p.93.

现工厂内有秽物,应立即向当地卫生部门汇报,并协同卫生官一同进入工厂进行查处;每个工厂的墙壁必须每 14 个月粉白一次,如果是刷油漆,则必须每 7 年重刷一次,刷后每 14 个月清洗一次,但经内政部特许无须保持清洁的工厂除外;棉布行业不得雇用女工、年轻工人及童工,除非已采取相关措施避免工人远离潮湿及蒸汽环境。

在安全与事故方面,起重机、卷扬机、蒸汽机、水轮、矿机齿轮等,均必须采取相关安全防护措施;不得雇用童工、年轻工人及女工对正在运转中的机器从事清洗工作;工厂发生任何事故必须向视察员与执业医生报告;任何人因机器安全防护不当而导致工人身体受到伤害,雇主将被内政部处以 100 英镑罚款,作为受害者的伤残补助。

在工作时间与就餐时间上,年轻工人及女工每天的工作时段为早上 6 点至晚上 6 点或者早上 7 点至晚上 7 点之间,周六只能安排半天工作,连续工作 4.5 小时后必须休息半个小时;童工的工作时段与年轻工人一致,但童工只能安排半天工作,或者工作一天休息一天,童工每天的工作时间不超过 10 小时;不得雇用童工、年轻工人及女工在周日工作。

在童工教育方面,童工的父母必须承担起送儿童上学接受教育的责任;适龄儿童只有获得相关学校开具的上学证明才能被雇用,任何人不得雇用未获得上学证明的儿童;工厂视察员有权向雇主查验所雇用童工的上学证明;童工的学费每周不得超过 3 便士,或者不超过童工每周工资的 5%,学费由雇主缴纳并从童工工资中直接扣除。

关于就业健康证,任何 16 岁以下者获得雇用的前提是从执业医生处获得一份健康证,而健康证不得发放给无出生证者或者不能证明其真实年龄者。工厂视察员如果发现就业健康证上的信息与实际情况不一致,可宣布其无效;健康证一旦发放,其在执业医生所统辖范围内的所有生产场所均有效。[①]

---

① Alexander Redgrave, *The Factory and Workshop Act*, *1878 to 1891*, London: Shaw and Sons, 1893, pp.12 - 23.

1878年法案成为此前英国各部工厂及作坊立法的集大成者，由于这一法案涵盖了所有的劳动场所，因而其内容比以往各部立法都要详尽得多。法案涉及女工、年轻工人及童工工厂生活的各个方面，尤其是强化了关于工厂童工教育方面的管理。这充分显示出，随着工业化的完成以及工厂各类问题的披露，在新自由主义（New Liberalism）思想影响下的政府，已开始通过立法的国家干预手段，来改善工人阶级的工作状况，保障工人的权益，进而从根源上化解日益普遍化的劳资冲突。1878年法案是一部跨越各行业的工厂立法，虽然法案关注的劳工群体仅限于女工、年轻工人与童工，但实际上，其受益群体不可避免地扩及成年男性工人。因为，在几乎所有工作场所，女工、年轻工人、童工及成年男性工人共同劳动，在工作及就餐时间、工作环境等方面具有共同性或相似性。由此，法案的溢出效应扩大到了几乎所有的劳工群体，这也为后来不分工人群体的普遍意义上的工厂立法的出台提供了前提。

进入19世纪80年代后，为了应对1878年法案执行中遇到的难题，相关工厂立法开始关注一些特殊行业工人的工作环境及工作状况等。考虑到对于身体的危害，1878年法案明令禁止白铅等行业雇用童工与年轻工人，这一条款遭到相关行业雇主的反对。基于此，1883年《工厂与作坊法》出台。法案规定，白铅工厂必须具备"通风设备、带盥洗室的宿舍、提供冷热水的女性浴室、适宜的餐厅、全套的工作服及口罩、工厂所有员工可随时饮用的充足的酸性饮料"①。符合上述条件的白铅工厂，经工厂视察员现场巡视、确认并经内政部批准后，方可向该工厂签发运营执照；未取得运营执照而私自开工的任何工厂，将被简易处罚不超过2英镑的罚金；已获得运营执照的白铅工厂，一旦在巡视中有违反上述规定之行为，工厂巡视员将对其发出警告，限期整改，在规定期限内仍未达到整改要求者，工厂视察

---

① B. L. Hutchins and A. Harrison, *A History of Factory Legislation*, p.202.

员可在内政部批准下吊销工厂的运营执照。法案还重申了1878年法案中关于年轻工人、女工及童工的相关条款,即年轻工人每年加班的工作日不超过48个,女工不超过96个,童工只能工作半天。① 由此可见,法案一方面满足了雇主的诉求,解除了白铅行业雇用特殊劳动人群的限制,从而扩大了雇主在劳动力市场上的自由选择权;但另一方面,出于对特殊劳动人群的保护,法案对白铅这种易于危害身体健康的行业,又制定出特别规定,并以颁发或吊销运营执照的方式加以约束及管理,从而在一定程度上保护了劳工的利益。

1883年法案还对面包房的卫生状况以及工作条件等做出了详尽规定。在卫生要求方面,法案规定,任何面包房都必须配备抽水马桶、土厕或灰坑,面包房的供水箱必须与任何厕所的供水箱完全分离,面包房内用于排污的下水道必须完全封闭。任何人在不符合上述卫生条件的场所开办面包房,将被简易处罚不超过40先令的罚金;在做出处罚后继续运营的,每天将被追加5先令的罚金。关于零售面包店,依据1878年法案,有关店内的整洁、通风、宽敞及其他卫生状况,由地方当局委任的卫生官而非工厂视察员来监督实施,卫生官有权出入、巡视面包店,并依法采取各种整治措施。② 由此看来,有关面包房及面包店的规定,主要集中在公共卫生及食品安全方面,这可看作是公共卫生相关立法向工厂法领域渗透的结果。

随着工厂法的逐步推广及完善,人们越来越关注工厂工人的工作环境及个人健康、安全等问题,棉布行业中对身体健康有害的潮湿、蒸汽等特殊问题,成为新法案的关注目标。1889年8月30日,英国议会出台专门的《棉布厂法》(*Cotton Factories Act*)。该法案不仅适用于使用机器动力的棉布工厂,而且适用于从事织布的各类场所。关于织布场所的温度及湿度方面,法案以表格方式做出了详细规定:任何因为工艺需要而改变温度及湿

---

① Alexander Redgrave, *The Factory and Workshop Act*, *1878 to 1891*, pp.157-160.
② Alexander Redgrave, *The Factory and Workshop Act*, *1878 to 1891*, pp.160-162.

度表的要求,均应获得内政部的批准;棉布厂必须保持良好的通风状态,以便让厂内工人能呼吸到新鲜空气。棉布厂至少每三个月要接受一次巡视,视察员将检查厂内的温度、空气湿度、通风状况、新鲜空气流量,并核对与表格规定的是否一致。棉布厂必须采取措施,减少工人对尘埃的吸入。一旦视察员发现棉布厂内存在违规行为,如属于首次,将通过简易裁决形式,向工厂主处以5—10英镑的罚金;如此后再犯,每次则增加10—25英镑的罚金。[①] 不难发现,1889年法案对棉布厂工作环境的特殊规定,在很大程度上保障了织布工人尤其是女工的身体健康。

在改善工厂及作坊的卫生条件、保障劳工身体健康以及扩大法案的推行范围方面,1891年《工厂与作坊法》又向前推进了一步,这部法案被看作是对1878年工厂法的有效补充。在工厂及作坊的卫生状况方面,法案做出了强制性的明确规定:任何工作场所不得出现危害公共健康的恶臭或秽物,也不得违反此前法案关于整洁、通风、宽敞空间以及粉刷墙壁等方面的规定;经内政部授权,视察员可随时进入各类工作场所,如发现工厂或作坊中存在违规行为,将协同各地卫生部门进行查处;在规定期限内未做出整改者,将被处以每天10先令的罚金。[②]

在生产安全方面,法案首次做出了具体规定:凡是雇用人数达到40人以上的工厂,均须配备必要的防火及逃生设施,并从当地卫生部门领取许可证;不符合消防安全要求而私自开工的工厂,每天将被处以1英镑的罚金。法案还授权内政大臣对于本人已经证明对健康有危害,或对生命、四肢有危险的任何行业,但非家庭工业———一个重要的例外———须颁布特殊法规,并强制执行。[③] 这些涉及生产安全的法规,雇主必须告知每一位工人;违反法规的工人将被简易裁定为处罚不超过5英镑的罚金,而如果雇

---

① Alexander Redgrave, *The Factory and Workshop Act, 1878 to 1891*, pp.196-199.
② Alexander Redgrave, *The Factory and Workshop Act, 1878 to 1891*, pp.165-168.
③ [英]克拉潘:《英国现代经济史》(下卷),第525页。

主未尽到安全职责,将被简易裁定为处罚不超过 10 英镑的罚金。①

关于雇佣时间,对于只雇用女工的作坊如洗衣房来说,女工每天的工作时段为早上 6 点至晚上 10 点之间,最长工作时间为 12 小时,其中含 1.5 小时的就餐时间;周六工作时间为 8 小时,其中含 0.5 小时的就餐时间;雇用童工、女工及年轻工人从事加班工作的,雇主必须在规定时间内将加班详情的告示张贴出来,违者将被处以不超过 5 英镑的罚金。在雇用条件方面,任何人不得雇用生育未满四周的妇女;自 1893 年起,童工的雇用年龄被提高到 11 岁。② 在雇用童工与年轻工人时,必须获取对方的出生证明,而该证明可由当事人从地方政府部门申请获得。

值得注意的是,法案还首次对外作工(outside labour)与雇主之间的雇佣关系做了规范化管理。法案规定,任何受雇于纺织行业的外作工,均有权从雇主处获得有关生产细节的相关信息,使其在完工后能以计件工资方式获取报酬;未能向外作工提供上述信息的雇主,每次将被处以 10 英镑的罚款。

为了便于视察员的巡视工作,法案特别规定,所有工厂主、作坊主以及受雇于工厂或作坊的承包商,依据内政部要求,必须以规定的格式,制定一份涵盖其雇用的所有人员姓名、从事工种以及工作地点等信息的列表,该列表必须向工厂视察员以及地方卫生部门官员公开。③

1891 年法案,在工厂与作坊的管理方面又向前迈进了一大步。工作场所的卫生状况、工作时间、生产安全等,均被纳入国家法律的监管之下。同 1878 年法案相比,1891 年法案的一个重要变化就在于法案的执行方面。该法案首次将工厂所具备的卫生条件附加到各类作坊上,而监督执行权则被赋予地方卫生部门。正如内政大臣在议会发言中所说:"将工厂法

---

① Alexander Redgrave, *The Factory and Workshop Act, 1878 to 1891*, p.175.
② Sidney Webb, ed., *The Case for the Factory Acts*, p.93.
③ B. L. Hutchins and A. Harrison, *A History of Factory Legislation*, p.219.

中的卫生条款推广到全国所有作坊,无论是哪种类型的……这样,全国每个镇上的每一家补鞋铺、铁匠铺、裁缝铺都将处于卫生法的管理之下。如果不利用地方政府现有机构的便利去执行法案,看起来是很愚蠢的。"[1]这样一来,从1893年起,所有工厂与作坊实际上处于地方政府与中央政府的双重管控之下。这种双重管控模式是否奏效呢？相关调查表明：在一些大城市,市镇当局很好地履行了自身的责任,工厂及作坊法的推行情况较好；而在一些小城市或农村地区,"市镇议会成员为了避免令人生厌,因而不愿意打扰居民,不肯为支付官员额外的薪水而征税"[2],很多地方卫生巡视员的数量严重不足,难以对数量众多的作坊加以巡查,法案执行的成效因此大打折扣。

为了弥补1891年法案在实践中的不足,英国议会于1895年颁布新法案,作为对1891年法案的有效补充。法案对某些特殊行业的计件工资制颁布了特别条款,这些行业包括：棉布、羊毛、毛发、丝绸、亚麻、大麻、黄麻、麻绳、芒麻、椰壳纤维及其他类似材料的加工与制造业,这些行业在推行计件工资时,雇主必须做到以下几点：(1) 在每个工作间张榜公布影响到受雇者计件工资的细节条款。(2) 以书面形式告知榜单中未列出的受雇者相应的计件工资条款。(3) 以书面形式告知外作工有关计件工资测算等方面的细节条款。如果任何雇主没有执行上述规定,则将被处以10英镑的罚金；如果工人未能按照细节条款行事,而以欺骗性手段获取报酬者,同样会被处以10英镑的罚金。由于计件工资主要针对外作工,因此,这一条款有利于保障此前法案所未能涵盖的外作工的权益。

1895年法案还在诸多方面加强了对工厂与作坊的监管。例如,任何雇主必须将其所雇员工的姓名、从事工种、工作地点等登记造册,每半年向视察员提交一份,以备后者随时核查。法案进一步强化了中央政府的权

---

[1] *Hansard*, February 26th, 1891, Col. 1715.
[2] B. L. Hutchins and A. Harrison, *A History of Factory Legislation*, p.240.

威:法案规定,针对那些对人身健康具有危害的行业,内政大臣有权制定特别条款,以对这些特殊行业受雇人群的工作时间加以修改或限制。[①] 法案还要求地方当局必须向视察员汇报其所接到的投诉及惩处情况,这对各地卫生部门的监管工作是一个巨大的推动。1895 年后,地方当局的职责已被广泛认可,在一些大城市如利物浦、曼彻斯特、诺丁汉、利兹、布拉德福德,以及伦敦的几个区,都任命了专门监管作坊的视察员,尤其是在伦敦的肯辛顿、伊斯灵顿、圣潘克拉斯、哈克尼、马里波恩等几个区,地方当局还任命了女性视察员,监管工作成效显著。

由此可见,19 世纪 60 年代以来,工厂立法的进程大大加快了。这一时期的工厂立法呈现出以下几个特点:(1) 工厂法的实施范围逐步扩大。先是从纺织行业扩散到其他与纺织相关的行业,后来扩大到所有的工厂以及所有的作坊,最后扩及在工厂或作坊外的外作工,从而实现了对所有行业、所有类型工作场所的覆盖。(2) 工厂法涉及的主题越来越多,内容越来越丰富,其关注对象从童工、女工及年轻工人的工作时间、雇佣条件,逐渐发展到生产安全与防护、工作场所的卫生状况以及雇主的责任等与生产相关的各类问题。(3) 在法案的监管与执行上,从中央政府单独监管发展为中央政府与地方政府联合监管,内政部任命的工厂视察员、地方当局任命的特别视察员以及卫生官,在敦促法案的贯彻与执行方面发挥了重要作用。工厂法的颁布与实施,在很大程度上是国家运用法律手段来规范与调整劳资关系的努力。通过对雇主不当行为的约束,法案在一定程度上保障了劳工的权益,进而从根源上减少了劳资争议或冲突。

[①] Sidney Webb, ed., *The Case for the Factory Acts*, p.107.

五、小　结

19世纪中后叶是英国走向工业霸权的时代,也是自由主义思潮处于鼎盛的时期。在这一阶段,劳资关系总体上呈现出缓和态势。从当时的经济社会形势来看,作为当时世界上最强大的工业化国家,英国经济发展带来的财富增长为劳资双方通过协商谈判方式共享经济发展的红利提供了可能性。但值得关注的是,在这个自由主义思潮处于顶峰的阶段,主流社会意识形态以及英国政府对劳资关系基本采取了一种不干涉的态度。人们普遍认为,劳资关系是雇主和劳工之间的事情,作为劳资纠纷或冲突主导因素的工资问题,应该由劳动力市场来决定,与政府无关。在这样的社会环境之下,如何化解日益普遍化的劳资纠纷或冲突,成为摆在英国人面前的一个难题。

政府角色在劳资关系领域内的缺失,为劳资双方自行探索切实可行的争议化解机制提供了广阔空间。在19世纪后半叶,英国民间兴起了一种全新的劳资冲突化解机制,这就是集体谈判制。集体谈判是当今市场经济国家化解劳资争议或冲突的主要机制,英国成为这一机制的首创者。但英国是一个注重传统的国家,其很多层面的制度创新也是立足于传统之上。英国的集体谈判制,就起源于19世纪前半叶的调解与仲裁。到19世纪后半叶,这种调解与仲裁变得更加制度化、规范化,而且常设性的集体谈判机构建立了起来,这也标志着集体谈判制的形成。

虽然在当今大多数国家,集体谈判是一种劳、资、政三方共同参与的争议解决机制,但发源地英国却是一个例外。英国的集体谈判被称为"自愿主义的"或"集体自由放任的"集体谈判,其含义很明显,即集体谈判制排除了政府一方,仅仅是劳资双方自愿进行的协商与谈判,它独立于政府权威以及司法权力之外而自行发展。英国式集体谈判的这一特点,在19世纪后半叶就有着明显的体现,"自愿主义"是集体谈判的最大特色,其表现为:谈判双方自愿建立仲裁与调解委员会,无须得到各级政府的授权;纠纷或冲突的调解或仲裁,完全依据劳资双方的共同意愿,缺乏外在的强制力;调解与仲裁协议达成后,其履行完全依据双方的自觉自愿,无须借助法律的约束。

这种基于自愿主义原则的集体谈判,避免了各种复杂繁琐的程序,具有灵活性、便捷性、机动性等特点,深为劳资双方认可,因此在英国得以广泛推行。19世纪60年代是民间自愿主义集体谈判的兴起时期,诺丁汉织袜业的仲裁与调解委员会、伍尔弗汉普顿建筑业的仲裁与调解委员会的运作,树立了集体谈判成功的典范。到19世纪七八十年代,集体谈判开始在英国各行业推广开来。各地的钢铁业、煤炭业、制陶业、造船业等,纷纷建立形式各异的集体谈判机构。劳资双方就工资、工时、雇佣条件等,以对等的身份进行协商与谈判,进而以和平方式达成协议,实现了日常劳资争议或冲突的化解。集体谈判在实践中颇有成效,它促进了劳资间的相互了解与信任,推动了劳资地位的相对平等,在一定程度上缓和了劳资关系。

面对民间盛行的自愿主义集体谈判,秉承自由放任理念的英国政府也并非无动于衷。政府首先所做的,就是试图通过立法对民间集体谈判实践加以引导与管控,1867年《调解委员会法》以及1872年《仲裁法》就是在这种背景下出台的。法案一方面力图通过注册登记的方式将民间集体谈判机构纳入国家的管控之下,另一方面力图通过赋予仲裁协议以法律效力而彰显政府在劳资关系领域内的权威。但这两部法案确立的强制仲裁完全脱离了民间集体谈判所依据的自愿主义原则,因而在实践中难以得到劳资双方的认可,其失败的命运在所难免。这也表明,任何有关劳资关系的立法要想取得成效,必须立足于劳资关系现状。直到19世纪末,英国政府才终于认清自身的角色,即在劳资纠纷或冲突化解中,政府并非一个中立的仲裁者,而只是一个中立的调停者,政府的职能就是为劳资冲突的化解提供各种协助,这一转变在1896年《调解法》中得以完成。

如果说此间的政府在集体谈判立法方面陷入失败,那么在其他致力于化解劳资纠纷或冲突的立法方面,英国政府的举措却取得了成功。在工人阶级获得议会选举权后,为了构建一种相对平等的劳资关系,政府逐步修订了延续几个世纪的《主仆法》,并最终于1875年以《雇主与工人法》取代了《主仆法》,实现了劳资双方在法律地位上的平等化。工会地位的合法化是集体谈判公正性得以保障的前提所在,19世纪70年代,英国政府先后颁布《工会法》与《共谋与财产保护法》,为工会开展正常的产业行动清除了障碍,在一定程度上强化了集体谈判中的工会力量。为了从根源上减少由于工伤事故带来的劳资纠纷,19世纪后半叶的英国政府,在各种社会力量的推动下,致力于废除"共同雇用原则",并最终于1880年颁布了《雇主责任法》,一方面保障了工伤事故中劳工的权益,另一方面也敦促雇主开始关注工厂的安全防护问题。

同样值得关注的是19世纪后半叶工厂立法的推广。工厂法从此前的纺织行业向其他行业扩散,从使用机器动力的工厂向各类作坊及家庭工业扩散;工厂法对工作时间、雇佣条件、童工教育等问题,还对卫生条件、生产安全、雇主职责等方面加以规范化管理;此外,随着纳入工厂法监管的劳动场所以及巡视项目的增加,中央政府与地方政府开始联合起来,以加强巡视与管控的方式,全面推动法案的实施。工厂法的颁布及推行,并不直接涉及劳资争议或冲突的化解,但很多劳资争议的产生都与生产状况及雇佣条件有关。因此，工厂法通过法律监管的方式，改善工作状况、卫生条件，完善雇佣条款，明确劳资双方的责任与义务，从根源上减少了劳资争议。

总的来说，19世纪后半叶，英国的劳资争议化解机制存在着民间与官方之分：民间的集体谈判迅猛发展，对争议与冲突的化解以及劳资关系的缓和起到了重要作用；官方则通过各种立法形式，包括调解或仲裁法、劳资关系法、工会法以及各类工厂法等，规范与协调劳资关系。这一时期的劳资关系总体上相对缓和，直到19世纪80年代经济形势恶化后，以罢工为主要形式的劳资对抗才开始涌现。

第五章
政府引导下的集体谈判

到了 19 世纪末,随着新自由主义的广泛传播以及国内社会经济形势的变化,面对劳资冲突的普遍化与剧烈化,英国政府逐步加大了对劳资关系的干预力度。在 1896 年《调解法》(Conciliation Act)中,政府终于认可了民间调解与仲裁的自愿主义原则,同时表示政府随时准备为集体谈判的推行提供各种必要协助。该法案的实施,促进了一种新的集体谈判形式即政府引导下的集体谈判制的兴起。这样一来,在劳资关系实践中,出现了民间集体谈判与官方引导下的集体谈判并行发展的局面,但后来者居上,政府引导下的集体谈判制的影响力越来越大,大有取代前者之势头。以集体谈判为核心的常态化冲突化解机制的确立,有利于实现冲突的事前预防与事后化解,对 19 世纪末 20 世纪初英国劳资关系的缓和起到了积极作用。

一、1896年《调解法》

19世纪80年代末,面对新自由主义思想的发展、劳资冲突的增多,以及现存集体谈判立法无法有效解决劳资争议的状况,政府任命了一个专门的皇家委员会来寻找化解劳资争议的有效方式。通过调查,委员会建议政府出台一部新的集体谈判法,坚持民间集体谈判中的自愿原则,支持中央部门协助解决劳资纠纷的原则。在这两个原则的指导下,1896年《调解法》出台,由此奠定了英国在1896年至一战前夕政府处理劳资关系的政策框架。

1. 1896年《调解法》出台的背景

19世纪最后20年,英国社会、经济、思想等领域的变化为新的集体谈判立法的出台提供了条件。

首先,新自由主义的发展为1896年《调解法》的出台奠定了思想基础。18世纪60年代,英国开始了工业革命的步伐。这一时期,倡导自由放任的古典自由主义思想逐步兴起,并得到广泛传播。直到19世纪80年代,古典自由主义理论一直在英国占主导地位。古典自由主义将个人的自由放在最重要的地位,认为自由是指没有外来的束缚,最好的社会应为个人提供最大限度的自由,个人可以自由地追求自己的利益,自然会有一只"看不见的手"直接调节经济,而不必劳驾政府的干预。① 因此,在古典自由主义理论中,国家被看作"守夜人",扮演着被动的角色,反对国家干预经济和社会生活是其主导思想。② 古典自由主义者认为,政府对经济生活的干预只会减少多数人的幸福,只有政府功能最小化才能保证个人自由的最大化。

19世纪中后叶,英国完成了工业革命,确立了世界工厂的地位。工业化时期的政府奉行自由放任学说,对经济社会领域采取不干预政策,引发了很多问题。工业发展带来了诸如人口拥挤、环境污染、社会秩序混乱、居住和公共卫生条件低下、社会教育和道德恶劣、社会犯罪率上升等诸多社会问题。③ 这些问题的出现促使一些学者对自由主义学说加以反思和完善,开始重新认识国家、社会与个人之间的关系,逐渐形成新的自由观和国家观。在此基础上,英国自由主义逐渐由古典自由主义向新自由主义转变。新自由主义的代表人物主要有托马斯·格林、霍布豪斯等。

格林是新自由主义思想的先驱,他的主要著作有《伦理学导论》和《关于政治义务原理的讲演》。格林提出了"积极自由"的概念。他指出:"当谈到自由时,我们应该认真考虑其内涵。我们所说的自由并不仅仅是不受约束与强制的自由,不仅仅是想干什么就干什么的自由,也不仅仅是一个人或一群人可以享受建立在牺牲他人基础上的自由。当我们把自由当作某种值得高度赞美的东西时,我们所指的自由是一种做或享有某些值得做的事情的积极的力量或能力,是一种我们可以与他人共同从事或者共享的东西。"④ 在格林看来,一个人真正的自由不在于个人消极地不受国家与社会的压制和奴役,而在于积极主动地发挥自己的能力,去实现共同的善,这是

---

① 陈祖洲:《通向自由之路:英国自由主义发展史研究》,第246页。
② 李宏图主编:《欧洲近代政治思想史论》,天津:天津人民出版社,2012年,第292页。
③ 吴春华主编:《西方政治思想史》(第4卷),天津:天津人民出版社,2005年,第345页。
④ Robert Eccleshall, *British Liberalism: Liberal Thought from the 1640s to 1980s*, London: Longman, 1986, p.180.

一种积极的、主动的自由。共同善的实现不仅需要人们彼此互助、共同追求,而且需要外部环境提供有利于道德发展的各种条件。这些条件的最好的提供者是国家,国家的目的就是为促进人们的共同幸福而提供公共福利,使人们实现共同善。① 因此,国家为了社会共同利益,在坚持不干涉个人内在道德行为的原则下,可以干预个人的外在行动,排除个人自由的外在障碍。这是一种积极的国家观,使得国家既能推进个人自由,又能促进社会的共同善。其核心思想是鼓励国家进行有限度的干预,以消除社会弊病,促进人的道德自由。

霍布豪斯是新自由主义思想的另一代表人物,其主要代表作有《论劳工运动》《自由主义》等。霍布豪斯认为,自由是应该受到限制的。他提出,普遍自由的第一个条件是一定程度的普遍限制,没有这种限制,有些人可能自由,另一些人却不自由。一个人也许能够照自己的意愿行事,而其余的人除了这个人认为可以容许的意愿之外,却无任何意愿可言。② 他还强调"社会有机体"的概念,认为社会不是个人的简单相加,而是有机的联合体。"个人权利不能同公共利益冲突,任何权利脱离了公共利益就无法存在。"③ 同格林一样,霍布豪斯也主张国家应承担一定的职能。首先,国家不但要负担起抵抗外来侵略的责任,而且要在国家内部成为各种组织之间的仲裁者,以主持公道,防止权力滥用。其次,"国家的职责是为公民创造条件,使他们能够依靠本身努力获得充分公民效率所需要的一切。国家的义务不是为公民提供食物,给他们房子住或者衣服穿。国家的义务是创造这样一些经济条件,使身心没有缺陷的正常人能通过有用的劳动使他自己

---

① 刘玉安、楚成亚、杨丽华:《西方政治思想通史》,济南:山东大学出版社,2003年,第418—419页。
② 金燕:《工业革命前后英国对劳资关系的国家干预》,南京大学博士学位论文,2008年,第165页。
③ [英]霍布豪斯:《自由主义》,朱曾汶译,北京:商务印书馆,1996年,第64页。

和他的家庭有食物吃,有房子住和有衣服穿"①。因此,如果某一群体正在遭受不幸,这种不幸并非由他们个人的错误造成,而且无法由自己加以解决,那么议会就应该通过合适的立法加以纠正。② 可见,霍布豪斯也提倡国家积极进行干预,为国民创造良好的社会环境。

从两位学者的观点来看,古典自由主义与新自由主义对"自由"的理解不同。古典自由主义只是强调个人免受外力压迫、市场免受政府干预、追求个人权利的实现,甚至以牺牲社会公平和正义为代价。③ 这是一种消极的自由。新自由主义者主张的是一种积极自由,即自由不仅是为了摆脱外在束缚,而且是一种更为积极的概念,是需要受到限制的自由。

古典自由主义与新自由主义对"自由"内涵的不同理解,导致他们对国家角色和作用的认识不同。古典自由主义主张最小政府,将国家职能限制在非常有限的几个方面。新自由主义者则认为,国家应通过对经济生活的干预,为国民提供一个良好的社会环境,促进国民素质和生产率的提高。就像格林认为的,国家权力的增加并不意味着对个人自由的损害,积极国家不是削弱而是促进人的道德自由,国家行使更多更大的权力,为全体成员谋取更多更好的利益,促进全体社会成员所拥有的能力和力量的发挥,社会中存在的自由才能得到增长,每个成员才会越来越自由。④ 总之,新自由主义者提倡运用国家有效的干预来调整社会财富的分配和消费,为个人自由和公共利益的发展创造条件,这是一种积极的国家观。

新自由主义在自由观和国家观方面的发展也导致了政府劳资政策的变化。在古典自由主义理论的支持下,政府奉行自由放任的原则,英国政

---

① [英]霍布豪斯:《自由主义》,第80页。
② Francis H. Herrick, "British Liberalism and the Idea of Social Justice", *American Journal of Economics and Sociology*, Vol.4, No.1 (October, 1944), p.70.
③ 金燕:《工业革命前后英国对劳资关系的国家干预》,南京大学博士学位论文,2008年,第167页。
④ 刘玉安、楚成亚、杨丽华:《西方政治思想通史》,第419页。

府既不愿意成为劳资冲突中弱势方的保护者,也不愿成为劳资冲突的仲裁者。① 在新自由主义理论的影响下,英国政府逐渐改变工业化时期的自由放任政策,国家加大了干预力度,努力推行以集体谈判解决劳资纠纷的方法,逐步扩大政府职责范围,力求维持劳资和平。

19世纪80年代开始,由于社会主义的复兴和新工会运动(New Trade Union Movement)的蓬勃发展,劳资冲突愈演愈烈。② 劳资纠纷日益增多,罢工、闭厂屡见不鲜,给社会经济带来巨大损失。在新自由主义理论的指导下,许多自由党人认识到,一个自由的资本主义社会需要政府干预来缓和阶级矛盾和劳资冲突。现阶段以调解来解决劳资纠纷的方式需要进一步创新,地方性的调解机构已无法满足工业需求,必须使国家成为最后的仲裁机构,③换言之,现行的集体谈判机制需要国家加强引导,以缓解愈发紧张的劳资关系。

为此,由政府任命的皇家委员会,在调查化解劳资冲突的有效方式时,建议出台一部法案,赋予政府干预劳资争议的权力,以推动集体谈判制的发展。在该调查结果的基础上,议会于1896年出台了《调解法》,赋予国家机构协助解决劳资争端的权力。可见,新自由主义理论为《调解法》的出台提供了理论基础。

其次,19世纪80年代末劳资冲突增多,愈发紧张的劳资关系促使政府认真思考相关政策,为《调解法》的出台提出了现实要求。劳资纠纷的增多与新工会运动的兴起密切相关。自19世纪70年代起,资本主义经济进入了漫长的萧条期。欧美廉价商品的冲击使英国的经济危机达到空前的地步,工业部门投资锐减,失业率屡屡攀升。1883年全国工会会员的失业

---

① 刘金源:《近代英国劳资政策指导思想的演变》,《史学月刊》2013年第6期。
② 柴彬:《英国工业化时期的工资问题、劳资冲突与工资政策》,《兰州大学学报》2013年第2期。
③ David Powell, "The New Liberalism and the Rise of Labour, 1886–1906", *The Historical Journal*, Vol.29, No.2 (June, 1986), p.375.

率为3%,1884年增加到8%,1888年又达到10%。在重工业部门,同时期失业率徘徊在13%—22%之间。① 失业率的上升对非熟练工人的冲击最为严重,从而爆发了轰轰烈烈的新工会运动。②

新工会运动起源于1888年伦敦布莱恩特和梅火柴厂女工的罢工。火柴厂女工每周工作70小时,每小时仅得1便士,恶劣的工作环境使她们的身体受到很大摧残。因此,她们举行罢工,要求提高待遇,改善工作环境。③ 在费边社成员贝桑特夫人(Mrs. Besant)和其他社会主义成员的帮助下,火柴厂女工取得罢工胜利,并建立起自己的工会组织。④ 这次胜利促使新工会运动蓬勃发展起来,千千万万的工人群众涌进了新建的各个工会。新工会主要由非熟练工人组成,为满足非熟练工人所需,奉行激进的罢工政策。因此,随着劳资领域争端和摩擦的增多,各行各业的罢工运动也接踵而至。如1888年刚组建起来的煤气工人工会,在几个月的时间内就迫使公司把工作时间从12小时减为8小时,工资每日增加了6便士。⑤ 又如1889年伦敦码头工人的罢工运动席卷了泰晤士河两岸,最终以工人的胜利告终。据统计,1889年总共爆发了1 145起罢工事件,1890年则有1 028起罢工事件发生。⑥ 日益增多的罢工不仅危害了社会稳定,而且带来不容忽视的经济损失,仅发生在19世纪80年代末的煤气工人罢工和码头工人罢工就造成了两三百万英镑的经济损失;仅在1893年,罢工就使资产阶级损失了3 000多万个劳动日。⑦

愈发紧张的劳资关系敦促政府审慎思考当下的劳资政策,1893年煤

---

① 阎照祥:《英国政党政治史》,北京:中国社会科学出版社,1993年,第366页。
② 新工会主要由非熟练工人组成,新工会之前的工会主要由熟练工人组成。为区分这两种工会,分别称其为"新工会"和"旧工会"。
③ 刘金源等:《英国近代劳资关系研究》,第314页。
④ Henry Pelling, *A History of British Trade Unionism*, p.97.
⑤ 刘淑青:《19世纪末英国工人贵族对工人运动的影响》,《德州师专学报》1996年第3期。
⑥ Ian G. Sharp, *Industrial Conciliation and Arbitration in Great Britain*, p.290.
⑦ 阎照祥:《英国政党政治史》,第366页。

矿工人大罢工问题的解决则为政策的制定提供了方向。1893年,矿主联合会认为工人工资必须与煤炭的市场价格相一致,借口煤价跌落,通过了一项将工资率降低25%的决议。矿工工会则坚持必须保证矿工的最低生活工资,将煤炭市场价格完全视为次要考虑因素,反对矿主降低工资的行为。在新工会运动中建立起来的矿工联合会,其人数到1893年已发展到20万人,斗争力量强大。为抗议雇主降低工资,他们发动了罢工运动。此次罢工是迄今为止发生的最大规模的罢工,持续了接近4个月,有30万工人参与,带来超过2 100万个工作日的损失。① 罢工造成了不少于3 000万英镑的直接经济损失,严重威胁到国内经济发展。

罢工引发的严峻形势迫使政府干预此事。时任英国首相的格拉斯顿在1893年11月13日召开的下院会议中提到:

> 根据从贸易部获得的信息,我们可以清楚地了解到,此次争议带来了无穷的灾难。……劳资纠纷的延长会进一步加剧这种灾难,特别是随着冬天的临近,燃料价格的骤然上涨必然会给贫苦阶层带来困扰。……考虑到以上所提及事态的严重性,以及快速解决纠纷对国家的重要性……政府有责任在劳资双方可以获得满意结果的条件下,使雇主和工人恢复谈判。②

格拉斯顿建议,挑选一个在政府部门担任主席职务的官员,在其主持下促使劳资双方就争议问题进行进一步讨论,这样可能更有利于解决争议。此建议得到议会的认同。为此,他委任外交大臣罗斯伯里勋爵(Lord Rosebery)主持调解会议。③ 但格拉斯顿声明,罗斯伯里勋爵并非以仲裁人的身份履行职责,他的行动范围限制在协助争议双方达成友好协议的范围

---

① Alan Fox, *History and Heritage: The Social Origins of the British Industrial Relations System*, p.180.
② *Hansard's Parliamentary Debates*, Series 4, Vol.18, 13th November, 1893, Cols. 864.
③ Hamish Fraser, *A History of British Trade Unionism, 1700-1998*, p.82.

内。雇主联合会和矿工工会派代表出席了协商会议,双方达成以下解决方案:(1) 建立一个调解委员会,该委员会至少维持一年,包括相同人数的煤矿主和煤矿工人代表,每方代表 14 人;在第一次委员会会议中选出一位主席,若未选出,可请求下议院主席提名一位主席。委员会主席拥有一票否决权力;委员会建立后,自 1894 年 2 月 1 日起有权决定工资率。(2) 工人应在旧工资率恢复后立刻复工,旧工资率维持到 1894 年 2 月 1 日;所有矿区要立即开工,不得妨碍工人返回煤矿工作。①

1893 年煤矿工人大罢工最终在政府干预下得到解决,这也是政府第一次主动参与调解劳资争议。政府成功化解冲突的行为使议会认识到,在化解劳资冲突的过程中,可以充分发挥政府的引导作用,促使劳资之间的集体谈判顺利进行。为此,议会应制定相关法律,使政府权力得到法律肯定,以协助解决日益增多的劳资纠纷,稳定劳资关系。这为 1896 年《调解法》的制定提供了先导。

再次,现存集体谈判立法的实施为 1896 年法案的制定提供了经验教训。为解决劳资争议,政府于 1824 年颁布了一部适用于全行业的《仲裁法》。法案规定,当产生争议后,雇主和劳工双方或任何一方均可依法提出仲裁解决,争议双方须面见其居住地的治安法官,治安法官有权就争议做出简易裁决。如任何一方不愿将争议提交治安法官仲裁,则治安法官有权提名四名或六名仲裁人,其中同行业的雇主与劳工代表各占一半,雇主与劳工各自挑选一名仲裁人,由仲裁人做出最终裁决。② 为确保仲裁的进行,法案规定,任何一方如拒绝接受仲裁,或拒绝接受治安法官及另一方仲裁人的传唤,或拒不接受仲裁结果,治安法官可通过简易审判方式,判处其

---

① *Hansard's Parliamentary Debates*, Series 4, Vol.18, 17th November, 1893, Cols. 1236.
② "Arbitration Act, 1824", in William David Evans, Anthony Hammond and Thomas Colpitts Granger, eds., *A Collection of Statutes: Connected with the General Administration Law*, Vol.3, p.251d.

少则七天、多则两个月的监禁。① 从其内容可以看出,法案带有明显的强制仲裁风格。一方面,劳资争议产生后,经任何一方提出后,该争议必须进入仲裁程序;如一方不愿接受仲裁,治安法官可为其提名仲裁人,用强制仲裁方式解决争议。另一方面,仲裁结果具有法律效力,裁决要强制实施,违者将受到法律严惩。该法案建立起强制仲裁机制,奠定了以后几十年集体谈判立法的基调。

19世纪60年代后,通过调解与仲裁机构解决争议的方式在英国民间流行起来。为推广这一做法,议会于1867年和1872年相继通过了两部调解与仲裁法案。1867年,政府颁布《调解委员会法》。对于委员会的建立程序,法案规定,任一行业或地区的雇主和工人可以通过申请,在内政部的授权下建立一个调解与仲裁委员会。对于委员会的运行程序,法案规定:"委员会可在法定人数不少于三人(一方是雇主,一方是工人,还有一方是主席)的情况下组成,来听取和做出的任何裁决都应是最终的以及决定性的,违者将受到罚款或监禁。"②

1872年《仲裁法》则规定,雇主和工人之间通过签订协议,对双方进行制约。协议包括指派某个委员会或某些人作为仲裁人,规定任命仲裁人的时间和方式,并在仲裁人无法达成一致裁决时任命终裁人等内容。③"在协议有效期内,劳资双方应受协议规则约束,或者受仲裁人或终裁人制定的规则约束,包括未来工资率、工作时间和工作数量、工作条件及其规定,如若某一方违反规则,仲裁人或终裁人有权对其进行惩罚。"④从法案内容可看出,该法案规定裁决要强制实施,也具有明显的强制色彩。

可见,1824年《仲裁法》中确立的强制仲裁原则在1867年和1872年法

---

① "Arbitration Act, 1824", in William David Evans, Anthony Hammond and Thomas Colpitts Granger, eds., *A Collection of Statutes: Connected with the General Administration Law*, Vol.3, p.251f.
② G. B. E. Amulree, *Industrial Arbitration in Great Britain*, p.218.
③ Carroll D. Wright, *Industrial Conciliation and Arbitration*, p.69.
④ Carroll D. Wright, *Industrial Conciliation and Arbitration*, p.69.

案中得到延续，三部法案都带有强制仲裁风格。然而，这种强制仲裁无法得到劳资双方的支持。一方面，它限制了劳资双方处理争议或纠纷时的自由裁量权；另一方面，强制仲裁的仲裁结果用法律手段来确保实施，会耗费大量人力、物力和财力。因此，劳资双方不愿接受，也在情理之中。劳资双方均不支持强制仲裁，那么法案便无法发挥作用。19世纪末政府任命的皇家委员会发现，1824年、1867年法案和1872年《仲裁法》似乎已经完全失败。①

但委员会发现，劳资双方很少利用政府的集体谈判立法排解纠纷，他们通常由民间自发成立的调解委员会化解争端。委员会认为："民间自愿调解委员会的成功主要在于其完全自愿的特征，它们并未拥有任何法律强制权力。"②因此，委员会建议制定一部不违背自愿主义的法案。根据皇家委员会的建议，政府也开始反思现存集体谈判法案的缺陷。他们认识到，任何尝试将法律强加于集体谈判之上的行为一定会遭到工厂主的反对以及导致工人与政府之间的对立；政府对劳资关系的干预应该限制在对自愿争议解决机制的条款规定上，这些规定要促使民间自愿集体谈判更好地实施，③政府的作用应当定位在调整并补充私人集体谈判体系的不足。由此，认可自愿主义的《调解法》应运而生。

2.《调解法》的出台及其内容

19世纪80年代以来，新工会运动的快速发展引发工业领域的动荡不安，劳资冲突增多，罢工闭厂事件频发，从而引起政府对劳资问题的密切

---

① House of Commons, "Fifth and Final Report of the Royal Commission on Labour", *19th Century House of Commons Sessional Papers*, London, 1894, p.56.
② House of Commons, "Fifth and Final Report of the Royal Commission on Labour", *19th Century House of Commons Sessional Papers*, London, 1894, p.99.
③ Roger Davidson, "Government Administration", in Chris Wrigley, ed., *A History of British Industrial Relations, 1875–1914*, Brighton: Harvester Press, 1982, p.162.

关注。此时,新自由主义思想在英国广泛传播。新自由主义者提倡通过国家的有效干预,为个人自由和公共利益的发展创造条件。在新自由主义思想的影响下,政府认识到社会需要政府干预来缓和阶级矛盾和劳资冲突。然而,为冲突双方提供解决方法的现存调解与仲裁法案实施效果不佳,因此政府急需找到一种能够快速解决劳资争端的方法。

为此,一些政府官员建议政府任命一个皇家委员会,以调查劳资问题并寻找化解劳资冲突的有效办法。伦道夫·丘吉尔(Randolph Churchill)勋爵在帕丁顿演讲时说道:"如果一个皇家劳工委员会可以被任命调查这些事……不仅令劳工阶层满意(他们认为我们确实在认真考虑这些问题),而且可以调查到极为有价值的信息,这些信息对工人阶级自身也会具有巨大价值。"①他认为,皇家劳工委员会的任命可以帮助国家避开劳资冲突引发的灾难。面对日益增多的劳资纠纷和劳工动乱,索尔兹伯里保守党政府采纳了建议,于1891年2月28日设立了一个皇家委员会,来调查影响劳资关系的重要问题。② 该委员会由27名委员组成,包括著名的经济学家阿尔弗雷德·马歇尔(Alfred Marshall)、土地改革的倡导者杰西·科林斯(Jesse Collins)等人。

为便于搜集信息,皇家委员会设立了三个下属委员会,并将所有需要调查的行业分成三个小组,由三个下属委员会分别调查。第一组包括煤矿业、钢铁业、工程业、造船业及其同类行业,第二组包括交通业和农业,第三组包含纺织业、制衣业、化工建筑业和其他行业。③ 委员会深入调查了这些行业的组织发展、生产状况等多种情况,为获得较为全面的行业信息做出了诸多努力。委员们针对各个行业设计了多个调查问卷,"采访了600

---

① Philip Bagwell, *Industrial Relations*, p.95.
② Peter D. Groenewegen, "Alfred Marshall and the Labour Commission 1891 - 1894", *The European Journal of the History of Economic Thought*, Vol.1, Issue 2 (1994), pp.273 - 274.
③ Philip Bagwell, *Industrial Relations*, p.96.

个人，询问了接近 10 万个问题"①。除了调查国内行业的发展状况，他们还调查了世界其他国家的劳资发展状况。在认真调研的基础上，1892—1894 年，皇家委员会撰写了多份报告。这些报告囊括了各行业雇主和工人组织的发展状况、工人雇佣情况、仲裁实施情况等内容，并收集了劳工组织及雇主组织对解决劳资争议的相关建议。通过富有成效的考察，依据前面四份委员会报告的内容，皇家委员会于 1894 年出台了第五份即最终的报告。

在最终的报告中，皇家委员会在考察了工业中的调解与仲裁情况后，对民间自发组织建立的调解与仲裁机构表示赞同和支持。他们在报告中提到，在一些行业内，为解决劳资争议，工厂主和工人往往自发合作建立起调解与仲裁委员会。委员会由相同人数的雇主和工人组成，当劳资双方产生争议时，委员会便会介入，协助解决劳资争端。委员会还发现，建立自愿调解仲裁机构的行业很少发生严重的劳资冲突，因为雇主和工人之间已经形成了稳定的行业惯例。当产生争议时，劳资双方首先会通过调解委员会协商解决，而非诉诸罢工和闭厂等行为。因此，这一做法对缓和劳资关系、和平化解劳资冲突意义重大，值得提倡。

皇家委员会认为，民间自愿调解委员会的成功主要在于其完全自愿的特征，它们不拥有任何法律强制权力；在解决争议时，该委员会往往赋予劳资双方更多的自主性，调解或仲裁的程序、时间、方式等更为灵活、便捷，因而更容易为劳资双方接受。② 这种自愿性成为民间调解委员会长盛不衰的重要因素。因此，在制定新的集体谈判法时，政府不应强迫劳资双方将争议交由集体谈判机构处理，因为他们有处理自己事务的权利；也不可通过特定手段，迫使雇主或工人执行有关工资或其他事项的裁决。委员会断言："自愿委员会不能利用议会立法获取强制权力，即使实施此类立法，结

---

① Philip Bagwell, *Industrial Relations*, p.127.
② House of Commons, "Fifth and Final Report of the Royal Commission on Labour", *19th Century House of Commons Sessional Papers*, London, 1894, p.99.

果也会如 1867 年《调解法》那样成为一纸空文。"①因此,皇家委员会建议,如果政府要制定一部新的调解与仲裁法案,应该遵循民间调解机构确立的自愿原则,而非实施强制仲裁。

在新自由主义思想的影响下,委员会还认为国家应该为解决劳资争议做出更多努力。委员会在最终的报告中指出:"从调查中可发现……在一些事例中,雇主和工人都要求政府采取一种更为平和且合理的方式解决劳资争议,以此消除潜在的罢工和停工。"②尤其是 1893 年煤矿工人大罢工,由于政府的介入,罢工才得以平息。因而,委员会赞同赋予政府干预劳资争议的权力。委员会认为:"一个拥有足够人员,能够获得信息、记录信息并使之传播的中央部门,可以帮助适应各种情况的地方委员会快速而又广泛地建立起来。"③即,委员会支持贸易部协助地方调解机构处理劳资纠纷。因此,有必要通过制定一些法律条款,赋予贸易部一种更为正式的地位,使贸易部能够在面对动荡不安的劳资关系时,友好且富有成效地干预,也可以使贸易部更容易雇用到合适的工作人员。④

总的来说,皇家委员会找到了民间自愿调解机构的发展与政府干预之间的平衡点,一方面认识到政府立法不应违背民间调解与仲裁机构确立的自愿原则,另一方面认识到应该支持中央机构协助解决劳资纠纷。它找到了解决劳资争议相对有效的方法,顺利完成了历史使命。

皇家委员会的调查报告深化了英国政府对劳资关系的认识。在调查

---

① House of Commons, "Fifth and Final Report of the Royal Commission on Labour", *19th Century House of Commons Sessional Papers*, London, 1894, p.99.
② House of Commons, "Fifth and Final Report of the Royal Commission on Labour", *19th Century House of Commons Sessional Papers*, London, 1894, p.117.
③ "Final Report, 1896", in J. T. Ward and W. Hamish Fraser, eds., *Workers and Employers: Documents on Trade Unions and Industrial Relations in Britain Since the 18th Century*, London: Macmillan, 1980, p.148.
④ Ian G. Sharp, *Industrial Conciliation and Arbitration in Great Britain*, p.292.

报告的影响下,相关的调解与仲裁提案陆续提交到议会,但因种种原因,这些议案均被搁置。到1896年,又有三部提案呈交到议会。一部是由费劳尔(Flower)提出的《调解委员会议案》,但该议案于1896年3月9日便被撤销。① 后来,阿尔伯特·罗利特(Albert Rollit)、约翰·卢布克(John Lubbock)、查尔斯·芬威克(Charles Fenwick)等人又提出了一部《调解委员会议案》。该议案规定,调解与仲裁委员会要进行登记,登记过的委员会被授予以下法律权力,即委员会可以强迫证人出席并监督誓言,证人做伪证要被起诉或受到惩罚。委员会的判决类似法官颁布的或者是高级法院的命令,应强制实施。② 另外一部是由贸易大臣里奇(Ritchie)、马修·怀特-里德里(Matthew White-Ridley)和张伯伦(Chamberlain)提出的《调解议案》。③ 该议案建议所有的调解委员会都在贸易部登记,登记过的委员会应在贸易部需要时,提供会议记录报告或其他文件;议案还赋予贸易部干预劳资纠纷的权力,如提名调解人和仲裁人、协助建立调解委员会等;该议案建议废止1824年《仲裁法》、1867年《调解委员会法》和1872年《仲裁法》。

阿尔伯特·罗利特等人提交的《调解委员会议案》和里奇提出的《调解议案》都在下议院进行了二读。二读后,议会将它们交由行业常务委员会审定。常务委员会认真考虑了《调解委员会议案》和《调解议案》的价值,决定采纳《调解议案》作为立法的基础。④ 常务委员会对《调解议案》做了大

---

① Ewington, "The Truth About the New Zealand Compulsory Industrial Conciliation and Arbitration Act: An Exposure of a Mischievous State Socialist Experiment", *LSE Selected Pamphlets*, 1898, p.24.
② House of Commons, "Boards of Conciliation (No.2): A Bill to Confer Additional Powers on Boards of Conciliation and Arbitration", *19th Century House of Commons Sessional Papers*, Vol.1, 1896, London, p.163.
③ Ewington, "The Truth About the New Zealand Compulsory Industrial Conciliation and Arbitration Act: An Exposure of a Mischievous State Socialist Experiment", *LSE Selected Pamphlets*, 1898, p.24.
④ House of Commons, "Report from the Standing Committee of Trade, Shipping, and Manufactures, on the Conciliation (Trade Disputes) Bill and the Boards of Conciliation (No.2) Bill", *19th Century House of Commons Sessional Papers*, Vol.9, London, 1896, p.291.

幅度的修改，修改后的提案最终在议会中"以大获全胜的姿态通过"①，1896年《调解法》正式被颁布。

1896年《调解法》的主要内容包括以下几个部分。

首先，法案在劳资纠纷解决机构的注册登记方面，做出了以下几个详细规定：

> （1）在本法案颁布前或颁布后，但凡是以调解或仲裁来解决劳资争端为目的建立的任何委员会，或者由雇主和工人根据书面协议，将解决争议的权力赋予特定协会或团体（在该法案中指的是类似调解委员会的机构），这些机构都要在贸易部注册登记。（2）（注册）申请必须包括该调解委员会的章程、条例和规则的副本，以及贸易部合理要求的其他信息。（3）贸易部应该保存一个调解委员会的登记簿，记录每个登记的委员会的名称、主要办事处；如果贸易部认为有必要，还可以记录其他细节；任何注册的贸易委员会在向贸易部呈送书面申请后，有权将自己的名称从登记簿去除。（4）当贸易部合理要求时，每一个登记的贸易委员会都应向贸易部提供关于会议记录的报告，以及其他的文件。（5）如果一个已经注册的调解委员会不复存在，或者不再发挥作用，贸易部可将它的名字从登记簿中去除。②

其次，法案在赋予贸易部解决劳资争议的权力方面，也做出相关规定：

> （1）当劳资之间存在争议时，贸易部如果认为合适，可以行使以下权力：① 调查争议原因和争议情况。② 为促使劳资双方亲自或者通过代表进行会晤，可以在选定的主席的主持下会晤，主席要由双方同意或

---

① Ian G. Sharp, *Industrial Conciliation and Arbitration in Great Britain*, p.293.
② House of Commons, "Second Report by the Board of Trade of Proceedings Under the Conciliation (Trade Disputes) Act, 1896", *19th Century House of Commons Sessional Papers*, London, 1899, p.20.

者贸易部提名,并持有和平解决纠纷的态度。③ 在雇主和工人的申请下,以及考虑区域或者行业现存调解方式的妥善性之后,提名一人作为调解人,或提名一些人组成调解委员会。④ 在双方申请下,也可以任命一位仲裁人。(2) 被任命的调解人应该通过与双方交流,调查争议的原因和争议情况,并向贸易部报告调查进程。(3) 如果通过调解或仲裁解决了争议,双方应签订条款,条款的复印件应交给贸易部,并由它保存。①

贸易部还被赋予建立调解委员会的权力。贸易部如果认为某一区域或行业无法通过多种途径将争议提交给调解委员会,就可以指派人员对这一区域或行业的情况进行调查,并同雇主和工人商议;如果认为合适,就可以作为权宜之计,在该地区或行业建立一个调解委员会。同时,该法案还要求贸易部应将他们在此法案下的行动写成报告提交给议会,并同时废止1824年《仲裁法》、1867年《调解委员会法》和1872年《仲裁法》。②

不难发现,同以往的调解与仲裁法案相比,该法案最显著的特点在于,它并没有规定裁决结果要强制实施的相关条款。由此,它终结了政府立法延续的强制性原则,转而遵循民间调解委员会确立的自愿性原则,使政府逐渐由约束性的管制机构转变为劳资双方的调解和协助机构。该法案还重点突出了贸易部在化解劳资冲突中的职责和作用,通过国家的有限干预,加强了政府在劳资关系中的协调作用。

实际上,1896 年法案的出台是大势所趋。从 1824 年、1867 年、1872 年集体谈判法案的变迁中可以看出,苛刻的法律限制在逐渐放松,并逐步依赖于劳资双方的自愿行动。1824 年《仲裁法》建立起强制仲裁机制,其

---

① House of Commons, "Second Report by the Board of Trade of Proceedings Under the Conciliation (Trade Disputes) Act, 1896", *19th Century House of Commons Sessional Papers*, London, 1899, p.20.
② House of Commons, "Second Report by the Board of Trade of Proceedings Under the Conciliation (Trade Disputes) Act, 1896", *19th Century House of Commons Sessional Papers*, London, 1899, pp.20 – 21.

强制性体现在：当一方要求时，在司法权的限制下，另一方便无法避免地要参与其中；它的判决对双方都具有法律效力。① 而1867年法案规定："在双方都同意将争议交给委员会解决的情况下，委员会才被进一步授权对争议做出裁定和判决。"② 因此，虽然劳资争议判决仍具有强制性，但它改变了1824年法案中争议一方申请仲裁，另一方不得不参与的局面。1872年《仲裁法》则进一步削弱了法律强制因素，法案规定在劳资双方同意下才可签订协议，而且"工人可以在协议交付给他的48小时之内，告知雇主或其代理人，他不会接受该协议的约束；那么，协议在工人和雇主之间无效"③。虽然只要协议存在就具有法律约束力，但该法案允许劳资双方自由地订约，也可以自由地撤销协议。相较于前两个法案，该法案的自由度明显进一步加强。到了1896年，新出台的《调解法》则完全抛弃了之前法案中的强制因素。只有在劳资双方同意的状况下，政府才可介入纠纷，而且政府的任何建议都没有法律强制力。④

这充分体现出，政府在对之前集体谈判立法进行反思的过程中，结合民间集体谈判的发展，掌握了英国集体谈判应坚持的原则，从而顺应历史趋势，制定了坚持自愿主义的1896年《调解法》。

3.《调解法》的实施及其影响

1896年《调解法》实施后，帮助化解了许多劳资纠纷，并带动了调解与仲裁机构的建立，对英国集体谈判制的发展产生了重要影响。

首先，1896年《调解法》发展了各个级别的集体谈判，为劳资争议的解

---

① Ian G. Sharp, *Industrial Conciliation and Arbitration in Great Britain*, p.289.
② Carroll D. Wright, *Industrial Conciliation and Arbitration*, p.51.
③ Carroll D. Wright, *Industrial Conciliation and Arbitration*, p.69.
④ N. F. R. Crafts, Ian Gazeley and Andrew Newell, *Work and Pay in 20th Century Britain*, Oxford: Oxford University Press, 2007, p.212.

决发挥了作用。在该法案下,政府赋予自己干预集体谈判的三项权力:可以在劳资双方没有同意的情况下调查争议,并提供建议;当劳资争议一方要求时,可以任命调解人或者调解委员会帮助解决争议;当劳资双方共同要求时,可以任命仲裁人,由该仲裁人提出积极建议。① 据此,政府帮助许多行业在各个级别开展集体谈判,化解劳资纠纷。政府参与的主要是以行业为基础的各个级别的谈判,包括工厂谈判、地区谈判以及全国性的谈判。

工厂内的集体谈判比较常见。以西约克郡的纺纱工厂为例:1896 年 6 月 27 日,位于英国西约克郡的一个纺纱工厂发生了罢工。起因为纺纱工人要求雇主在某些工作中支付额外薪酬,被雇主拒绝。罢工的工人属于混合棉纺织工人协会,于是,雇主在工厂中张贴通告,招募非工会人员,以填补罢工工人的空缺。12 月,棉纺织工会的地方秘书请求贸易部干预此事,于是贸易部派遣了一名官员到该工厂解决这一问题。1897 年,贸易部官员成功安排了一次会议,工厂主和罢工工人代表均出席。在会议上,争议双方向着和解的方向前进了一步,但在谈判过程中出现了一些困难。后来,在同争议双方进行交谈协商后,贸易部向工会秘书寄去一封信。信中称,工厂主管准备重新聘用罢工工人,保证未来会支付给工人额外薪酬,并撤掉了招募非工会会员的通知。1897 年 3 月底,工会同意该协议,工人开始恢复工作,争议得到解决。②

随着工会的发展壮大以及行业经济依存性的加强,为争取更多权益,区域内同一行业中的工厂便会联合起来,从而产生区域级别的集体谈判。例如,1909 年 5 月,苏格兰煤矿主通知工人,准备降低工资。而煤矿工人

---

① Howard F. Gospel and Gill Palmer, *British Industrial Relations*, London: Routledge, 1993, p.206.
② House of Commons, "First Report by the Board of Trade of Proceedings Under the Conciliation (Trade Disputes) Act, 1896", *19th Century House of Commons Sessional Papers*, London, 1897, pp.20 – 21.

认为不应降低这么多,双方产生争议,但该行业的调解委员会未能成功解决这一争议。7月,煤矿主通知煤矿工人,决定执行原计划。矿工则告知煤矿主,他们决定在26日进行罢工。苏格兰煤矿工人得到大不列颠煤矿工人协会的支持,16日,工会就支持苏格兰矿工问题进行投票,结果大部分成员支持全国性的罢工。这一投票结果意味着,一旦苏格兰煤矿开始罢工,全国性的煤矿罢工便无法避免。① 时任贸易大臣的温斯顿·丘吉尔(Winston Churchill)认为这一情况极其严峻,决定介入此事。他邀请苏格兰煤矿主、苏格兰煤矿工人协会、大不列颠煤矿工人协会到贸易部参加会谈。受邀请的各方如约而至,在贸易部进行会谈。经过反复磋商,争议双方签订协议。协议内容为:苏格兰煤矿业调解委员会应继续运行,但要增加一名中立的主席,他的决定应是最终决定,并具有约束力。主席由劳资双方共同提名,若双方无法达成一致,则由下议院议长提名。关于工资,中立的主席在判决工资率时,应充分考虑行业状况和前景。仲裁人应由双方共同提名,若意见不一致,则由下院议长提名。② 由此,苏格兰煤矿业的争议得以解决。

在一些行业中,区域性的行业联合会发展为全国性的行业联合,当产生争议时,贸易部通常会介入,协助开展整个行业级别的集体谈判。以1907年铁路大罢工为例:1906年,全国各地的铁路工人纷纷要求改善工作条件,他们得到了铁路工人联合协会的支持。工人们在工作时间、休息时间、加班费、工资等方面提出了自己的要求,并于1907年1月向铁路公司提出,希望公司领导人能够安排一次与工人代表的会面,针对这些要求进行协商。然而,铁路公司不同意工人的要求,最终引发全国性的铁

---

① Lord Askwith, *Industrial Problems and Disputes*, pp.130-132.
② House of Commons, "Seventh Report by the Board of Trade of Proceedings Under the Conciliation (Trade Disputes) Act, 1896", *20th Century House of Commons Sessional Papers*, London, 1910, pp.118-120.

路大罢工。① 这场罢工威胁到英国主要行业的发展。② 于是,贸易大臣劳合·乔治(Lloyd George)决定采取措施促使双方达成协议。通过与双方协商,最终争议双方于 11 月 6 日在贸易部签订了协议。协议规定每个铁路公司都应建立调解与仲裁委员会,当劳资双方关于工资率、工作时间等有争议无法通过一般渠道解决时,应由委员会解决。协议还对调解与仲裁的具体程序做了规定。由此,争议得到解决,工人停止罢工,恢复工作。

在协助开展行业基础上各个级别的集体谈判的同时,贸易部化解了多起劳资纠纷。据统计,自法案实施起到一战前夕,贸易部总共参与了 696 件劳资争议,为劳资关系的稳定发展做出了贡献。

其次,1896 年《调解法》带动了各个地区、行业的调解与仲裁机构的建立,既为劳资纠纷提供了解决渠道,也有利于防止未来冲突的发生。

《调解法》赋予贸易部在地区或行业建立调解委员会的权力。当雇主和工人力量足够强大时,贸易部通常说服劳资之间建立调解与仲裁委员会。如在纺织业、工程业等行业,贸易部鼓励劳资双方在行业内部建立调解与仲裁委员会。在贸易部的大力推动下,调解与仲裁委员会的数量也显著增加:从 1894 年的 64 个调解与仲裁委员会,到 1905 年的 162 个,再到 1913 年的 325 个。③ 调解与仲裁委员会的数量增长了约 4 倍。到第一次世界大战结束时,已有 479 个自愿机构存在。④ 据保守估计,1914 年运行的 17% 的共同调解与仲裁委员会,是贸易部协商结果的副产品,这些机构

---

① House of Commons, "Seventh Report by the Board of Trade of Proceedings Under the Conciliation (Trade Disputes) Act, 1896", *20th Century House of Commons Sessional Papers*, London, 1910, pp.35 – 36.
② Chris Wrigley, "The Government and Industrial Relations", in Chris Wrigley, ed., *A History of British Industrial Relations, 1875 – 1914*, p.143.
③ Henry Pelling, *A History of British Trade Unionism*, p.143.
④ Ian G. Sharp, *Industrial Conciliation and Arbitration in Great Britain*, p.296.

影响了27%的有组织的劳动力。① 新的集体谈判机构在主要的行业中都建立起来,包括煤矿业、棉纺织业和铁路行业等。这些谈判机构不仅为劳资纠纷的解决提供了一个畅通的渠道,而且影响了雇主对待劳工的态度。伴随着集体谈判的发展,雇主对工会的态度逐渐由对抗转变为合作。

调解与仲裁委员会的增多也带来了集体协议的扩散。1889年,棉织业是唯一拥有全国性集体谈判协议的行业。到一战爆发时,全国性的集体协议存在于铁路业、造船业、棉纺业、建筑业、印刷业、钢铁业和制鞋业等多个行业,集体谈判机制在许多行业较为完备地建立起来。劳工司(Department of Labour)估计,1910年,有240万工人被全行业的或者地区性的协议所覆盖,这个人数还不包括地方政府人员和那些仅仅在企业下签订协议的工人。② 如果缺少政府的帮助,全行业的集体谈判协议不会覆盖如此之广。集体协议对劳资双方均具有道德约束力。单个工人或个别工会以及单个雇主或个别雇主联合会,在工资、工时等问题上均不能随意变更,并使之逐步趋于标准化;工厂之间不再以压低劳动力价格的行为来打压竞争对手,而是转向提高机械装备水平、寻求质优价廉的原料以及开拓最有利的产品市场。③ 这不仅能够有效地规避罢工和闭厂的发生,也为市场经济的有效运行提供了必要条件,成为维护社会稳定的重要手段。

总之,1896年《调解法》不仅帮助化解了劳资冲突,更为重要的是,它推动了集体谈判制的发展:通过开展产业基础上各个级别的集体谈判,增加了谈判机构的数量,扩大了集体协议的覆盖范围,为发展良性的劳资关系提供了有利环境。但不可否认的是,该法案在实施过程中也带有局

---

① Chris Wrigley, "The Government and Industrial Relations", in Chris Wrigley, ed., *A History of British Industrial Relations*, 1875-1914, p.143.
② Chris Howell, *Trade Unions and the State: The Construction of Industrial Relations Institutions in Britain*, 1890-2000, Princeton: Princeton University Press, 2005, p.69.
③ 徐聪颖、刘金源:《集体谈判制与19世纪中后叶的英国劳资关系》,《探索与争鸣》2010年第9期。

限性。

  首先,1896年《调解法》遵循的是自愿主义原则,政府虽然被赋予干预劳资争议的权力,但没有强制干预的权力。因此,在《调解法》的框架下,劳资双方可以拒绝政府调解争议。这在1896年威尔士北部地区采石工人罢工事件中凸显出来。1896年9月,在威尔士北部的贝塞斯达地区,彭林采石场的工人要求将标准工资率从4便士提高到5便士6先令,并要求每天的最低工资为4便士6先令。然而,作为采石场雇主的彭林勋爵(Lord Penrhyn)"拒绝在工资问题上妥协",这一结果引发2 800名采石工人罢工。① 9月30日,采石工人们请求贸易部按照几个月前通过的《调解法》采取行动,调解纠纷。贸易部接受了工人的请求,贸易大臣里奇决定亲自处理此事。1897年,里奇写信给彭林勋爵,提出安排一次协商会议的建议。彭林勋爵却告知里奇:"如果我接受的话,就成为容许外部力量干涉私人管理事宜的一个先例。"②贸易部常任秘书长只能回复:"我们并非试图违背您的意愿来处理此事,但我必须指出,根据《调解法》相关条款,贸易部无法承认,一个影响到数以千计的人及其家庭的长期争端,可以堂而皇之地仅仅作为私人事宜来对待。"③彭林勋爵依然不予让步,他坚持"政府干预是对私人事务进行史无前例的干涉"④,因此拒绝了贸易部的要求。彭林勋爵的拒绝导致工人罢工持续了约11个月。

  工会和激进派被采石工人罢工事件中彭林勋爵的态度所激怒。他们对在《调解法》下,政府无法对彭林勋爵采取强硬措施的事实感到很失望。这种情绪在1897年菲丝丁尼亚采石工人会议上的劳合·乔治的发言中可

---

① Lord Askwith, *Industrial Problems and Disputes*, p.80.
② Chris Wrigley, "The Government and Industrial Relations", in Chris Wrigley, ed., *A History of British Industrial Relations, 1875–1914*, p.141.
③ Chris Wrigley, "The Government and Industrial Relations", in Chris Wrigley, ed., *A History of British Industrial Relations, 1875–1914*, p.142.
④ Kenneth Brown, ed., *The English Labour Movement, 1700–1951*, p.196.

以体现出来。劳合·乔治在会议中指出：

> 两个政党都承认了不公正的存在，以及1896年《调解法》存在的必要性。当法案在下议院提出时，无人反对；当它在上议院讨论时（彭林勋爵也是其中一员），也无人持异议，甚至彭林勋爵也不反对；该法案的原则被各方承认。最近，伦敦和西北铁路公司的一些行为遭到员工抵制，虽然该公司比彭林勋爵多雇用数以千计的工人，但他们却选择把争议交给贸易部处理，而不愿冒引发罢工的危险，结果一天内便恢复了和平。①

彭林事件显示出法案在解决争议中的局限性。即使在可能影响到经济发展的劳资争议中，如果雇主和工人任何一方不同意政府机构干预，那么贸易部便无法采取行动。这一局限性遭到一些强有力的领导人的诟病。如劳合·乔治在干预1907年铁路行业纠纷时，在寄给首相坎贝尔·班纳曼（Campbell Bannerman）的信中提到："《调解法》并无什么用处，它在彭林事件中失败了，令人失望。"②为防止类似事件的发生，他认为如果铁路行业拒绝调解，那么应该在铁路争议中进行强制仲裁，这一建议得到首相的支持。建立强制仲裁程序促使铁路业雇主同意政府调解，从而有效达成全行业的协议，解决了纠纷。

其次，在1896年《调解法》框架下，工人往往难以在工资目标上得到满足，对《调解法》变得不信任，影响了法案的实施。自《调解法》实施后，贸易部并未给仲裁人和调解人制定任何正式的工资政策，因此，仲裁人通常按照自己的标准解决工资问题。一般来说，他们坚持按照行业的传统标准或地区竞争的需要，或商品出售价格的变化来判定工资。他们认为工资变动

---

① Chris Wrigley, "The Government and Industrial Relations", in Chris Wrigley, ed., *A History of British Industrial Relations*, 1875-1914, p.142.
② Chris Wrigley, "The Government and Industrial Relations", in Chris Wrigley, ed., *A History of British Industrial Relations*, 1875-1914, p.143.

应和市场变动一致,不支持工人提出的"社会主义最低标准"或者"最低生活工资"的要求。因为这不仅会破坏英国工业的竞争力,而且如果不依据严格的商业标准制定工资,就会引发雇主拒绝政府仲裁的行为。因此,在大多数争议中,仲裁者主要依据商品售价或者相关劳动力的价格和工作条件进行工资判定,生活费用的变化和生活最低水平线的变化都很少被考虑在内。①

由于坚持这一准则,因此,1896—1914 年在《调解法》下的工资判决,明显反映了工业市场价格的变动趋势。在保守党和自由党政府中,超过 70%的上调工资的判决发生在商业周期上升时,超过 75%的下调工资的判决发生在商业周期的衰落时期。工人只在 21%的争议解决中达到了目标。② 大部分在《调解法》下的判决都没有满足工人的工资要求。很明显,在劳工要求分享国民收入中更大的份额作为工资的运动中,政府仲裁并不比私人仲裁更有帮助。因此,相较于通过《调解法》解决工资争议,工会领导更倾向于直接谈判,这样他们可以在商业周期上升时增加更多工资,下降时降低更少的工资。这也间接影响了《调解法》的实施。

但必须指出的是,虽然《调解法》对劳资冲突化解发挥了重要作用,但它并非是化解劳资冲突的最主要方式。劳资双方仍然主要依靠民间的自愿谈判来解决纠纷。这可以从以下数据中体现出来:1907—1913 年记录的所有争议中,有 11 815 件争议最终由自愿机构解决;只有 387 件,或者说只有 3%多一点的争议是由政府机构解决的。如果只从引发罢工的争议中计算,可以发现,1896—1913 年,在所有 949 次罢工中,只有 210 次,即约 22%的争议是由 1896 年《调解法》框架下的各种机构解决的,739 次由

---

① Roger Davidson,"Government Administration", in Chris Wrigley, ed., *A History of British Industrial Relations*, 1875 -1914, p.170.
② Roger Davidson,"Government Administration", in Chris Wrigley, ed., *A History of British Industrial Relations*, 1875 -1914, p.171.

非政府机构解决。① 这是因为,自 1860 年蒙德拉建立诺丁汉织袜业仲裁与调解委员会以来,通过集体谈判解决争议的机制在英国各行业获得了长足发展,民间自愿仲裁与调解体系已发展得较为完备。通常在调解协商失败之后,劳资双方才会向贸易部申请干预争议。因而,大部分协调劳资关系的工作仍由各行业自发建立的调解与仲裁机构承担。相对于民间集体谈判机构所处理的劳资争议的数量,在《调解法》下处理的争议数量并不是很多。因此,1896 年《调解法》的角色只能也必须定位为对民间集体谈判体系的补充。

不过,1896—1913 年发生的 949 件罢工事件中,政府所解决的约 22% 的罢工争议影响了 78 万工人,而民间机构解决的约 78% 的罢工争议只影响了 50 万工人。这意味着政府干预的基本是大型的和非常严重的劳资冲突。但是,即使是在这些严重的争议中,政府仍然是在争议发生晚期才开始进行干预的。② 也就是说,政府渠道是劳资双方解决争议的最后选择。当其他解决争议的方式失效且国家经济或公共安全遭受异常威胁时,政府才进行临时干预。③ 因此,如道格拉斯·努普所说:"政府有责任尽全力停止引发经济暴力的行为,它应该为劳资双方谈判提供所有合理的方式……政府体系应该作为民间体系的补充,采取的方式也必须依赖于私人调解与仲裁体系。"④

综上所述,1896 年《调解法》是 19 世纪末劳资冲突迭起的背景下政府调整劳资关系的重要手段。它在支持民间集体谈判的基础上,使政府以第三方角色参与其中,为劳资双方提供了一个有能力的、相对公平的政府部门,能帮助打破僵局、重启谈判进程。这种行动,使集体谈判制在各行业进一步发展,从而建立起更加完善的劳资争议解决机制,为 19 世纪末到一战前英国劳资关系的稳定发展创造了条件。

---

① Ian G. Sharp, *Industrial Conciliation and Arbitration in Great Britain*, pp.302-303.
② Ian G. Sharp, *Industrial Conciliation and Arbitration in Great Britain*, p.303.
③ E. H. Hunt, *British Labour History, 1815-1914*, p.326.
④ Douglas Knoop, *Industrial Conciliation and Arbitration*, p.41.

二、政府谈判机构的建立

1896年《调解法》实施后,相关的集体谈判机构逐渐发展起来。法案赋予贸易部处理劳资争议的权力,贸易部通过积极干预,促进了对工会的认可和集体谈判的发展。贸易部还进一步发展了集体谈判机构,于1908年和1911年分别设立了仲裁法庭和产业委员会。这两个机构在劳资冲突的化解中发挥了一定作用,并在不同程度上对英国集体谈判制的发展做出了贡献。

1. 贸易部

随着1896年集体谈判立法的颁布与实施,相关的集体谈判机构也逐渐发展起来。1896年《调解法》规定:"当劳资之间存在争议时,贸易部如果认为合适,可以行使以下权力,即调查争议原因和争议情况……如果贸易部认为合适,可以在地区或行业建立一个调解委员会。"[①]可以看出,法案赋予贸易部解决劳资争议的相关职权,贸易部成为处理劳资关系的重要机构。

---

① "Conciliation Act, 1896", in J. T. Ward and W. Hamish Fraser, eds., *Workers and Employers: Documents on Trade Unions and Industrial Relations in Britain Since the 18th Century*, p.161.

实际上，在1896年《调解法》出台之前，就有相关集体谈判立法允许政府机构参与劳资争议的解决。1867年《调解委员会法》和1872年《仲裁法》允许内政部鼓励自愿调解与仲裁的推广。① 在议会看来，由内政部处理劳资争议似乎是理所当然的，因为内政部掌握着大量的劳工信息；它管理着各行业的工厂视察员，工厂视察员知晓地方劳工市场的深度信息，也了解工人阶级的收入和消费模式信息。除此之外，内政部还掌握着工人工作条件的详细信息，调查过英国工业中技术创新对工资差别和雇用水平的影响、劳资冲突的经济决定因素等。内政部不仅熟悉集体谈判程序，而且由其负责的《工厂法》中也包括仲裁程序。然而，虽然集体谈判法案赋予内政部这些权力，但内政部官员基本没有行使过。事实上，就像在1878年兰开郡棉织业的劳资冲突或1887年斯塔福德郡链条制造业的争议中，引发了罢工和闭厂事件后，劳资双方请求内政部进行调解，但内政部却明确予以拒绝。内政部声明，自己在劳资关系中的角色只是维护法律和秩序者（特别是执行《共谋与财产保护法》），确保与工业健康和安全相关的法律规定能够正确执行。② 它的职能并不是干预劳资冲突。由此，内政部并没有发挥相关的调解与仲裁劳资争议的作用。

贸易部的传统职能是为政府在贸易和商业方面提供信息和建议。在工业革命时期，贸易部作为政府参与私人企业物质生产方面的主要代理人，承担起监管工业领域采取必要措施以及维持公平自由的竞争条件的责任。③ 可以说，在1886年以前，贸易部几乎没有正式地涉足过劳资关系。即使在执行与商业、海运业和铁路业有关的任务时，尽管贸易部会涉及报

---

① Chris Howell, *Trade Unions and the State: The Construction of Industrial Relations Institutions in Britain, 1890–2000*, p.66.
② Roger Davidson, "Government Administration", in Chris Wrigley, ed., *A History of British Industrial Relations, 1875–1914*, p.159.
③ J. A. M. Caldwell, "The Genesis of the Ministry of Labour", *Public Administration*, Vol.37, No.4 (December, 1959), p.367.

酬和雇佣条件等问题，但是它无权干预劳资争议。不过这种情形在1886年以后发生了改变。

19世纪80年代以后，面对来自美国、德国等国家的经济竞争，英国工业主为了在价格竞争中获得优势，对工人采取了更为苛刻的管理政策，由此出现蓬勃发展的新工会运动。新工会运动奉行激进的罢工政策，雇主和工人的冲突不断，导致工业领域的动荡不安，严重危害了社会稳定和经济发展。这使议会和政府对了解工业领域工资率和薪酬、工会组织和工业冲突的发生率以及集体谈判的方法等相关信息的需求不断增长。[1] 为此，1886年3月，下院通过决议，要求"收集和公开完整而准确的劳工统计数据"[2]。由于当时的政府官员将劳资领域出现的问题视作经济混乱，而非法律和秩序问题，因此，政府认为贸易部有责任处理此类问题。于是，下院分配给贸易部中的商业部门一个任务：收集和公开劳工工资、工时、劳动市场状态、工作条件等数据。这个商业部门在1893年发展为隶属于贸易部的劳工司[3]。劳工司依然为政府提供劳资领域的相关数据和专门知识，逐渐成为公认的收集劳资信息的部门，这些信息包含罢工与闭厂、行业组织、雇佣情况和工资等数据。为收集劳工信息，它每月出版刊物《劳动公报》(*The Labour Gazette*)。[4] 此外，劳工司内还拥有一批有经验的劳资纠纷调解者，为化解劳资争端提供建议。

最初，劳工司仅仅提供信息和建议。后来，它逐渐参与了一些未被授权但是成功干预劳资冲突的事例，例如1893年煤矿工人大罢工和1895年制靴工人大罢工。干预劳资争议的成功促使政府认识到，赋予该部门更为

---

[1] Roger Davidson, "Official Labour Statistics: A Historical Perspective", *Royal Statistical Society*, Vol.158, No.1 (1995), p.166.
[2] Alan Fox, *History and Heritage: The Social Origins of the British Industrial Relations System*, p.248.
[3] 劳工司在1916年被重新组建，发展成为劳工部。
[4] Ian G. Sharp, *Industrial Conciliation and Arbitration in Great Britain*, p.295.

正式的权力将有利于劳资冲突的化解。于是,1896年《调解法》便赋予贸易部解决劳资争议的相关权力,执行该法案的任务主要落到劳工司身上。鉴于在法案出台之前,劳工司已经进行了干预劳资冲突的实践,可以说,该法案的条款实际上是对贸易部下的劳工司已做的事情予以认可。① 因此,与1867年和1872年的集体谈判立法相比,1896年《调解法》有一个重要的不同,即调解的责任不再由内政部履行,而是由贸易部履行。自此,贸易部成为协助集体谈判实施的重要机构。

1891—1894年存在的皇家委员会通过调查认为,政府应该最大限度地鼓励建立在自愿基础上的集体谈判以及工会主义的发展。贸易部对这一观点深表认同,贸易部认为,工会主义和集体谈判的发展可以提供一种获得工业和平与工业秩序的方法,甚至可能促进雇主和工人之间的相互合作;既可以减少工人阶级对财产和阶级关系的威胁,也可以提供一种社会管理的方式;最后,它还可以通过与统治阶级整体的策略、立法、思想完全一致的组织和制度化的程序来深化这些目标。② 因此,《调解法》颁布后,贸易部开始利用法案赋予自己的权力贯彻这一原则。此时,调解不仅仅意味着争议中一个中立的第三方帮助争议双方达成和解,调解的目标开始转变为贸易部通过积极干预,促进对工会的认可和集体谈判的发展——通过这种长期干预,防止争议发展为罢工行动。③

为发展工会主义和集体谈判,贸易部做出了多项努力。

首先,贸易部认为要加强工人的谈判力量。这主要从以下两个方面加以实施:一是提倡对工会的认可,二是倡导对工会法的改革。

---

① J. F. B. Goodman and J. Krislov, "Conciliation in Industrial Disputes in Great Britain: A Survey of the Attitudes of the Parties", *British Journal of Industrial Relations*, Vol.12, No.3 (November, 1974), p.329.
② Alan Fox, *History and Heritage: The Social Origins of the British Industrial Relations System*, p.246.
③ Rosemary Aris, *Trade Unions and the Management of Industrial Conflict*, London: Macmillan, 1998, p.43.

为加强对工会的认可,贸易部做出了很多努力。例如,为了加强雇主对工会的认可,铁路部门和贸易部对许多铁路公司不认可和恐吓工会主义的行为进行了抨击。铁路部门通过了1893年《铁路法》(Railway Act)和1900年《铁路雇用法》(Railway Employment Act),两部法案明确表达了政府对铁路工人联合会的认同,并对工会管理人员代表铁路工人进行协商的权利表示认可。同样,贸易部的下属部门劳工司在实施《调解法》的过程中,对提高铁路工会的地位也做出了努力。1898年,劳工司敦促议会调查铁路工会关于声称工会会员被公司高层欺骗的指控,建议贸易部应该公开谴责铁路管理层对劳工的政策。① 贸易部一些官员认为,铁路公司不认可工会的态度是对工会存在偏见。劳工司负责人卢艾琳·史密斯(Llewellyn Smith)认为,铁路公司"一些管理人员的声明——他们准备集中力量粉碎工会,是对他们意见的清楚表达,这可以看作古代十字军东征的复兴。劳工司不希望铁路公司在试图阻止工人结社上取得任何成功,也不认为中央政府和地区政府会支持铁路公司的这一政策"②。这一观点明确表达了贸易部对不认可工会行为的强烈谴责。

贸易部下的劳工司还为推进工会法的改革而努力。劳工司认为,由于维多利亚时期不明确的结社法案,工会的责任仍停留在不被认可的状态。虽然在19世纪下半叶,议会通过了一些提高工会地位的法案,但这些法案所赋予工会的法律地位是不完整的。尽管工会罢工可以免于刑事处罚,但并未被免除民事责任。这在1900年塔夫·威尔判决案(Taff Vale Case)③中突出地表现出来。贸易部相关官员指出,工会的几乎每种有效的工业行

---

① Roger Davidson,"The Board of Trade and Industrial Relations 1896-1914", The Historical Journal, Vol.21, No.3 (September, 1978), p.573.
② Roger Davidson,"The Board of Trade and Industrial Relations 1896-1914", The Historical Journal, Vol.21, No.3 (September, 1978), p.575.
③ 塔夫·威尔判决案是指1900年塔夫·威尔铁路公司擅自调动一个信号员的工作而未征得他本人同意,从而引发铁路工人罢工。铁路业雇主对工会提出民事诉讼,法庭最终做出有利于雇主的判决,判定工会需要向铁路公司支付赔偿金。

动都要承担刑事诉讼责任或者民事诉讼赔偿,现存劳资争议法案的解释比较局限,以至于工会人员发动的地区性罢工都是非法的,更不要提全国性罢工。因此,他们建议明确阐释工会的法律地位和责任,确保法律平等地对待合法的工会行动。1901—1903年,劳工司向政府明确表达了这种观点,并促使议会在1903年任命一个委员会,专门调查劳资纠纷、工会问题以及与此相关的各项法律。根据委员会的调查,政府于1906年颁布了《劳资争议法》(Industrial Disputes Act),肯定了工会的罢工行动以及罢工期间的和平纠察行为均是合法的,工会的合法地位最终得到确认。工会法律地位的提高也加强了工会在集体谈判中的作用,使其能够更好地为工人谋取利益。

通过劳工司的努力,许多有组织的雇主对劳工政策的态度发生了转变,从对抗转变为通过集体谈判的进程与工会进行合作。这种变化即使不是由贸易部最先驱动,至少也是由于贸易部下的劳工司的努力而得以促进。①

其次,贸易部还通过创新调解劳资纠纷的方法,推动集体谈判的发展。在参与解决劳资争议问题时,贸易部通常以一种有力的方式干预劳资冲突,促使劳资双方进行谈判。主要表现在:当地方谈判程序不起作用时,贸易部鼓励劳资双方向政府求助,进行调解。在调解过程中,贸易部通常会利用1896年《调解法》赋予自己的权力,调查劳资冲突的原因和情况,便于雇主和工会领导者在该法案下解决他们的争议。当争议极度僵持并持续很长时间时,贸易部一般会通过公开对争议进程所做的调查报告,向劳资双方施加压力,令双方修改要求。例如,1898年,贸易部调解人公开了南威尔士煤矿罢工进度的报告,对大多数具有战斗精神的矿工所要求的最低生活工资提出怀疑,并对工会执行委员会所建议的经过修订的按物价计酬

---

① Roger Davidson, "The Board of Trade and Industrial Relations 1896 – 1914", *The Historical Journal*, Vol.21, No.3 (September, 1978), p.576.

的方案予以支持。① 这是贸易部通过公开调查报告的方式向双方施压,促进争议的解决,显示出贸易部在解决劳资纠纷时的方法创新。

贸易部有时也会借助法律强制的方式促使劳资双方谈判、化解冲突。随着经济依存的不断增强,一场罢工运动的爆发很可能会给国家经济带来损害,例如煤炭、码头、铁路行业都曾爆发过颇具杀伤力的罢工运动。因此,贸易部对劳资争议的干预变得更加频繁,而且与法律强制开始混合。例如,1907 年,铁路行业爆发了一场全国性罢工,这样一场罢工威胁到英国很多行业的发展,各界普遍支持政府进行干预。1907 年 10 月,《经济学家》(The Economist)杂志刊发文章,认为铁路罢工和闭厂是不被允许的,因为这与公共政策相违背。该杂志请求贸易部干预,如果干预失败,议会应进行强制仲裁。② 贸易大臣劳合·乔治亲自参与此次劳资争议的解决。在和一些铁路领导人进行非正式的会谈后,劳合·乔治给首相坎贝尔·班纳曼写信。他认为,如果领导人拒绝调解,"当议会召开会议时,我们必须立即在铁路争议中采取强制仲裁的措施,强制仲裁也适用于当贸易部考虑到争议的本质及其规模的大小,认为应该采取这种方法之时"③。此建议得到了首相的支持,因而劳合·乔治在谈判过程中加强了手段。他在 10 月 29 日于《每日邮报》(Daily Mail)上发表文章,要求对铁路争议采取强制仲裁。最终,劳合·乔治利用建立强制仲裁的立法威胁,迫使雇主同意建立调解委员会,从而达成了全行业协议。④ 但是,通过法律强制解决纠纷并非贸易部的常用方式,只有在雇主使得达成协议变得不可能时,贸易部

---

① Roger Davidson, "Government Administration", in Chris Wrigley, ed., *A History of British Industrial Relations*, 1875–1914, p.165.
② Chris Wrigley, "The Government and Industrial Relations", in Chris Wrigley, ed., *A History of British Industrial Relations*, 1875–1914, p.143.
③ Chris Wrigley, "The Government and Industrial Relations", in Chris Wrigley, ed., *A History of British Industrial Relations*, 1875–1914, p.143.
④ Chris Howell, *Trade Unions and the State: The Construction of Industrial Relations Institutions in Britain*, 1890–2000, p.68.

才会建议政府通过强制立法解决争议。

  劳工司也以一种高度创新的方式推动集体谈判的发展,它一般利用法案赋予的权力推动以仲裁解决纠纷的方式的发展。它的策略主要是获取争议双方对仲裁的联合申请。当只有一方需要政府干预时,劳工司不会提名调解人,而是时常拖延正式程序,直到造成社会困难、利润下降或者进一步的协商,以使不妥协的另一方也向政府提交仲裁申请。① 这一策略主要适用于以下三种类型的劳资纠纷:(1)类似 1901 年排字工人的劳资纠纷。在这场争议中,管理层的让步程度与工会的期望分歧非常大,只有通过贸易部非正式的谈判减少双方之间较大的分歧,通过独立仲裁人所做的权威性判决,才可以避免旷日持久的罢工。(2)在一些争议中,工厂主和工会领导者在谈判中坚持不切实际的目标,因为怕失去面子,都不愿让步。与此同时,争议引发的社会困境的出现、基金的损耗和利润率的减少使他们渴望解决问题,这时就比较容易接受政府仲裁。例如,1903—1904 年的威尔士马口铁工人罢工,劳工司的官员几乎毫无困难地就使双方同意接受政府仲裁,从而打破僵局。(3)有一些争议,利用集体谈判无法根本解决实质性问题,例如工作条件和工作纪律等问题。在这些情况下,劳工司通常会说服双方将要求转化为更为切实的经济诉求,以便进行仲裁。而且,在 1900 年以后,劳工司在处理劳资双方要求解决争议的申请时,开始进行越来越多的选择。它主要接受简单的工资纠纷,因为在简单的工资争议中,劳资双方都乐意接受仲裁。由于劳工司的这一策略,虽然 1896 年《调解法》的重点在于调解,政府仲裁被认为是最后诉求,但到一战前,在该法案下有几乎四分之三的解决方案包含仲裁程序。②

---

① Roger Davidson,"Government Administration", in Chris Wrigley, ed., *A History of British Industrial Relations*, 1875-1914, p.166.
② Chris Howell, *Trade Unions and the State: The Construction of Industrial Relations Institutions in Britain*, 1890-2000, p.67.

再次,贸易部还努力通过建立集体谈判机制,防止劳资冲突的发生。曾在贸易部任职并参与解决了很多劳资争议的乔治·阿斯奎斯说过:"我已经决定了,只要有可能,在我要解决的事例中,我一定会尽力去结束闭厂或者罢工。但是在一些情况下……我会走得更远,努力建议并建立起通过某个公司或行业的争议双方签署协议的机制,防止未来罢工的发生,以使雇主和工人之间建立更好的关系。"[1]这种签署协议的机制往往是通过劳资谈判机制运行的。秉承这种思想,贸易部在解决争议的过程中,努力通过各种方式,帮助许多行业建立谈判机制,构建劳资关系的谈判框架。

当雇主和工人力量足够强大时,贸易部试图说服劳资之间建立稳定的谈判机制。如在纺织业、工程业等行业,贸易部鼓励劳资双方在行业内部建立调解与仲裁委员会。当他们力量不强大时,贸易部并不会直接管制行业,而是设立基本的谈判机构,允许雇主和工会成员议定工资。例如,大多数血汗行业中的劳资双方都没有完备地组织起来,无法建立稳定的调解与仲裁委员会。为解决血汗行业工资低的问题,1909年,贸易大臣丘吉尔提出建立行业委员会的议案,并获议会通过,成为1909年《行业委员会法》。法案要求建立行业委员会的目标很明确,即减少工资竞争和劳资冲突。法案规定,由贸易部负责在部分行业建立行业委员会,委员会由相等人数的雇佣双方共同组成,由委员会确定最低工资率。最初,法案只适用于成衣业、纸盒业、花边业和制链业四个行业。1913年,又有四个行业加入进来,即糖果和食品贮藏业、衬衫制造业、器皿和锡盒制造业、亚麻和棉布刺绣业。这八个行业委员会包含了大约50万工人。[2] 在这里,法案虽然强制实行工资率,但它是雇主和工人通过集体协商达成的,这也是集体谈判制发展的一种体现。在贸易部的努力下,英国的谈判机制获得了迅速发展。1896

---

[1] Lord Askwith,*Industrial Problems and Disputes*,p.129.
[2] John Sheldrake,*Industrial Relations and Politics in Britain*,1880-1989,London:Printer Publishers,1991,p.18.

年,已知存在的调解委员会有 105 个;到了 1913 年,其已经增加到 325 个。①大多数委员会的建立直接归功于劳工司有策略的行动。② 新的谈判机制也在英国主要行业中建立起来,包括煤矿业、棉纺织业和铁路行业等。

通过上述几种方式,贸易部在推动集体谈判制的发展、化解劳资冲突方面发挥了重要作用。1906—1914 年,贸易部参与了超过 85% 的主要的劳资纠纷,解决了其中 75% 的纠纷。③ 而且,劳工司逐渐参与到大型的且更加棘手的争议中,解决争议的年平均成功率在 80% 以上。虽然在《调解法》下解决的劳资争端依然远离稳定性行业,但劳工司在两个排斥政府干预的传统行业——煤矿业和棉纺织业中产生了重要影响。④

到了 1910 年,贸易部呈交给议会的报告中写道:"集体谈判的方法可以说已经在我们的制造业中流行起来,并在码头和河运业、交通业和捕鱼业中达到了可观的程度。"⑤可以说,贸易部在为集体谈判创造条件的过程中发挥了重要作用,它通过干预劳资冲突,形成一个新的劳资关系体系,使"雇主和工人长期发展起来的系统得以普遍化"⑥。

2. 仲裁法庭

随着集体谈判在工业领域的推广,劳资双方越来越习惯于通过调解与仲裁解决争议。1896 年《调解法》赋予贸易部提名调解人或仲裁人的权

---

① Rosemary Aris, *Trade Unions and the Management of Industrial Conflict*, p.46.
② Ian G. Sharp, *Industrial Conciliation and Arbitration in Great Britain*, p.294.
③ Chris Howell, *Trade Unions and the State: The Construction of Industrial Relations Institutions in Britain, 1890–2000*, p.68.
④ Roger Davidson, "Government Administration", in Chris Wrigley, ed., *A History of British Industrial Relations, 1875–1914*, p.168.
⑤ Rosemary Aris, *Trade Unions and the Management of Industrial Conflict*, p.46.
⑥ Alan Fox, *History and Heritage: The Social Origins of the British Industrial Relations System*, p.250.

力,当劳资双方请求政府帮助解决纠纷时,政府可以选派调解人或仲裁人,协助劳资双方化解纠纷。但对于政府对仲裁人的选择,工人愈发不满。为解决这一问题,一个新的机构——仲裁法庭应运而生。

自1860年蒙德拉建立诺丁汉织袜业委员会后,调解与仲裁逐渐在劳资领域得以应用。但大多数的仲裁人是律师、政界人士和认同传统政治经济学观点的雇主。① 而工人阶级担任仲裁人的事例少之又少。1896年《调解法》颁布后,由贸易部提名的绝大多数仲裁人和调解人也都来自专业领域和上层阶级。1896—1905年,在《调解法》下处理的70%的争议都由法律界人士负责,这些人因保守而出名。② 许多仲裁人反对激进主义,认同雇主的政治经济观。1906年自由党执政后,这种仲裁人的选择模式也无明显改观。工人阶级认为,专业人士和上层阶级无法理解工人的想法和愿望,由他们担任仲裁人,可能会带来处理劳资争议的不公。因此,他们对贸易部的这一选择模式表示不满,希望政府能够任命工人阶级的代表作为调解人和仲裁人。

1908年,温斯顿·丘吉尔接任劳合·乔治担任英国贸易大臣。为应对工人阶级的批评,为仲裁人的人选提供更多选择,丘吉尔创造了一个仲裁法庭的新体系。在这个体系中,雇主和工人代表以及保持中立态度的主席将共同组成仲裁法庭,裁决劳资纠纷。1908年9月,他为商会、雇主组织和工会准备了一个备忘录,解释了他要建立的仲裁法庭的主要构想。③

在备忘录中,丘吉尔首先总结了近来《调解法》实施的效果。依据1896年《调解法》,当劳资争议一方要求时,贸易部可以提名调解人或者任命调解委员会帮助解决争议;当劳资双方共同要求时,可以提名仲裁人,由

---

① Rosemary Aris, *Trade Unions and the Management of Industrial Conflict*, p.29.
② Roger Davidson, "The Board of Trade and Industrial Relations 1896 – 1914", *The Historical Journal*, Vol.21, No.3 (September, 1978), p.585.
③ Chris Wrigley, "The Government and Industrial Relations", in Chris Wrigley, ed., *A History of British Industrial Relations, 1875 – 1914*, p.146.

该仲裁人提出积极建议。①在丘吉尔看来,由贸易部提名的调解人或仲裁人在化解劳资争议方面颇有成效。"1905年,贸易部干预了14件争议,并全部解决;1906年,干预了20件争议,解决了16件;1907年干预了39件,解决了32件;1908年的前八个月中干预了不少于47件争议,解决了35件,还有一些正在解决中。"②继而,丘吉尔阐述了设立仲裁法庭的目的。他说,建立仲裁法庭,并不是想缩减或取代《调解法》现存的功能或做法,也不是想背离其自愿和宽容的特征,劳工司依然可以解决所有争议;单个的仲裁人和调解人仍在需要的时候会被任命……设立仲裁法庭只是为了巩固、扩大和推广《调解法》的实施。

关于仲裁法庭的组成,丘吉尔指出:法庭将会在劳资双方的要求下开庭,根据争议双方的需要,由三名或五名成员组成。这三到五名成员将由贸易部从以下三组人员中选择组成:第一组为主席组,均为杰出、公正的人士;第二组为雇主组,由拥有公平态度的雇主阶级组成;第三组为工人组,由工人阶级和工会会员组成。丘吉尔指出,曾有人希望将第三组的工人阶级从法庭中排除,但丘吉尔认为,第一组和第二组的成员无法深入理解体力劳动者的状态,只有工人阶级才能够很好地掌握工人的心理诉求。因此,法庭人员必须有工人阶级的代表。丘吉尔还阐述了设立五人法庭的初衷:"我们相信,在较为困难的争议中,从雇主组和工人组各挑选两个仲裁人,组成一个五人法庭,法庭判决将更有权威,尤其是对工人来说;根据贸易部的调查,工人更愿意将争议交由两个工人代表判决,而非一个工人代表。"③在法庭要求下,或者在争议双方要求帮助的情况下,贸易部还可以

---

① Howard F. Gospel and Gill Palmer, *British Industrial Relations*, p.206.
② House of Commons, "Seventh Report by the Board of Trade of Proceedings Under the Conciliation (Trade Disputes) Act, 1896", *20th Century House of Commons Sessional Papers*, London, 1910, p.135.
③ House of Commons, "Seventh Report by the Board of Trade of Proceedings Under the Conciliation (Trade Disputes) Act, 1896", *20th Century House of Commons Sessional Papers*, London, 1910, p.136.

任命一位技术评估员,为法庭提供技术信息,协助解决争议。每位评估员在履行职责前,都要进行宣誓,保证会在履行职责过程中对了解到的事务保密,不过技术评估员无投票表决权。最后,丘吉尔还陈述了对劳资争议的判决规定:法庭成员多数人的决定就是法庭的判决,当不存在多数人支持的判决,最终的判决应由主席决定。

丘吉尔认为,仲裁法庭的人员组成和运作存在其独特的优势。由于法庭人员在三组人员中挑选组成,因此法庭人员可以时常更换,从而不存在因为某个特定的判决而使法庭在劳资间变得不受欢迎的忧虑,也不存在在选择法庭人员时,选择的都是与争议案例完全无关的人员的情况。同时,贸易部对建立仲裁法庭的计划进行了调查,调查显示出该计划会在工业领域受到欢迎。为此,仲裁法庭的计划开始实施。1908年,贸易大臣提名了三组人员,共15名成员。[①]

此后,在1896年《调解法》下对仲裁的申请可以由单个的仲裁人执行,也可以由包括主席组的一名成员、雇主组和工人组的各一到两名成员组成的法庭进行仲裁。通过仲裁法庭,仲裁人可以由争议影响到的利益方直接代表组成,法庭主席可以与知晓争议背景的同事对争议进行深刻的讨论,从而有利于调和双方矛盾,对争议做出较为公平合理的判决。

在丘吉尔创立的仲裁法庭体系下,为解决劳资纠纷,建立了一些仲裁法庭。第一个建立的仲裁法庭是为解决北安普顿(Northampton)制靴业的劳资争议。之后,邓克顿(Dunkerton)煤矿业以及卡伦(Carron)制铁业发生的争议引发罢工,劳资双方都同意将争议交给仲裁法庭解决。[②] 以邓克顿煤矿业建立的仲裁法庭为例,1908年10月20日,在邓克顿煤矿区,由

---

① Carl H. Mote, *Industrial Arbitration: A World-Wide Survey of Natural and Political Agencies for Social Justice and Industrial Peace*, pp.41 – 42.
② House of Commons, "Seventh Report by the Board of Trade of Proceedings Under the Conciliation (Trade Disputes) Act, 1896", *20th Century House of Commons Sessional Papers*, London, 1910, p.6.

于对运货男孩的工资率问题的意见不同,工人和雇主之间发生纠纷,导致567名煤矿工人罢工。为解决这一问题,1909年1月,贸易部派遣了一名官员力促劳资双方和解。在该官员的努力下,劳资双方同意共同请求贸易部组建仲裁法庭,来帮助化解冲突。于是,1月18日,贸易部组建了一个仲裁法庭,由法官奥斯丁(Austin)担任主席,并从雇主组和工人组中分别挑选了一位仲裁人,拉特克利夫·埃利斯(Ratcliffe Ellis)来自雇主组,W.布雷斯(W.Brace)来自工人组,三人组成仲裁法庭仲裁纠纷。最终,3月22日,仲裁法庭主席公布裁决结果,规定自1909年3月24日起,雇主应付给运货男孩的工资须遵循以下标准:运货距离在1码①到25码之间,应付1/2便士;26码到50码之间,应付1便士;……每增加25码,须相应地多支付1/2便士。② 由此,该劳资纠纷得到解决。

几乎每年都有一些劳资争议通过仲裁法庭来解决。例如,1910年,8件争议由1908年建立的仲裁法庭解决。其中,3件争议引发罢工,包括埃尔郡(Ayrshire)煤矿工人、新港码头工人和博内斯(Bo'ness)贮木场工人发动的罢工。③ 1911年由仲裁法庭解决的争议有7件,其中,伦敦出租车司机以及加迪夫(Cardiff)码头工人的争议引发罢工。④ 1912年发生的争议中有5件由仲裁法庭解决,只有1件争议引发罢工,即英国汽车出租公司的出租车工人发动的罢工。1913年,仲裁法庭解决了6件争议。可以说,仲裁法庭的设立对争议的解决发挥了一定作用。

---

① 码是英制中的丈量长度单位,1 码 = 3 英尺。
② House of Commons, "Seventh Report by the Board of Trade of Proceedings Under the Conciliation (Trade Disputes) Act, 1896", *20th Century House of Commons Sessional Papers*, London, 1910, p.100.
③ House of Commons, "Eighth Report by the Board of Trade of Proceedings Under the Conciliation (Trade Disputes) Act, 1896", *20th Century House of Commons Sessional Papers*, London, 1911, p.6.
④ House of Commons, "Ninth Report by the Board of Trade of Proceedings Under the Conciliation (Trade Disputes) Act, 1896", *20th Century House of Commons Sessional Papers*, London, 1912, p.10.

仲裁法庭在一战爆发后也继续发挥着作用。1915年，英国35个工会签订了《财政协议》(Treasury Agreement)，协议规定：当争议双方未能就工资或者雇佣条件达成一致时，可以由以下三者之一进行最终判定，即生产委员会，由双方同意的或贸易部提名的单个的仲裁人，以及工人和雇主可以被平等代表的仲裁法庭，也就是1908年贸易部建立的特别法庭。[①] 直到1917年重新设立了一个新的生产委员会，替代了仲裁法庭的职能，后者的使命才基本被终结。

但通过仲裁法庭来解决劳资争议也存在一定的局限性。一方面，法庭所选定的三组人员不仅参与对劳资争议问题的解决，通常还从事其他职业。只有当贸易部有需要时，他们才被不定期地召唤来组成处理劳资纠纷的团体。在这种情况下，当任命一个仲裁法庭时，仲裁人员必然无法立刻参与到法庭运作中，而且在确定合适的仲裁日期方面也存在困难。争议双方肯定不喜欢这种延迟，因为解决争议的一个要点就在于在最恰当的时机迅速解决问题。[②] 另一方面，仲裁法庭建立的原因之一在于，通过选择工人阶级代表作为仲裁人，打消工人对仲裁的顾虑。然而，仲裁法庭的工人代表基本都是工会运动里面的保守派，在一些问题上无法满足工人阶级的要求。而且，在仲裁法庭中还包括雇主和从专业的有产阶级里面挑选的主席，工人的想法很少能占上风。[③]

即便如此，1908年仲裁法庭体系的建立对集体谈判的发展依然拥有无可替代的价值。如阿穆里勋爵所说，它的重要性在于使工业领域的公众开始熟悉以这种方式组建的法庭，因此，它为战时重组的生产委员会和其他工业仲裁法庭，以及之后的产业法庭开辟了道路。[④]

---

① Ian G. Sharp, *Industrial Conciliation and Arbitration in Great Britain*, p.308.
② Lord Askwith, *Industrial Problems and Disputes*, p.127.
③ Roger Davidson, "The Board of Trade and Industrial Relations 1896－1914", *The Historical Journal*, Vol.21, No.3 (September,1978), p.586.
④ Ian G. Sharp, *Industrial Conciliation and Arbitration in Great Britain*, p.298.

第一次世界大战爆发后，政府于1915年设立了一个生产委员会，主要扮演仲裁法庭的角色。1917年，生产委员会进行重组，由两名雇主代表、两名工人代表和两名中立的主席组成。当劳资双方发生争议时，可将争议交由重组的生产委员会判决。生产委员会同1908年的仲裁法庭的组成结构相似，都包括主席、雇主代表和工人代表。在一战结束后，这种原则，即1名中立的主席、1名雇主代表和1名工人代表，在建立产业法庭时被采用了。① 1919年，议会通过了《产业法庭法》(Industrial Courts Act)。该法案建立了一个永久性的仲裁机构，即产业法庭。1919年《产业法庭法》赋予劳工部大臣调解的权力，与1896年《调解法》赋予贸易部的权力类似。② 当产业内部的调解和仲裁步骤完成之后，首相可以让此机构进行仲裁。③ 产业法庭包括1名庭长、3名主席，庭长任期6年，主席每年被重新任命，但主席并非在法庭全职工作，当参与法庭事务时，其报酬按日结算。法庭还包括代表雇主和工人的7位成员以及2位女性成员，其中，1位雇主代表和2位工人代表在法庭中负责全职工作，其他代表和女性成员和主席的工作模式一样。④ 法庭判决结果以书面形式呈现，当劳资双方中有一方拒绝执行时，不得以刑事条款强制执行。⑤

产业法庭延续了1908年仲裁法庭的模式，并对其进行了完善。针对仲裁法庭成员由于从事其他职业而无法迅速参与到法庭事务中的缺点，产业法庭设立了全职岗位，以便法庭在最佳时刻处理劳资纠纷。产业法庭对劳资争议的解决发挥了重要作用。据统计，自1919年成立到二战爆发时，它对1755件争议做出了裁决，这还不包括只给予建议未做出裁决的

---

① Lord Askwith, *Industrial Problems and Disputes*, p.127.
② John Sheldrake, *Industrial Relations and Politics in Britain*, 1880–1989, p.39.
③ 蔡毅芬：《劳动争议仲裁制度之研究》，中国政法大学博士学位论文，2006年，第90页。
④ Ian G. Sharp, *Industrial Conciliation and Arbitration in Great Britain*, pp.351–352.
⑤ 蔡毅芬：《劳动争议仲裁制度之研究》，中国政法大学博士学位论文，2006年，第90页。

争议。①

由此可见,英国政府于1908年建立的仲裁法庭体系,虽然存在时间不长,而且对劳资争议问题的仲裁程序也并不十分完善,但总的来说,它对英国集体谈判制的发展产生了积极作用。仲裁法庭的设立完善了以仲裁解决劳资纠纷的方式,为劳资双方提供了一种相对公平的仲裁争议的方法,也为劳资冲突的化解提供了帮助。更为重要的是,仲裁法庭体系使公众逐渐认可和熟悉这种法庭运作模式,为一战后产业法庭的建立创造了条件。由此,仲裁法庭对英国集体谈判机构的发展做出了一定贡献。

3. 产业委员会

贸易部不仅完善了通过仲裁化解劳资纠纷的方式,建立了仲裁法庭;而且为了更好地解决争议、协调劳资关系,在1911年又设立了一个新机构——产业委员会(Industrial Council)。

产业委员会的建立有着深刻的社会背景。1900—1910年,物价飞涨,工人工资却未能获得显著提高,有些雇主甚至坚持降低工资,引起工人的普遍不满。同时,起源于法国的工团主义开始在英国传播。工团主义倡导直接行动,包括利用怠工、罢工、联合抵制等手段争取利益。许多工人领导者宣扬工团主义,强调战斗精神、直接行动,批评温和的工会主义。② 在这种背景下,劳资关系领域自1910年开始出现"大动乱"。大动乱开始于南威尔士的煤矿业,该地区的工资并非由个人或集体谈判确定,而是由煤炭价格决定。自1907年起,工人工资降低,工作条件恶化,地质条件困难导致开采煤矿的难度增加,这些因素都使工人对煤矿主日益不满。1910年

---

① Ian G. Sharp, *Industrial Conciliation and Arbitration in Great Britain*, p.359.
② Rosemary Aris, *Trade Unions and the Management of Industrial Conflict*, p.94.

10月,南威尔士调解委员会未能在工资问题上协商成功,引发煤矿工人罢工,并一直持续到1911年,有2 500名工人参与其中。之后,兰开郡棉纺织工人和纺纱工人进行罢工,涉及30万工人,在乔治·阿斯奎斯的干预下得以解决。国际性的海员工人也进行了罢工,涉及在欧洲和美国的60万工人、18个地区和300个海港,使英国海运业损失惨重。① 1911年8月18日,英国又爆发了全国性的铁路罢工。② 这是铁路行业罢工史上最严重的一次。③

表5-1 1903—1911年每年发生的劳资争议及其涉及的工人数量④

年份	1903	1904	1905	1906	1907	1908	1909	1910	1911
争议数量/件	387	355	358	486	601	399	436	531	903
涉及的工人数量/人	116 901	87 208	93 503	217 773	147 498	295 507	300 819	515 165	961 980

从表5-1可以看出:在争议数量方面,1907年达到一个小高峰,1908年略有回落,但从此争议数量出现加速增长趋势,并在1911年达到顶点;在争议涉及的工人数量方面,自1908年起数量明显增多,1910年和1911年两年的数量总和,比1903—1909年的数量总和都要多。可见,劳资领域的"大动乱"带来了数量巨大的劳资纠纷,数以万计的工人参与其中。劳资纠纷继而引发工人罢工,罢工又导致工业领域冲突不断、动荡不安。海员工人的罢工运动延伸到各类运输工人中,发生了暴乱、抢夺,甚至在一些情况中发生了流血事件。⑤ 铁路工人的罢工中也发生了大规模的暴力行为,

---

① Carl H. Mote, *Industrial Arbitration: A World-Wide Survey of Natural and Political Agencies for Social Justice and Industrial Peace*, p.50.
② Henry Pelling, *A History of British Trade Unionism*, p.136.
③ Rosemary Aris, *Trade Unions and the Management of Industrial Conflict*, p.74.
④ Carl H. Mote, *Industrial Arbitration: A World-Wide Survey of Natural and Political Agencies for Social Justice and Industrial Peace*, p.51.
⑤ Henry Pelling, *A History of British Trade Unionism*, p.136.

罢工工人袭击罢工破坏者、损毁运送中的商品、纵火等现象屡见不鲜。

严重的罢工问题引起公众的不满,公众迫切要求政府迅速解决这一问题。为此,政府要求贸易部就此问题向内阁呈交一份报告。贸易部在报告中指出,此次劳资领域的动乱与之前相比有明显不同。首先,这一阶段的罢工的发动速度非常迅捷,而且出现了各行业在罢工过程中互相支持的情况。其次,之前的罢工运动是间歇性的,基本不存在全国性的凝聚力量;现在的罢工本质上是全国性的,目标在于通过发挥分散行业中的有组织团体的优势共同行动,发动彻底罢工。[1]

通过对劳资领域动乱不安的局面的分析,贸易部开始认真思考解决问题的方法。为解决这一问题,相关人员纷纷提出建议。在众多建议里,棉纺织业雇主查尔斯·马卡拉(Charles Macara)的建议引起了贸易大臣巴克斯顿(Buxton)的注意。受1911年的罢工影响最严重的一个区域是曼彻斯特-索尔福德(Manchester-Salford)地区。作为棉纺织业雇主协会主席,马卡拉意识到行业中的连锁反应。他发现其他行业的罢工也会对本行业造成影响。例如码头工人的罢工,也会给棉纺织业的运输带来很大不便,并为此损失较多。为避免两败俱伤的"战争",在1911年7月和8月的曼彻斯特罢工之后,马卡拉提议建立一个商业法庭,处理劳资争议。他说:

> 在雇主或工人停止工作之前,争议的真相应由仲裁法庭审查,由一位有经验的主席,例如乔治·阿斯奎斯负责审议。法庭应包括主要的雇主和工人代表,在本地区主要的六个行业中选出。他们的决定没有任何强制力,但我相信,他们的决定必定是期望得到事实真相的人所做的深思熟虑的判决。[2]

在认真考虑了该建议后,掌管贸易部下属劳工司的乔治·阿斯奎斯

---

[1] Rosemary Aris,*Trade Unions and the Management of Industrial Conflict*,p.78.
[2] Lord Askwith,*Industrial Problems and Disputes*,p.178.

和贸易大臣巴克斯顿,与主要的雇主和工人代表进行了多次会谈和协商,最终于 1911 年 10 月 10 日建立了一个新的机构——产业委员会。新机构的目标在于,通过妥善解决劳资纠纷,"减少工业冲突对国家资源的极大浪费"①,并鼓励和促进现存化解劳资冲突的方式的发展。

产业委员会主要由主席、雇主代表和工人代表组成。委员会试图将在劳资关系中以合作代替对立的劳资双方聚在一起,每一方包括 13 名代表,由他们代表雇主组织和工会组织,乔治·阿斯奎斯担任主席,坚持"考虑并调查交予他们的影响劳资争议的问题"②,并采取适当措施。委员会在每年的 2 月、6 月和 11 月定期召开会议,并且当主席考虑到委员会应处理一些问题时,其有权在任何时候召开会议,或向任何委员会成员咨询。③ 产业委员会主要履行以下两项职责:(1) 政府建议由它作为整个行业的代表,时时考虑有关劳工问题的意见。(2) 委员会是解决劳资争议的特别法庭,劳资双方可通过对公平真相的发现或将特定建议作为解决的最好方法,在争议问题上达成一致。④

产业委员会建立后,对于劳资纠纷的解决做出了一定努力。它参与解决了 1911 年的新港码头和棉纺织业争议、1912 年的煤矿工人罢工和伦敦码头工人罢工。委员会在帮助解决争议的过程中发挥了一定作用,以 1912 煤矿工人罢工为例。1911 年 9 月 29 日,煤矿工人和煤矿主在共同会议上就最低工资问题讨论时陷入僵局。⑤ 煤矿工人投票支持进行罢工,并于 1912 年开始罢工。随后,乔治·阿斯奎斯召开产业委员会会议,探讨

---

① Rosemary Aris, *Trade Unions and the Management of Industrial Conflict*, p.82.
② Alan Fox, *History and Heritage: The Social Origins of the British Industrial Relations System*, p.260.
③ House of Commons, "Ninth Report by the Board of Trade of Proceedings Under the Conciliation (Trade Disputes) Act, 1896", *20th Century House of Commons Sessional Papers*, London, 1912, p.119.
④ Ian G. Sharp, *Industrial Conciliation and Arbitration in Great Britain*, p.299.
⑤ Rodger Charles, *The Development of Industrial Relations in Britain, 1911 – 1939*, London: Hutchinson, 1973, p.64.

解决罢工问题的方法。委员会的沟通效果获得了内阁回应,首相赫伯特·阿斯奎斯(Herbert Asquith)、外交大臣爱德华·格雷(Edward Grey)、财政大臣劳合·乔治以及贸易大臣西德尼·巴克斯顿同四位煤矿工人协会的官员举行了会议,讨论解决问题的方法,但内阁的努力并没能解决罢工问题。产业委员会继续努力寻找协调双方的办法。3月5日,在委员会委员亨德森(Henderson)的建议下,成立了一个包括乔治·阿斯奎斯、马卡拉、亨德森等人的代表团,代表团呼吁内阁与矿主和工人进行新一轮的谈判,政府对此进行了回应,并在3月6日会见了矿工管理人员。煤矿工人、政府和煤矿主开始了新一轮谈判,最终通过了煤矿业最低工资法案,使罢工问题得到妥善解决。如罗杰·查尔斯(Rodger Charles)所说:"毫无疑问,委员会的努力对推动谈判具有决定性的意义,这对它自己来说是不小的成就。"[1]

在参与解决1912年伦敦码头工人罢工问题时,产业委员会建议调查劳资协议(industrial agreement)的遵守问题,该建议得到政府许可。政府希望产业委员会在调查过程中,找到以下两个问题的答案:(1) 保证劳资协议实施的最好方法是什么? (2) 雇主和工人代表签订的劳资协议在特定的行业或区域应实行到什么程度? 以什么样的方式实行?[2] 在调查过程中,委员会召开了38次会议,听取了主要行业的92位证人的意见,征询了雇主协会和工会大约2 000名成员的意见,最终于1913年6月出台了报告。[3]

报告分析了劳资双方在争议过程中签订的协议容易被破坏的原因:许多协议都是在令人困惑和愤怒的纠纷将要结束时制定的。不管怎样,相对于当事人双方在平常签订的协议,很难确定这种协议是代表各自利益的双

---

[1] Rodger Charles, *The Development of Industrial Relations in Britain*, 1911-1939, p.64.
[2] Alan Fox, *History and Heritage: The Social Origins of the British Industrial Relations System*, p.260.
[3] House of Commons, "Report on Enquiry into Industrial Agreements", *20th Century House of Commons Sessional Papers*, Vol.28, London, 1913, p.3.

方心愿的真正体现。① 因此,报告强调,有必要在制定协议时尽可能消除这些问题。报告还发现,当协议是由适当的(谈判)机制处理争议而产生的结果时,除了极少数情况外,争议双方都会忠诚遵守。当协议被破坏时,通常发现该协议是在非正常的条件下、很难在当时获得公正判断的情况下制定的。② 因此,报告得出结论,适当的有组织的谈判机制可以防止争议双方在愤怒的冲突之后、仓促制定一个不明确的协议,因而有必要通过这种机制为劳资双方提供连续的谈判,以便在公正判断的前提下制定协议。

报告还强调了完备的雇主和工人组织对遵守协议的重要性。报告指出,完备的雇主和工人组织,作为保证劳资协议的履行的价值,通过各地区不同行业的经历已清楚显现出来。像钢铁行业,雇主和工人组织包含了该行业大部分的雇主和工人,违反协议的现象鲜有发生。而在烘烤行业,由于双方的组织都不完备,通过雇主和工人达成的协议时常陷入危险之中,因为双方都无法在发生违反协议的事情时采取有效行动。③

在遵守劳资协议的问题上,委员会调查了多个建议,这些建议中最重要的一条是:建议议会对不遵守协议的一方收取罚金。④ 但委员会反对这一建议,委员会认为,劳资双方都拥有一种强烈的意识,即他们应该在强烈的道德责任下,遵守双方签订的协议。因此,报告指出:"出于保证双方履行协议的利益,我们认为,从长远来看,协议更有可能通过道德责任以及通过双方同意的原则来保证实施,而不是通过建立罚款制度或者通过法律制度禁止违反协议。"⑤

---

① Rodger Charles, *The Development of Industrial Relations in Britain*, 1911-1939, p.68.
② House of Commons, "Report on Enquiry into Industrial Agreements", *20th Century House of Commons Sessional Papers*, Vol.28, London, 1913, p.4.
③ House of Commons, "Report on Enquiry into Industrial Agreements", *20th Century House of Commons Sessional Papers*, Vol.28, London, 1913, p.7.
④ Ian G. Sharp, *Industrial Conciliation and Arbitration in Great Britain*, p.301.
⑤ House of Commons, "Report on Enquiry into Industrial Agreements", *20th Century House of Commons Sessional Papers*, Vol.28, London, 1913, p.10.

最后,委员会得出结论,第一个问题的答案应该是扩大道德制裁。①
"对于第二个问题的回答,根据由贸易部任命的一个机构的调查,我们得出结论,当代表行业或地区大部分雇主的雇主组织和代表大部分工人的工人组织达成一个协议时,它应该在整个相关的行业或地区都适用。而且,协议应该延伸到以下条件中适用:在争议由(劳资)双方同意的法庭调查并做出声明之前,不能进行罢工或改变雇佣条件。"②

此份报告回答了政府要求产业委员会调查的两个问题,对解决劳资争议具有一定的价值和意义,但政府并没有采纳报告的建议。而且,罢工威胁消除之后,产业委员会很快就被政府遗忘了。③

曾担任产业委员会主席的乔治·阿斯奎斯认为,1911年建立的产业委员会并没有获得较大的影响力,其原因大约有以下几个方面:(1)建立产业委员会的想法很新颖,而且实施的时间略早。因为英国人通常需要一段时间来理解一个新想法,在一战时的生产委员会以及一战后的产业法庭建立之后,劳资双方在付诸斗争行动之前,可自愿去适当的机构获得裁决的办法才广为接受。(2)建立产业委员会被认为是政府的想法,并非劳资双方在实践中逐渐形成的想法,因此,那些反对政府干预的人对委员会的成立不以为然。另外,由于规模大小是行业重要与否的重要条件,那些无法在委员会中拥有代表委员的小型行业对通过产业委员会解决争端的方式产生质疑。(3)干预或解决劳资争议需要选择一个准确的时机,对引发争议的真正原因有一个快速而准确的把握,并要抓住问题的重点,判断劳资双方的特点、真实想法等,但产业委员会对这些技巧掌握得并不熟练,因

---

① Ian G. Sharp, *Industrial Conciliation and Arbitration in Great Britain*, p.301.
② House of Commons, "Report on Enquiry into Industrial Agreements", *20th Century House of Commons Sessional Papers*, Vol.28, London, 1913, p.17.
③ Chris Wrigley, "The Government and Industrial Relations", in Chris Wrigley, ed., *A History of British Industrial Relations*, 1875–1914, p.153.

此其对劳资争议问题的解决不尽如人意。① 基于上述种种原因,产业委员会没有获得预期的影响力。

即便产业委员会存在时间较短,但它也具有独特的存在价值。产业委员会鼓励工会和雇主在国家层面上团结协作,以改善劳资关系。这是第一次在工业领域严重动荡之时政府建立的一个意见集中的团体。② 产业委员会也是第一个这样的团体,即它能领会到,如果劳资关系能够令所有人满意,就必须遵循一种友好和宽容的态度,集体谈判必须建立在双方同意的原则上。③ 工会和雇主代表在委员会中一起工作,证明了他们试图接纳彼此作为合法的利益代表。劳资双方共同协商劳资关系问题,认识到双方都拥有遵守劳资协议的义务。产业委员会自始至终都以相当和谐的姿态运行,委员会成员彼此成为朋友,并逐渐相互理解。④ 这对构建和谐的劳资关系具有一定意义。

产业委员会对集体谈判的发展也起到积极作用。一方面,委员会巩固了1894年皇家委员会的最后一份报告所提倡的原则,即最主要的任务就是最大限度地鼓励建立在自愿基础上的集体谈判以及工会主义的发展。⑤ 另一方面,委员会对集体协议所做的报告虽然在当时没有被政府采纳,但相对于1894年的最后一份报告,该报告强调有必要将最低工资和公平工资作为劳资关系体系的基础,强调政府不要只是袖手旁观、不介入冲突,而应该在支持自愿主义的基础上对劳资关系采取积极和强有力的政策。同19年前皇家委员会的最后一份报告相比,这是一种明显的进步,也是随着形势的变化对集体谈判体系的一种发展。产业委员会的这一价值伴随着

---

① Lord Askwith, *Industrial Problems and Disputes*, pp.180-182.
② Chris Wrigley, "The Government and Industrial Relations", in Chris Wrigley, ed., *A History of British Industrial Relations*, 1875-1914, p.150.
③ Rodger Charles, *The Development of Industrial Relations in Britain*, 1911-1939, p.73.
④ Lord Askwith, *Industrial Problems and Disputes*, p.184.
⑤ Alan Fox, *History and Heritage: The Social Origins of the British Industrial Relations System*, p.262.

一战的爆发逐渐凸显出来。在劳工部的文件中,保存着一份产业委员会会议记录的副本:1914年10月10日,一位官员给亨利·威尔逊(Henry Wilson)的一个便笺中,记录了委员会的大致工作。[①] 这个便笺是对调查委员会在战争中的价值的一个回应,它强调委员会从来没有正式解散,虽然委员会没有恢复活动,但是国家很快接受了委员会的建议,因为它是保证战争期间工业领域团结协作的重要机构。

综上所述,产业委员会的建立是政府在面对大规模劳资冲突时所采取的应急举措。虽然委员会在当时化解劳资冲突的能力有限,没有产生广泛影响力,但它促进了工会和雇主组织间的团结协作,强调在自愿基础上政府对劳资关系的积极引导,进一步鼓励和发展了集体谈判制,有利于促进英国劳资关系的稳定发展。

---

① Rodger Charles, *The Development of Industrial Relations in Britain*, 1911–1939, p.72.

三、劳资立法的逐步完善

为鼓励和发展集体谈判制,英国政府不仅采取了制定《调解法》、设立谈判机构等直接方法,而且积极进行相关社会立法,通过相对间接的立法方式为集体谈判制的发展创造了条件。政府通过立法提高工会法律地位、在一些行业设立最低工资标准、明确雇主在工伤赔偿中的责任、建立社会保险制度、规范劳动条件和劳动时间等措施,增强工人与雇主抗衡的能力,避免潜在的劳资冲突,使劳资双方能够以相对平等的姿态进行集体谈判,从而促进劳资关系的稳定发展。

1. 提高工会地位的立法

为推动集体谈判的发展,英国政府致力于提高工会的法律地位,以使工人获得与雇主平等的谈判地位。为此,政府实施了积极的立法干预。1906年,议会通过《劳资争议法》,完全确认了工会的合法地位;1913年通过的《工会法》则使工人获得了进一步的自由,工会逐渐在工党的帮助下,为工人争取更多权益。至此,劳资双方的谈判地位趋于平等,进一步保障了集体谈判在工业领域的实施。

集体谈判区别于劳动者个人为自己利益与雇主进行的个别谈判,它是工会与雇主或雇主协会之间针对工作报酬、工作时间及其他雇佣条件,在适当时间以坦诚态度所进行的协商和交涉。① 集体谈判之所以能够成为调整劳动关系的重要机制,受到工人们的推崇和喜爱,主要是因为它能够克服个别劳动关系的失衡状态,使雇主可以直接与劳动者的代表进行集体交涉,而无须与每一雇员逐一谈判。② 由此,在集体谈判中,工会作为谈判主体,发挥着关键作用。

工会组织产生的根本原因,最初就是以更有力的集体行动代替个人交涉。③ 它可以使劳动者个人意志通过劳动者团体表现出来,由团体代表劳动者个人交涉劳动过程中的事宜,这有助于克服劳动关系的内在不平衡,增强劳动者一方的力量。正如韦伯夫妇在《产业民主》一书中所言:"在无工会组织的行业……为了出卖劳动力,劳动者个人不得不与雇主进行艰难的个人交涉,但如果工人们团结起来,推选代表以整个团队的名义与雇主谈判,其弱势地位将会立刻得到改变。"④因此,工会的目标是要增强工人在与雇主谈判时的力量。国内学者常凯从法学的角度也指出,劳动关系的调整主要是集体劳动关系的调整,而集体劳动关系的核心是工会,即通过在企业组织以外形成雇员自己集体的组织,并将这种组织力量上升到产业、地区乃至国家层面,以增强与雇主的谈判能力。⑤

但如果工会要在集体谈判中充分发挥作用,必须获得与雇主同等的地位。1871 年《工会法》以及 1875 年《共谋与财产保护法》颁布后,工会获得了合法地位,但在罢工活动中,工会领导并未免除其民事责任,这在后来引发了新的争议。19 世纪末 20 世纪初,在一些工人与雇主的诉讼案中,法

---

① 程延园:《集体谈判制度研究》,第 39 页。
② 程延园:《集体谈判制度研究》,第 39 页。
③ 陈恕祥、杨培雷:《当代西方发达国家劳资关系研究》,武汉:武汉大学出版社,1998 年,第 192 页。
④ Sydney and Beatrice Webb, *Industrial Democracy*, p.173.
⑤ 赵小仕:《劳动关系中的集体谈判机制研究》,《当代经济管理》2009 年第 7 期。

官做出了一些不利于工会的判决,工会的合法地位受到挑战。在1897年莱昂斯诉威尔金斯(Lyons vs. Wilkins)一案中,法官"区别了'为了获得或交流信息'的纠察行为以及'为了发动罢工向人们施压'的纠察行为"①,认为前者的纠察行为合法,而劝说罢工的行为则可被控告。

这种不利于工会的判决仍在继续。1900年8月,位于英国南威尔士的塔夫·威尔(Taff Vale)铁路公司发生工人罢工,导火索是公司擅自调动一个信号员的工作,而未征得其本人同意。工会领导者决定发动罢工,并向铁路公司提出增加工资、承认工会的要求,但遭到公司领导人的拒绝。于是,工会正式罢工。工人罢工得到了铁路工人工会的支持,工会秘书理查德·贝尔(Richard Bell)组织纠察队来阻止公司招募罢工破坏者。② 虽然罢工很快通过协商得到解决,但公司总经理还是起诉了铁路工会领导者,并提出民事诉讼,要求工会赔偿公司因工会设置纠察队和劝说工人罢工造成的经济损失。最后法官做出了不利于工会的判决,认为现有法令并未授权工会可以通过代理人在使其他人受损时不负任何责任。后来案件呈交至上诉法庭,上诉法庭推翻了法官的判决,但是上院坚持维持原判,认为工会作为一个实体,有责任将工会基金作为工会领导者召集罢工造成损失的补偿,赔偿给受害方。因此,上院要求铁路工会支付铁路公司23 000英镑的赔偿以及7 000英镑的花费。③ 根据塔夫·威尔判决,任何抵制性活动都被宣布为非法,这完全剥夺了工会纠察的权利。这样,工会几乎不能进行任何有效的罢工了。④

紧随其后的是奎恩诉莱瑟姆案(Quinn vs. Leathem),贝尔法斯特屠夫工会禁止一位客户从雇主莱瑟姆那里买肉,莱瑟姆起诉工会,认为工会有

---

① Hamish Fraser, *A History of British Trade Unionism*, 1700 - 1998, p.98.
② Henry Pelling, *A History of British Trade Unionism*, pp.123 - 124.
③ Hamish Fraser, *A History of British Trade Unionism*, 1700 - 1998, p.99.
④ 王觉非主编:《近代英国史》,第703页。

责任赔偿自己的损失。法官最终判定工会的行为构成了民事阴谋伤害罪。该案件的判决重申了塔夫·威尔判决中所确立的不利于工会的原则,判决的影响在于,在特定情况下举行的一场罢工、联合抵制或者由罢工和联合抵制带来的威胁,都可被视为阴谋;①此外,工会基金有责任作为赔偿金用于赔偿。这直接导致任何罢工都会面临罚款,从而使工会蒙受损失。由此,工会的地位岌岌可危。

这些判决,尤其是塔夫·威尔判决引发了工人的不满,迫使议会在1903年成立了一个委员会,调查工会以及相关法律问题。委员会经过调查,出台了报告,认为要对工会作为合法团体的地位予以法律承认,并将工会的福利基金与作为一般用途的基金以及罢工基金区分开来,这样福利基金便可不必作为赔偿金;委员会还建议修改法律,以恢复工会和平纠察的权利。② 政府以委员会的报告作为立法基础,并据此起草了一份议案。但关于是否禁止控告工会在民事上的非法行为诉讼的问题,依然没有得到解决。③ 工党认为该议案并不能保护工会的权益,遂提出自己的议案。议案规定,无论工会是否注册,其职员行为是否合法,工会都不受起诉。该议案得到首相坎贝尔·班纳曼的同意,最终于1906年12月在议会获得通过,这便是1906年《劳资争议法》。

该法案规定:(1) 以下内容应加进1875年《共谋与财产保护法》中,即凡按照两个或两个以上的人的协议或联合行动而进行的活动,如果是为了计划或赞助一次劳资争议,将不受到控告;除非这种活动在没有任何协议或联合行动的情形下进行才可加以控告。(2) 一个或几个人,代表自己、一个工会或单个雇主和公司行动,在策划或赞助一次行业争议时,守候在一所房

---

① John Saville, "The Trade Disputes Act of 1906", *Historical Studies in Industrial Relations*, Issue 1 (March, 1996), p.15.
② Henry Pelling, *A History of British Trade Unionism*, p.127.
③ 金燕:《工业革命前后英国对劳资关系的国家干预》,南京大学博士学位论文,2008年,第193页。

子或一个地点,或者是其附近,这个房子或地点是一个人居住、工作、营业或不拘做什么用的地方,如果他们仅仅是为了和平地获得或者交流信息,或者和平地劝说任何人工作或者停止工作,这些行为都是合法的。(3)由一个人在策划或赞助劳资争议时的行动,包括劝说一些人违反雇佣协议,或者干扰到一些贸易、生意或者一些人的雇用,或者干扰其他人处理自己的财产和劳动力的权利等行为,都不可对其提起诉讼。(4)不论是工人或雇主,代表他们自己和其他工会成员,在涉及任何侵权行为时,声称由工会参与的或者代表工会进行的,而对各类组织提起的诉讼,各级法院概不予以受理。①

该法案肯定了工会的罢工行动以及罢工期间的和平纠察行为均是合法的,工会和工会成员不得因工会活动受到起诉,即使这种活动使雇主遭受损失。这使工会获得了充分的法律保护,完全确认了工会的合法地位。随后,根据此法案,上院重新审理了塔夫·威尔案,推翻了之前的判决。

《劳资争议法》的通过和塔夫·威尔案的改判,从法律的角度赋予了工会组织一种特殊的权利,保护了工会的利益。《劳资争议法》使工会获得史无前例的、独一无二的保护。② 工会合法地位的获得以及罢工权利的合法化,使工会在集体谈判中的地位得到更充分的认可,加强了他们在谈判中的作用。正如肯尼斯·D.布朗所说,《劳资争议法》"保证了集体谈判的意义,使劳资双方几乎处于平等地位"③。

1906年《劳资争议法》的通过提高了工会的地位,引发资方不满,他们不断寻找机会,试图从政治领域进行打击报复。由于工会权利的获得与工党有着密切的关系,因此,切断工党与工会的联系成为他们的突破口,这在奥斯本判决中鲜明地体现了出来。1908年,混合铁路工人协会会员 W. V.

---

① "Trade Disputes Act, 1906", in J. T. Ward and W. Hamish Fraser, eds., *Workers and Employers: Documents on Trade Unions and Industrial Relations in Britain Since the 18th Century*, p.163.
② Hamish Fraser, *A History of British Trade Unionism, 1700 – 1998*, p.101.
③ Kenneth D. Brown, "Trade Unions and the Law", in Chris Wrigley, ed., *A History of British Industrial Relations, 1875 – 1914*, p.131.

奥斯本(W. V. Osborne)反对工会为了支持议会中的工党成员在工会会员中征收会费。因此,他向法院请求对工会施行禁令,得到法院支持,并在上诉中获得上院支持。① 上院大多数议员都认为工会的做法是越权行为,最后法官做出判决:"工会活动受1871年《工会法》和1876年《工会法修正案》的限制,1876年法案所规定的工会职责中,并未包含支持政党这一项。因此……如奥斯本所说,这种做法是越权行为。"②大多数工会领导者反对该判决,在1910年的英国职工大会上,多数代表坚决要求政府恢复工会按照自己意愿使用基金的权利。他们认为奥斯本判决已远远超出了奥斯本的本意,不仅使工党的存在受到威胁,而且使工会的任何带政治色彩的行动受到限制,甚至使工会拨款参加市议会选举,拨款给"职工大会"或代表团分赴政府各部门接洽公事是否合法都成了问题。③ 该案是对工会的沉重打击,使工会取得的合法权益受到破坏。因此,工会和工党要求改变这种不利形势,在他们的倡议下,政府于1913年通过了一部新的《工会法》。

新的《工会法》规定,为了实现政治目标,任何工会都有权在目前的工会章程下,为任何合法的目标或目的申请基金。在使用政治基金以前,需进行全体会员投票,取得大多数会员的同意。政治基金应与为了产业目的和一般目的的基金区分开来,并且如果会员不愿意交纳政治基金,只要写份书面声明就可以不交政治基金,而其作为工会会员的一切权利不受影响。④

1913年《工会法》的通过是工会运动取得的重要成就,标志着"禁止将工会基金用于竞选的法律被废除,工会利用工会基金支持它们的议会候选人一事成为合法事实"⑤。工会政治基金成为工会资助工党的法律条件,

---

① 柴彬:《从工会法律地位的演进看工业化时期英国政府劳资政策的嬗变(1799—1974)》,《史学理论研究》2012年第2期。
② Henry Pelling, *A History of British Trade Unionism*, pp.130 - 131.
③ 王觉非主编:《近代英国史》,第714页。
④ "Trade Union Act, 1913", in J. T. Ward and W. Hamish Fraser, eds., *Workers and Employers: Documents on Trade Unions and Industrial Relations in Britain Since the 18th Century*, p.172.
⑤ [英]霍利迪:《简明英国史》,洪永珊译,南昌:江西人民出版社,1985年,第128页。

成为联结工会与工党的合法纽带。工会逐渐在工党的帮助下,为工人争取更多的权益。《工会法》还使工人获得进一步的自由,工人可以为任何目的而结社,不论是政治目的,还是经济目的。

总的来说,自 1871 年《工会法》之后,经过 1906 年《劳资争议法》和 1913 年《工会法》,工会的法律地位获得进一步提升,工会在权益受到威胁时能够采取合法行动,工会会员不会因为采取罢工或其他产业行动而受到法律起诉,工会的合法地位获得完全确认。由此,工人终于取得了在法律上与雇主平等的地位,劳资双方在自愿基础上进行的集体谈判获得民法承认。这在一定程度上保障了劳资双方在相对平等的基础上进行谈判协商,加强了工会在劳资集体谈判中的作用,为集体谈判的进一步发展创造了条件。随着劳资地位的趋于平等,集体谈判的内容范围开始有所扩大。到 20 世纪初,除工资和基本的就业条件外,裁减雇员、制定休假时间、工人的健康和安全保障、工作质量评估、纪律、惩罚机制等原本由雇主单方决定的事项也逐渐成为劳资谈判的内容。[①] 这样一来,在产生有关上述内容的劳资纠纷时,劳资双方能够以相对平等的姿态进行谈判,促使双方互相让步,达成协议,从而降低了潜在冲突可能引发的破坏,为构建较为和谐的劳资关系和社会秩序提供了条件。

2. 工伤与工资立法

19 世纪末 20 世纪初,英国政府在支持劳资双方自愿就工资、工作条件等问题进行集体谈判的基础上,往往以国家立法为补充,保障相对弱势的工人一方的合法权益,为劳资双方在相对平等的平台上进行谈判协商提供条件。1897 年《工伤赔偿法》(*Workmen's Compensation Act*)和 20 世纪初

---

① 吕楠:《自由主义·合作主义·新保守主义·第三条道路——英国政府劳资观的嬗变与思考》,《当代世界与社会主义》2008 年第 3 期。

的最低工资法案就是此类立法的代表。

伴随工业化的不断发展,各类工伤事故频繁出现,工伤赔偿成为影响劳资关系的一个重要方面。尽管议会于 1880 年出台了《雇主责任法》,但当工伤事故发生后,雇主常以各种理由加以推脱,由此严重损害劳工的权益。工会领导者认为,1880 年《雇主责任法》并没有发挥他们一度希望的预防事故发生的作用。① 为此,工会不断要求政府修改法律。1893 年,时任内政大臣的赫伯特·阿斯奎斯提出了《雇主责任议案》,建议完全废除共同雇用原则,禁止私立契约,简化赔偿程序,并加快办理速度。但议案遭到了约瑟夫·张伯伦(Joseph Chamberlain)等人的反对,未获通过。张伯伦认为,事故责任的认定非常复杂,根据德国统计的较严重事故的数据,43%的事故既不能归因于工人,也不能归因于雇主,实质上,原因在于工作本身。② 因此,根据事故发生责任判断工人能否得到赔偿并不合理,应该使雇主无条件地承担工伤赔偿责任。由此,张伯伦提出了一个工伤事故赔偿改革方案:在无过错责任赔偿原则指导下,由政府出面,制定一个强迫雇主承担其社会责任、维护工人利益的公平合理的工伤赔偿法案。③

1897 年,马修·怀特·里德利(Matthew White Ridley)向议会提出了张伯伦的工伤赔偿议案,获得通过,并成为正式的法律文件——《工伤赔偿法》。法案规定:在铁路、工厂、矿井、采石场、工地工作,以及在高于 30 英尺的建筑物上工作的工人,如果在工作过程中发生事故并受到伤害,雇主必须予以赔偿。在赔偿金的数量上,法案也做出详细规定:如果事故导致工人死亡,赔偿金的数目应该是工人的三年工资或是 150 英镑,最高可予以 300 英镑的赔偿金。如果工人因工伤失去劳动能力,雇主每周都会支付

---

① Philip Bagwell, *Industrial Relations*, pp.76 – 77.
② W. C. Mallalie, "Joseph Chamberlain and Workmen's Compensation", *The Journal of Economic History*, Vol.10, No.1 (May, 1950), p.51.
③ 王蓓:《英国 1897 年工伤赔偿法的制定及意义》,《东方论坛》2011 年第 6 期。

相当于其周工资一半的赔偿金；如果事故导致工人部分丧失工作能力，则赔偿金会相应减少。①

从法案内容可以看出，1897年《工伤赔偿法》扩大了工伤赔偿的适用范围，以法律形式强化了雇主对工人的生产安全应负的责任，工人较易获得工伤赔偿，在很大程度上维护了工人的权益。此后，英国政府根据时代变化，不断修订工伤赔偿法。1900年，工伤赔偿范围扩大到农业中。1906年的工人赔偿法不仅把工伤赔偿的适用范围扩大到海员及渔船工人，更重要的是扩大了雇主责任的范围，雇主不仅要对因自己的忽视而造成的工伤负责，而且也要对一些工业病所带来的残废及死亡负责。② 这样，英国基本建立了一套比较完善的工伤赔偿制度。

可以说，该法案是英国社会政策的一个新起点。张伯伦的传记作者J. L. 加文(J. L. Garvin)认为，该法案"同之前社会公正和工业生活的改变相比是一个巨大的进步"③。巴格韦尔认为，该法案体现了一个新的原则，即福利国家。④ 通过工伤赔偿制度的建立，工伤赔偿成为雇主不可推卸的责任，工人权益得到保障，由此减少了由工伤引发的劳资冲突，有利于劳资关系的缓和。

除了工伤赔偿，工资也是影响劳资关系的重要问题之一。20世纪初，英国政府先后在血汗劳动行业以及煤矿业颁布了最低工资立法，为之后其他行业最低工资法令的出台奠定了基础。

血汗工人(sweating worker)问题是19世纪到20世纪初最为棘手的社会问题之一。⑤ 血汗工人从事的劳动被称为"血汗劳动"，它指的是19世

---

① Philip Bagwell, *Industrial Relations*, p.79.
② 丁建定：《从济贫到社会保险：英国现代社会保障制度的建立 1870—1914》，北京：中国社会科学出版社，2000年，第244页。
③ J. L. Garvin, *The Life of Joseph Chamberlain*, Vol.3, London: Macmillan, 1934, p.159.
④ Philip Bagwell, *Industrial Relations*, p.79.
⑤ Sheila Blackburn, "Ideology and Social Policy: The Origins of the Trade Boards Act", *The Historical Journal*, Vol.34, No.1 (March, 1991), p.43.

纪英国的一些手工劳动部门,例如成衣业、制帽业、制链业等存在的一种工作模式。这种制度的特点是作坊主或承包人承包一些业务到作坊中或自己家中,雇用他人劳动,通过差价以及付给受雇者极低的工资而获利。这类小作坊的规模通常不大,有的仅雇用一两个人,有的雇用10—50人不等,工人的工资为计件工资,作坊多为一间房子或一个棚子,狭窄低矮,拥挤不堪,受雇者通过血汗劳动挣得微薄的工资,故称之为"血汗劳动制度"。[1] 工人在血汗劳动下的处境极为艰难:工作报酬几乎不能维持生存;工作时间长到工人的生活几乎是不断地工作、努力,令人极度厌烦;卫生条件对工人健康有害,并对公众健康造成威胁。[2]

血汗工人的艰难处境逐渐引起社会关注,一些有识之士纷纷提出改善血汗工人待遇的方法。J. A. 霍布森(J. A. Hobson)认为,应该为血汗劳动者制定一个生存工资标准;韦伯夫妇则认为,应在行业内实行最低工资标准,这样不仅可以阻止劳动条件的恶化,而且有助于提高工业效率。[3] 1906年,全国反血汗劳动联盟(National Anti-Sweating League)成立,联盟致力于改变血汗劳动中工资极低的状况,要求实行最低工资标准。意识到在追求最低工资过程中获得劳工运动支持的重要性后,全国反血汗劳动联盟决定在工会成员举办的全国性会议中提出这一原则。[4] 10月,大会召开。全国反血汗劳动联盟的成员介绍了血汗工人的悲惨处境;韦伯夫妇也介绍了关于最低工资立法的想法,并呼吁公众支持最低工资立法。此次会议成功地通过公众舆论迫使政府关注血汗劳动问题。

在逐步增强的改革压力下,政府于1909年出台了解决血汗工人低工

---

[1] 金燕:《工业革命前后英国对劳资关系的国家干预》,南京大学博士学位论文,2008年,第210页。
[2] Sydney and Beatrice Webb, *Industrial Democracy*, p.765.
[3] Sydney and Beatrice Webb, *Industrial Democracy*, pp.766-767.
[4] Sheila Blackburn, "Ideology and Social Policy: The Origins of the Trade Boards Act", *The Historical Journal*, Vol.34, No.1 (March, 1991), p.55.

资问题的法案,即《行业委员会法》。法案规定:在成衣业、纸盒业、花边业和制链业中设立行业委员会,行业委员会由人数相等的雇主代表、工人代表和贸易部任命的主席组成。行业委员会有权确定最低工资率,最低工资率可适用于整个行业,也可适用于行业的特定工种或行业的特定工人阶层等任何特定范围。当最低工资率获得贸易部的认可后,雇主必须以不低于最低工资的标准支付工人工资;如果雇主违反规定,将被处以20英镑以下的罚款。①

从法案内容可以看出,通过建立行业委员会,最低工资率由雇主代表和工人代表共同确定。从这个角度看,行业委员会的运作体现了集体谈判制的原则。如希拉·布莱克本(Sheila Blackburn)所言:"实际上,行业委员会是在工资方面的一种强制仲裁。"②1909年法案是英国在近一个世纪内确定最低工资的首次尝试,到一战爆发前,这种强制性的集体谈判,对这些长期受到忽视的行业中的工作条件和工资率已经做出了实质性的改善,有利于防止劳资冲突的发生。③ 正如1926年的《贝尔福委员会报告》(*Balfour Committee's Report*)所提及的,发动大规模罢工超出了这些行业中工人的能力,但(他们发动的)零散罢工也不容忽视,而行业委员会的存在有利于减少此类罢工的发生,甚至使之不再发生。

1909年《行业委员会法》规定了在四个血汗行业中实行最低工资标准,1912年的煤矿工人大罢工又促使政府通过了在煤矿业实施最低工资标准的法令。1911年9月29日,煤矿工人和煤矿主在共同会议上就最低工资问题讨论时陷入僵局。④ 年底,英国矿工们就争取实现最低工资举行

---

① A. N. Holcombe, "The British Minimum Wages Act of 1909", *The Quarterly Journal of Economics*, Vol.24, No.3 (March, 1910), pp.579-585.
② Sheila Blackburn, "Ideology and Social Policy: The Origins of the Trade Boards Act", *The Historical Journal*, Vol.34, No.1 (March, 1991), p.43.
③ Philip Bagwell, *Industrial Relations*, p.62.
④ Rodger Charles, *The Development of Industrial Relations in Britain, 1911-1939*, p.64.

全国罢工的问题进行了投票,结果多数赞成罢工。为避免大规模罢工的发生,1912年2月20日,乔治·阿斯奎斯、劳合·乔治、爱德华·格雷以及布克斯顿同煤矿主和工人进行了单独谈判。① 但谈判未产生实际效果,煤矿工人于3月1日开始进行全国性罢工。为解决罢工问题,政府做了多方努力,试图通过促使劳资双方继续谈判,继而达成和解,但这种做法并未产生实际效用。为此,内阁决定,如果通过谈判依然无法解决问题,那么应该采取立法措施化解冲突。

1912年3月19日,一份有关在煤炭行业实施最低工资标准的议案在议会被提出,经过投票讨论后获得通过,成为1912年《煤矿行业(最低工资)法》[Coal Mines (Minimum Wage) Act]。法案规定:在煤矿区内设立联合区委员会,由煤矿区的雇主代表、工人代表和一名独立的主席组成。联合区委员会要为煤矿工人确定最低工资率以及矿区准则,在制定最低工资率时要考虑工人的日工资率。最低工资率可以通过协议进行修改,或者在实施满一年后做出修改。法案在三年内有效,除非议会重新做出规定。② 1912年法案颁布后,煤矿工人停止罢工,恢复工作。

从法案内容可以看出,该法案与1909年《行业委员会法》具有相同之处,即都是通过设立委员会来确定最低工资,委员会的运行同调解与仲裁委员会的运行并无太大差别,都由劳资双方代表组成并包括一名中立主席。唯一有区别的是,行业委员会与联合区委员会有责任确立行业最低工资,而且雇主必须以确立的最低工资为标准,向工人们支付工资。也就是说,工人和雇主依然通过谈判确定最低工资水平,只不过最低工资由国家立法保证实施,而不是仅仅依靠劳资双方的道德约束力。这体现了国家在大力提倡和鼓励集体谈判制发展的同时,也强调通过法律保障谈判结果的

---

① Chris Wrigley, "The Government and Industrial Relations", in Chris Wrigley, ed., *A History of British Industrial Relations*, 1875-1914, p.148.
② Lord Askwith, *Industrial Problems and Disputes*, pp.215-216.

实施,避免劳资冲突,为劳资关系的和谐发展提供条件。

不难发现,19世纪末20世纪初,政府积极干预和协调劳资关系,规范劳资双方行为;通过工伤赔偿、最低工资等立法,明确雇主对工伤的责任,控制部分行业的低工资现象,保障了工人权益。这在一定程度上有助于督促雇主完善工作场所的安全条件,实行保障工人基本生活的工资率,从而减少由这些问题引发的劳资纠纷,进而缓和劳资关系,为稳定社会秩序提供条件。

3. 相关社会立法

在劳资关系中,政府往往代表国家利益,站在宏观的角度来调控劳动关系,以达到工业和平,促进整个国家社会经济长期和稳定发展。[①] 政府除了就工资和工伤等问题进行立法外,还进行了其他一系列的社会立法,对工人就业、健康保险、劳动条件以及养老金等方面做出规定,初步的社会保险制度成为20世纪初政府积极干预和协调劳资双方矛盾与冲突的主导方式。

19世纪末,英国的工业霸权受到美、德等国家的挑战,开始由盛转衰。在经济呈颓势发展的背景下,工人的失业情况愈发严重。虽然1899—1902年爆发的布尔战争(The Boer War)暂缓了失业问题,但战争结束后,退伍士兵谋求就业,而且在战争对经济的刺激消退后,英国经济开始收缩,于是失业问题重现。1904—1905年,英国的失业率急速增长,民众要求国家干预的呼声重新高涨。[②] 社会民主联盟(Social Democratic Federation)和独立工党(Independent Labour Party)组织了一系列活动,向政府施压,要求政府解决失业问题。

1905年4月18日,杰拉德·贝尔福(Gerald Balfour)向议会提出了失

---

① 谢文波:《劳动关系三方协调中政府职责研究》,湖南大学硕士学位论文,2009年,第22页。
② George R. Boyer, "The Evolution of Unemployment Relief in Great Britain", *The Journal of Interdisciplinary History*, Vol.34, No.3 (Winter, 2004), p.424.

业工人议案。议案提出：在伦敦地区设立贫困委员会，由一个中央机构负责管理，委员会无权为工人提供工作，只是筛选申请人，然后上报中央机构，由中央机构为工人提供工作。① 经过讨论和修改，议案在议会被通过，成为 1905 年《失业工人法》(Unemployed Workmen's Act)。

法案规定：在伦敦地区每一个区以及拥有不少于 5 万人口的自治市或区内，按照地方政府事务部的安排，设立贫困委员会；委员会成员由区议会、济贫区监督官以及在济贫方面有经验的人士组成，同时成立一个伦敦郡中心委员会。对于济贫委员会和中心委员会的运行，法案规定：济贫委员会应熟悉各自地区的工人状况，当中心委员会要求时，要调查并区分失业者的申请。中心委员会应监督并尽可能地协调贫困委员会的行动，通过建立、接管或者帮助劳动交易和劳动登记，通过收集信息以及他们认为合适的其他方法，来帮助贫困委员会。对于贫困委员会移交给中心委员会的失业者，如果中心委员会认为合适，可以帮助失业者及其家人移民或迁居到其他地区，或者可以向失业者提供临时工作，但必须是中心委员会认为此临时工作可使失业者在将来获得稳定工作或使其自食其力。中心委员会和贫困委员会的开支由志愿捐款以及每区议会按税值每英镑 1 便士的比例批拨的款项承担。②

从法案内容可见，1905 年法案将失业问题交由地方政府事务部管理，以国家立法形式明确了政府对失业问题要承担的责任。它是第一项承认国家对失业工人应承担责任的法令。从这种意义上来说，1905 年《失业工人法》的颁布是英国创建福利国家的开山之举。③ 该法案实施后，在一定

---

① Kenneth D. Brown, "Conflict in Early British Welfare Policy: The Case of the Unemployed Workmen's Bill of 1905", *The Journal of Modern History*, Vol.43, No.4 (December, 1971), p.621.
② R. A. Leach, *The Unemployed Workmen Act*, *1905*, Rochdale: Local Government Printing and Publishing Company, 1905, pp.18-38.
③ Kenneth D. Brown, "Conflict in Early British Welfare Policy: The Case of the Unemployed Workmen's Bill of 1905", *The Journal of Modern History*, Vol.43, No.4 (December, 1971), p.629.

程度上缓解了工人失业现象。

之后，丘吉尔又通过在全国广泛建立劳工介绍所，进一步解决了工人的失业问题。1908 年，丘吉尔接替劳合·乔治担任贸易大臣，他主张国家积极地进行社会改革。为此，1909 年 5 月 20 日，丘吉尔向议会提出了《劳工介绍所议案》（Labour Exchanges Bill），建议通过建立劳工介绍所解决英国失业问题。该议案最终被议会批准，正式成为法律。

法案将建立劳工介绍所的权力赋予贸易部，规定贸易部可以在其认为合适的地方建立和运营劳工介绍所，也可以帮助由其他机构或个人运营的劳工介绍所；在行使这些权力时，如果贸易部认为合适，可以同任何拥有此权力的机构和个人合作，也可以通过他们认为恰当的方式，为寻找劳动力的雇主以及寻找工作的工人提供信息。在贸易部对劳工介绍所的管理方面，法案规定：贸易部可以对劳工介绍所的管理做出总体规定，并在财政部批准的情况下，向已经通过劳工介绍所找到工作，且要前往工作地点的人提供贷款；也可以在其认为合适的情况下，建立咨询委员会，为贸易部管理劳工介绍所提供建议和帮助。任何人如果为了获得工作或雇用工人，在劳工介绍所的官员或为劳工介绍所工作的人员面前弄虚作假，将被处以不超过 10 英镑的罚金。①

从法案内容可以看出，同 1905 年《失业工人法》相比，该法案将地方政府对工人失业应承担的责任转移到了中央部门，由贸易部负责劳工介绍所的运行与工作。实质上，劳工介绍所为劳资双方提供了一个平台，雇主可以方便地雇用合适的工人，工人也可以快速找到工作。这一方面有利于工业发展，另一方面也有利于保障工人权益。正如丘吉尔在提议建立劳工介绍所时所言："它的主要功能就是组织现有的就业，以此将由于就业变化和工人流动带来的摩擦和浪费降低到最低程度，从而提高工业领域的总体经济水平。"②法

---

① "Labour Exchanges Bill", *House of Commons Parliamentary Papers*, 1909, Vol.3, p.397, Bills 207.
② Winston Churchill, *Liberalism and the Social Problem*, New York: Haskell House Publishers, 1973, p.257.

令颁布后,各地开始建立劳工介绍所。1910—1914 年,英国的劳工介绍所从 61 个增加到 423 个,在劳工介绍所登记的申请者从 140 万人增加到 200 万人。① 日益增多的劳工介绍所"为劳动力的合理流动与供求起到了积极作用,在一定程度上为缓解就业压力起了疏通作用"②。

丘吉尔在议会提出建立劳工介绍所的同时,也阐述了关于建立失业保险制度的思想。他认为政府不仅要为工人提供就业机会,而且要为工人失业时的生活提供保障。为此,他提出建立失业保险制度。丘吉尔认为,失业保险制度应基于以下四个原则:劳资双方要缴纳失业保险金;国家给予大量补贴;按行业进行组织;必须是强制性的,无论是工人还是雇主,熟练工人还是非熟练工人,工会会员还是非工会会员,都要参加。③ 此外,失业保险制度应首先在长期处于高失业率水平的行业实施,例如建筑业、机器制造业、造船业等行业。但丘吉尔认为失业保险制度应在劳工介绍所的运行步入正轨后再实施,因此并未急于着手制定关于失业保险制度的法案。直到 1911 年,政府颁布《国民保险法》(*National Insurance Act*),失业保险作为法案的第二部分被议会批准实施,英国才正式建立起失业保险制度。

法案规定实行强制性失业保险制度,主要内容如下:(1) 法案对于失业保险的适用行业做出规定,失业保险适用于建筑业、工程建造业、造船业、机械制造业、铸铁业、车辆制造业和锯木业。(2) 法案明确了失业保险津贴申请人需具备的条件,申请人能够证明自己在过去五年中,在该法案规定的行业中工作不少于 26 周;申请人按照规定方式提出失业津贴申请,并能证明自己自申请之日一直失业;申请人有能力工作,但未获得合适的工作;申请人在本法案下未丧失领取失业津贴的权利。(3) 法案对失业保险费的交纳也做出了具体规定,失业保险费由工人、雇主和国家共同承担,

---

① 丁建定:《西方国家社会保障制度史》,北京:高等教育出版社,2010 年,第 159 页。
② 蔡玉辉:《英国早期失业法令及其动因》,《学海》2007 年第 6 期。
③ Winston Churchill, *Liberalism and the Social Problem*, pp.266-267.

工人每周缴纳2.5便士,雇主每周缴纳2便士;如果工人年龄不满18岁,则工人和雇主每周各缴纳1便士;国家垫付工人及雇主共同交款数的1/3。另外,关于失业津贴条件的领取标准和期限,法案规定,具备领取失业保险津贴的工人从失业第二周开始,每周可领取7先令;若工人不足17岁,则不应领取任何失业津贴;若工人在17—18岁之间,可领取半额的失业保险津贴。任何工人在12个月中领取津贴的时间不能超过15周,且工人每缴纳五次失业保险费才可获得一周的失业保险津贴。①

失业保险法案在英国建立起失业保险制度,通过国家、劳动者个人以及工厂主三方的共同责任和共同参与,建立起一项用于解决失业者失业后一段时期的生活问题的失业保险基金,从而有可能比较有效地防止和减少因失业而造成的贫困人数的增加。② 由此,英国政府建立起一套较为完备的解决失业问题的体系。1905年《失业保险法》和1909年《劳工介绍所法》为失业工人提供了更多的就业机会;1911年的《失业保险法》则使工人在失业时期的生活得到保障,缓解了他们的困境。这几部失业法案的实施,使失业这一令人担忧的问题能以一种有秩序的方式进行解决,进一步保障了工人的权益,有助于调节劳资关系,缓和社会矛盾。

失业保险是1911年《国民保险法》的第二部分,该法案的第一部分则是健康保险,由劳合·乔治推动实施。1908年,劳合·乔治担任财政大臣。他认为,国家应该帮助建立起一种健康保险制度,以防止由于疾病而把不该出现的贫困带给成千上万的工人。③ 为此,他提出了国民健康保险计划,并在1911年作为《国民保险法》的第一部分在议会中通过。

在被保险人的资格方面,法案规定:所有16岁以上被雇用以及未被雇

---

① David C. Douglas and W. D. Handcock, eds., *English Historical Documents*, Vol.12, London: Eyre and Spottiswoode, 1977, pp.597-602.
② 丁建定:《从济贫到社会保险:英国现代社会保障制度的建立 1870—1914》,第220页。
③ 丁建定:《从济贫到社会保险:英国现代社会保障制度的建立 1870—1914》,第231页。

用但拥有被保险资格的人,均按法案规定的方式投保,所有被保险人有权得到健康保险津贴以及预防疾病的服务。被雇用者应包括受雇于该法所规定行业的所有人,不论是否是英国公民。在健康保险费用方面,法案规定:保险费用的 7/9(如果是女工则为 3/4)由工人和雇主交纳,剩下的 2/9(如果是女工则为 1/4)由议会负责。男工每周需交纳 4 便士,女工每周需交纳 3 便士,雇主每周为每名工人交纳 3 便士,国家每周为每名工人拨付 2 便士。如果被保险人不到 21 岁,且日工资不超过 2 先令,那么其应交纳的保险费由议会承担。法案还对健康保险津贴做出规定:法案将健康保险津贴分为医疗、疗养、疾病、伤残、产妇福利以及其他福利,并对每种福利都做出了具体规定,例如:工人残废无法工作时,每周可领取 5 先令;女工在产期时,每周可领取 30 先令;等等。①

健康保险法案和失业保险法案一样,把普通人的健康纳入了国家责任的范围,使工人可以依靠国家组织起来的社会力量摆脱困境。② 随着健康保险法案的实施,英国逐步建立起健康保险制度,它同失业保险制度一起,共同推动了英国社会保险制度的建立,构筑起一个比较合理、科学、完善的社会保障网络。一战前夕,英国的受保人数超过了 1 000 多万,国民素质也有明显提高。③《国民保险法》为英国工人阶级提供了一种社会保障,使其能够在一定程度上缓解贫困带来的生活压力,为社会秩序的稳定奠定了基础。

政府不仅在失业、健康保险等问题上积极进行立法干预,而且出台了一系列有利于维护工人权益、稳定劳资关系的立法。

1901 年的工厂法加强了对工人的保护,它不仅规定了厂房面积、工厂卫生标准、工资支付方式,还特别规定,有危险性的机器必须配置安全防护

---

① "National Insurance Act, 1911", *The British Medical Journal*, Vol.1, No.2662 (January, 1912), pp.2-8.
② 高岱:《20 世纪初英国的社会改革及其影响》,《史学集刊》2008 年第 2 期。
③ 阎照祥:《英国政党政治史》,第 335 页。

罩，禁止在机器运转时擦洗机器，任何工厂不得让女性上夜班。① 1903年的《童工雇用法》(The Employment of Children Act)禁止在任何可能对童工身体健康和教育条件造成伤害的工作中雇用童工，禁止童工在上午6点到9点之间工作。② 1908年的《煤矿管理法》(Coal Mines Regulation Act)对煤矿工人的工作时间做出了规定，工人在连续24小时之内在矿井下的工作时间不得超过8小时；煤矿主、矿主代理人或煤矿管理者必须安排好工人下井或上井的时间，时间安排必须合理，且要征得视察员的同意。③ 该法案还对矿工的劳动保护做出规定，规定煤矿主必须指定一名或多名人员负责指导矿工上井和下井，任何人通过虚假手段入井或使人入井，将被每次罚款5英镑。这些法案通过规范雇佣条件，加强对危险性行业的管制，对工人的权益做出了更为有力的保护。

1908年，政府还制定了《养老金法》(Old-Age Pensions Act)。劳合·乔治认为，给生病、失业者和老年人提供帮助是一件刻不容缓的事，虽然这样做并不能解决一切社会问题，但至少可以减轻社会问题带来的压力，由此促使《养老金法》出台。④ 法案规定：任何人只要符合该法案规定的条件，就可以领取养老金，支付养老金所需的费用来自议会拨款。对领取养老金的条件，法案规定：申请人必须年满70岁，且作为英国公民至少已经20年，并在英国拥有住所，年收入不超过31英镑10先令。法案还详细规定了年收入不同的人所领取的养老金数额。⑤ 法案规定由国家承担养老费用并免费实施，体现了其普遍性和免费性特点。可见，国家明确了对社会弱势群体应负的责任，保障了老年工人的生活，使其免于贫困。法案实施

---

① 丁建定：《从济贫到社会保险：英国现代社会保障制度的建立 1870—1914》，第242—243页。
② B. L. Hutchins and A. Harrison, *A History of Factory Legislation*, p.258.
③ Bertram Wilson, "The Economic Legislation of the Year 1908", *The Economic Journal*, Vol.19, No.73 (March, 1909), pp.143-144.
④ 陈晓律：《英国福利制度的由来与发展》，南京：南京大学出版社，1996年，第87页。
⑤ William A. Casson, *Old-Age Pensions Act, 1908*, London: Chas. Knight and Co. Ltd., 1908, pp.1-20.

后,70 岁以上的老年人的贫困比例明显下降,1906—1913 年下降了 74.8%。①

通过一系列的社会立法,政府建立起由国家、雇主和工人三方共同承担责任的失业和健康保险制度,并对工人的工作条件、工作时间、童工问题等做出了进一步规定,甚至推行免费的养老金制度。这些立法明确了政府和雇主对工人的责任,保护工人免受失业、贫困的威胁,对维持劳资关系的稳定起到了重要作用。正如阿兰·福克斯所说:"社会立法被认为间接巩固了劳资关系体系,它并非以制定满足工人组织某些直接明确的要求的简单条款来施加影响,而是通过一种长期的、人性的经济秩序来发挥作用,虽然起初几乎不会被工人阶级感激,但它有助于防止劳资冲突转变为政治冲突。"②

---

① Doreen Collins, "The Introduction of Old Age Pensions in Great Britain", *The Historical Journal*, Vol.8, No.2 (1965), p.259.
② Alan Fox, *History and Heritage: The Social Origins of the British Industrial Relations System*, p.232.

四、集体谈判与冲突化解

自集体谈判在英国工业领域发展以来,大部分劳资纠纷都通过民间自发谈判解决。随着政府对集体谈判制发展的鼓励以及有利于劳资平等的相关立法的实施,民间自发谈判在英国工业领域获得了迅速发展。1896—1914年,英国各行业的集体谈判基本已发展到以区域性集体谈判和全国性集体谈判为主的阶段。而且,大部分化解劳资冲突的工作由民间自发建立的调解与仲裁机构进行。其中,煤矿业、钢铁业、建筑业、制靴业等行业是开展区域性集体谈判的典型行业,通过建立区域性的调解与仲裁委员会来解决劳资纠纷;纺纱业、工程业、铁路业和造船业等行业是开展全国性集体谈判的典型行业,通过签订全国性的集体协议,确保集体谈判的实施,从而有效化解劳资冲突。

1. 区域性集体谈判

一般认为,1860年诺丁汉织袜业调解与仲裁委员会的建立,标志着集体谈判制在英国的确立。[①] 此后,集体谈判制开始向各行业扩散,逐渐成

---

① 徐聪颖、刘金源:《集体谈判制与19世纪中后叶的英国劳资关系》,《探索与争鸣》2010年第9期。

为英国化解劳资冲突的重要手段。由于各行业的发展情况不同,行业间集体谈判的发展程度也不同。在集体谈判制起步之时,多数都是以行业为基础的车间或工厂内的谈判,主要以某一工厂内的雇主为一方,工厂工人为一方,展开谈判。19世纪70年代以后,英国政府相继通过1871年《工会法》和1875年《共谋与财产保护法》,工会合法地位得到确认,并获得适当保护。自此,工会快速发展,各种工会如雨后春笋般出现,"到19世纪末,工会已经成为一种社会力量"①。工会的快速发展使工会不断扩大联合的地域范围,地区性的工会组织越来越多。作为英国劳资关系的两大参与方,雇主协会是作为工会的对立面,亦步亦趋地跟随工会而发展壮大的。②区域性的雇主组织也发展壮大起来,劳资双方以地区组织之间为主的谈判逐渐成为英国集体谈判的主流。

不过,由于各行业间发展状况不同,集体谈判的发展程度也不尽相同。其中,煤矿业、钢铁业、建筑业、制靴业等行业是开展区域性集体谈判的典型行业。

煤矿业是英国的重要经济部门,如基思·伯吉斯(Keith Burgess)所说:"煤炭对19世纪英国经济的重要性在所有的教科书中都被强调了,这是因为煤矿业的命运与英国经济的增长及波动有着密切关联,也与世界经济有着密切关系。"③19世纪上半叶,煤矿业便已存在通过仲裁解决劳资争议的情况。1812年,达勒姆郡华盛顿煤矿的年度雇佣合同规定:"签约双方就本合同所未涉及之任何事项而产生争议或分歧时,双方一致同意,此类争议或分歧须交由矿区的两名视察员(一名由矿主方指定,另一名由受雇用的矿工方指定)来解决。如果两名视察员无法达成一

---

① [英]阿萨·勃里格斯:《英国社会史》,第247页。
② 尹建龙:《英国工业化时期的雇主结社行为与劳资冲突》,《世界历史》2014年第3期。
③ Keith Burgess, *The Origins of British Industrial Relations*: *The Nineteenth Century Experience*, p.151.

致,则须提交给由两名视察员选定的第三方(仲裁人)来解决。两名视察员或仲裁人就所提交的争议或分歧做出的裁决或决断,对当事双方都是决定性的。"①但此时劳资双方只是利用仲裁解决争议,并没有建立固定化解纠纷的机构。一直到19世纪70年代,达勒姆和诺森伯兰地区的煤矿业才开始建立固定的争议解决机构。1872年,为解决涉及年度合同的纠纷,达勒姆煤矿区设立了一个共同委员会。共同委员会包括同等人数的雇主代表和工人代表,有权解决"在雇主和工人之间产生的任何争议"②。1873年,诺森伯兰地区建立了共同委员会。之后,其他地区的共同委员会也相继建立起来。

煤矿业雇用的工人人数很多,工会力量相当强大,雇主也拥有强大的组织,这些条件加速了共同委员会的发展。③ 到19世纪末,通过调解委员会解决争议的方式被广泛采用,集体谈判在主要煤矿区长久发展起来。调解委员会包括同等人数的雇主代表和煤矿工人代表,以及一名长期中立的主席,主席可以在产生分歧时投出决定票。④ 煤矿业的集体谈判在各地区的发展程度不同,诺森伯兰和达勒姆煤矿区是较早建立调解委员会的地区。1894年5月,诺森伯兰建立了第一个调解委员会,但两年后停止运行;1899年12月,第二个调解委员会建立,到第一次世界大战结束时停止运行。达勒姆地区则于1895年建立了第一个调解委员会。在联合煤矿区,永久性的调解委员会在1899年1月1日开始运行。而在南威尔士,19世纪90年代初几乎不存在集体谈判体系,直到1903年才开始建立调解委员会。

---

① James A. Jaffe, "Industrial Arbitration, Equity, and Authority in England, 1800 – 1850", *Law and History Review*, Vol.18, No.3 (Autumn, 2000), p.544.
② Ian G. Sharp, *Industrial Conciliation and Arbitration in Great Britain*, p.13.
③ Douglas Knoop, *Industrial Conciliation and Arbitration*, pp.54 – 56.
④ Keith Burgess, *The Origins of British Industrial Relations*: *The Nineteenth Century Experience*, p.203.

委员会中的劳资双方代表,从诺森伯兰的 15 名到南威尔士的 24 名不等。各委员会所拥有的权力也不尽相同,诺森伯兰、联合区和苏格兰委员会只能局限于决定地区工资率以及解决一般的工资纠纷,达勒姆和威尔士的委员会则拥有较为广泛的审判权,达勒姆煤矿区的调解委员会甚至可以处理所有的争议问题。①

调解委员会对煤矿业内劳资争议的处理发挥了一定作用,1897—1906 年,交由它们处理的争议共有 4 436 件。② 在调解委员会的帮助下,煤矿工人的罢工数量也逐渐减少。1898—1901 年,每个煤矿工人平均每年丧失 23 个工作日;1902—1905 年,平均每年丧失 8 个工作日;1906—1909 年则每年丧失不到 6 个工作日。③ 正如 1917 年一个调查劳资骚乱的委员会在调查了东北部煤矿业的调解与仲裁机制后,在报告中指出:"雇主和工人之间存在的解决程序,在很多年内保证了争议问题得到妥善解决,没有其他处理争议的方法可以在这么重要的领域取得更多的成功。"④

制铁业是英国发展最好的工业分支之一,也是实施区域性集体谈判比较典型的行业。⑤ 它分为铁矿开采、生铁制造、熟铁制造等多个分支行业,每个分支行业都有各自的工人,组成各自的工会,并分别建立了区域性的集体谈判体系。

铁矿开采业主要分布在坎伯兰郡(Cumberland)。19 世纪 90 年代,坎伯兰郡建立了调解委员会,其组成结构如下:每个矿区或采石场派出一名雇主代表和一名工人代表;在雇主代表中任命一名主席和一名秘书,工人代表中任命一名副主席和一名秘书;当有必要时,再选举一名中立的主席,

---

① Ian G. Sharp, *Industrial Conciliation and Arbitration in Great Britain*, p.21.
② House of Commons, "Report on Rules of Voluntary Conciliation and Arbitration Boards and Joint Committees", *20th Century House of Commons Sessional Papers*, London, 1907, p.viii.
③ John Benson, "Coalmining", in Chris Wrigley, ed., *A History of British Industrial Relations, 1875–1914*, p.205.
④ Ian G. Sharp, *Industrial Conciliation and Arbitration in Great Britain*, p.24.
⑤ Henry Crompton, *Industrial Conciliation*, p.51.

其拥有最终投票权。委员会可以召开季度会议,并可设立一个共同委员会。当矿区发生争议时,雇主和工人代表应该彼此会面,进行讨论,力争达成解决方法;如果无法达成和解,认为自己权益受侵害的一方应同委员会中各自的秘书交流,请求共同委员会召开会议解决争议;如果一方认为共同委员会的决议侵犯了自己的合法权益,或共同委员会未能达成协议,争议应交由中立的主席解决;共同委员会或中立的主席有权任命一名独立的调查员,并由双方认可,来调查争议问题。① 该调解委员会一直维持到一战爆发时,为劳资纠纷的解决提供了平台。根据贸易部的报告,1896—1907年,交由该委员会处理的劳资争议接近100件。② 这对坎伯兰郡的劳资和平共处起到了重要作用。

生铁制造业主要分布在诺丁汉和苏格兰地区。诺丁汉于1906年建立了一个调解委员会,但仅限于对工资做出裁决。苏格兰地区于1900年建立了调解委员会,可以调解工资问题以及工人间的摩擦,该委员会一直维持到1938年。

熟铁制造业的调解机制发展得比较充分。基本上在每个熟铁制造地区,都会建立一个调解委员会,并设立一个或多个小型固定委员会,在问题交由调解委员会之前,先由固定委员会处理。这些调解委员会覆盖的熟铁制造地区主要在英格兰北部地区、中部地区、南威尔士和苏格兰地区。英格兰北部地区于1869年建立了调解与仲裁委员会,该委员会一直维持到1922年。南威尔士于1890年建立了调解委员会,该委员会是为了管理浮动工资③协议而建立,并处理由协议引发的争议。委员会包括10名代表,劳资双方各5人;任何涉及浮动工资的争议,都由委员会在月度会议上为

---

① Ian G. Sharp, *Industrial Conciliation and Arbitration in Great Britain*, pp.64-65.
② House of Commons, "Report on Strikes and Lock-outs in the United Kingdom, 1896-1908", *20th Century House of Commons Sessional Papers*, London, 1908.
③ 浮动工资指的是工资随利润上下浮动。

雇主和工人努力达成一致提供条件。苏格兰制铁行业则于1897年建立了调解与仲裁委员会。到20世纪初,熟铁制造行业共有10个调解委员会,覆盖了5万名工人。①

制铁业的其他分支也建立了集体谈判程序,例如在马口铁行业,1899年建立了一个调解委员会,来协商劳资问题;在钢铁制造行业,1906年南威尔士西门子制钢雇主协会建立,当工资或其他工作条件发生变化、产生争议时,雇主协会和工会会交给由两名雇主代表和两名工人代表组成的委员会协商解决。

这些调解委员会的建立为劳资双方解决纠纷提供了平台,对化解劳资冲突发挥了重要作用。据统计,1900—1909年间,制铁业委员会共处理了342件争议,只有1件导致了罢工,在一定程度上促进了行业和平。②

建筑业是最早建立解决劳资争议的自愿机构的行业之一。1860年诺丁汉织袜业调解与仲裁委员会建立后不久,一个相似的仲裁委员会在伍尔弗汉普顿建筑业中建立起来。委员会包括代表雇主的6名仲裁人和代表工人的6名仲裁人,以及1名中立主席。当产生争议时,劳资双方可将争议交由委员会处理,由12名仲裁人进行裁决,如未达成一致,则由主席做出最终裁决。如果涉及一些较小的争议问题,可以先由2名代表劳资双方的仲裁人进行调解,调解不成再交由仲裁委员会解决。③ 该委员会自成立后运作效果良好,如亨利·克朗普顿所说:"我认为它直到去年(1875年)一直运作得很成功。"④

此后,仲裁委员会向其他区域扩展,逐渐发展为地区性的集体谈判机制。集体谈判的重点在于就工作规则进行谈判,具体管理这些规则成为委

---

① Ian G. Sharp, *Industrial Conciliation and Arbitration in Great Britain*, p.75.
② House of Commons, "Second Report on Rules of Voluntary Conciliation and Arbitration Boards and Joint Committees", *20th Century House of Commons Sessional Papers*, London, 1910, p.xi.
③ Carroll Wright, *Industrial Conciliation and Arbitration*, pp.57-58.
④ Henry Crompton, *Industrial Conciliation*, p.106.

员会的责任。委员会包括同等人数的雇主代表和工人代表,当劳资双方代表无法达成一致时,则进行独立仲裁。① 19世纪的最后25年,以仲裁解决争议的形式成为建筑业中普遍的固有特点。即使在组织最不健全的油漆工人中,伯明翰、考文垂、莱斯特、诺丁汉和其他地区也有成功仲裁的事例。由伦敦建筑业雇主协会和工会于1896年建立的委员会,是这些调解与仲裁机构中比较重要的一个。该委员会由砖瓦工人、石匠工人、木匠工人、管道工人、泥水匠工人等多个建筑业分支行业的工人组成,每个分支行业选举6名代表,包括3名主要代表和3名副手。当产生争议时,若争议只涉及一个分支行业,委员会由3名雇主代表和3名该分支行业的工会代表组成,负责解决纠纷。当涉及几个分支行业时,委员会则由每个分支行业的3名工会代表和同等人数的雇主代表组成,解决纠纷。

到了20世纪初,建筑业的调解与仲裁委员会覆盖了大部分区域。据贸易部估计,到1906年,建筑业存在99个委员会,覆盖了大约112 000名工人,为化解劳资冲突提供了重要平台。②

制靴业在19世纪末20世纪初也广泛采用区域性的集体谈判。1875年,莱斯特制靴行业建立了仲裁与调解委员会,委员会的规则以诺丁汉织袜委员会的模型为框架,包括一个调查委员会和一名永久的仲裁人。③ 从这一年开始,该行业每一个重要的中心都建立了地区调解与仲裁委员会,由同等人数的雇主和工会人员组成。当涉及劳资关系问题时,由委员会解决;如果委员会成员无法达成一致,则争议交由独立的仲裁人解决。④

1895年制靴业发生的劳资纠纷使大多数地区委员会解散,制靴业重

---

① Keith Burgess, *The Origins of British Industrial Relations: The Nineteenth Century Experience*, p.129.
② House of Commons, "Report on Rules of Voluntary Conciliation and Arbitration Boards and Joint Committees", *20th Century House of Commons Sessional Papers*, London, 1907, p.xii.
③ Henry Crompton, *Industrial Conciliation*, p.124.
④ Elizabeth Brunner, "The Origins of Industrial Peace: The Case of the British Boot and Shoe Industry", *Oxford Economic Papers*, Vol.1, No.2 (June, 1949), p.254.

新建立了新的委员会。争议的起因在于,制靴业一直实行计件工资制,但在巨大的竞争压力下,雇主试图以计时工资取代计件工资,引起工人不满,成为劳资双方的主要冲突点。1895年,劳资双方谈判破裂,一场全国性的罢工开始,影响到莱斯特郡、北安普顿郡、伦敦、利兹、布里斯托尔和金斯伍德(Kingswood)等46 000名工人。① 劳资冲突最终在贸易部的干预下得以解决,劳资双方签署协议。协议规定,地区仲裁委员会应进行重组,委员会规则也应修改。新建立的地区委员会,有权解决涉及工资、工时、工作条件等问题的争议和纠纷,但有以下几点限制:(1)委员会不能要求雇主雇用某个特定的工人,或要求工人为某个特定的雇主工作。(2)委员会不能对地区外的工人雇用或者工作条件争议进行裁决。(3)委员会不能干涉雇主制定合理的工作时间,以及为维持工厂秩序而制定的规定等。②

由此,20世纪初,安斯蒂(Anstey)、凯特林(Kettering)、利兹、莱斯特等地区建立了新的制靴业委员会。每个委员会包含6名地区雇主协会代表和6名工会代表。在委员会的年度会议上,应选出1名主席、副主席和秘书,或者选出2名雇主和2名工人组成一个调查委员会。当委员会无法解决争议时,劳资双方可在7天内选择一名仲裁人,将争议交由仲裁人解决。当仲裁人也无法达成一致时,可以将问题交给由2名仲裁人选出的终裁人解决,或者交给贸易大臣解决。委员会需召开季度会议,并在需要时,由3名成员申请,召开会议。劳资双方每一方至少有一半人员出席会议,当需要投票时,与之有利益关系的人员禁止投票。只有当雇主和工人直接或通过各自协会代表对争议问题进行努力协商、无法达成一致时,才由委员会做出裁决。委员会在解决争议的过程中,由调查委员会进行调查。在调查过程中,劳资双方不能停止工作。如果停止工作,委员会可以拒绝解决这

---

① Elizabeth Brunner, "The Origins of Industrial Peace: The Case of the British Boot and Shoe Industry", *Oxford Economic Papers*, Vol.1, No.2 (June, 1949), p.257.
② Ian G. Sharp, *Industrial Conciliation and Arbitration in Great Britain*, p.222.

一争议,直到恢复工作。①

新建立的地区委员会对制靴业劳资争议的解决发挥了重要作用。自1897年到1906年,有18个委员会存在于制靴业中,这些委员会影响到大约2万名工人。在此期间,委员会总共解决了922件劳资纠纷,只有8件导致了地区罢工,为发展良性的劳资关系提供了有利条件。②

根据英国区域性集体谈判的发展状况可以看出,区域性的集体谈判呈现出以下几个特点:

首先,劳资之间进行的集体谈判显示出鲜明的自愿性特征。劳资双方在解决纠纷时,反对任何外界的介入,主要靠自愿原则来解决纠纷。③ 劳资双方通过谈判对纠纷做出裁决,裁决主要靠双方信誉实现,即使有一方不执行,也无须负法律责任。这种自愿性特点使英国逐渐形成了独特的集体谈判体系,即"集体自由放任"。这一体系以劳资双方的自愿谈判为主,政府为工人和雇主组织提供支持,但在绝大多数情况下不会干预谈判结构和谈判结果。④ 这是英国集体谈判区别于其他国家的一个重要特点。

其次,调解委员会作为区域性集体谈判的主要实施机构,其真正价值在于,它能够预防罢工发生,而不是主要解决已经发生的罢工和停厂问题。⑤ 调解与仲裁委员会所解决的劳资纠纷中,引发罢工问题的争议微乎其微。根据贸易部统计,1897—1906年,调解委员会解决的7 248件纠纷中,只有92件(约占1%)争议在解决之前发生了罢工。⑥ 这是因为,一方

---

① Ian G. Sharp, *Industrial Conciliation and Arbitration in Great Britain*, pp.223-225.
② House of Commons, "Report on Rules of Voluntary Conciliation and Arbitration Boards and Joint Committees", *20th Century House of Commons Sessional Papers*, London, 1907, p.xi.
③ 佘云霞:《英国的集体谈判》,《中国工运学院学报》1996年第1期。
④ Simon Deakin and Frank Wilkinson, *The Law of the Labor Market: Industrialization, Employment and Legal Evolution*, p.200.
⑤ House of Commons, "Second Report on Rules of Voluntary Conciliation and Arbitration Boards and Joint Committees", *20th Century House of Commons Sessional Papers*, London, 1910, p.vii.
⑥ House of Commons, "Report on Rules of Voluntary Conciliation and Arbitration Boards and Joint Committees", *20th Century House of Commons Sessional Papers*, London, 1907, p.iv.

面,大多数委员会都针对此问题做出了规定,如"劳资任何一方都不得在争议被讨论之前停止工作","如果发生罢工,委员会将拒绝讨论该纠纷,直到劳资双方恢复工作";另一方面,委员会在罢工发生前已经做了大量的工作,尽可能地使劳资双方通过沟通进行谈判,这对调解劳资双方矛盾、防止劳资关系破裂起到重要作用。①

总之,区域性集体谈判制的发展,为劳资双方提供了更为畅通的沟通渠道,使劳资之间能够较为快速地解决纠纷,化解冲突。20世纪初,许多行业都迎来了显著的工业和平时期,1903年、1904年和1905年的平均劳资争议数量比1899年的争议数量减少了一半。② 这在一定程度上为英国工业的顺利发展提供了条件。

2. 全国性集体谈判

如前所述,随着英国政府一系列有利于工会的法律的出台,19世纪末,工会获得显著发展。工会不断扩大联合,全国性的工会组织也越来越多。同样,全国性的雇主组织也随之发展壮大。这是全国性集体谈判兴起的前提。韦伯夫妇在其著作《产业民主》中谈道:"由车间谈判发展到地区性的工作准则,再发展到全国性的协议,同这种过程相伴而生的是,从车间争端发展到地区罢工,再发展到整个行业的罢工过程。"③随着工人组织的日渐壮大,19世纪90年代到20世纪初,一些行业爆发了以行业为基础的全国性的罢工运动,继而劳资双方以此为契机,通过谈判签署协议,并根据协议建立起全国性的集体谈判程序。纺纱业、工程业、铁路业和造船业等是建立全国性的集体谈判程序的典型行业。

---

① Douglas Knoop, *Industrial Conciliation and Arbitration*, p.53.
② Hamish Fraser, *A History of British Trade Unionism, 1700–1998*, p.105.
③ Sydney and Beatrice Webb, *Industrial Democracy*, pp.220–221.

纺纱业是较早进行全国集体谈判的行业之一。1800年,棉纺织业就出现了一部仲裁法案,规定雇主和工人若发生争议,可诉诸仲裁。19世纪下半叶,一些区域开始建立共同委员会,用以化解劳资冲突。但是直到1893年,纺纱业才建立了更加正式的集体谈判机制。1893年,棉纺工发生总罢工,当时各工厂停工不下20个星期之久。雇主要求减少10%之工资,而工会则谓当此萧条之时,各厂只宜缩短工作时间。① 罢工期间,45 000—50 000名工人卷入罢工运动。②

1893年2月,纺纱业工会的罢工基金基本耗尽,会员陷入贫困状态。于是,工会领导者决定尽快解决此次争端。他们向雇主提出,可以接受减少2.5%的工资,作为复工的条件;如果3个月之内行业状况依然未见好转,那么可以继续减少2.5%的工资。但该要求并未得到工人的一致同意,如奥尔德姆的工人坚持不恢复旧工资率便不复工;奥尔德姆的纺纱工厂也反对对工人做出任何形式的妥协,一位工厂主管曾说:"雇主协会并非为了降低5%的工资率而斗争,只是为了摧毁工人的精神,因为这些工人竟敢对雇主提出控制和管理工厂的要求。"③虽然雇主和工人均对此要求提出异议,但并未妨碍劳资之间通过会议进一步协商。经过一系列会谈,劳资双方最终于1893年3月23日至24日在布鲁克兰饭店举行的会议上达成和解并签署了协议,该协议为《布鲁克兰协议》(Brooklands Agreement)。

《布鲁克兰协议》对工资问题做出了规定,规定自上次更改工资至少满一年后,才能够要求继续更改,且变动幅度要限制在当前工资的5%范围内。④ 更为重要的是,协议设立了一个详尽的解决争议的机制,规定所有争议问题都要经历以下步骤:首先,争议问题应以书面形式呈交给地区工

---

① [英]韦伯夫妇:《英国工会运动史》,第335页。
② Keith Burgess, *The Origins of British Industrial Relations: The Nineteenth Century Experience*, p.283.
③ Keith Burgess, *The Origins of British Industrial Relations: The Nineteenth Century Experience*, p.284.
④ Ian G. Sharp, *Industrial Conciliation and Arbitration in Great Britain*, p.161.

会秘书和地区雇主协会秘书。其次,争议要在 7 天内,由 2 名秘书或者由每一方提名的 3 名代表所组成的委员会进行调查。再次,如果地区无法解决争议,那么应将争议交给曼彻斯特的共同委员会,包括 4 名雇主代表和 4 名工会代表,并应在 7 天内得出结论。最后,共同委员会有权将期限延长 7 天,推迟决定。①

由此,《布鲁克兰协议》建立起一种"通过劳资双方协商解决纠纷的机制"②,这种更为规范的机制得到了广泛应用。协议覆盖了大约 15 万工人③,协助解决了相当数量的劳资纠纷。1906 年,兰开郡有 455 件争议由秘书或地区共同委员会解决,曼彻斯特有 23 件争议由中央委员会解决。④ 1909 年,251 件争议由地区机制解决,21 件由中央机制解决。⑤ 该机制的建立对于维持纺纱业的劳资和平发挥了重要作用。在布鲁克兰机制建立后的十年中,罢工数和丧失的工作日在逐步减少。1894 年发生了 104 起罢工事件,丧失了 481 676 个工作日;到 1903 年,仅有 23 件争议发生,丧失了 37 829 个工作日。⑥ 韦伯夫妇也对该机制做出了高度评价,认为这种集体谈判机制代表了"在整个英国工业领域最高度发达的形式"。⑦

工程行业也于 19 世纪末建立了全国性的集体谈判机制。19 世纪 90 年代以前,工程业很少做出建立调解与仲裁机制的努力。这是因为,一方

---

① Keith Burgess, *The Origins of British Industrial Relations: The Nineteenth Century Experience*, p.285.
② House of Commons, "Second Report on Rules of Voluntary Conciliation and Arbitration Boards and Joint Committees", *20th Century House of Commons Sessional Papers*, London, 1910, p.xiv.
③ House of Commons, "Report on Strikes and Lock-outs and on Conciliation and Arbitration in the United Kingdom in 1908", *20th Century House of Commons Sessional Papers*, London, 1909, p.137.
④ House of Commons, "Report on Rules of Voluntary Conciliation and Arbitration Boards and Joint Committees", *20th Century House of Commons Sessional Papers*, London, 1907, p.xi.
⑤ House of Commons, "Second Report on Rules of Voluntary Conciliation and Arbitration Boards and Joint Committees", *20th Century House of Commons Sessional Papers*, London, 1910, p.xiv.
⑥ Joseph L. White, "Lancashire Cotton Textiles", in Chris Wrigley, ed., *A History of British Industrial Relations, 1875–1914*, p.222.
⑦ Sidney Webb and Beatrice Webb, "The Method of Collective Bargaining", *The Economic Journal*, Vol.6, No.21 (March, 1896), p.25.

面,行业内缺少强大的工会组织和雇主组织;另一方面,19世纪末以前工程业一直处于蓬勃发展状态。因此,当劳资双方产生争议时,雇主在强大的利润刺激下乐于向工人妥协,而非冒险引发工人罢工行动。1892年,东北海岸工程业建立了最早的调解与仲裁委员会,除此之外,其他区域并没有固定的调解机构。直到1898年,雇主与工人签订了集体协议,全国性的集体谈判机制开始在工程业建立起来。

1897年,工程业工人与雇主以八小时工作问题[①]为导火索,引发纠纷,从而导致了大规模的罢工运动。到10月份,罢工影响到45 000名工人,波及579个公司。严峻的形势迫使贸易部介入,贸易部建议劳资双方召开共同会议,以解决争议,但这一建议遭到雇主协会的拒绝。而后,贸易部通过与劳资双方进行非正式接触,使劳资双方达成了一个妥协性准则。以此准则为基础,工程业劳资双方于11月24日开始进行会谈。但是,在会谈中,雇主协会在一些关键问题上并未做出让步,最终导致谈判破裂。此后,雇主协会扩大停厂的区域,而工会已没有足够的资金继续斗争。在此背景下,工会决定取消八小时工作制的要求,同雇主协会重新协商。最终,劳资双方于1898年1月结束相互对抗状态,签署了集体协议。[②]

该协议倡导雇用自由,规定所有工人自由加入工会,每位雇主有权雇用任何工人,无论工人是工会成员还是非工会成员,所有工人需和谐地进行工作。协议还规定,任何工人都不可以在四周内加班40小时以上,除非在某些特定情况下。协议的最后一部分是"避免争议的规定",规定当劳资之间产生纠纷时,应通过以下三个阶段进行调解:(1)如果争议发生在个别工程车间,工人代表应由雇主接见,并针对所发生的纠纷进行共同讨论。(2)若未解决,则纠纷交由地方雇主协会和地区工会

---

① 即工人要求八小时工作制,雇主不赞同。
② Keith Burgess, *The Origins of British Industrial Relations*: *The Nineteenth Century Experience*, pp.66 - 68.

成员进行协商。(3) 如果依然未达成协议,纠纷应交由雇主协会执行委员会和工会的中央部门解决。① 协议还强调,在劳资纠纷通过这三个阶段解决完之前,不得进行总罢工或部分罢工,必须在现有条件下继续工作。该协议建立了解决行业劳资争议的较为规范的程序,"建立起一个详尽的调解机制"②。

1907年,劳资双方又对协议进行了修改,规定劳资双方在接收到举行地方会谈的申请后,应在12天内举行会议;如果一名雇主拒绝雇用工会成员,那么他就没有资格参与地区或中央会议,不管他在雇主协会中担任什么职务。③

工程行业集体协议的签订为劳资双方的集体谈判创造了条件,1908—1910年,工程业共召开了11次中央会议以及多次地方会议,商议了59件劳资争议问题。④ 在1914年被取代前,劳资双方一直在忠实地履行着协议,并将工程业的集体谈判置于一种令人满意的基础上。⑤

铁路行业的集体谈判过程发展得相对较慢。到19世纪末,铁路行业仍没有很典型地进行区域性集体谈判的过程,直到1907年劳资双方签订全国性的集体协议,集体谈判程序才较为正式地发展起来。这是因为铁路行业不像其他行业一样受经济波动影响那么明显,铁路交通网一直在扩展,交通量也在扩大,因此铁路业的工作非常稳定。工人如果在铁路行业工作,通常意味着一生不会失业,这对工人来说是一项极其重要的保障。因此,大多数铁路工人宁愿接受铁路公司家长制的、纪律严格的管理,也不

---

① Keith Burgess, *The Origins of British Industrial Relations: The Nineteenth Century Experience*, p.69.
② Chris Howell, *Trade Unions and the State: The Construction of Industrial Relations Institutions in Britain, 1890–2000*, p.57.
③ Ian G. Sharp, *Industrial Conciliation and Arbitration in Great Britain*, p.107.
④ House of Commons, "Report on Strikes and Lock-outs in the United Kingdom, 1908–1911", *20th Century House of Commons Sessional Papers*, London, 1911.
⑤ Ian G. Sharp, *Industrial Conciliation and Arbitration in Great Britain*, p.108.

会支持工会努力推行集体谈判的做法。①

20世纪初,塔夫·威尔案和1906年《劳资争议法》的通过,加上积极的组织工作,使铁路工人联合协会的人数增加,力量增强。② 1906年,全国各地的铁路工人纷纷要求改善工作条件,并得到铁路工人联合协会的支持。工人们在工作时间、休息时间、加班费、工资等方面提出了自己的要求,并于1907年1月向铁路公司提出,希望公司领导人能够安排一次与工人代表的会面,针对这些要求进行协商。然而,铁路公司不同意工人的要求,最终引发全国性的铁路大罢工。③ 此次罢工促使贸易部介入,贸易大臣劳合·乔治邀请工会领导和铁路公司代表于11月6日在白厅进行会谈,劳资双方均接受邀请。④ 在劳合·乔治的协助下,劳资双方达成和解,签署了集体协议。

该协议在铁路业建立起一个永久性的调解体系。协议规定,调解体系包括两种类型的委员会,即部门委员会和中央委员会。不同等级的工人可以组成几个部门,每个部门设有一个部门委员会,由铁路公司代表和工人代表组成。中央委员会包括部门委员会中选举出来的工人代表,以及拥有同等投票权的公司代表。⑤ 每个铁路公司的部门委员会处理由公司或员工交给它们的涉及工资率和劳动时间等方面的问题。当部门委员会未能达成协议时,争议问题应交给中央委员会解决。如果中央委员会依然未能解决争

---

① Philip Bagwell, "Transport", in Chris Wrigley, ed., *A History of British Industrial Relations, 1875–1914*, p.232.
② Lord Askwith, *Industrial Problems and Disputes*, p.115.
③ House of Commons, "Seventh Report by the Board of Trade of Proceedings Under the Conciliation (Trade Disputes) Act, 1896", *20th Century House of Commons Sessional Papers*, London, 1910, pp.35–36.
④ Philip Bagwell, "Transport", in Chris Wrigley, ed., *A History of British Industrial Relations, 1875–1914*, p.235.
⑤ House of Commons, "Second Report on Rules of Voluntary Conciliation and Arbitration Boards and Joint Committees", *20th Century House of Commons Sessional Papers*, London, 1910, p.xvii.

议,则对争议进行仲裁,仲裁人的裁决对双方均有约束力。①

1907年协议在铁路行业建立了一种较为正式的集体谈判机制,当劳资双方发生纠纷时,都可以借助这一程序化解争议。在该协议下,铁路业于1909年新增了33个委员会,处理了255件劳资争议;1910年,处理了47件争议。② 其为劳资纠纷的解决提供了渠道。

不过,1907年确立的集体谈判机制只维持了四年,便又迎来了铁路行业的一次大罢工。1911年,兰开郡和约克郡的铁路工人要求增加工资,遭到雇主拒绝,于是铁路工人再次罢工。8月15日,铁路工会要求"公司在24小时内公开谈判,否则将会爆发全国性的铁路罢工"③。铁路公司未满足工会要求,于是,8月17日,一场全国性的罢工开始。④ 罢工导致政府介入,在政府的压力下,铁路公司代表开始同工会代表就争议问题进行协商,最终劳资双方在1911年签署了一项新协议。1911年协议对1907年的谈判机制几乎没有做根本性改变,它保留了地区性的调解委员会,不过扩大了委员会的审判权,涉及工资、工时或工作条件等的问题都可以交由委员会解决。如果工人想同公司就雇佣关系提出意见,那么首先要由25%的工人签署申请书,并成立一个代表团;公司代表在收到申请书之后,应在14天内会见工人代表团,并在28天内进行答复。如果公司未能如期答复,或者工人对公司的答复不满意,那么此问题应交由调解委员会处理。当公司想要改变雇佣条件时,应该在一个月内在调解委员会会议上征询工人意见;如果委员会认为这种改变不合理,那么应予以重新调整。⑤ 值得注意的是,该协议是铁路公司第一次承认专职的工会领导有权在调解委员

---

① Lord Askwith, *Industrial Problems and Disputes*, pp.122 – 123.
② House of Commons, "Report on Strikes and Lock-outs in the United Kingdom, 1910 – 1911", *20th Century House of Commons Sessional Papers*, London, 1911.
③ Philip Bagwell, "Transport", in Chris Wrigley, ed., *A History of British Industrial Relations, 1875 –1914*, p.236.
④ Ian G. Sharp, *Industrial Conciliation and Arbitration in Great Britain*, p.245.
⑤ Ian G. Sharp, *Industrial Conciliation and Arbitration in Great Britain*, pp.246 – 247.

会中代表工人。① 这也意味着铁路公司逐渐认可工会,在一定程度上有利于集体谈判的开展。

造船业中集体谈判的发展过程与工程业较为相似。19世纪90年代,造船业开始建立地区性的调解与仲裁委员会,只是这种调解机制并未普遍建立。1909年,劳资双方签署了一份全国性的集体协议,全国性的集体谈判开始实施。

1907年12月,东北海岸造船业雇主告知工人,工资将会降低5%,并于1908年1月执行。造船业工会代表立刻与雇主进行了谈判,力图对工资降低率进行修改,但雇主拒绝让步。1908年1月,劳资双方又进行了谈判,雇主对工资降低的幅度进行了调整,但工人对结果并不满意,于是开始罢工。② 随后,罢工延伸到其他区域,贸易部开始介入。在贸易部的调解下,造船业雇主协会和工会代表召开协商会议,达成了全国性的协议。协议制定了有关解决工资和其他争议问题的条款,在1908年12月16日临时获得通过,后经工人投票,于1909年3月9日获得正式批准。③

协议的总原则为:在协议所规定的调解程序完成之前,劳资任何一方不得进行罢工或闭厂。协议第一部分对工资率变动问题做出规定,规定如果申请变动工资率,假设自上次变更工资率日期开始已经过去6个月,那么雇主协会和工会应该在14天之内就此问题进行会谈,会谈不得延期超过14天。一旦达成协议,直到自申请之日的六周后,协议方可生效。而且,一般的工资变动限制在计件工资率的5%,周工资的变动限制在1先令,每小时工资变动限制在1/4便士。第二部分对如何处理地区纠纷做出

---

① Philip Bagwell, "Transport", in Chris Wrigley, ed., *A History of British Industrial Relations, 1875–1914*, p.237.
② House of Commons, "Report on Strikes and Lock-outs in the United Kingdom", *20th Century House of Commons Sessional Papers*, London, 1909, pp.41–45.
③ House of Commons, "Second Report on Rules of Voluntary Conciliation and Arbitration Boards and Joint Committees", *20th Century House of Commons Sessional Papers*, London, 1910, p.xiii.

了规定。协议规定,当争议产生时,首先,工人或工人代表要同雇主进行会谈;如果未获得满意答复,那么雇主和工会代表应该就此问题进行协商,力争达成和解;如果未达成和解,那么争议问题交由3名雇主代表和3名工会代表组成的共同委员会解决,这些代表不得与争议有直接关系;如果共同委员会依然未解决纠纷,则争议交由地区雇主协会和地区工会代表进行协商会谈;如果还是失败,那么应举行中央会谈,由雇主执行委员会和相关工会代表之间进行协商。①

1910年,在1909年协议的基础上,雇主协会和工会又签署了一个补充协议。补充协议主要针对以下问题设置了解决方法:当劳资双方在已发生的罢工是否违背协议的问题上产生分歧时,应由6名代表组成的委员会解决,代表须与争议无关,且双方各3名。委员会在罢工结束后,才能进行会晤。如果委员会意见不一致,应由1名中立的仲裁人裁决。仲裁人由委员会在雇主协会和工会选定的一组人中进行挑选,他的决定是最终的,并对劳资双方均具有约束力。如果委员会或者仲裁人认为发生了违反协议的罢工,违反协议的一方,若是工人,应由工会执行委员会根据规则处理;若是雇主,则由雇主协会根据协会规则处理。②

1909年协议在造船业建立起全国性的集体谈判机制。劳资双方通过相对正式的程序来协商纠纷,有利于行业和平。并且,全国性集体协议对工资率的规定拉平了地区的工资水平。例如,1909年3月,泰恩河的船舶木工同克莱德河的船舶木工的工资相差3先令;到了1912年7月,两者最大的差距也不超过1便士到1.5便士。因此,当协议条款于1913年接受审查时,劳资双方都对协议表示满意。

综上所述,纺纱业、工程业、铁路业等行业通过各种形式,发展出全国

---

① House of Commons, "Report on Collective Agreements Between Employers and Workpeople in the United Kingdom", *20th Century House of Commons Sessional Papers*, London, 1910, pp.93 - 95.
② Ian G. Sharp, *Industrial Conciliation and Arbitration in Great Britain*, p.129.

性的集体谈判。从全国性的集体谈判的发展可以看出,同区域性的集体谈判一样,全国性的集体谈判也具有自愿性特点。劳资双方通过谈判签订的集体协议,主要靠劳资双方的信誉来实现,即使有一方不执行协议,也无须负法律责任,属于"君子协定"性质。

同时,与区域调解与仲裁委员会一致,劳资双方签署的全国性集体协议也遵守了"与其补救于已然,不如防止于未然"的原则,协议所起的重要作用在于防止罢工的发生。1900—1909年,在调解委员会解决的7 508件纠纷中,只有104件(约占1%)争议在解决之前发生了罢工。①

此外,从开展全国性集体谈判的行业可以看出,拥有稳定的雇主组织和工会组织,是开展全国性集体谈判的必要条件。高度发展的组织能够使劳资双方更有效地沟通,也为集体协议的履行提供了保证。如乔治·阿斯奎斯在《英国雇主和工人集体协议报告》中所说:"如果这些条件不存在,每个行业或地区雇主和工人之间具有一般特征的协议就不可能存在,因为没有任何机制能够使他们执行条款。"②

不过,在1914年之前,全国性的集体谈判并不普遍,多数集体谈判仍处于区域水平上。在接下来的十年,全国性的集体谈判在英国有组织的工业部门中才变得普遍起来。③ 但不可否认的是,纺纱业、工程业、铁路业和造船业等行业建立的全国性集体谈判机制,扩大了集体谈判的范围,建立了规范的程序性规则,在预防和化解劳资冲突、稳定劳资关系等方面发挥了重要作用。

---

① House of Commons, "Second Report on Rules of Voluntary Conciliation and Arbitration Boards and Joint Committees", *20th Century House of Commons Sessional Papers*, London, 1910, p.vii.
② House of Commons, "Report on Collective Agreements Between Employers and Workpeople in the United Kingdom", *20th Century House of Commons Sessional Papers*, London, 1910, pp.iv - v.
③ Tony Adams, "Market and Institutional Forces in Industrial Relations: The Development of National Collective Bargaining, 1910 - 1920", *The Economic History Review*, Vol.50, No.3 (August, 1997), p.508.

五、小　结

劳资关系的和谐与稳定,需要通过一种有效的劳资关系协调机制来实现,在这种机制的作用下,劳资双方的利益关系达到一种平衡点。19 世纪中后叶,英国工业领域出现了以自愿集体谈判为主的劳资争议处理机制。如阿兰·福克斯所说:"到 19 世纪 80 年代,可以发现,英国有组织的劳资关系体系已经出现,这一体系以雇主协会和工会代表之间自发的集体谈判为基础。"[1]

19 世纪末 20 世纪初,集体谈判制在英国得到快速发展,这种发展与英国政府角色的转变有着很大关系。随着古典自由主义的消退以及新自由主义的发展,政府开始对经济社会生活进行有限制的干预。这在劳资关系领域也有所反映。政府逐渐认识到,应在劳资关系中扮演更积极的角色,改变工业化时期自由放任的泛滥;承担法律制定者的角色,通过立法规定工资、工时、安全和卫生的最低标准;承担调解者和仲裁者的角色,对劳动争议进行调解和仲裁服务,以实现市场机制下对劳动力的保护。[2] 从政府实施的劳资政策看,政府逐渐意识到集体谈判在规范和调整劳资关系中

---

[1] Alan Fox, *History and Heritage: The Social Origins of the British Industrial Relations System*, p.174.
[2] 张丽琴:《欧洲集体谈判研究——以英、德、瑞为例》,第 64 页。

的重要作用，因此大力支持和引导集体谈判制的发展，协助完善劳资争议处理机制，以实现劳资双方的利益均衡。

首先，政府在集体谈判立法层面实现了突破。19世纪90年代以前，政府所颁布的调解与仲裁立法带有明显的强制性色彩，这与奉行自愿主义的民间集体谈判背道而驰，因而立法收效甚微。19世纪末，在对前几部立法进行反思的过程中，结合形势发展，政府制定了新的集体谈判立法。法案遵循自愿主义原则，在支持民间集体谈判的基础上，政府以第三方角色参与其中，强化了政府在处理劳资争议方面的权力，使政府以仲裁与调解方式干预劳资关系变得常态化和制度化。正是这部法案，改变了官方立法与集体谈判实践相互背离的状态，使集体谈判立法与集体谈判实践之间实现了相互融合和支持。

其次，政府设立了集体谈判机构。19世纪90年代之前，内政部是协助处理劳资争议的部门，但并未发挥调解与仲裁劳资争议的作用。19世纪末，政府通过集体谈判立法赋予贸易部协助解决劳资争议的相关责任，贸易部成为干预劳资冲突、处理劳资关系的重要机构。在协调劳资关系的过程中，贸易部对劳资纠纷化解方式进行了创新，在此基础上组建起仲裁法庭。仲裁法庭为劳资双方提供了一种相对公平的仲裁争议的方法，促进了劳资纠纷的和平解决。同时，在贸易部的支持和建议下，政府还设立了产业委员会，增进了劳资间的互信与尊重。这些集体谈判机构的设立，为英国集体谈判的发展创造了重要条件，使劳资争议解决机制更为完善。

除此之外，政府还通过一系列的劳资立法，保障了集体谈判中相对弱势一方的工人的权益，为集体谈判的顺利运行提供了条件，以此避免潜在的劳资冲突，促进了劳资关系协调稳定发展。1906年《劳资争议法》和1913年《工会法》使工会的法律地位得以提升，为工会以平等姿态与雇主组织进行谈判奠定了基础。1897年《工伤赔偿法》、1909年《行业委员会法》以及1911年《国民保险法》等法案的实施则体现了政府对劳动者利益的保护,对工伤赔偿、最低工资等容易引起劳资纠纷的问题做出了法律规定,避免由此引发劳资冲突,从而保障了劳资之间和平共处。

正如克里斯·豪威尔(Chris Howell)所说:"19世纪90年代之前,政府在调节劳资关系中只扮演了一个小角色,主要是维持秩序、保障财产关系。19世纪90年代则见证了政府对构建劳资关系机制的持久兴趣。"[1]在对劳资关系进行有限度干预的原则的指导下,政府通过直接立法,鼓励调解与仲裁委员会的建立,为谈判提供调解与仲裁服务;通过辅助立法,巩固和发展集体谈判,为劳资双方建立谈判框架提供帮助。在政府的引导下,集体谈判在英国各行业获得了长足发展。根据发展状况的不同,各行业在不同级别上展开集体谈判。19世纪末20世纪初,一部分行业通过建立区域性的调解与仲裁委员会,展开区域级别的集体谈判;另一部分行业则通过签订全国性的集体协议,开始了全国级别的集体谈判。

由此可见,在英国政府的支持和引导下,集体谈判制成为各行业调节劳资关系、化解冲突的主流机制。从另一个层面思考:英国政府为什么要不遗余力地推广和发展集体谈判呢?这是因为,一方面,集体谈判为劳资冲突的化解提供了一种新的方式。集体谈判是劳资双方进行沟通的理性过程,它把激烈的对抗转向在斗争中寻找利益的均衡点。[2] 通过集体谈判规范劳资关系,劳资双方面对面地沟通和交流,能有效促使双方互相让步,达成妥协,签订协议,降低诸如怠工、辞职等产生的消极影响,更好地维护劳资双方的利益。另一方面,开展集体谈判,可以为英国市场经济的健康发展营造一个良好的竞争氛围。[3] 通过谈判达成的协议可以防止本行业的不正当竞争,使劳动条件趋于标准化,促使雇主通过技术改进、开拓市场

---

[1] Chris Howell, *Trade Unions and the State: The Construction of Industrial Relations Institutions in Britain, 1890–2000*, p.46.
[2] 周长城、陈群:《集体谈判:建立合作型劳资关系的有效战略》,《社会科学研究》2004年第4期。
[3] 徐聪颖、刘金源:《集体谈判制与19世纪中后叶的英国劳资关系》,《探索与争鸣》2010年第9期。

等手段提高竞争力,从而改善经济领域的竞争环境,有利于经济的健康发展。此外,集体谈判还有助于社会秩序的稳定。各行业常设的调解与仲裁委员会可以对日常纠纷或争议进行常态化解决,从而化解潜在的劳资纠纷,缓解矛盾,避免和减少劳资争议,实现劳资关系的长久和谐,促进社会稳定发展。

总之,借助集体谈判,可以将因利益分配不合理所引发的劳资矛盾和冲突控制在理性、有序的协商解决的范畴之中。可以说,集体谈判是维系工业化国家产业稳定的制度,是化解劳资矛盾和冲突、规范和调整劳资之间利益关系、降低社会管理成本、促进劳资合作、维护产业和平的最优选择。因此,英国政府对集体谈判的重要价值予以关注和认可。1894年,由政府任命的皇家委员会在公共政策上对集体谈判予以支持,认为政府应最大限度地鼓励建立在自愿基础上的集体谈判的发展。到1916年,负责调查劳资关系的惠特利委员会,再次肯定了集体谈判在解决劳资纠纷中的核心地位。

纵观1896—1914年英国集体谈判的发展,可以发现其呈现出以下几个特点:

首先,政府主导下的集体谈判与民间自愿集体谈判处于并行发展状态。一方面,政府制定立法、建立集体谈判机构,促进劳资纠纷的解决;另一方面,在民间,劳资双方依靠行业自发建立的调解与仲裁委员解决争议。就所解决的劳资纠纷而言,民间自愿集体谈判解决了绝大多数的劳资纠纷,政府主导下的集体谈判所解决的争议数量占少数;但政府解决的基本是大型的和非常严重的劳资冲突,所影响的工人数量并不比民间集体谈判的少。事实上,政府主导下的集体谈判与民间自愿谈判存在相互促进和发展的关系。正是民间自愿谈判的发展,促使政府改进立法,完善机构;而立法的出台和相关机构的设立又为民间自愿谈判的发展创造了良好环境。在相互促进的状态下,英国工业领域逐渐形成了"劳资自治为主,政府调控为辅"的集体谈判模式。

其次,1896—1914年,各个层级的集体谈判处于不同的发展状态。英国主要存在三种级别的集体谈判,即以行业为基础的工厂级别、区域级别以及全国级别的集体谈判。1896—1914年,随着集体谈判的不断发展,以及雇主组织和工会的日益壮大,工厂级别的集体谈判虽仍存在,但已非主流;区域级别的集体谈判逐渐发展起来,成为居主导地位的谈判层级。与此同时,劳资双方组织化进一步增强,全国性的集体谈判也开始呈现出不断发展的势头,但由于条件所限,全国级别的集体谈判在此时处于起步阶段。三种级别的集体谈判构筑了英国集体谈判的体系和脉络,成为英国集体谈判机制发展的重要体现。

最后,集体谈判制的发展为19世纪末20世纪初英国劳资关系的稳定发展起到一定作用。19世纪末是英国盛极而衰的时期,经济领域的萧条使劳资纠纷多发。伴随政府主导下的集体谈判和民间自愿集体谈判的发展,利用集体谈判化解纠纷、避免冲突的原则已深入人心。政府制定《调解法》、完善集体谈判机构、保障工人权益,为劳资冲突的解决提供了帮助。各行业建立的调解与仲裁委员会以及签订的集体协议则为解决劳资纠纷提供了渠道,所以,20世纪初,许多行业都迎来了显著的工业和平时期。[①]由此可见,英国劳资关系的稳定与集体谈判的发展密不可分。

综上所述,19世纪末20世纪初,在政府的推动和引导下,以集体谈判为核心的劳资冲突化解机制在英国得以进一步发展,这种机制为构建良性的劳资关系发挥了重要作用。劳资关系是法律关系与社会关系的重要组成部分,劳资争议的解决或劳资冲突的化解是构建良性劳资关系的关键所在。

---

① Hamish Fraser, *A History of British Trade Unionism*, 1700 - 1998, p.105.

结　语

劳资关系是工业革命以来所有国家最为基本的社会关系,而劳资冲突的化解成为决定劳资关系和谐的决定性因素,因而备受社会关注。作为社会冲突的一种基本形式,劳资冲突内化于社会发展进程中,其出现具有历史必然性。从根源上说,它首先取决于劳资关系的本质属性:工业化带来的阶级分化以及资本与劳动分离,造成劳动异化的合法化;劳方追求收入最大化,而资方追求利润最大化,造成两者在利益目标上的分歧与对立;雇佣关系中资强劳弱的局面以及产业民主不充分等,成为冲突滋生的潜在因素。[1] 劳资冲突的产生还受到诸多外在因素的影响,如经济形势的变化,国内外市场的变动,劳动力市场状况,工作场所中的各种不平等情形等。由此,现实中的劳资关系并不总是呈现出和谐、稳定、有序状态,矛盾、冲突、对抗也成为其常见表现形式。

因此,我们既不能对冲突加以漠视,也不能以高压手段来加以遏制。尽管冲突对社会稳定带来的威胁众所周知,但在社会学家看来,冲突对社会发展也会起到调节与整合作用。美国学者刘易斯·科塞(Lewis Coser)指出,"社会冲突是一个调整规范适应新环境的机制",冲突实际上起到一种"安全阀"作用,"一个弹性的社会从冲突中受益,因为这种行为通过创新和改进规范保证了它在新条件下继续存在";而"在一个僵化的社会里……由于压制冲突,从而也消除了一个有用的警报,因此把灾难性崩溃的危险增大到极限"。[2] 由此看来,作为一种客观存在,冲突本身是中立的,其发展走向到底是积极的还是消极的,取决于社会对冲突的态度以及冲突能否得到有效化解。就劳资冲突而言,如果能将其置于制度化治理框架下,寻找到劳资之间力量平衡的途径,建立起冲突化解的常态机制,那么劳资冲突就会得以转化,劳资关系也会走向和谐与稳定。

作为工业化先驱,英国在劳资冲突化解机制的探索方面也走在世界各

---

[1] 程延园:《劳动关系》,北京:中国人民大学出版社,2011年,第11—13页。
[2] [美]刘易斯·科塞:《社会冲突的功能》,孙立平译,北京:华夏出版社,1989年,第137页。

国前列。在英国经济社会发展的各个阶段,在没有先例可循的情况下,英国人几乎是"摸着石头过河",应对不断变化的形势,努力探寻劳资冲突的化解之道。

在前工业化阶段,手工业生产占据了主导地位。尽管现代意义上的劳资两大主体还未形成,但劳资冲突已逐步涌现。此间,在家长制保护主义思潮的主导下,贵族阶层控制下的英国政府,出台了一系列劳工法令,并授权治安法官予以推行,旨在化解劳资冲突,对劳资关系进行家长制控制。以1563年《劳工法令》为代表,法令一方面旨在强化对劳工的控制,如规定劳工袭击雇主、劳工违反雇佣合同、成年劳工拒绝接受雇用等,均将被判处监禁等;另一方面,法令又在一定程度上维护劳工权益,如授权治安法官厘定最低工资,对工作时间做出具体规定,禁止雇主随意解除雇佣合同等。治安法官代表着中央政府权威,在地方上承担着践行劳资政策、化解劳资冲突的职能。家长制的纠纷化解机制维护了社会秩序,也强化了政府权威。

到了工业革命初期,自由主义思潮的兴起敲响了家长制保护主义的丧钟。受此影响,英国政府逐步采取自由放任政策,鼓励劳资双方以自由契约来确定雇佣条件,以协商、谈判方式自行化解冲突,由此促进了19世纪上半叶调解与仲裁制的兴起。调解是指在缺乏第三方干预的情况下,劳资双方通过友好协商方式,自行达成非正式协议,实现争议或冲突化解;调解一般适用于小型劳资争议或冲突,涵盖范围较小。仲裁是指调解失败后,劳资双方将争端提交给共同选定的第三方,由其做出最终的正式裁决;仲裁一般适用于大型劳资争议或冲突,涵盖范围较广。19世纪中叶前,在英国煤炭、纺织、针织、制陶等行业,当劳资纠纷或冲突出现后,双方自发组建起临时性仲裁与调解委员会,由劳资双方委任相同数目的代表组成,共同选定委员会主席,就劳资争议或冲突进行调解或仲裁。此间,政府曾出台过几部强制性仲裁立法,但违背了民间冲突化解自愿原则,因而难以付诸实践。

19世纪60年代后,民间调解与仲裁制开始转向集体谈判制。以诺丁汉织袜业调解与仲裁委员会为榜样,各地各行业纷纷建立起集体谈判常设机构,通过劳资双方平等参与、共同协商的谈判方式,实现日常争议与冲突的化解。早期集体谈判制兴起于民间,缺乏国家权力的干预,具有自愿主义特色,在全国广为推行。此间,英国政府出台了多部法案,旨在提升工会地位、确定劳资间平等关系,由此推动集体谈判中劳资力量的相对均衡。19世纪末《调解法》颁布后,基于自愿主义原则但又适度引入国家干预的政府引导下的集体谈判开始兴起,并逐步超越民间集体谈判而在劳资关系中发挥着越来越重要的作用。

近代以来,英国劳资冲突化解机制经历了从前工业化时期的家长制控制,到工业化高潮时期的调解与仲裁制,再到工业化完成后的集体谈判制的阶段性演变。由英国所开创的集体谈判制,被公认为劳资关系领域内的一项伟大的"社会发明"。直到21世纪的今天,集体谈判依然是市场经济国家调整集体劳动关系的重要制度形式。

作为工业革命的发祥地,英国自近代以来在劳资冲突化解方面不断探索,最终在19世纪后期形成以集体谈判为标志的冲突化解机制。通过对近代英国劳资冲突化解机制演进的考察,我们得出以下启示:

第一,劳资冲突化解机制的形成是劳、资、政三方力量互动博弈的结果。劳资冲突事关劳资双方切身利益,同时也关系到经济发展与社会稳定,政府对劳资冲突化解的关切与干预由此成为必然。从英国的经历看,不同时期的冲突化解机制中,各方虽然有所博弈,但所起作用并不均等。前工业化时期,劳资两大主体未形成,家长制控制政策彰显了政府在冲突化解中的主导作用。19世纪上半叶的调解与仲裁制以及19世纪下半叶的民间集体谈判制,是国家干预退出劳资关系领域后劳资双方自发形成的冲突化解机制,它们处于国家权力之外而独立运作,具有鲜明的自愿主义特色。由于劳资双方政治、经济及法律地位的不对等,在这两种冲突化解机制中,资方的影响力要更大一些。1896年后兴起的政府引导下的集体谈判制中,在保留自愿主义原则的基础上,加入了适当的国家干预,但政府只是在谈判中起到引导、协助与斡旋等作用。总的来说,在冲突化解机制中,劳方力量在国家支持下不断增强,资方的强势地位由于工会地位的提升而有所削弱,第三方的政府则经历了从强势干预到基本退出再到有限干预的转变。劳、资、政三方的互动博弈,推动着劳资冲突化解机制向公正与合理的方向迈进。

第二,鉴于劳资关系中资强劳弱的局面,作为第三方的政府应注重通过立法手段,推动劳资关系的平等化,促成劳资间的平等谈判,最大限度地保障作为弱势方的劳工权益。劳资冲突的根源在于劳资双方各自追求利益最大化,而资方的强势地位使得冲突化解策略往往有利于资方。当冲突化解机制的天平向资方倾斜时,作为第三方的政府不应站在处于强势的资方立场上,而是应通过立法手段来提升工人阶级及工会地位,致力于构建平等的劳资关系,进而引导劳资双方以公平谈判方式来化解冲突,从根本上保障劳工权益。前工业化时期,英国家长制保护主义的劳工法令,以国家立法形式来规范雇佣关系,确定工资与工时,保护了处于弱势的劳工权益,尽到了贵族作为家长的责任。19世纪上半叶工业化高潮时期,当政府秉持自由放任原则,不再干预劳资冲突化解后,求助无门的劳工开始诉诸暴力,袭击雇主,破坏机器,卢德运动成为其典型,这是政府完全放弃干预所带来的后果。到了19世纪后半叶,政府开始通过全方位的立法来重新界定劳资关系,提升工人阶级的政治地位,推动工会地位合法化,由此促进了集体谈判公正化进程。由此看来,政府对劳资关系的适度干预是不可或缺的,这是保障弱势方权益、构建良性劳资关系的必然选择。

第三,良性劳资关系的构建不仅取决于作为治标之策的常态冲突化解机制,而且有赖于作为治本之策的工厂立法;工厂立法的颁布及实施成为从根源上减少劳资冲突的重要途径,作为第三方的政府因此应承担起更多责任。英国学者罗恩·比恩(Ron Bean)认为,通过工厂立法规定工资、工时、安全和卫生的最低标准,是政府在劳资关系中应扮演的重要角色之一。冲突化解机制是劳资冲突的事后解决行为,而关涉工资、工时、工作环境、安全防护、工伤赔偿等劳资冲突核心议题的工厂立法,可被视为劳资冲突化解中的事前预防行为。"防患于未然"的工厂立法,因此可被视为冲突化解机制的重要组成部分。

就英国而言,19世纪是自由放任的世纪,尽管在19世纪的大多数时期,政府对劳资冲突的事后化解几乎不发挥作用,但在以工厂立法方式预防劳资冲突方面,英国政府却尽到了职责。在工业革命中,工厂制的兴起促进了经济腾飞,但工厂制下的"罪恶"成为各类劳资冲突的重要源头。19世纪后的一百多年间,英国开始了工厂立法进程,通过国家权力对各类场所的雇佣关系及工作条件等加以规范化管理。工厂立法经历了循序渐进的过程:从施行范围看,先从纺织业工厂推广到所有行业工厂,再从各类工厂推广到作坊、工场以及家庭工业;从涉及主题看,从最初的工资、工时等,逐渐扩及童工教育、卫生状况、安全防护、工伤赔偿等;从监督执行看,从中央权力的国家直管发展到中央权力与地方权力的协调合作,中央政府任命工厂视察员,地方政府任命卫生官,各级官员深入城市与乡村各类生产场所,监督法案的有效执行。工厂立法的颁布与推行,成为良性劳资关系构建的重要前提,政府在这方面大有所为。

概而言之,劳资纠纷的普遍性及劳资冲突的剧烈性在世界各国工业化进程中都是常见现象,充分正视劳资冲突并构建适宜的冲突化解机制,是所有国家必须做出的选择。经过长期摸索,英国探索出的集体谈判制在当今世界广为应用。虽然英国的集体谈判具有鲜明的自愿主义特征,但国家干预色彩依然明显。这也表明,尽管劳资冲突化解机制是劳、资、政三方平等参与并共同形塑的过程,但作为第三方的政府在冲突化解中应发挥更为积极的作用。政府对于劳资关系的适度干预,20世纪后在世界各国早已成为共识。当今中国在向市场经济的转型过程中,劳资纠纷与劳资冲突逐步显现。为了化解劳资纠纷与冲突,中国正在创建劳、资、政三方集体协商制,希望英国的经验教训能给我们构建良性劳资关系提供一些借鉴。

参考文献

一、英文文献

(一) 档案文件

1. Atkinson, E. G., ed., *Acts of the Privy Council of England: 1613 – 1614*, London: Her Majesty's Stationery Office, 1921.

2. Bland, A. E., P. A. Brown and R. H. Tawney, eds., *English Economic History: Select Documents*, London: G. Bell and Sons Ltd., 1914.

3. Burne, S. A. H., ed., *The Staffordshire Quarter Sessions Rolls*, Vol.4, Kendal: Titus Wilson and Son, 1936.

4. Cole, G. D. H. and A. W. Filson, eds., *British Working Class Movements: Select Documents, 1789 – 1875*, London: Macmillan, 1951.

5. Dasent, John Roche, ed., *Acts of the Privy Council of England: 1595 – 1596*, London: Her Majesty's Stationery Office, 1901.

6. Douglas, David C. and W. D. Handcock, eds., *English Historical Documents*, Vol. 12, London: Eyre and Spottiswoode, 1977.

7. House of Commons, "Common Law Procedure Act, 1854", *House of Commons Parliamentary Papers*, London, 1854.

8. House of Commons, "Eighth Report by the Board of Trade of Proceedings Under the Conciliation (Trade Disputes) Act, 1896", *20th Century House of Commons*

Sessional Papers, London, 1911.

9. House of Commons, "Eleventh Report by the Board of Trade of Proceedings Under the Conciliation Act, 1896", *20th Century House of Commons Sessional Papers*, London, 1914.

10. House of Commons, "Fifth and Final Report of the Royal Commission on Labour", *19th Century House of Commons Sessional Papers*, London, 1894.

11. House of Commons, "Fifth Report by the Board of Trade of Proceedings Under the Conciliation (Trade Disputes) Act, 1896", *20th Century House of Commons Sessional Papers*, London, 1905.

12. House of Commons, "First Report by the Board of Trade of Proceedings Under the Conciliation (Trade Disputes) Act, 1896", *19th Century House of Commons Sessional Papers*, London, 1897.

13. House of Commons, "Fourth Report by the Board of Trade of Proceedings Under the Conciliation (Trade Disputes) Act, 1896", *20th Century House of Commons Sessional Papers*, London, 1903.

14. House of Commons, "Ninth Report by the Board of Trade of Proceedings Under the Conciliation (Trade Disputes) Act, 1896", *20th Century House of Commons Sessional Papers*, London, 1912.

15. House of Commons, "Report from the Select Committee on Masters and Operatives (Equitable Councils of Conciliation)", *House of Commons Parliamentary Papers*, London, 1856.

16. House of Commons, "Report from the Standing Committee of Trade, Shipping, and Manufactures, on the Conciliation (Trade Disputes) Bill and the Boards of Conciliation (No.2) Bill", *19th Century House of Commons Sessional Papers*, London, 1896.

17. House of Commons, "Report of the Committee on Trades' Societies, Appointed by the National Association for the Promotion of Social Science", *House of Commons Parliamentary Papers*, London, 1860.

18. House of Commons, "Report of the Minutes of Evidence, Taken Before the Select Committee on the State of the Children Employed in the Manufactories of the United Kingdom", *House of Commons Parliamentary Papers*, London, 1816.

19. House of Commons, "Reports of the Select Committee on Petitions Relating to the Act for Settling Disputes Between Masters and Workmen in Cotton Manufacture", *House of Commons Parliamentary Papers*, London, 1802–1803.

20. House of Commons, "Report on Collective Agreements Between Employers and Workpeople in the United Kingdom", *20th Century House of Commons Sessional Papers*, London, 1910.

21. House of Commons, "Report on Enquiry into Industrial Agreements", *20th Century House of Commons Sessional Papers*, London, 1913.

22. House of Commons, "Report on Rules of Voluntary Conciliation and Arbitration Boards and Joint Committees", *20th Century House of Commons Sessional Papers*, London, 1907.

23. House of Commons, "Report on Strikes and Lock-outs in the United Kingdom, 1896–1911", *20th Century House of Commons Sessional Papers*, London, 1911.

24. House of Commons, "Second Report by the Board of Trade of Proceedings Under the Conciliation (Trade Disputes) Act, 1896", *19th Century House of Commons Sessional Papers*, London, 1899.

25. House of Commons, "Second Report on Rules of Voluntary Conciliation and Arbitration Boards and Joint Committees", *20th Century House of Commons Sessional Papers*, London, 1910.

26. House of Commons, "Seventh Report by the Board of Trade of Proceedings Under the Conciliation (Trade Disputes) Act, 1896", *20th Century House of Commons Sessional Papers*, London, 1910.

27. House of Commons, "Sixth Report by the Board of Trade of Proceedings Under the Conciliation (Trade Disputes) Act, 1896", *20th Century House of Commons Sessional Papers*, London, 1907.

28. House of Commons, "Tenth Report by the Board of Trade of Proceedings Under the Conciliation (Trade Disputes) Act, 1896", *20th Century House of Commons Sessional Papers*, London, 1913.

29. House of Commons, "Third Report by the Board of Trade of Proceedings Under the Conciliation (Trade Disputes) Act, 1896", *20th Century House of Commons Sessional Papers*, London, 1901.

30. Howe, Ellic, ed., *The London Compositor: Documents Relating to Wages, Working Conditions and Customs of the London Printing Trade, 1785 – 1900*, London: Oxford University Press, 1947.

31. Huges, Paul L. and James F. Larkin, eds., *Tudor Royal Proclamations*, Vol.2, New Haven: Yale University Press, 1969.

32. Johnson, H. C., ed., *Wiltshire County Records: Minutes of Proceedings in Sessions, 1563 and 1574 to 1592*, Devizes: Wiltshire Archaeological and Natural History Society, 1949.

33. Kenyon, J. P., ed., *The Stuart Constitution 1603 – 1688: Documents and Commentary*, Cambridge: Cambridge University Press, 1986.

34. Mitchell, B. R. and Phyllis Deane, eds., *Abstract of British Historical Statistics*, Cambridge: Cambridge University Press, 1962.

35. Pickering, Danby, ed., *The Statutes at Large*, Vol.14, Cambridge: Cambridge University Press, 1765.

36. Raithby, John, ed., *Statues of Realm*, Vol.4, London: Great Britain Record Commission, 1819.

37. Read, Conyers, ed., *William Lambarde and Local Government: His "Ephemeris" and Twenty-nine Charges to Juries and Commissions*, Ithaca: Cornell University Press, 1962.

38. *The Statutes at Large from the Thirty-nine Year of the Reign of King George the Third, to the End of the Fifth and Concluding Session of the Eighteenth and Last Parliament of Great Britain, Held in the Forty-first Year of the Reign of King George the Third*, London: George Eyre and Andrew Straham, 1800.

39. *The Statutes of the Realm: Printed by Command of His Majesty King George the Third, in Pursuance of an Address of the House of Commons of Great Britain*, Vol.7, London: Dawsons of Pall Mall, 1963.

40. *The Statutes of the United Kingdom of Great Britain and Ireland, 18 and 19 Victoria, 1854 – 1855*, London: Her Majesty's Printers, 1855.

41. *The Statutes of the United Kingdom of Great Britain and Ireland*, London: Her Majesty's Printers, 1844.

42. *The Statutes of the United Kingdom of Great Britain and Ireland*, London: His Majesty's Printers, 1831.

43. *The Statutes of the United Kingdom of Great Britain and Ireland*, London: His Majesty's Statute and Law Printers, 1820.
44. *The Statutes of the United Kingdom of Great Britain and Ireland*, Vol.13, London: George Eyre and Andrew Spttiswoode, 1833.
45. *The Statutes of the United Kingdom of Great Britain and Ireland*, Vol.2, Vol.9, London: George Eyre and Andrew Straham, 1806.
46. Thirsk, Joan, ed., *Seventeenth-Century Economic Documents*, Oxford: Clarendon Press, 1972.
47. Ward, J. T. and W. Hamish Fraser, eds., *Workers and Employers: Documents on Trade Unions and Industrial Relations in Britain Since the Eighteenth Century*, London: Macmillan, 1980.
48. Williams, C. H., ed., *English Historical Documents: 1485–1558*, London: Eyre and Spottiswoode, 1967.

(二) 专著

1. Amulree, G. B. E., *Industrial Arbitration in Great Britain*, London: Oxford University Press, 1929.
2. Aris, Rosemary, *Trade Unions and the Management of Industrial Conflict*, London: Macmillan, 1998.
3. Armytage, W. H. G., *A. J. Mundella, 1825–1897: The Liberal Background to the Labour Movement*, London: Ernest Benn Ltd., 1951.
4. Askwith, Lord, *Industrial Problems and Disputes*, London: John Murray, 1920.
5. Bagwell, Philip, *Industrial Relations*, Dublin: Irish University Press, 1974.
6. Bean, Ron, *Comparative Industrial Relations: An Introduction to Cross-national Perspectives*, London: Routledge, 1994.
7. Beattie, J. M., *Crime and the Courts in England, 1660–1800*, Oxford: Clarendon Press, 1986.
8. Belchem, John, *Industrialization and the Working Class: The English Experience, 1750–1900*, Hants: Scolar Press, 1990.
9. Bothwell, James, P. J. P. Goldberg and W. M. Ormrod, eds., *The Problem of Labour in Fourteenth-Century England*, York: York Medieval Press, 2000.

10. Bowley, Arthur L., *Wages in the United Kingdom in the Nineteenth Century*, Cambridge: Cambridge University Press, 1900.
11. Brown, Kenneth, ed., *The English Labour Movement, 1700 – 1951*, Dublin: Gill and Macmillan, 1982.
12. Burgess, Keith, *The Origins of British Industrial Relations: The Nineteenth Century Experience*, London: Croom Helm, 1975.
13. Carrell, Michael R. and Christina Heavrin, *Labor Relations and Collective Bargaining*, New Jersey: Prentice Hall, 2013.
14. Casson, William A., *Old-Age Pensions Act, 1908*, London: Chas. Knight and Co., Ltd., 1908.
15. Chaloner, W. H., *The Skilled Artisans During the Industrial Revolution, 1750 – 1850*, London: Historical Association, 1969.
16. Charles, Rodger, *The Development of Industrial Relations in Britain, 1911 – 1939*, London: Hutchinson, 1973.
17. Churchill, Winston, *Liberalism and the Social Problem*, New York: Haskell House Publishers, 1973.
18. Clark, Peter and Paul Slack, *English Towns in Transition, 1500 – 1700*, London: Oxford University Press, 1976.
19. Cole, G. D. H., *A Short History of the British Working Class Movement*, Vol.2, New York: Macmillan, 1927.
20. Crafts, N. F. R., Ian Gazeley and Andrew Newell, *Work and Pay in 20th Century Britain*, Oxford: Oxford University Press, 2007.
21. Crittall, Elizabeth, ed., *The Justicing Notebook of William Hunt, 1744 – 1749*, Devizes: Wiltshire Record Society, 1982.
22. Crompton, Henry, *Industrial Conciliation*, London: H. S. King and Company, 1876.
23. Curthoys, Mark, *Governments, Labour, and the Law in Mid-Victorian Britain*, Oxford: Clarendon Press, 2004.
24. Davies, Margaret, *The Enforcement of English Apprenticeship: A Study in Applied Mercantilism, 1563 – 1642*, Cambridge: Harvard University Press, 1956.
25. Deakin, Simon and Frank Wilkinson, *The Law of the Labour Market:*

Industrialization, *Employment and Legal Education*, Oxford: Oxford University Press, 2005.

26. Deane, Phyllis and W. A. Cole, *British Economic Growth 1688–1959: Trends and Structure*, Cambridge: Cambridge University Press, 1969.

27. Dobson, C. R., *Masters and Journeymen: A Prehistory of Industrial Relations, 1717–1800*, London: Croom Helm, 1980.

28. Eccleshall, Robert, *British Liberalism: Liberal Thought from the 1640s to 1980s*, London: Longman, 1986.

29. Fletcher, Banister, *Arbitrations*, London: B. T. Batsford, 1904.

30. Forster, G. C. F., *The East Riding Justices of the Peace in the Seventeenth Century*, York: East Yorkshire Local History Society, 1973.

31. Fox, Alan, *History and Heritage: The Social Origins of the British Industrial Relations System*, London: George Allen and Unwin, 1985.

32. Fraser, Hamish, *A History of British Trade Unionism, 1700–1998*, New York: Macmillan, 1999.

33. Garvin, J. L., *The Life of Joseph Chamberlain*, Vol.3, London: Macmillan, 1934.

34. Gleason, J. H., *The Justices of the Peace in England 1558 to 1640: A Later Eirenarcha*, Oxford: Clarendon Press, 1969.

35. Gospel, Howard F. and Gill Palmer, *British Industrial Relations*, London: Routledge, 1993.

36. Griffiths, Paul, Adam Fox and Steve Hindle, eds., *The Experience of Authority in Early Modern England*, Basingstoke: Macmillan, 1996.

37. Hammond, J. L. and Barbara Hammond, *The Skilled Labourer*, London: Longman, 1979.

38. Hay, Douglas and Paul Craven, eds., *Masters, Servants, and Magistrates in Britain and the Empire, 1562–1955*, Chap Hill: University of North Carolina Press, 2004.

39. Hedges, R. Y. and Allan Winterbottom, *The Legal History of Trade Unionism*, London: Longman, 1930.

40. Herrup, Cynthia B., *The Common Peace: Participation and the Criminal Law in Seventeenth-Century England*, Cambridge: Cambridge University Press, 1987.

41. Hindle, Steve, *The State and Social Change in Early Modern England, c.1550–1640*,

Basingstoke: Macmillan, 2000.

42. Hodgett, Gerald A. J., *Tudor Lincolnshire*, Lincoln: The History of Lincolnshire Committee, 1975.

43. Holdsworth, Sir William, *A History of English Law*, Vol.4, London: Methuen, 1945.

44. Hopkins, Eric, *A Social History of the English Working Classes, 1815 – 1945*, London: Edward Arnold Publishers, 1984.

45. Hoskins, W. G., *The Age of Plunder: The England of Henry Ⅷ, 1500 – 1547*, London: Longman, 1976.

46. Howell, Chris, *Trade Unions and the State: The Construction of Industrial Relations Institutions in Britain, 1890 – 2000*, Princeton: Princeton University Press, 2005.

47. Hunt, E. H., *British Labour History, 1815 – 1914*, New Jersey: Humanities Press, 1981.

48. Hunt, William, *The Puritan Moment: The Coming of Revolution in an English County*, Cambridge: Harvard University Press, 1983.

49. Hutchins, B. L. and A. Harrison, *A History of Factory Legislation*, London: P. S. King and Son, 1926.

50. Jaffe, James A., *Striking a Bargain: Work and Industrial Relations in England, 1815 – 1865*, Manchester: Manchester University Press, 2000.

51. Jaffe, James A., *The Struggle for Market Power: Industrial Relations in the British Coal Industry, 1800 – 1840*, Cambridge: Cambridge University Press, 1991.

52. Jeans, J. Stephen, *Conciliation and Arbitration in Labour Disputes*, London: Crosby, Lockwood and Son, 1894.

53. Jeans, Victorine, *Factory Act Legislation*, London: T. Fisher Unwin, 1892.

54. Joyce, Patrick, *Work, Society and Politics: The Culture of the Factory in Later Victorian England*, Brighton: Harvester Press, 1980.

55. Knoop, Douglas, *Industrial Conciliation and Arbitration*, London: P. S. King and Son, 1905.

56. Kussmaul, Ann, *Servants in Husbandry in Early Modern England*, Cambridge: Cambridge University Press, 1981.

57. Lambarde, William, *Eirenarcha, or, Of the Office of the Justices of Peace*, London:

Company of Stationers, 1619.

58. Leach, R. A., *The Unemployed Workmen Act*, *1905*, Rochdale: Local Government Printing and Publishing Company, 1905.

59. Lipson, E., *The Economic History of England: The Age of Mercantilism*, London: Adam and Charles Black, 1964.

60. Lowell, J. Shaw, *Industrial Arbitration and Conciliation*, London: G. P. Putnam's Sons, 1893.

61. MacRaild, Donald M. and David E. Martin, *Labour in British History, 1830 - 1914*, New York: Macmillan, 2000.

62. Maitland, F. W., *The Constitutional History of England*, Cambridge: Cambridge University Press, 1908.

63. Matsumura, Takao, *The Labour Aristocracy Revisited: The Victorian Flint Glass Makers, 1850 - 1880*, Manchester: Manchester University Press, 1983.

64. McIvor, Arthur J., *Organized Capital: Employers' Associations and Industrial Relations in Northern England, 1880 - 1939*, Cambridge: Cambridge University Press, 1996.

65. Minchinton, W. E., ed., *Wage Regulation in Pre-Industrial England*, London: David and Charles Ltd., 1972.

66. Morgan, Gwenda and Peter Rushton, eds., *The Justicing Notebook (1750 - 1764) of Edmund Tew, Rector of Boldon*, Woodbridge: Boydell Press, 2000.

67. Mote, Carl H., *Industrial Arbitration: A World-Wide Survey of Natural and Political Agencies for Social Justice and Industrial Peace*, Indianapolis: The Bobbs-Merrill Company Publishers, 1916.

68. Musson, A. E., *British Trade Unions, 1800 - 1875*, London: Macmillan, 1972.

69. Pelling, Henry, *A History of British Trade Unionism*, Middlesex: Penguin Books, 1963.

70. Plener, Ernest Von, *The English Factory Legislation*, London: Chapman and Hall, 1873.

71. Potter, Beatrice, *The Cooperative Movement in Great Movement in Great Britain*, London: George Allen and Unwin, 1891.

72. Rappaport, Steve, *Worlds Within Worlds: Structures of Life in Sixteenth-Century London*, Cambridge: Cambridge University Press, 1989.

73. Redgrave, Alexander, *The Factory and Workshop Act, 1878 to 1891*, London: Shaw and Sons, 1893.

74. Roberts, David, *Paternalism in Early Victorian England*, London: Croom Helm, 1979.

75. Roberts, David, *The Social Conscience of the Early Victorians*, New Heaven: Stanford University Press, 2002.

76. Robinson, Arthur, *Employers' Liability Under the Workmen's Compensation Act, 1897, and the Employer's Liability Act, 1880*, London: Stevens and Sons, 1898.

77. Rogers, Thorold, *Six Centuries of Work and Wages: The History of English Labour*, London: W. S. Sonnenschein, 1884.

78. Ryan, Daniel J., *Arbitration Between Capital and Labor: A History and an Argument*, Columbus: A. H. Smythe, 1885.

79. Schochet, Gordon J., *The Authoritarian Family and Political Attitudes in 17th-Century England*, London: Transaction Books, 1988.

80. Sharp, Ian G., *Industrial Conciliation and Arbitration in Great Britain*, London: George Allen and Unwin, 1950.

81. Sharpe, J. A., *Crime in Early Modern England, 1550 – 1750*, London: Longman, 1999.

82. Sharpe, J. A., *Crime in Seventeenth-Century England: A County Study*, Cambridge: Cambridge University Press, 1983.

83. Sharpe, J. A., *Early Modern England: A Social History, 1550 – 1760*, London: Arnold, 1997.

84. Sheldrake, John, *Industrial Relations and Politics in Britain, 1880 – 1989*, London: Printer Publishers, 1991.

85. Silverthorne, Elizabeth, ed., *Deposition Book of Richard Wyatt, JP, 1767 – 1776*, Guildford: Surrey Record Society, 1978.

86. Smith, A. G. R., *The Government of Elizabethan England*, London: Edward Arnold, 1978.

87. Steinfeld, Robert J., *The Invention of Free Labor: The Employment Relation in English and American Law and Culture, 1350 – 1870*, North Carolina: University of North Carolina Press, 1991.

88. Stevenson, John, *Popular Disturbance in England, 1700 – 1870*, London: Longman, 1979.

89. Strype, John, *Ecclesiastical Memorials*, Vol.3, Part 2, Oxford: Clarendon Press, 1822.

90. Tawney, R. H. and Eileen Power, eds., *Tudor Economic Documents*, Vol. 1, London: Longmans, 1924.

91. Thirsk, Joan, ed., *The Agrarian History of England and Wales*, Vol.4, *1500 – 1640*, Cambridge: Cambridge University Press, 1967.

92. Tholfsen, Trygve R., *Working Class Radicalism in Mid-Victorian England*, New York: Columbia University Press, 1977.

93. Toynbee, Arnold, *Lectures on the Industrial Revolution in England*, Cambridge: Cambridge University Press, 2011.

94. Turner, H. A., *Trade Union Growth, Structure and Policy: A Comparative Study of the Cotton Unions in England*, Toronto: University of Toronto Press, 1962.

95. Webb, R. K., *Modern Britain: From the Eighteenth Century to the Present*, New York: Dodd, Mead and Company, 1968.

96. Webb, Sidney and Beatrice, *Industrial Democracy*, London: Longmans, 1920.

97. Webb, Sidney and Beatrice, *The History of Trade Unionism, 1666 – 1920*, London: Longmans, 1920.

98. Webb, Sidney, ed., *The Case for the Factory Acts*, London: G. Richards, 1902.

99. Weeks, Joseph D., *Industrial Arbitration and Conciliation in France and England*, Pittsburgh: A. A. Anderson and Son, 1879.

100. Willcox, William Bradford, *Gloucestershire: A Study in Local Government, 1590 – 1640*, New Haven: Yale University Press, 1940.

101. Willis, W. Adington, *The Workmen's Compensation Act, 1897 and the Employers' Liability Act, 1880*, London: Law Publishers, 1899.

102. Wright, Carroll D., *Industrial Conciliation and Arbitration*, Boston: Rand, Avery and Co., 1881.

103. Wrightson, Keith, *English Society: 1580 – 1680*, London: Routledge, 2003.

104. Wrigley, Chris, ed., *A History of British Industrial Relations, 1875 – 1914*, Brighton: Harvester Press, 1982.

105. Wrigley, E. A. and R. S. Schofield, *The Population History of England, 1541 – 1871: A Reconstruction*, Cambridge: Cambridge University Press, 1989.

（三）论文

1. Allen, V. L., "The Origins of Industrial Conciliation and Arbitration", *International Review of Social History*, Vol.9, Issue 2 (August, 1964).

2. Blackburn, Sheila, "Ideology and Social Policy: The Origins of the Trade Boards Act", *The Historical Journal*, Vol.34, No.1 (March, 1991).

3. Boyer, George R., "The Evolution of Unemployment Relief in Great Britain", *The Journal of Interdisciplinary History*, Vol.34, No.3 (Winter, 2004).

4. Boyle, John, "An Account of Strikes in the Potteries, in the Years 1834 and 1836", *Journal of the Statistical Society of London*, Vol.1, No.1 (May, 1838).

5. Brown, E. H. Phelps and Sheila V. Hopkins, "Seven Centuries of Building Wages", *Economica*, New Series, Vol.22, No.87 (August, 1955).

6. Brown, Kenneth D., "Conflict in Early British Welfare Policy: The Case of the Unemployed Workmen's Bill of 1905", *The Journal of Modern History*, Vol.43, No.4 (December, 1971).

7. Clapham, J. H., "The Spitalfields Acts, 1773 – 1824", *The Economic Journal*, Vol. 26, No.104 (December, 1916).

8. Clements, R. V., "British Trade Unions and Popular Political Economy 1850 – 1875", *The Economic History Review*, New Series, Vol.14, No.1 (1961).

9. Collins, Doreen, "The Introduction of Old Age Pensions in Great Britain", *The Historical Journal*, Vol.8, No.2 (1965).

10. Davidson, Roger, "Official Labour Statistics: A Historical Perspective", *Royal Statistical Society*, Vol.158, No.1 (1995).

11. Davidson, Roger, "The Board of Trade and Industrial Relations 1896 – 1914", *The Historical Journal*, Vol.21, No.3 (September, 1978).

12. Dawson, W. H., "Industrial Democracy by Sidney and Beatrice Webb", *The Annals of the American Academy of Political and Social Science*, Vol.12 (July, 1898).

13. Dodd, E. Merrick, "From Maximum Wages to Minimum Wages: Six Centuries of Regulation of Employment Contracts", *Columbia Law Review*, Vol.43, No.5 (July, 1943).

14. Ellenbogen, G., "English Arbitration Practice", *Law and Contemporary Problems*, Vol.17, No.4 (Autumn, 1952).

15. Fisher, F. J., "Influenza and Inflation in Tudor England", *The Economic Historical Review*, New Series, Vol.18, No.1 (1965).
16. Flanders, Allan, "Collective Bargaining: A Theoretical Analysis", *British Journal of Industrial Relations*, Vol.6, Issue 1 (March, 1968).
17. Flexner, Jean Atherton., "Arbitration of Labor Disputes in Great Britain", *Industrial and Labor Relations Review*, Vol.1, No.3 (April, 1948).
18. Goodman, J. F. B. and J. Krislov, "Conciliation in Industrial Disputes in Great Britain: A Survey of the Attitudes of the Parties", *British Journal of Industrial Relations*, Vol.12, No.3 (November, 1974).
19. Groenewegen, Peter D., "Alfred Marshall and the Labour Commission 1891 – 1894", *The European Journal of the History of Economic Thought*, Vol.1, Issue 2 (1994).
20. Hay, Douglas, "Patronage, Paternalism, and Welfare: Masters, Workers, and Magistrates in Eighteenth-Century England", *International Labor and Working-Class History*, No.53 (Spring, 1998).
21. Heaton, H., "The Assessment of Wages in the West Riding of Yorkshire in the Seventeenth and Eighteenth Centuries", *The Economic Journal*, Vol.24, No.94 (June, 1914).
22. Herrick, Francis H., "British Liberalism and the Idea of Social Justice", *American Journal of Economics and Sociology*, Vol.4, No.1 (October, 1944).
23. Hewins, W. A. S., "The Regulation of Wages by the Justices of the Peace", *The Economic Journal*, Vol.8, No.31 (September, 1898).
24. Holcombe, A. N., "The British Minimum Wages Act of 1909", *The Quarterly Journal of Economics*, Vol.24, No.3 (May, 1910).
25. Hubbard, Evelyn, "The Minimum Wage: Past and Present", *The Economic Journal*, Vol.22, No.86 (June, 1912).
26. Jaffe, James A., "Industrial Arbitration, Equity, and Authority in England, 1800 – 1850", *Law and History Review*, Vol.18, No.3 (Autumn, 2000).
27. Jensen, Vernon H., "Notes on the Beginning of Collective Bargaining", *Industrial and Labor Relations Review*, Vol.9, No.2 (January, 1956).
28. Lester, V. Markham, "The Employers' Liability/Workmen's Compensation Debate of the 1890s Revisited", *The Historical Journal*, Vol.44, No.2 (June, 2001).
29. Lockwood, David, "Arbitration and Industrial Conflict", *The British Journal of*

Sociology, Vol.6, No.4 (December, 1955).

30. MacCormick, Brian, "Hours of Work in British Industry", *Industrial and Labor Relations Review*, Vol.12, No.3 (April, 1959).

31. Mallalie, W. C., "Joseph Chamberlain and Workmen's Compensation", *The Journal of Economic History*, Vol.10, No.1 (May, 1950).

32. Morgan, Gwenda and Peter Rushton, "The Magistrate, the Community and the Maintenance of an Orderly Society in Eighteenth-Century England", *Historical Research*, Vol.76, No.191 (February, 2003).

33. Muldrew, Craig, "The Culture of Reconciliation: Community and the Settlement of Economic Disputes in Early Modern England", *The Historical Journal*, Vol.39, No.4 (1996).

34. Naidu, Suresh and Noam Yuchtman, "Coercive Contract Enforcement: Law and the Labor Market in Nineteenth Century Industrial Britain", *The American Economic Review*, Vol.103, No.1 (February, 2013).

35. Orth, John V., "English Combination Acts of the Eighteenth Century", *Law and History Review*, Vol.5, No.1 (Spring, 1987).

36. Powell, David, "The New Liberalism and the Rise of Labour, 1886–1906", *The Historical Journal*, Vol.29, No.2 (June, 1986).

37. Powell, Edward, "Arbitration and the Law in England in the Late Middle Ages", *Transactions of the Royal Historical Society*, Vol.33, No.2 (October, 1983).

38. Rothschild, Henry, "Government Regulation of Trade Unions in Great Britain: II", *Columbia Law Review*, Vol.38, No.1 (January, 1938).

39. Saville, John, "The Trade Disputes Act of 1906", *Historical Studies in Industrial Relations*, Issue 1 (March, 1996).

40. Wilson, Bertram, "The Economic Legislation of the Year 1908", *The Economic Journal*, Vol.19, No.73 (March, 1909).

41. Woodward, Donald, "The Background to the Statute of Artificers: The Genesis of Labour Policy, 1558–1563", *The Economic History Review*, Vol.33, No.1 (February, 1980).

42. Yarmie, Andrew H., "Employers' Organizations in Mid-Victorian England", *International Review of Social History*, Vol.25, Issue 2 (August, 1980).

二、中文文献

(一) 专著

1. 陈恕祥、杨培雷:《当代西方发达国家劳资关系研究》,武汉:武汉大学出版社,1998年。
2. 陈晓律:《英国福利制度的由来与发展》,南京:南京大学出版社,1996年。
3. 陈祖洲:《通向自由之路:英国自由主义发展史研究》,南京:南京大学出版社,2012年。
4. 程延园:《集体谈判制度研究》,北京:中国人民大学出版社,2004年。
5. 程延园:《劳动关系》,北京:中国人民大学出版社,2011年。
6. 丁建定:《从济贫到社会保险:英国现代社会保障制度的建立1870—1914》,北京:中国社会科学出版社,2000年。
7. 丁建定:《西方国家社会保障制度史》,北京:高等教育出版社,2010年。
8. 李宏图主编:《欧洲近代政治思想史论》,天津:天津人民出版社,2012年。
9. 刘金源等:《英国近代劳资关系研究》,南京:南京大学出版社,2012年。
10. 刘玉安、楚成亚、杨丽华:《西方政治思想通史》,济南:山东大学出版社,2003年。
11. 马克垚:《英国封建社会研究》,北京:北京大学出版社,2005年。
12. 钱乘旦:《第一个工业化社会》,成都:四川人民出版社,1988年。
13. 钱乘旦:《工业革命与英国工人阶级》,南京:南京出版社,1992年。
14. 钱乘旦、许洁明:《英国通史》,上海:上海社会科学院出版社,2002年。
15. 宋湛:《集体谈判》,北京:经济科学出版社,2013年。
16. 王觉非主编:《近代英国史》,南京:南京大学出版社,1997年。
17. 吴宏洛:《转型期的和谐劳动关系》,北京:社会科学文献出版社,2007年。
18. 阎照祥:《英国史》,北京:人民出版社,2003年。
19. 阎照祥:《英国政治思想史》,北京:人民出版社,2010年。
20. 张丽琴:《欧洲集体谈判研究——以英、德、瑞为例》,北京:中国政法大学出版社,2016年。

(二) 译著

1. [英]阿萨·勃格里斯:《英国社会史》,陈叔平等译,北京:中国人民大学出版社,1991年。

2. [英]艾伦·胡特:《英国工会运动简史》,朱立人、蔡汉敖译,北京:世界知识出版社,1954年。
3. [法]保尔·芒图:《十八世纪产业革命——英国近代大工业初期的概况》,杨人楩等译,北京:商务印书馆,1983年。
4. [英]E. P. 汤普森:《英国工人阶级的形成》,钱乘旦等译,南京:译林出版社,2001年。
5. [德]恩格斯:《英国工人阶级状况》,中共中央马克思恩格斯列宁斯大林著作编译局编译,北京:人民出版社,1956年。
6. [英]霍布豪斯:《自由主义》,朱曾汶译,北京:商务印书馆,1996年。
7. [英]霍利迪:《简明英国史》,洪永珊译,南昌:江西人民出版社,1985年。
8. [英]克拉潘:《英国现代经济史》(中卷),姚曾廙译,北京:商务印书馆,1975年。
9. [美]刘易斯·科塞:《社会冲突的功能》,孙立平译,北京:华夏出版社,1989年。
10. [英]罗伊斯顿·派克:《被遗忘的苦难:英国工业革命的人文实录》,蔡师雄等译,福州:福建人民出版社,1983年。
11. [德]马克思:《资本论》(第1卷),中共中央马克思恩格斯列宁斯大林著作编译局编译,北京:人民出版社,2004年。
12. [德]马克思、恩格斯:《共产党宣言》,中共中央马克思恩格斯列宁斯大林著作编译局编译,北京:人民出版社,2014年。
13. [德]马克思、恩格斯:《马克思恩格斯全集》(第47卷),中共中央马克思恩格斯列宁斯大林著作编译局编译,北京:人民出版社,1979年。
14. [德]马克思、恩格斯:《马克思恩格斯选集》(第1卷),中共中央马克思恩格斯列宁斯大林著作编译局编译,北京:人民出版社,1972年。
15. [英]莫尔顿、台德:《英国工人运动史 1770—1920》,叶周等译,北京:生活·读书·新知三联书店,1962年。
16. [英]韦伯夫妇:《英国工会运动史》,陈建民译,北京:商务印书馆,1959年。
17. [英]亚当·斯密:《道德情操论》,蒋自强等译,北京:商务印书馆,2009年。
18. [英]亚当·斯密:《国富论》,郭大力、王亚南译,上海:上海三联书店,2009年。
19. [英]亚当·斯密:《国民财富的性质和原因的研究》,郭大力、王亚南译,北京:商务印书馆,1972年。
20. [荷兰]约里斯·范·鲁塞弗尔达特等主编:《欧洲劳资关系——传统与转变》,佘云霞等译,北京:世界知识出版社,2000年。

(三) 论文

1. 柴彬:《从工会法律地位的演进看工业化时期英国政府劳资政策的嬗变(1799—1974)》,《史学理论研究》2012 年第 2 期。
2. 柴彬:《英国工业化时期的工资问题、劳资冲突与工资政策》,《兰州大学学报》2013 年第 2 期。
3. 柴彬:《英国近代早期的物价问题与国家管制》,《世界历史》2009 年第 1 期。
4. 程延园:《集体谈判:现代西方国家调整劳动关系的制度安排》,《教育与研究》2004 年第 4 期。
5. 初庆东:《近代早期英国"诉讼爆炸"现象探析》,《史林》2014 年第 5 期。
6. 初庆东、刘金源:《〈工匠法令〉与英国前工业化时期的劳资关系》,《安徽史学》2017 年第 1 期。
7. 董昌鹏、刘金源:《论工业化前夕英国的劳资冲突及国家干预(1700—1760)》,《历史教学问题》2011 年第 2 期。
8. 高岱:《20 世纪初英国的社会改革及其影响》,《史学集刊》2008 年第 2 期。
9. 侯登华:《仲裁协议制度研究》,中国政法大学博士学位论文,2004 年。
10. 姜源、张伟:《集体谈判制度研究》,《社会科学辑刊》2010 年第 2 期。
11. 金燕:《工业革命前后英国对劳资关系的国家干预》,南京大学博士学位论文,2008 年。
12. 金燕:《浅谈工业革命时期英国的工业仲裁》,《理论界》2012 年第 8 期。
13. 金燕:《试论 19 世纪上半叶英国的工厂立法》,《学海》2006 年第 6 期。
14. 金燕:《1860—1880 年英国工会与劳资关系立法》,《中国劳动关系学院学报》2008 年第 4 期。
15. 金燕:《英国工业革命时期政府对劳资关系的调节》,《湖南科技大学学报》2015 年第 1 期。
16. 刘金源:《从对抗到合作:近代英国集体谈判制的兴起》,《史学集刊》2017 年第 5 期。
17. 刘金源:《〈反结社法〉与英国工业化时期的劳资关系》,《世界历史》2009 年第 4 期。
18. 刘金源:《近代英国劳资争议仲裁制的兴起》,《世界历史》2016 年第 2 期。
19. 刘金源:《论 19 世纪初期英国政府的劳资政策》,《复旦学报》2012 年第 2 期。
20. 刘金源:《18 世纪英国主流经济理论的演变》,《英国研究》2014 年第 6 辑。

21. 刘金源:《19世纪英国集体谈判制兴起原因述论》,《安徽史学》2017年第4期。
22. 刘金源、胡晓莹:《1896年〈调解法〉与英国集体谈判制的发展》,《探索与争鸣》2016年第2期。
23. 吕楠:《对英国集体谈判制度形成过程的历史考察》,《北京市工会干部学院学报》2008年第4期。
24. 吕楠:《英国集体谈判制度的确立及其"自由"特征》,《中国劳动保障》2008年第10期。
25. 吕楠:《自由主义·合作主义·新保守主义·第三条道路——英国政府劳资观的嬗变与思考》,《当代世界与社会主义》2008年第3期。
26. 佘云霞:《英国的集体谈判》,《中国工运学院学报》1996年第1期。
27. 徐聪颖:《论强盛巅峰时期的英国劳资关系1850—1880》,南京大学硕士学位论文,2011年。
28. 徐聪颖、刘金源:《集体谈判制与19世纪中后叶的英国劳资关系》,《探索与争鸣》2010年第9期。
29. 许明杰:《封建危机与秩序重建——从劳工法看中世纪晚期英国社会与政治的互动》,《世界历史》2017年第4期。
30. 杨松涛:《十八世纪英国治安法官司法实践》,《历史研究》2013年第4期。
31. 尹建龙:《工业革命与英国企业家集团》,南京大学博士学位论文,2009年。
32. 尹建龙:《英国工业化时期的雇主结社行为与劳资冲突》,《世界历史》2014年第3期。
33. 张文成:《英国工会法史》,《国际共运史研究》1988年第4期。

译名对照

A

阿穆里，G. B. E.(G. B. E. Amulree)

阿斯奎斯，赫伯特(Herbert Asquith)

阿斯奎斯，乔治(George Asquith)

B

罢工(strike)

班纳曼，坎贝尔(Campbell Bannerman)

保护产业工会联合会(National Association of United Trades for the Protection of Industry)

《贝尔福委员会报告》(*Balfour Committee's Report*)

闭厂(lock-out)

《布鲁克兰协议》(*Brooklands Agreement*)

C

《财政协议》(*Treasury Agreement*)

《产业法庭法》(*Industrial Courts Act*)

产业民主(industrial democracy)

产业委员会(Industrial Council)

冲突化解(conflict resolution)

G

格拉斯哥总工会(Glasgow Trade Council)

《工厂法》(Factory Act)

《工厂与作坊法》(Factory and Workshop Act)

工厂制(factory system)

工会(trade union)

《工会法》(Trade Union Act)

工匠(journeyman)

工联主义(Trade Unionism)

《工人干扰法》(The Molestation of Workmen Act)

工人阶级(working class)

《工伤赔偿法》(Workmen's Compensation Act)

工业革命(The Industrial Revolution)

工业化(industrialization)

《共谋与财产保护法》(Conspiracy and Protection of Property Act)

古典自由主义(Classical Liberalism)

《雇主与工人法》(The Employers and Workmen Act)

《雇主责任法》(The Employers' Liability Act)

国家干预(state intervention)

《国民保险法》(National Insurance Act)

H

哈蒙德夫妇(J. L. Hammond and Barbara Hammond)

行会(guilds)

《行业委员会法》(Trade Board Act)

皇家劳工法委员会(Royal Commission on Labour Laws)

J

即决法庭(Petty Session)

集体谈判(collective bargaining)

季审法庭(Quarter Session)

家庭工业(domestic trade)

家长制(patronage)

简易审判(summary jurisdiction)

《结社法》(*Combination Act*)

K

凯特尔,鲁伯特(Rupert Kettle)

L

《劳工法令》(*Statute of Artificers*, *Statute of Labourers*)

劳工司(Department of Labour)

《劳工条例》(*Ordinance of Labourers*)

劳资冲突(industrial conflicts)

劳资关系(industrial relations)

劳资争议(industrial disputes)

《劳资争议法》(Industrial Disputes Act)

劳资政策(labour policy)

厘定工资(wage regulation)

M

贸易部(Board of Trade)

《煤矿管理法》(*Coal Mines Regulation Act*)

蒙德拉,A. J.(A. J. Mundella)
《棉布厂法》(Cotton Factories Act)
《民事诉讼法》(Civil Procedure Act)
穆勒,约翰(John Mill)

N

《农业团队法》(Agricultural Gangs Act)
女工(women labour)

P

《普通法程序法案》(Common Law Procedure Act)

Q

乔治,劳合(Lloyd George)
丘吉尔,温斯顿(Winston Churchill)
全国反血汗劳动联盟(National Anti-Sweating League)
全国各行业劳工保护协会(National Association of United Trades for the Protection of Labour)

S

《失业工人法》(Unemployed Workmen's Act)
什一税(tithe)
视察员(inspector)
枢密院(Privy Council)
私立契约(contracting out)
苏格兰矿工联合会(The Scottish Miners' Association)

T

调解(conciliation, mediation)

《调解法》(Conciliation Act)

调解理事会(Committee of Conciliation)

《调解委员会法》(Councils of Conciliation Act)

《铁路法》(Railway Act)

童工(child labour)

《童工雇用法》(The Employment of Children Act)

W

外作工(outside labour)

韦伯夫妇(Sidney and Beatrice Webb)

卫生官(medical officier)

X

谢菲尔德暴行(Sheffield Outrage)

新工会运动(New Trade Union Movement)

新模式工会(New Model Trade Union)

新自由主义(New Liberalism)

《刑法修正案》(Criminal Law Amendment Act)

学徒制(apprentice system)

血汗工人(sweating worker)

Y

《养老金法》(Old-Age Pensions Act)

议会改革(Parliamentary Reform)

Z

张伯伦·约瑟夫(Joseph Chamberlain)

《政令全书》(Book of Orders)

职工大会(Trade Union Congress)

治安法官(Justice of the Peace)

仲裁(arbitration)

《仲裁法》(*Arbitration Act*)

仲裁法庭(Arbitration Tribunal)

《主仆法》(*Master and Servant Act*)

专门委员会(Selected Commission)

资产阶级(bourgeoisie)

自由放任(laissez-faire)

自愿主义(Voluntarism)

作坊(workshop)

《作坊管理法》(*Workshop Regulation Act*)

后　记

刘金源

英国是第一个现代化国家,英国的社会转型历程及其经验教训值得后来者去研究和借鉴。在中国从事英国史研究,虽然要甘于坐冷板凳,但并不意味着要钻入象牙塔,而是要紧扣当今时代脉搏,立足于中国社会转型现实,并服务于中国现代化事业。这既是史学研究的功用所在,也是时代赋予史学研究者的责任。

对于英国劳资关系的关注始于十多年前。当时中国正向市场经济转型,各地劳资纠纷及劳资冲突逐步显现。面对和谐社会的奋斗目标,中国如何处理劳资冲突、建立良性劳资关系,成为全社会关注的焦点,也是我一直思考的问题。出于一种职业本能,我很自然地联想到:中国目前面临的难题在英国社会转型时期同样经历过,那么,作为现代化领头羊的英国是如何化解劳资冲突、协调劳资关系的呢?英国走过的道路及其经验教训是否可以为中国提供一些参考和借鉴?为了探究这些问题,我于2007年以"转型时期英国的劳资冲突与化解问题研究"为题,申报国家社科基金项目并顺利获批,随后我将研究兴趣转向英国劳资关系领域。

2012年,该项目最终成果《英国近代劳资关系研究》完成并出版。该成果对于英国劳资关系的演进做了宏观考察,在此基础上梳理出近代英国劳资政策的变化。在研究中,我已关注并涉及劳资冲突化解机制的变化,如家长制劳工政策、调解与仲裁、集体谈判制等,但并未加以展开论述。为进一步深入探究,2013年,我又以"近代英国劳资冲突化解机制的形成研究"为题申报国家社科基金项目并再次获批,这给了我在英国劳资关系领域进一步耕耘的动力。通过为期四年的研究,在项目组成员共同努力下,本项目最终顺利完成,并在结项鉴定中获得"优秀"等级,在此对各位评审专家表示敬意。

近代英国劳资冲突化解机制的演进,推动了劳资关系从传统对抗型向现代合作型转变,由此成为英国社会转型的重要组成部分。正因为如此,本研究课题后来又被纳入钱乘旦教授主持的教育部人文社会科学重点研究基地重大项目"英国社会转型研究"之中,在此对恩师钱乘旦教授特别致谢。本研究成果先后得到国家社会科学基金项目(13BSS029)、教育部人文社科重点研究基地重大项目(16JJD770026)资助。感谢南京师范大学出版社对于学术研究的鼎力支持,使本研究成果得以付梓问世。

本书是集体劳动的产物,具体分工如下:

导论:刘金源,第一章:初庆东,第二章:初庆东,第三章:金博文,第四章:刘金源,第五章:胡晓莹,结语:刘金源。

全书由刘金源负责框架设计、文献编排及文字统稿工作。由于学识所限,书中错漏之处,敬请读者指正。

2020年9月,于南京大学